CATALOGUE
DES
LIVRES-ORIENTAUX
ET AUTRES
COMPOSANT LA BIBLIOTHÈQUE DE FEU
M. GARCIN DE TASSY

Membre de l'Institut, Président de la Société asiatique,
Professeur à l'école des Langues orientales,
Membre correspondant des Instituts et Académies de Saint-Pétersbourg,
Berlin, Vienne, Florence, Upsal, etc.;
Membre honoraire des Sociétés asiatiques de Calcutta, Bombay et Londres, etc.
Chevalier de la Légion d'Honneur,
Commandeur de l'ordre de Saint-Jacques du Portugal,
Chevalier de l'Étoile Polaire de Suède, Chevalier de l'ordre impérial
de *Star of India* (l'Étoile de l'Inde), etc., etc.

SUIVI DU
CATALOGUE DES MANUSCRITS
HINDOUSTANIS, PERSANS, ARABES, TURCS

Rédigé par M. F. DELONCLE
Élève de M. Garcin de Tassy

DONT LA VENTE AURA LIEU LE LUNDI 17 MARS 1879, ET JOURS SUIVANTS

Rue des Bons-Enfants, 28 (maison Silvestre)

Salle N° 1

Par le ministère de M° MAURICE DELESTRE, commissaire-priseur

Successeur de M° DELBERGUE-CORMONT,

Rue Drouot, 27.

PARIS
ADOLPHE LABITTE
LIBRAIRE DE LA BIBLIOTHÈQUE NATIONALE
4, rue de Lille, 4

1879

CATALOGUE

DES

LIVRES ET MANUSCRITS

ORIENTAUX ET AUTRES

COMPOSANT LA BIBLIOTHÈQUE

DE FEU M. GARCIN DE TASSY

Dans ses dernières volontés, mon bien-aimé et regretté frère a exprimé le désir que sa bibliothèque fût vendue aux enchères publiques, afin de permettre à ses élèves et amis de tous les pays de profiter de son œuvre et de posséder quelques souvenirs de lui.

Respectueux de ce vœu, nous n'avons épargné, mon fils Héliodore et moi, ni peines ni soins pour préparer et presser la publication de ce catalogue, et le répandre dans le monde entier, partout où le nom du savant professeur était connu et estimé.

La volonté vénérée de celui que nous pleurons sera ainsi satisfaite.

T. GARCIN DE TASSY.

CONDITIONS DE LA VENTE.

La vente se fait expressément au comptant.

Les acquéreurs paieront 5 % en sus des enchères, applicables aux frais.

Il y aura exposition chaque jour de vente, de 2 à 4 heures.

Le libraire, chargé de la vente, remplira les commissions des personnes qui ne pourraient y assister.

Paris. — Typographie Georges Chamerot, rue des Saints-Pères, 19. — 7566.

GARCIN DE TASSY

Photoglyptie Lemercier et Cie Paris

CATALOGUE
DES
LIVRES ORIENTAUX
ET AUTRES
COMPOSANT LA BIBLIOTHÈQUE DE FEU
M. GARCIN DE TASSY

Membre de l'Institut, Président de la Société asiatique,
Professeur à l'école des Langues orientales,
Membre correspondant des Instituts et Académies de Saint-Pétersbourg,
Berlin, Vienne, Florence, Upsal, etc.;
Membre honoraire des Sociétés asiatiques de Calcutta, Bombay et Londres, etc.;
Chevalier de la Légion d'Honneur,
Commandeur de l'ordre de Saint-Jacques du Portugal,
Chevalier de l'Étoile Polaire de Suède, Chevalier de l'ordre impérial
de Star of India (l'Étoile de l'Inde), etc., etc.

SUIVI DU
CATALOGUE DES MANUSCRITS
HINDOUSTANIS, PERSANS, ARABES, TURCS

Rédigé par M. F. DELONCLE
Élève de M. Garcin de Tassy

DONT LA VENTE AURA LIEU LE LUNDI 17 MARS 1879, ET JOURS SUIVANTS

Rue des Bons-Enfants, 28 (maison Silvestre)

Salle N° 1

Par le ministère de M° Maurice **DELESTRE**, commissaire-priseur
Successeur de Mr Delbergue-Cormont,
Rue Drouot, 27.

PARIS
ADOLPHE LABITTE
LIBRAIRE DE LA BIBLIOTHÈQUE NATIONALE
4, rue de Lille, 4

—

1879

M. Laboulaye, président de l'Académie des Inscriptions et Belles-Lettres, prononça dans la séance de l'Académie, du 6 septembre 1878, les paroles suivantes :

Messieurs,

Pour la troisième fois depuis un mois, j'ai le triste devoir de vous annoncer la mort d'un de nos confrères. Mercredi dernier ont eu lieu les obsèques de M. Garcin de Tassy. Suivant son désir formellement exprimé, l'Académie n'a pas été convoquée officiellement ; c'est comme amis que nous avons suivi son cercueil. Le corps a été transporté à Marseille ; aucun discours n'a été prononcé. Qu'il me soit permis d'adresser un dernier adieu à celui que nous avons perdu.

Né à Marseille en 1794, M. de Tassy vint à Paris en 1817 pour se livrer à l'étude des langues orientales. M. Silvestre de Sacy l'accueillit avec une bonté paternelle dont notre confrère a gardé la mémoire jusqu'à son dernier jour. Sous la conduite de ce maître illustre, M. de Tassy acquit une connaissance parfaite de l'Orient ; on en peut juger par ses traductions de l'arabe et du turc. La langue et la littérature persanes avaient pour lui un attrait particulier ; il a traduit du persan plus d'un ouvrage curieux, parmi lesquels il faut citer au premier rang le *Mantic Uttaïr*, ou *Langage des oiseaux*, précédé d'une introduction sur la *Poésie philosophique et religieuse chez les Persans*. C'est l'exposé complet des doctrines panthéistes des sofis, sujet que notre confrère a étudié toute sa vie.

L'Inde appela de bonne heure l'attention de M. de Tassy ; il a écrit l'*Histoire de la littérature hindouie et hindoustanie*. Le premier en France, et le seul, il nous a fait pénétrer dans ce monde raffiné. Nous lui devons la traduction des *Aventures de Kamrup*, et les *Œuvres* de Wali, qui aurait été un grand poète dans toutes les langues et dans tous les pays.

Professeur d'hindoustani à l'École des langues orientales vivantes, chaque année M. Garcin de Tassy ouvrait son cours par un exposé du mouvement littéraire de l'Inde durant l'année précédente. Ces comptes rendus, faits avec autant d'exactitude que de goût, n'étaient pas lus en France seulement; on les recherchait en Angleterre, en Russie, partout où l'on s'occupe de l'Orient. Dans l'Inde même, on attachait un grand prix aux jugements de notre confrère ; aussi son nom était-il là-bas plus populaire qu'en France. Les journaux indiens reproduisaient son portrait et chantaient en prose et en vers le célèbre critique d'Occident. Il était flatté de ces témoignages par l'idée qu'il étendait dans ce grand empire le respect de la science et du nom français.

Membre de l'Académie depuis 1838, fondateur de la Société asiatique de Paris, qui dans ces derniers temps l'avait choisi pour président, membre de la Société asiatique de Londres, M. Garcin de Tassy laissera la mémoire d'un travailleur infatigable, d'un orientaliste consommé ; mais ce qu'il nous appartient de louer, à nous qui l'avons connu, c'est sa bonté, sa douceur, son incroyable modestie. Toujours prêt à s'effacer devant les autres, il ne demandait à la science que l'honneur de la servir.

Tout dévoué à la religion de ses pères, chrétien sincère et pratiquant, il est mort avec autant de résignation que de fermeté. Dans sa profonde humilité, il n'a pas même voulu de ce dernier hommage que l'Académie rend à ceux qu'elle perd, moins pour honorer les morts que pour consoler et encourager ceux qui survivent. Nous n'en ressentons que plus vivement le nouveau deuil qui nous afflige; nous chercherons longtemps à sa place déserte le savant confrère, l'homme de bien qui nous laisse en héritage l'exemple touchant d'une longue et belle vie, partagée tout entière entre l'étude et la piété.

A ces paroles nous ne pouvons nous dispenser d'ajouter cet extrait du Journal des Savants, *de mai* 1875 :

On peut dire, à la louange de M. Garcin de Tassy, que, grâce aux labeurs les plus persévérants et les mieux définis, il s'est fait en quelque sorte le centre de tout ce qui regarde la langue qu'il professe avec autant d'assiduité et de succès. Nous ne voulons pas parler seulement de la juste réputation qu'il s'est faite parmi nous et dans le monde savant. Mais nous devons ajouter que ses études ne sont pas moins appréciées dans l'Inde. On traduit ses livres, on les discute, on les commente, on les admet comme autorité; et dans les polémiques de journaux, qui ne sont pas là-bas moins ardentes que les nôtres, on invoque les jugements et les solutions du professeur de Paris. — A cette occasion, nous rappellerons un autre hommage du même genre que les Parsis de Bombay ont jadis rendu à l'admirable ouvrage d'Eugène Burnouf sur l'Yaçna. Certainement les indigènes savent une foule de détails que nous ne pouvons posséder aussi bien qu'eux; mais, dans tout ce qui appartient à la science proprement dite et à ses résultats, à ses règles générales et à ses méthodes, notre supériorité est évidente, et nous ne sommes pas étonnés qu'on l'accepte, puisqu'on peut en profiter largement. C'est une gloire véritable de représenter si noblement son pays à l'étranger; et ce témoignage de gratitude et d'approbation venu de si loin est un des plus flatteurs et des moins douteux qu'un savant puisse recevoir. Nous en félicitons M. Garcin de Tassy, comme nous en avons félicité Eugène Burnouf. C'est la récompense d'une vie tout entière consacrée à la science avec un désintéressement et une activité infatigables.

C'est en 1828, sous le trop court ministère de M. de Martignac, que fut créée la chaire d'hindoustani à l'École des langues orientales vivantes, tout exprès pour M. Garcin de Tassy. L'illustre Silvestre de Sacy avait demandé et obtenu cette fondation pour son élève qu'il avait sur-le-champ distingué et dont l'avenir scientifique lui paraissait dès lors complètement assuré. Le maître ne s'était pas trompé, et voilà près de cinquante ans que M. Garcin de Tassy s'est voué à l'enseignement de l'hindoustani. La grammaire qu'il publiait à l'époque même où il inaugurait son cours a eu plusieurs éditions qui prouvent que le professeur a, dans l'intervalle, formé de nombreux disciples.

BARTHÉLEMY SAINT-HILAIRE.

CATALOGUE

DES

LIVRES & MANUSCRITS

ORIENTAUX ET AUTRES

COMPOSANT LA BIBLIOTHÈQUE

DE FEU

M. GARCIN DE TASSY

Membre de l'Institut, Président de la Société asiatique,
Professeur à l'école des Langues orientales,
Membre correspondant des Instituts et Académies de Saint-Pétersbourg,
Berlin, Vienne, Florence, Upsal, etc.;
Membre honoraire des Sociétés asiatiques de Calcutta, Bombay et Londres, etc.,
Chevalier de la Légion d'Honneur,
Commandeur de l'ordre de saint Jacques du Portugal,
Chevalier de l'Étoile-Polaire de Suède, Chevalier de l'ordre impérial
de *Star of India* (l'Étoile de l'Inde), etc., etc.

THÉOLOGIE.

I. CHRISTIANISME.

a. *Écriture sainte.*

1. Biblia hebraica, secundum ultimam editionem Jos. Athiæ, a Johanne Leusden denuo recognita, variisque notis illustrata, ab Everardo Van Der Hooght. *Londini*, 1825, in-8, v. ant.
2. La Bible, texte hébreu. *Paris, Lévy, l'an du monde* 5569, in-12, bas. ant.
3. The holy Scriptures of the Old Testament; hebrew and english. *London, Samuel Bagster, s. d.*, pet. in-4, cart.

THÉOLOGIE.

4. Vetus Testamentum ex versione septuaginta interpretum, secundum exemplar vaticanum Romæ editum, denuo recognitum, David Millius. *Amstelodami*, 1725, 2 vol. in-12, v. ant. fil. tr. dor.

5. Biblia sacra vulgatæ editionis Sixti V et Clementis VIII. *Rothomagi*, *R. Lallemant*, 1773, in-8, cartes, veau.

6. La Sainte Bible contenant l'Ancien et le Nouveau Testament, traduite en françois sur la vulgate par M. Le Maistre de Saci. *Paris, chez Guill. Desprez*, 1701, 2 vol. in-4, v. ant.

7. La Sainte Bible, contenant l'Ancien et le Nouveau Testament, traduite sur la vulgate par Lemaistre de Sacy. *Paris, chez Smith*, 1822, in-8, v. rac.

8. Bibbia sacra contenente il Vecchio e il Nuovo Testamento secondo la volgata, tradotto in lingua italiana da Monsignor Antonio Martini. *Londra*, 1828, in-8, v. ant.

9. La Biblia, ó el Antiguo y Nuevo Testamento, traducido, al español, de la vulgata latina, por el R^{mo}. P. Phelippe Scio de S. Miguel. *Londres*, 1821, in-8, v. ant.

10. The Holy Bible, translated out of the original tongues; etc., *London*, 1838, in-8, cart. non rog.

11. The Holy Bible, containing the Old and New Testament, translated out of the original tongues. *Edinburgh*, 1808, in-8, v. gran.

12. Errata of the protestant Bible : or the truth of the english translations examined in treatise shewing some of the errors that are to be found in the english translations of the sacred Scriptures used by protestants....., by Thomas Ward. *London, Dublin*, 1807 *and* 1810, in-4, demi-rel. avec e. v. f.

13. The Bible of every land, a history of the sacred Scriptures in every language and dialect into which translations have been made. *London, S. Bagster, s. d.*, in-4, cart. perc. n.

14. Bible en arabe. *Londres*, 1822, in-8, veau ant.

15. The Holy Bible, containing the Old and New Testaments, translated from the originals into the Kunkuna, — Hindee, — Mooltan, — Vikanera, — Goozaratee, — Harotee, — Kashmeeri, — Nepali languages. *Serampore*, 1818-21, ens., 8 vol. in-8, rel. en veau et en chag.

16. La Sainte Bible en Hindi. *Lodiana*, 1859, in-8 br.

17. Ancien et Nouveau Testament en Ourdou. *Londres*, 1860, fort vol. gr. in-8, veau granit, comp. à fr.

18. The Old Testament, translated from the original hebrew into the hindoosthanee language. *Serampore*, 1829, in-4.
19. La Bible en Hindoustani, *London*, 1876, in-4, cart.
20. L'Ancien Testament en turc. *Paris*, 1827, in-4, veau marb.
21. Ancien Testament en syriaque, par L. Lée. *S. l. n. d.*, in-4, veau ant.
22. Notice sur deux fragments d'un Pentateuque hébreu-samaritain, rapportés de la Palestine par M. le sénateur F. de Saulcy, par l'abbé J.-J.-L. Bargès. *Paris*, 1865, in-8 br.
23. Cantici canticorum illustratio, ac translatio de hebraica littera in latinam, notatis ubique dramatis interlocutoribus, cumque dissertatione archæologica et exegetica, Aug. Casazza auctore. *Neapoli*, 1846, in-8, demi-rel. chag. viol.
24. The Book of the patriarch Job, translated from the original hebrew, by Samuel Lee. *London, James Duncan*, 1837, in-8. v. f.
25. Psalterium Davidis in linguam indostanicam translatum a Benj. Schultzio, edidit et præfatus est D.-J. Henr. Callanbergius. *Halæ*, 1747, in-12, demi-rel. v. f.
26. Libri psalmorum David regis et prophetæ versio à R. Yapheth ben Heli Bassorensi Karaita, auctore decimi seculi, arabice concinnata, quam punctis vocalibus insignivit et latinitate donavit J.-J.-L. Bargès. *Lutetiæ Parisiorum, apud B. Duprat*, 1861, in-8, demi-rel. mar. r.
27. Les Psaumes, traduction nouvelle par L. Gautier. *A Paris, chez A. Le Clère*, 1865, in-8, papier de Hollande, br.
    Première partie, contenant le premier livre du psautier.
28. Les Psaumes, disposés suivant le parallélisme, traduits de l'hébreu par l'abbé Bertrand. *Paris*, 1857, in-8, demi-rel. chagr. v.
29. Translation and explanation of the psalms, chiefly for the use of native christians, by Rev. I. Owen. *Mirzapore*, 1861, in-8 cart.
30. The Psalms translated from the hebrew with notes chiefly exegetical, by William Kay. *Rivingston*, 1877, gr. in-8 cart.
31. A literal Translation of the book of psalms, intended to illustrate their poetical and moral structure, by the Rev. John Jebb. *London*, 1846, 2 vol., in-8, cart. angl. perc. non rog.

THÉOLOGIE.

32. Novi Testamenti Biblia triglotta; sive, græci textus archetypi, versionis syriacæ et versionis latinæ vulgatæ synopsis: cui accedunt subsidia critica varia. *Londini*, 1828, in-4, demi-rel. v. f.

33. Novum Testamentum polyglotton, the greek text, the latin vulgate, Luther's german translation, and the english authorized version, edited by C. G. W. Theile and R. Stier. *London*, 1866, in-8, cart. doré en tête, non rog.

34. Le Nouveau Testament de Notre-Seigneur Jésus-Christ. *A Paris, de l'impr. de F. Didot*, 1313, gr. in-8, bas. marb.

35. Le Nouveau Testament de Notre-Seigneur Jésus-Christ, traduit sur la vulgate par Lemaistre de Sacy. *Paris, de l'impr. de F. Didot*, 1816, in-8, v. ant.

36. The New Testament, translated from the critical text of von Tischendorf; with an introduction on the criticism, translation and interpretation of the book, by Samuel Davidson. *London*, 1875, in-8 cart. angl. perc.

37. The chronological New Testament, etc. *London*, 1864, in-4, fig. col. cart. perc. v.

38. Nouveau Testament en arabe Karchini. *S. l. n. d.*, in-4, demi-rel. v. f.

39. Nouveau Testament en syriaque. *S. l. n. d.*, in-4, v. ant.

40. The New Testament translated from the original greek into persian, by the Rev. Henry Martyn. *London*, 1837, in-8, cart. non rog.

41. The New Testament translated into the hindoostanee language, from the original greek. *Serampore*, 1814, in-4, cuir de Russie, fil.

42. The New Testament translated into hindoostanee language, by the rev. H. Martyn. *Serampore*, 1814, in-8, bas rac.

43. The New Testament translated into hindoostanee language, from the original greek, and now printed in the nagree character, by the Rev. H. Martyn. *Calcutta*, 1817, in-8, bas marb.

44. The New Testament translated into the hindoostanee language, from the original greek, by the Rev. H. Martyn. *London*, in-8, v. ant.

45. The New Testament translated from the original greek into the hindee language. *Serampore*, 1837, in-12, veau f. fil.

THÉOLOGIE.

46. The New Testament in the hindustani language. *Calcutta*, 1839, in-8, v. granit.
47. The New testament in the hindi language. *Calcutta*, 1844, in-8 cart.
48. Dialogues, and a small portion of the New Testament in the English, Arabic, Haussa, and Bornu languages. *London, printed by Harrison and sons*, 1853, in-8 oblong. br.
49. O Novo Testamento traduzido en Indo Portuguez. *Londres*, 1826, in-8, v. ant.
50. Les Saints Évangiles, traduction tirée de Bossuet par M. Wallon. *Paris, Adr. Le Clère*, 1863. 2 vol. in-8. demi-rel. v. f.
51. Les Évangiles, par Gust. d'Eichthal. *Paris, Hachette*, 1863, 2 vol. in-8, br.
52. The apocryphal Gospels and other documents relating to the history of Christ, translated from the originals in greek, latin, syriac, etc., by B. Harris Cowper. *London*, 1867, pet. in-8, cart. perc. v.
53. Codex argenteus, sive sacrorum Evangeliorum versionis gothicæ fragmenta....; edidit Andreas Uppström. *Upsaliæ*, 1834, in-4 br.
54. Evangelia sancta : sub auspiciis D. Asselini rerum gallicarum apud Ægyptios procuratoris in linguam Amharicam vertit Abu Rumi Habessinus, edidit Thomas Pell Platt. *Londini*, 1824, in-4, v. f. ant.
55. Evangelium S. Matthæi in lingua Calmucco-mongolicam translatum ab Isaaco Jacobo Schmidt cura et studio Societatis biblicæ ruthenicæ. *Petropoli*, 1816, in-4, tr. marbr.
56. The four Gospels with the Acts of the Apostles, in sanscrit. *Calcutta*, 1847, in-8 cart.
57. Les Évangiles en arabe. *S. l. n. d.*, in-fol. rel. orient.
58. Les Évangiles en Ourdou. *S. l.*, 1875, in-4, demi-rel. chag. r. doré en tête, ébarb.
59. Evangelium Lucæ in linguam indostanicam translatum a viro plur. reverendo Benj. Schultzio, edidit D. Jo. Henr. Callenbergius. *Halæ*, 1749, in-12, vél. à recouv.
60. The Gospel according to S. John in english and marathi (the marathi expressed in roman characters). *Bombay*, 1861, in-8. cart.
61. The apostolical Authority of the epistle to the Hebrews; etc., by the Rev. Charles Forster. *London, James Duncan*, 1838, in-8, cart. angl. perc. non rog.

THÉOLOGIE.

b. *Commentaires sur la Bible.*

62. Dictionnaire de la Bible, ou Concordance raisonnée des saintes Ecritures, par Jean-Augustin Bost. *Paris, Ch. Meymeir,* 1865, gr. in-8, demi-rel. chagr. vert.

63. Calmet's Dictionary of the Holy Bible edited by the late M. Charles Taylor. *London, H. G. Bohn,* 1852, in-4, demi-rel. avec coins v. (*Reliure anglaise.*)

64. A Bible Dictionary; being a comprehensive digest of the history and antiquities of the Hebrews and neighbouring nations : the natural history, geography, and literature of the sacred writings, by the Rev. James Auston Bastow. *London,* 1868, pet. in-8, portr. cart. angl. perc. v.

65. Derniers Mélanges de littérature et d'archéologie sacrée. *Lyon,* 1847, gr. in-8, fig. lith. demi-rel. chag. vert.

66. Paralipomeni alla illustrazione della sagra Scrittura per monumenti Fenico-Assirii ed Egiziani di Michelangelo Lanci. *Parigi, Dondey-Dupré,* 1845, 2 vol. in-4, demi-rel. mar. bl.

67. Études bibliques, par M. l'abbé Le Noir. *Paris, J. Albanel,* 1869, 2 vol. in-8, portrait, demi-rel. chagr. bleu.

68. Studies biblical and oriental, by Rev. William Turner. *Edinburgh,* 1876, in-8, cart. perc.

69. Dictionnaire géographique de la Bible, par A.-F. Barbié du Bocage. *A Paris, de l'impr. de Crapelet,* 1834, in-8, demi-rel. v. f.

70. Handbook of Bible geography, by Rev. George H. Whitney. *New-York,* 1875, pet. in-8, cartes et fig. sur bois, cart. perc.

71. Sacrorum Bibliorum vulgatæ editionis concordantiæ, ad recognitionem jussu Sixti V Pont. Max. Bibliis adhibitam recensitæ, atque emendatæ a Francisco Luca. *Antuerpiæ, apud Verdussen,* 1718, fort vol. in-4, v. ant. (*Texte à trois colonnes.*)

72. Bibel und Josephus über Jerusalem und das heilige Grab wider Robinson und neuere Sionspilger als Anhang zu Reisen im Morgenlande, von Berggren. *Lund,* 1862, in-8, demi-rel. chag. La Vall.

73. Scripture truth in oriental dress, or emblems explanatory of biblical doctrines and morals, with parallel or illustrative references to proverbs and proverbial sayings

THÉOLOGIE.

in the Arabic, Bengali, Canarese, Persian, Russian, Sanskrit, Tamul, Telegu and Urdu languages, by the Rev. J. Long. *Calcutta*, 1871, in-8 cart. angl.

74. The Mahomedan commentary on the Holy Bible, by Syud Ahmud. *Ghazeepore*, 1862, 2 part. en 1 vol. in-4, chagr. vert, fil. tr. peign.

75. Charles Schœbel. Démonstration de l'authenticité de la Genèse. *Paris, Maisonneuve*, 1877, 2 part. en 1 vol. in-8, demi-rel. v. f.

76. Commentaire géographique sur l'Exode et les Nombres, par Léon de Laborde. *Paris et Leipzig, Jules Renouard*, 1841, gr. in-fol. cartes et fig. demi-rel. chag. viol.

77. Les Stations d'Israël dans le désert. *Paris*, 1859. — Démonstration de l'authenticité mosaïque du Lévitique et des Nombres. *Paris, Maisonneuve*, 1869. — Démonstration de l'authenticité de la Genèse. *Paris, Maisonneuve*, 1873. — Ens. 4 ouvr. réunis en 1 vol. in-8, demi-rel. v. f.

78. Sinai photographed, or contemporary records of Israel in the Wilderness, with an appendix by the Rev. Ch. Forster. *London, R. Bentley*, 1862, in-fol. portr. f. figures photogr. et teintées, cart. perc. viol. non rog.

79. Rabbi Yapheth Ben Heli Bassorensis Israïtæ in librum psalmorum commentarii arabici e duplici codice mss. Bibliothecæ regiæ parisiensis edidit specimen et in latinum convertit L. Bargès. *Lut. Parisiorum, excud. F. Didot*, 1846, in-8, demi-rel. chag. viol.

80. An Inquiry into the nature, progress, and end of prophecy, by Samuel Lee. *Cambridge*, 1849, in-8, cart. perc. viol.

81. Les Prophètes d'Israël, réponse à M. Réville, par M. l'abbé A. Le Hir. *Paris, J. Albanel*, 1868, in-8, demi-rel. avec c. chag. La Vall. fil. fr. non rog.

82. Tanchuni hierosolymitani commentarius arabicus in Lamentationes e codice unico Bodleiana literis hebraicis exarato, descripsit charactere arabico et edidit Gulielmus Cureton. *Londini*, 1843, plaq. in-8, cart. perc. n.

83. Eusebius bishop of Cæsarea on the Theophania or divine manifestation of our Lord and Saviour Jesus-Christ, translated into english with notes, from an ancient syriac version of the greek original now lost, by Samuel Lee. *Cambridge*, 1843, in-8, cart. perc. v. non rog.

84. Tractatus de veritate conceptionis beatissimæ Virginis, compilatus per reverendum patrem fratrem Joannem de

THEOLOGIE.

Turrecremata. *Oxoniis et Londini,* 1869, pet. in-4, cart. angl.

85. Recherches historiques sur la personne de Jésus-Christ, sur celle de Marie, sur les deux généalogies du Sauveur et sur sa famille, par un ancien bibliothécaire (Gabriel Peignot). *Dijon, V. Lagier,* 1829, in-8, demi-rel. mar. viol.

86. Histoire de la Vie de Notre-Seigneur Jésus-Christ, composée des propres paroles évangéliques et rangée suivant l'ordre des temps avec des notes et dissertations pour servir à l'intelligence du texte, par un chanoine de l'église de Marseille, M. Hyacinthe-Marie Rémuzat. *S. l. n. d.,* 3 forts vol. in-8, bas. marbr.

Manuscrit de la fin du xviiie siècle.

87. Puran : ô relação dos mysterios da encarnação, morte e paixão de N. S. Jesu Christo na lingoa vulgar composta per hum devoto padre Francisco Vaz de Guimaraes, Lisboa, 1659. *Bombaim,* 1857, gr. in-8, demi-rel. v. f.

88. Jésus-Christ. Son temps, sa vie, son œuvre, par J. de Pressensé. *Paris, Ch. Meyrueis, s. d.,* gr. in-8, demi-rel. chagrin rouge.

89. L'Histoire des Rois Mages, par Ch. Schœbel. *Paris, Maisonneuve,* 1878, in-8 br.

90. Harmony of the four gospels, containing a complete history of the life of Christ, chronologically arranged, in the words of the evangelists, in the hindoostanee language. *Calcutta,* 1823, in-8, demi-rel. chag. vert.

91. Réfutation de la prétendue vie de Jésus, de M. E. Renan, au triple point de vue de l'exégèse biblique, de la critique historique et de la philosophie, par M. l'abbé Guettée. *Paris,* 1863, 3 part. en 1 vol. in-8, demi-rel. v. f. ant.

92. Concordance des quatre Évangiles présentée dans l'ordre textuel sans transition ni transposition. *Paris, Berger-Levrault,* 1861, gr. in-8, demi-rel. v. f.

93. Histoire du Messie en arabe. *Malte,* 1834, in-8, bas. r.

94. Méditations sur l'Évangile, par Bossuet. *Paris, Pigoreau,* 1843, 2 vol. in-8, v. bl. comp. à fr. tr. dor.

95. A Commentary on the gospels for the sundays and other holy days of the christian year, by the Rev. W. Denton. *London,* 1861, in-8, cart. perc. non rog.

96. Étude sur le texte et le style du Nouveau Testament, par Berger de Xivrey. *Paris,* 1856. — Étude sur une ancienne version syriaque des Evangiles, publiée par le

THEOLOGIE.

Dr Cureton. *Paris*, 1859. — Coup d'œil rapide sur l'histoire de la législation française en matière religieuse, par Frédéric Portalis. *Paris*, 1845. — Ens. 7 ouvr. ou br. réunis en 1 vol. in-8, demi-rel. chag. La Vall.

97. In spirit and in truth, an essay on the ritual of the New Testament. *London*, 1869, in-8, cart. angl. perc. non rog.

98. Commentaire sur l'Apocalypse, par l'auteur des explications des psaumes et des prophètes. *A Paris, chez J.-M. Eberhart*, 1823, 2 vol. — Vues sur le second avènement de J.-C., ou analyse de l'ouvrage de Lacunza sur cette importante matière. *Paris*, 1878. — Ens. 3 vol. in-8 br.

99. Six preacher sermons : including the subjects of the church of England, view of lent duties and services, and the life and ministry of saint Paul, by the Rev. Ch. Forster. *London, R. Bentley*, 1853, in-8 cart. perc.

100. L'Apôtre saint Paul, par l'abbé J.-P. Deramey. *Paris, E. Lachaud*, 1872, gr. in-8, demi-rel. v. f.

101. The apostolical Autority of the epistle to the Hebrews, by the Rev. Ch. Forster. *London, James Duncan*, 1838, in-8 cart.

103. Nineveh and its palaces, the discoveries of Botta and Layard, applied to the elucidation of holy Writ, by Bonami. *London*, 1853, in-8, fig. cart. perc. La Vall. non rog.

c. *Liturgie.*

104. P. Augustini Krazer, ord. præd., de apostolicis nec non antiquis Ecclesiæ occidentalis liturgiis..., *Augustæ Vindelicorum, sumptibus Matthæi Rieger*, 1786, in-8 demi-rel, avec c. chag. r.

105. Sæculum VII. Liturgia mozarabica..., missale mixtum..., breviarium gothicum.., accurante J.-P. Migne. *Paris*, 1862, 2 tomes en 1 vol. gr. in-8, demi-rel. chag. vert.

106. Vestiarium christianum, the origin and gradual development of the dress of holy ministry in the church, by the Rev. Wharton, B. Marriott. *London*, 1868, gr. in-8 cart.

107. Missel de Paris, latin-français, avec prime, tierce, sexte et les processions. *A Paris*, 1741, 8 vol. in-12 mar. r. fil. tr. dor. (*Rel. anc.*).

108. Offices propres à l'église paroissiale de Saint-Jean-en-Grève. *Paris, de l'impr. de Le Mercier et Boudet*, 1742, in-12, fig. mar. vert, tr. dor. (*Rel. anc.*).

THÉOLOGIE.

109. Le Nouveau Paroissien latin et françois, à l'usage du diocèse de Reims. *A Charleville, chez A.-P. Morin, 1774*, in-12, mar. vert, fil. tr. dor. (*Rel. anc.*).

110. Cérémonies et prières du sacre des rois de France. *A Paris, chez F.-Didot, 1825*, in-12, veau rose, fil.

111. The Christians of S. Thomas and their liturgies, translated from syriac mss. obtained in Travancore, by the Rev. George Broadley Howard. *Oxford and London*, 1864, in-8 cart. angl. perc.

112. Les Raisons de l'office et cérémonie qui se font en l'Église catholique, apostolique et romaine; ensemble les raisons des cérémonies du sacre de nos roys de France, et les douze marques uniques de leur royauté céleste par-dessus tous les roys du monde, par Claude Villette, chanoine en l'église de Saint-Marcel-lez-Paris. *A Rouen, chez David de la Mare, 1648*, in-8, v. fauve fil. (*Reliure moderne.*)

113. Examen des Institutions liturgiques de dom Guéranger, abbé de Solesmes, et de sa lettre à Mgr l'archevêque de Reims, par Mgr Fayet. *Paris, Orléans, 1846*, in-8 cart.

114. Réponse aux remarques sur le nouveau bréviaire de Paris. *A Paris, chez Gabriel Martin, 1860*, in-8, demi-rel. chag. bl.

115. Manuel des cérémonies selon le rite de l'Église de Paris, par un prêtre du diocèse. *Paris, Adr. Leclère, 1846*, in-8, demi-rel. chagr. rouge, tr. jasp.

116. La Liturgie de la sainte Église de Lyon, d'après les monuments (par M. l'abbé Roux). *Lyon, 1864*. — Recherches historiques sur la liturgie lyonnaise, par L. Morel de Voleine. *Lyon, 1856*. 2 partie en 1 vol. gr. in-8, demi-rel. v. f.

117. Lettres de Sophronius, question liturgique. *Paris, 1864*, 5 lettres. — Défense de la liturgie de Lyon. *Lyon, 1864*. — L'Église de Lyon devant l'Église universelle, par O. Chatelet. *Lyon, 1864*. — A propos d'un pamphlet contre MM. les Curés de Lyon. *Lyon, 1863*. — Ensemble 17 br. liturgiques, réunies en 1 vol. in-8 demi-rel. chag. vert.

118. Lettres parisiennes, discussion et connaissance exacte des deux liturgies, par M. l'abbé Laborde. *Toulouse, Senac, 1848*. — La Question liturgique réduite à sa plus simple expression, par un chanoine (l'abbé Auger). *Paris, Thériot, 1854*. 2 ouvr. en 1 vol. — La Croyance à l'Immaculée Conception de la sainte Vierge ne peut devenir dogme de foi, par l'abbé Laborde. *Paris, Dentu, 1854*, 5

ouvr. en 1 vol. — Discours sur les rapports entre la science et la religion révélée, prononcés à Rome par N. Wiseman. *Paris, Royer*, 1843. — Paraphrase de l'Evangile selon saint Jean, par Nonnos de Panopolis, texte grec rétabli et corrigé, par le comte de Marcellus. *Paris, F.-Didot*, 1861. — Sermons choisis de Bossuet, *Paris, F.-Didot*, 1844, portr. sur acier, grav. par Hopwood. — La Liberté religieuse, par Ed. Laboulaye. *Paris, Charpentier*, 1858. — Histoire des miraculés et des convulsionnaires de saint Médard, par P.-F. Mathieu. *Paris, Didier*, 1864. — Les Évangiles apocryphes, traduits et annotés par Gust. Brunet. *Paris, Franck*, 1848. — De l'Etat présent de l'Eglise catholique romaine en France, par l'abbé Michaud. *Paris, Sandoz*, 1875. — Protestantisme et catholicisme, où faut-il chercher le vrai christianisme? par Ch. Vernes. *Paris, Bonhoure*, 1876. — Ens. 10 vol, in-12, demi-rel. en chag. et en veau.

119. The Sarum missal, in english. *London*, 1868, in-8 cart. angl. en perc. non rogn.

120. Sequences from the Sarum missal, with english translations, by Charles Buchanan Pearson. *London*, 1871, in-16 cart.

d. Saints-Pères. Histoire de l'Église.

121. S. Clementis Romani, S. Ignatii, S. Polycarpi, patrum apostolicorum, quæ supersunt; accedunt S. Ignatii et S. Polycarpi martyria, ad fidem codicum recensuit, adnotationibus variorum et suis illustravit, indicibus instruxit Gulielmus Jacobson, *Oxonii*, 1838, 2 vol. in-8, veau bl. fil.

122. Vindiciæ Ignatianæ, or the genuine writings of S. Ignatius, as exhibited in the ancient syriac version, vindicated from the charge of heresy, by the Rev. William Cureton. *London*, 1846. — On the present state and prospects of christian missions in India; and the duty of the churches at the present crisis of our Indian affairs, by the Rev. R.-C. Mather. *London*, 1858. — Epistola encyclica episcoporum in Anglia congregatorum diebus XXIV-XXVII mensis septembris, anno salutis 1867, græcè et latinè reddita. *Londini*, 1867. — Jesus-Christ, Europe and Asia, being the substance of a lecture delivered ex tempore in the theatre of the Calcutta medical college. *Calcutta*, 1866. — The Arnold prize essay for 1867, by Francis-Henry Jeune, *Oxford*, 1867. — 6 br. réunies en 1 vol. in-8, demi-rel. chagr. La Vall.

123. Les Lettres choisies de S. Jérôme. *A Paris, chez J. Couterot*, 1673, in-8, portr. ant.

124. S. Hippolytus and the church of Rome in the earlier part of the third century, by Chr. Wordsworth. *London*, 1853, gr. in-8 cart.

125. Hippolytus and his age; or the doctrine and practice of the church of Rome under Commodus and Alexander Severus, and ancient and modern christianity and divinity compared, by Christian Ch. Josias Bunsen. *London*, 1852, 4 vol. in-8, portr. cart. perc. v.

126. La Cité de Dieu de saint Augustin, traduction nouvelle avec une introduction et des notes, par M. Emile Saisset. *Paris, Charpentier*, 1855, 4 vol. in-12, demi-rel. chagr. r. non rog.

127. Apologétique de Tertullien, nouvelle traduction, par M. l'abbé J.-Félix Allard. *Paris, Dondey-Dupré*, 1827, in-8, demi-rel. bas.

128. Philosophumena sive hæresium omnium confutatio, opus Origeni adscriptum, e codice parisino productum recensuit, latine vertit, notis instruxit Patricius Cruice. *Parisiis*, 1860, in-8, demi-rel. chag. vert.

129. La Théologie de saint Thomas, ou exposition de la Somme théologique en français, par l'abbé Georges Malé. *Paris et Lyon*, 1857, 2 vol. gr. in-8, demi-rel. chagr. bleu.

130. La Philosophie de saint Thomas d'Aquin, par Charles Jourdain. *Paris, Hachette*, 1858, 2 vol. in-8 br.

131. Histoire de la guerre des Hussites et du concile de Basle, par Jacques Lenfant. *A Utrecht, chez Corneille-Guill. Lefebvre*, 1731, 2 vol. in-4, portr. v. marb.

132. Histoire du concile de Constance, par Jacques Lenfant. *A Amsterdam, chez P. Humbert*, 1727, 2 vol. in-4, portr. et vig. gr. par B. Picart, v. ant. marb.

133. Corneille et Gerson dans l'Imitation de Jésus-Christ, par Onésime Leroy. *Paris, A Leclere*, 1842, in-12, fig. sur bois, demi-rel. v. f.

134. L'Esprit de Gerson, *s. l.*, 1691, in-12, v. ant. marb.

135. Abrégé chronologique de l'histoire ecclésiastique. *Paris, chez Hérissant*, 1768, 3 vol. pet. in-8, v. marb. fil.

136. Le Christianisme et ses origines. — L'Hellénisme, par Ern. Havet. *Paris, Michel Lévy*, 1872, 2 vol. in-8 br.

137. The Papacy, its historic origin and primitive relations with the eastern churches, by the abbé Guettée. *New-York, Carleton*, 1867, in-8. cart angl.

138. Mémoire pour servir à l'histoire des égarements de l'esprit humain, par rapport à la religion chrétienne ; ou dictionnaire des hérésies, des erreurs et des schismes, etc. *A Besançon, chez Petit*, 1817, 2 vol. in-8 demi-rel. bas.

139. Histoire de la papesse Jeanne fidèlement tirée de la dissertation latine de M. De Spanheim, *A Cologne*, 1694, in-12 front. gr. demi-rel. avec c. vil.

140. The Life of pape Clement XIV (Ganganelli), by the marquis Caraccioli. *London, printed for J. Johnson*, 1778, in-8 portr. demi-rel. avec c. v. ant.

141. De l'Histoire profane dans les Actes grecs des Bollandistes, par l'abbé A. Tougard. *Paris, Firm.-Didot f.*, 1874, gr. in-8, demi-rel. chagr. r.

142. Mores catholici, or ages of faith, by Kenelm H. Digby. *Cincinnati*, 1841, 2 vol. in-8 cart. perc. n.

143. Mores catholici, ou âges de foi, traduit de l'anglais de M. Kenelm H. Digby, par L.-C.-A. Dufaur-Henry. *Paris*, 1842, in-8, demi-rel. v. ant.

144. Eutychii Ægyptii, patriarchæ orthodoxorum Alexandrini, ecclesiæ suæ origines, ex ejusdem arabico nunc primum typis edidit ac versione et commentario auxit Joannes Seldenus. *Londini*, 1642, in-4 v. br.

145. History of the martyrs in Palestine, by Eusebius, bishop of Cæsarea, discovered in a very ancient syriac manuscript, edited and translated into english by William Cureton. *London*, 1861, gr. in-8 cart. perc. bl. non rog.

146. Histoire des trois premiers siècles de l'Église chrétienne, par E. de Pressensé. — Le premier siècle, 2 vol. — Deuxième série. — La grande lutte du christianisme contre le paganisme, les martyrs et les apologistes, 2 vol. — Troisième série. — L'histoire du dogme, 1 vol. — Quatrième série. — La vie ecclésiastique, religieuse et morale des chrétiens aux iie et iiie siècles. — *Paris, Meyrueis, Sandoz et Fischbacher*, 1858 à 1877. Ens. 6 vol. in-8 demi-rel. mar. vert.

147. Hippolytus and Callistus; or the church of Rome in the first half of the third century by John J. Ign. von Dollinger, translated with introduction, notes and appendices by Alf. Plumer. *Edinburgh*, 1876, gr. in-8 cart.

148. Histoire de l'Église latine de Constantinople, par M. Belin. *Paris, Challamel*, 1872, in-8, demi-rel. chag. vert.

149. Mediæval preachers and mediæval preaching, a series

of extracts, translated from the sermons of the middle ages, chronologically arranged, by the Rev. J.-M. Veale. *London*, 1856, pet. in-8 cart. perc. non rogn.

150. The See of Rome in the middle ages, by Rev. Oswald J. Reichel. *London, Longmans*, 1870, gr. in-8, cart.

151. Cartulaire de l'église du Saint-Sépulcre de Jérusalem publié d'après les manuscrits du Vatican, par Eug. de Rozière. *Paris, à l'Imp. Nat.*, 1849, in-4 br.

152. The Definitions of faith, and canons of discipline of the six œcumencial councils, with the remaining canons of the code of the universal church, translated by the Rev. W. Andrew Hammond, *Oxford, Parker*, 1843, in-8, demi-rel. avec c. v. f. fil. à fr.

153. Histoire du concile de Pise, et de ce qui s'est passé de plus mémorable depuis ce concile jusqu'au concile de Constance, par Jacques Lenfant. *Amsterdam*, 1724, 2 vol. in-4, portrait, v. fauve antiq.

154. The Life and times of Aonio Paleario, or a history of the italian reformers in the sixteenth century, illustrated by original letters and inedited documents, by M. Young. *London*, 1860, 2 vol. in-8, cart. perc. v. non rog.

155. Histoire du concile de Trente, écrite en italien par Fra Paolo Sarpi, et traduite en français par P.-Fr. Le Courayer. *A Amsterdam, chez J. Wetstein et G. Smith*, 1751, 3 vol. in-4, portrait, veau marb.

156. Mystères de l'inquisition et autres sociétés secrètes d'Espagne, par M. V. de Féréol. *Paris, P. Boizard*, 1845, gr. in-8, fig., demi-rel. avec c. chag. bl.

157. Les Réformateurs avant la réforme, xv° siècle, Jean Huss et le concile de Constance, par Em. de Bonnechose. *Paris, Cherbuliez, Renouard*, 1845, 2 vol. in-8, demi-rel. chag. vert.

158. Vie de Scipion de Ricci, évêque de Pistoie et Prato, par de Potter. *Bruxelles, A. Tarlier*, 1825, 3 vol. in-8, portrait, demi-rel. bas.

159. Histoire de l'Église de France, par l'abbé Guettée. *Lyon et Paris*, 1847, 12 vol. g. in-8, demi-rel., v. f.

160. Topographie ecclésiastique de la France, par M. J. Desnoyers. *Paris, imp. de Lahure*, 1854, 2 part. en 1 vol. gr. in-8, demi-rel. mar. vert.

161. Gallia christiana in provincias ecclesiasticas distributa; tomum sextum decimum, ubi de provincia Viennensi agitur, condidit Bartholomæus Hauréau. *Parisiis, apud F. Didot*, 1865, 3 fascicules in-fol., br.
Tome XVI.

162. Panégyrique de saint Louis, par l'abbé Labouderie. *Paris*, 1824. — Essai sur les hymnes de Santeul, par Floquet. *Rouen*, 1829. — Les fêtes du moyen âge civiles, militaires et religieuses, par A. de Martonne. *Paris*, 1853. — Quelques mots sur les danses modernes, par le vicomte de Brieux-Saint-Laurent. *Paris*, 1868. — Ch. Schœbel. — Le Moïse historique et la rédaction mosaïque du Pentateuque. *Paris, Maisonneuve*, 1875. — Ens. 12 br. réunies en 1 vol. in-8, demi-rel. chag. vert.

163. Histoire de la bienheureuse Marguerite-Marie, religieuse de la Visitation Sainte-Marie, par le P. Ch. Daniel. *Paris, J. Lecoffre*, 1865, in-8 br., portr.

164. Lettre de messire Jacques-Bénigne Bossuet, avant qu'il fût évesque, à la révérende mère abbesse et aux religieuses de Port-Royal, touchant la signature du formulaire. *A Paris, chez Delusseux*, 1727. — Sermon sur l'unité de l'Église, presché à l'ouverture de l'assemblée générale du clergé de France, 1681, par messire Jacques-Bénigne Bossuet. *Paris*, 1735. — Instruction pastorale sur les promesses de Jésus-Christ à son Église, par le même. *Paris*, 1729. — Seconde Instruction....... *Paris*, 1733. — 4 œuvr. en 1 vol. in-12, v. br.

165. Études sur la vie de Bossuet jusqu'à son entrée en fonctions en qualité de précepteur du dauphin (1627-1670), par A. Floquet. *Paris, F.-Didot*, 1855, 3 vol. in-8 br.

166. Un Évêque réformateur sous Louis XIV, Gabriel de Roquette, évêque d'Autun, sa vie, son temps, et le Tartuffe de Molière, d'après des documents inédits, par J.-Henri Pignot. *Paris, Durand*, 1876, 2 vol. in-8 br.

167. Histoire critique de l'assemblée générale du clergé de France en 1682, par M. Tabaraud. *Paris, Baudouin fr.*, 1826, in-8, demi-rel. chagr. bleu.

168. Sur la destruction des jésuites en France, par un auteur désintéressé (d'Alembert). *A Édimbourg, chez J. Balfour*, 1765, in-12, demi-rel., v. ant.

169. La Théologie morale des Jésuites et nouveaux casuistes, représentée par leur pratique et par leurs livres. *A Cologne, chez N. Schouke*, 1659, in-12, v. marb.

170. La Mort en désir, ou préparation à la mort naturelle par la mort mystique. *Bruxelles, chez E. Frick*, 1741. — Les Pseaumes de dom Antoine, roi de Portugal, ou les gémissemens d'un cœur contrit et humilié dans la vue de ses fautes. *Bruxelles*, 1741. — 2 œuvr. en 1 vol. in-12, bois, ant.

171. Discours sur la liberté françoise, prononcé le mercredi 5 août 1789, dans l'église paroissiale de S.-Jacques et des SS.-Innocens, par M. l'abbé Fauchet. *Paris*, 1789, 3 discours. — Oraison funèbre de Ch.-Michel de l'Épée, inventeur de la méthode pour l'instruction des sourds et muets de naissance, prononcée dans l'église paroissiale de Saint-Étienne-du-Mont, le mardi 23 février 1790, par M. l'abbé Fauchet. *Paris*, 1790. — In-8, demi-rel., v. f.

172. Défense de la constitution civile du clergé avec des réflexions sur l'excommunication dont nous sommes menacés, par P.-N. Tabourier. *Chartres*, 1791. — Préservatif contre le schisme, ou questions relatives au décret du 27 novembre 1790. *A Paris, chez Le Clère*, 1791. — Le Préservatif contre le schisme, accusé et non convaincu de graves erreurs, *s. l. n. d.* — La Légitimité du serment civique justifiée d'erreur. *Paris, chez Leclère*, 1791. — 4 ouvr. en 1 vol. in-8, demi-rel., bas. ant.

173. Accord des vrais principes de l'Église, de la morale et de la raison, sur la constitution civile du clergé de France, par les évêques des départements, membres de l'Assemblée nationale constituante. *A Paris, chez Desenne*, 1791, in-8, v. ant.

174. Histoire apologétique du comité ecclésiastique de l'assemblée nationale, ou analyse des décrets sur la constitution civile du clergé, par M. Durand de Maillane. *Paris, chez Buisson*, 1792, in-8, demi-rel. v. f.

175. Tableau des évêques constitutionnels de France, de 1791 à 1801. *A Paris, chez Méquignon-Havard*, 1827. — Réponse intéressante de M. l'évêque de Marseille à MM. les administrateurs du directoire du district, concernant la suppression du siège épiscopal, du 1er décembre 1790. — 2 ouvr. en 1 vol. in-8, demi-rel. chag. vert.

176. Mémoire des évêques françois résidens à Londres, qui n'ont pas donné leur démission. *A Londres*, 1802, in-8, demi-rel. bas.

177. Le Budget des cultes en France depuis le concordat de 1801 jusqu'à nos jours, par Ch. Jourdain. *Paris, Hachette*, 1859, in-8 br.

178. Relation du miracle opéré à Troyes sur Mlle Guélon, le 27 février 1785. *S. l.*, 1787. — Two sermons, occasioned by the circumstances of the present times, preached in Holy-Trinity chapel, Bordesley, Birmingham, by the Rev. J. Oldknow. *London*, 1851-53, 4 sermons. — 5 br. réunies en 1 vol. in-12, demi-rel. v. f.

179. De la Philanthropie chrétienne, par C. Rostan. — Vues générales sur les progrès de la religiosité soit en France,

soit dans l'étranger. — Courte notice sur l'état du monde religieux. — Notice littéraire sur M. Féraud, grammairien, par C. Rostan. — Éloge de M. Mélicy, par M. Achard. — Des Sociétés de prévoyance ou associations de secours mutuels. — Considérations sur les secours économiques et industriels et sur l'abolition de la mendicité. Marseille, 1809. — Le Christianisme et le Protestantisme sont-ils deux choses distinctes? *Paris*, 1828. — Précis de l'histoire de la discipline de la société dite des Quakers. *Paris*, 1822, 11 br. réunies en 1 vol. in-8, demi-rel. bas. r.

180. Du Système électif étendu aux membres du clergé. *Paris*, 1832. — Le Clergé de Napoléon opposé au clergé de Charles X et de Louis-Philippe. *Paris*, 1832. — Etc., etc. — Ens. 6 br. réunies en 1 vol. in-8 cart.

181. Recueil des réfutations de quelques objections tirées des sciences et dirigées contre les vérités religieuses par l'incrédulité moderne (par Louis de Rouen, baron d'Alvimare). *Paris, impr. de Bachelier*, 1839, 2 part. en 1 vol. in-8, demi-rel. v. bl.

182. De l'Harmonie entre l'Église et la Synagogue, ou perpétuité et catholicité de la religion chrétienne, par le chevalier P.-L.-B. Drach. *Paris, P. Mellier*, 1844, 2 vol. in-8, demi-rel. veau vert.

183. Lettre pastorale de Monseigneur l'évêque de Chartres, sur la gloire et les lumières de l'Église de France et sur les périls dont elle semble aujourd'hui menacée. *Chartres*, 1850. — Lettre pastorale (du même) aux fidèles de son diocèse à l'occasion de la démission donnée par ce prélat de ses fonctions et de son titre. *Chartres*, 1853. — Adieux de l'évêque de Chartres au clergé de son diocèse. *Chartres*, 1852. — Effets probables des disputes sur le gallicanisme, par Mgr Clausel de Montals, ancien évêque de Chartres. *Chartres*, 1853. — Coup d'œil sur la constitution de la religion catholique et sur l'état présent de cette religion (par le même). *Chartres*, 1854. — Portrait fidèle de l'Église gallicane (par le même). *Chartres*, 1854. — Ens. 6 br. réunies en 1 vol. in-8, demi-rel. v. f.

184. Études religieuses et littéraires, par E. Rosseeuw Saint-Hilaire. *Paris*, 1863. — Études évangéliques, par Éd. de Pressensé. *Paris, s. d.* — La Mission temporelle du Saint-Esprit, par Mgr H.-E. Manning, traduit de l'anglais par J. Gondon. *Paris*, 1867. — Introduction à la vie dévote, par saint François de Sales. *Paris*, 1869. — Vie de l'abbé Nicolle, par l'abbé Frappaz. *Paris*, 1857. — Divinité du christianisme, par lord J.-B. Sumner, traduit de l'anglais par de Fresne. *Paris*, 1860. — Histoire des réfugiés pro-

testants de France, par Ch. Weiss. *Paris*, 1853. — Le père Lacordaire dans l'audace et dans l'humilité de son génie, par A. Guillemin. *Paris*, 1862. — La Bible en France, ou les traductions françaises des saintes Écritures, par Em. Pétavel. *Paris*, 1864. — Ens. 9 vol. in-12 et in-8 br.

185. La Morale philosophique avant et après l'Évangile, par le P. Daniel. *Paris*, 1856. — De quelques Idées symboliques se rattachant au nom des douze fils de Jacob, par H. de Charencey. *Paris, Maisonneuve*, 1874. — Souvenir des conférences ecclésiastiques du canton de Chasselay, par l'abbé Valin. *Lyon*, 1855. — Explication des deux généalogies de N.-S. Jésus-Christ, par l'abbé Valin. *Lyon*, 1864. — Ens. 5 ouvr. réunis en 1 vol. in-8, demi-rel. v. f.

186. Discours prononcés en l'église Sainte-Geneviève, à la messe du Saint-Esprit, le dimanche 24 novembre 1867. *Paris*, 1867. — Inscriptions concernant la célèbre maison de Port-Royal-des-Champs. — De Immaculata beatæ Virginis Mariæ conceptione, auctore C. J. (Jacquemont). *Parisiis*, 1854. — D'une nouvelle église à Fourvières, par D. Meynis. *Lyon*, 1866. — Lettres sur le bréviaire romain. *Pont-à-Mousson*, 1864. — Réponses diverses aux lettres sur le bréviaire romain. — Théorie et pratique de la sonnerie religieuse à Lyon, par C. Gourju. *Lyon*, 1867. — Ens. 7 br. réunies en 1 vol. in-8, demi-rel. chag. la Vall.

187. Du Pouvoir temporel de la papauté, par M. Bonjean, sénateur. *Paris, Lahure*, 1862, gr. in-8, demi-rel. chagr. rouge, tr. peign.

188. Matières religieuses, par MM. Vincent, Guettée, de Pressensé, F. Nève, etc., etc. 14 br. réunies en 1 vol. in-8, demi-rel. mar. la Vall.

189. La Théologie des familles chrétiennes, par M. l'abbé Tamisey. *Paris, Lecoffre*, 1856, 5 vol. — Le Philosophe inconnu, réflexions sur les idées de L. Claude de Saint-Martin, le théosophe, par L. Moreau. *Paris, Lecoffre*, 1850. — Ens. 6 vol. in-12, demi-rel. veau.

190. Dupanloup. — M. Duruy et l'éducation des filles. *Paris, Douniol*, 1867. — Seconde lettre sur M. Duruy et l'éducation des filles. *Paris*, 1867. — La Femme chrétienne et française, dernière réponse à M. Duruy et à ses défenseurs. *Paris*, 1868. — Lettre à M. le vicomte de la Guéronnière en réponse à sa brochure : la France, Rome et l'Italie. *Paris*, 1864. — Ens. 4 br. réunies en 1 vol. in-8, demi-rel. chag. v.

191. Les Alarmes de l'épiscopat justifiées par les faits, lettre

à un cardinal, par Mgr l'évêque d'Orléans. *Paris, Douniol*, 1868. — Le Plan de la Genèse, par A. Delattre. *Paris, Palmé*, 1876. — Les Origines linguistiques de l'Aquitaine, par A. Lachaire. *Pau*, 1877. — Beowulf, épopée anglo-saxonne, traduite en français par L. Botkine. *Havre*, 1877. — Ens. 4 ouvr. réunis en 1 vol. in-8, demi-rel. v. f.

192. De l'Unanimité morale nécessaire dans les conciles pour les définitions dogmatiques. *Paris, Ch. Douniol*, 1870. — La Politique religieuse de la Prusse (1873). — De l'Ultramontanisme et du gallicanisme, par l'abbé Valin. *Lyon*, 1877. — Pierre d'Aigrefeuille, évêque d'Avignon, preuves de son épiscopat, élimination de trois faux évêques d'Avignon, par l'abbé Albanès. *Marseille*, 1877. — 4 pièces en 1 vol. in-8, demi-rel. chag. bl.

193. The Family and the Church, by the reverend father Hyacinthe, edited by Leonard Woolsey-Bacon. *New-York*, 1870, in-8, cart. perc. v.

194. The gallican Church, a history of the church of France, from the concordat of Bologna, by Rev. W. Henley Jervis. *London, John Murray*, 1872, 2 vol. in-8, cart.

195. Discorsi del sommo pontefice Pio IX pronunziati in Vaticano ai fedeli di Roma....., publicati dal P. Don Pasquale de Franciscis dei Pii Operarj. *Roma*, 1872, 2 vol. in-12, portr. br.

196. Rome and the newest fashions in religion, three tract. the Vatican decrees. — Vaticanism speeches of the Pope, by the Right Hon. W. E. Gladstone. *London, John Murray*, 1875, gr. in-8 cart.

197. Foi et lumières. — Considération sur les rapports actuels de la science et de la croyance. *Paris et Nancy*, s. d., gr. in-8, demi-rel. v. f.

198. Essais sur la réforme catholique, par Bordas-Demoulin et F. Huet. *Paris, Ladrange*, 1856. — Jean Vallon. La Cour de Rome et la France. *Paris, Lachaud*, 1871. — Le Pape et le concile, par Janus, traduit de l'allemand par Giraud-Teulon. *Paris, Lacroix*, 1869. — Le Concile du Vatican, son histoire et ses conséquences politiques et religieuses, par E. de Pressensé. *Paris, Sandoz et Fischbacher*, 1872. — La Vérité sur le concile, par M. J. Wallon. *Paris, Sandoz*, 1872. — Précis historique de la réformation religieuse en Angleterre, par J. Blunt. *Paris, Sandoz*, 1873. — Preces privatæ quotidianæ Lancelotti Andrewes, edidit Fredericus Meyrick. *Londini*, 1865. — Ens. 7 vol. in-12, demi-rel. v. f.

La reliure est uniforme.

199. The new Reformation, a narrative of the old catholic movement, with a historical introduction, by Theodorus. *London*, 1875, gr. in-8, cart.

200. Lettre sur le futur concile œcuménique adressée par Mgr Dupanloup au clergé de son diocèse. *Paris, Douniol*, 1868. — Le Concile œcuménique et les droits de l'État. *Paris, Dentu*, 1869. — La Dernière Heure du concile. *Paris*, 1870. — Esquisse historique sur l'ancienne Eglise catholique dans les Pays-Bas, par Ch. V. V... *Paris*, 1861. Les Odeurs ultramontaines, par l'abbé ***. *Paris*, 1867. — Ens. 5 br. réunies en 1 vol. in-8, demi-rel. chag. vert.

201. Examen bullæ ineffabilis institutum et concinnatum juxta regulas sanioris theologiæ a fratre Braulio Morgaez. *Paris, Huet*, 1858, in-8, demi-rel. v. f.

202. Le Concile du Vatican et le mouvement anti-infaillibiliste en Allemagne. *Bruxelles*, 1871-1874, 2 tomes en un vol. gr. in-8, demi-rel. mar. rouge. — L'Excommunication du professeur Dr J. Friedrich à Munich et sa réponse avec portrait. — L'Excommunication du chanoine D^r von Dœllinger et sa déclaration en réponse, avec portrait.

203. L'Église, le pape et le concile œcuménique, par l'abbé E. d'Upalgaz. *Paris, Dentu*, 1868. — Analyse de la profession de foi du S. P. Pie IV, par Antoine Pereira de Figueiredo. *Paris, E. Thorin*, 1870, 2 ouvr. en un vol. in-8, demi-rel. chag. la Vall.

204. Dissertations sur l'histoire ecclésiastique et civile de Paris, suivies de plusieurs éclaircissemens sur l'histoire de France, par M. l'abbé Lebœuf. *A Paris, chez Lambert et Durand*, 1739, 3 vol. in-12, v. ant.

205. Second Fragment de l'histoire générale et particulière du grand et vieux diocèse de Chartres, par M. Roux. Liturgie gallicane chartraine. *Chartres, Pétrot-Garnier; Paris, Durand*, 1860, in-8, demi-rel. avec c. mar. viol. fil. tr. dor.

Envoi autographe signé de l'auteur à Sa Sainteté Pie IX.

206. Premier Fragment de l'histoire générale et particulière du grand et vieux diocèse de Chartres, par M. Roux; Gallardon (Eure-et-Loir). *Chartres*, 1857, plaq. in-8 cart.

207. Histoire de la sainte église de Vienne depuis les premiers temps du christianisme, jusqu'à la suppression du siège, en 1801, par F.-Z. Colombet. *Lyon*, 1847, 3 vol. in-8, demi-rel. bas. n.

208. Manière de réciter le chapelet, à l'usage des dévots de Notre-Dame-de-la-Garde. *A Marseille, chez Favet*, 1784, plaq. in-12 de 24 p. p. v. f. fil.

209. Histoire de l'Eglise de Lyon depuis son établissement par saint Pothin, dans le second siècle de l'Eglise, jusqu'à nos jours, par M. Poullin de Lumina. *A Lyon, chez J.-L. Berthoud*, 1770, in-4, v. marb.

210. Explication des cérémonies de la Fête-Dieu d'Aix en Provence. *A Aix, chez Esprit David*, 1777, in-12, figures, demi-rel., chag. vert.

211. Venerabilis Bedæ Historia ecclesiastica gentis Anglorum, ad fidem codicum manuscriptorum recensuit Josephus Stevenson. *Londini*, 1838, gr. in-8 cart. non rog.

212. Chronicles of the ancient british church, previous to the arrival of S. Augustin. *London*, 1851, pet. in-4, cart. perc. ébarb.

213. Theophilus Anglicanus, ou de l'Église catholique et de sa branche anglicane, par le révérend C. Wordsworth, traduit de l'anglais. *Oxford et Londres*, 1861, in-12 cart.

214. The primitive and catholic Faith, in relation to the church of England, by the rev. Bourchier Wrey Savile. *London*, 1875, in-8 cart. angl. perc.

215. Les Antiquités de l'Église anglo-saxonne, par le R. docteur John Lingard, traduites de l'anglais par A. Cumberworth, *Paris*, 1828, in-8, veau rac.

216. Marie la Sanglante, histoire de la grande réaction catholique sous Marie Tudor, précédée d'un essai sur la chute du catholicisme en Angleterre, par E. Hamel. *Paris, Poulet-Malassis*, 1862, 2 vol. in-8, portr. lith. demi-rel. mar. la Vall. non rog.

217. Du Mouvement religieux en Angleterre, ou les progrès du catholicisme et le retour de l'Église anglicane à l'unité, par un catholique (L. Gondon). *Paris, Sagnier et Bray*, 1844, gr. in-8, demi-rel., v. f.

218. De la Réunion de l'Eglise d'Angleterre — protestante — à l'Eglise catholique, par J. Gondon. *Paris*, 1867, in-8 br.

219. Essays on the Re-Union of christendom by members of the roman catholic, oriental and anglican communions, edited by the rev. Frederik George Lee, with an introductory essay by the rev. R. B. Pusey. *London*, 1867, in-12, cart.

220. J.-H. Newman. — Histoire du développement de la doctrine chrétienne, ou motifs de retour à l'Église catholique, traduite de l'anglais par J. Gondon. *Paris*, 1848. — Conférences adressées aux protestants et aux catholiques. *Paris*, 1850. — Conférences prêchées à l'oratoire de Londres. *Paris*, 1851. — Nouvelles Conférences : le catholi-

cisme travesti par ses ennemis, traduit de l'anglais par J. Gondon. *Paris, s. d.* — Ens. 4 vol. in-8 br.

221. Catholic nations and protestant nations compared in their threefold relation to wealth, knowledge and morality, by Napoléon Roussel. *London, s. d.*, in-8 cart.

222. De antiquis monachorum ritibus, libri quinque....; studio et cura D. Edmundi Martene. *Lugdini, sumptibus Anesson, Posuet et Rigaud*, 1690, id-4, vél. est. fermoirs en cuivre.

223. Histoire de l'abbaye de N.-D. de Coulombs, rédigée d'après les titres originaux par Lucien Merlet. *Chartres*, 1864, in-12 br. fig.

224. Encyclopédie monastique, ou histoire des monastères, congrégations religieuses et couvents qui ont existé en France, par M. Ch. Chabot. *Paris, Ed. Leroy*, 1827, in-8, demi-rel., chag. r.

225. Extrait d'un sermon prêché le jour de Saint-Polycarpe à Saint-Jean en Grève à Paris, avec les preuves des faits qui y sont avancés. *A Liège, chez Jean Henry*, 1689, in-12, v. ant.

226. Sermons catholiques, pour tous les jours de caresme et fériés de Pasques, faits en l'église Saint-Estienne-du-Mont à Paris, par feu de bonne mémoire maistre Simon Vigor, docteur en théologie, n'aguères archevesque de Narbonne et prédicateur du roy, reveuz par M. J. Christi. *A Paris, chez Fr. Guesfier*, 1588, pet. in-8, vél.
Bel exemplaire.

227. Predicatoriana, ou révélations singulières et amusantes sur les prédicateurs, par G. P. Philomneste (Gabriel Peignot). *Dijon, V. Lagier*, 1841, in-8, demi-rel. mar. vert.

228. L'*Univers* jugé par lui-même, ou études et documents sur le journal l'*Univers* de 1845 à 1855. *Paris, E. Dentu*, 1856. — Projet proposé pour la restauration de l'Eglise catholique primitive. *S. l. n. d.*, en 2 ouvr. en 1 vol. in-8, demi-rel. v. f.

229. L'Observateur catholique, revue des sciences ecclésiastiques et des faits religieux. *A Paris, chez Huet*, 1856 à 1868. 12 vol. in-8, demi-rel. v. f.

230. Histoire orientale des grands progrès de l'Eglise catholique, en la réduction des anciens chrestiens, dite de saint Thomas, de plusieurs autres schismatiques et hérétiques à l'union de la vraye Eglise, conversion encor des mahométains, Mores et payens, par les bons devoirs du R^{me} et Illust^{me} seigneur don Alexis de Menerses, composée en langue portugaise par le R. P. F. Antoine Gouea, et puis

mise en espagnol par vénérable P. F. François Munoz, et tournée en françois par F. Jean-Baptiste de Glen. *En Anvers, par Hierosme Verdussen,* 1609. — La Messe des anciens chrétiens dits de saint Thomas, en l'évêché d'Anganal, ès Indes orientales : repurgée des erreurs et blasphèmes du nestorianisme, par don Alexis de Menerses, traduite *de verbo ad verbum* du syriaque ou surien en langue latine, y prémise une remonstrance catholique aux peuples des Pays-Bas, des fruits et utilité de la précédente histoire, et de la messe subséquente; par F. Jean-Baptiste de Glen, Liégeois. *En Anvers, par Hierosme Verdussen,* 1689, 2 ouvr. en 1 vol. in-8, vél. à recouv.

231. Histoire du christianisme des Indes, par M. V. La Croze. *A la Haye, chez Vaillant et N. Prevost,* 1724, in-12 carte et figures, veau br. — 4 - "

232. Relation de l'inquisition de Goa. *A Paris, chez Danie Hortemels,* 1688, in-12 fig. v. f. ant. fil. — 6 - "

233. Soirées de Carthage, ou dialogues entre un prêtre catholique, un muphti et un cadi, par M. l'abbé Bourgade. *Paris, F.-Didot,* 1847, in-8 br. — 1 - "

234. La Clef du Coran, faisant suite aux Soirées de Carthage, par l'abbé Bourgade. *Paris, chez J. Lecoffre,* 1852, in-8 broché. — 1 - "

235. The Testimony borne by te Coran to the Jewish and Christian scriptures, published by the Agra religions tract and book society. *Agra,* 1856, grand in-8, demi-rel. v. viol. — 3 - 50

236. Passage du Coran à l'Evangile faisant suite aux Soirées de Carthage et à la Clef du Coran, par l'abbé F. Bourgade. *Paris, F.-Didot,* 1855, in-8 br. — 1 - "

237. Makhzan i Masihi, or christian treasury. *Allahabad,* 1869, 4 tomes en 3 vol. in-8, nombr. gr. sur bois, demi-rel. avec c. bas. — 12 - "

238. Christianity in India, an historical narrative, by John William Kaye. *London,* 1859, in-8, cart. angl. perc. la Vall. non rog. — 6 - "

239. Catéchisme détaillé de l'Eglise catholique orthodoxe d'Orient, traduit du russe. *Paris, Klincksick,* 1854. — Lettre encyclique de S. S. le pape Pie IX aux chrétiens d'Orient, et encyclique responsive des patriarches et des synodes de l'église d'Orient, traduites du grec par le docteur Démétrius Dallas. *Paris,* 1850. — Réponse de l'Eglise orthodoxe d'Orient à l'encyclique du pape Pie IX, etc. *Paris,* 1850. — 3 ouv. en 1 vol. in-8, demi-rel. chag. la Vall. — 5 - 50

240. Cartas de Luiz Antonio Verney e Antonio Pereira de Figueiredo aos padres da congregação de oratorio de Goa. *Nova-Goa*, 1858. — Perigos presentes da Igreja catholica ponderados por um Portuguez. *Nova-Goa*, 1861, 2 part. — O arcebispo de Goa e a congregação de propaganda fide, por um Portuguez. *Nova-Goa*, 1862. — Speeches and addresses of the public meeting of the roman catholics of the diocese of Saint-Thoma. *Madras*, 1862. — Ens. 5 br. réunies en 1 vol. in-8 cart.

241. Annales de l'Association de la propagation de la foi, collection faisant suite à toutes les éditions des Lettres édifiantes. *A Paris et à Lyon, chez Rusand*, 1827 à 1878, 50 vol. in-8, demi rel. bas.

Les deux dernières années sont en livraisons.

e. *Port-Royal. Église Gallicane.*

242. Mémoires pour servir à l'histoire de Port-Royal, par M. Dufossé. *A Utrecht*, 1739, in-12, v. br.

243. Histoire abrégée de l'abbaye de Port-Royal. *Paris*, 1710. — Avertissements sur les prétendues rétractations des religieuses de Port-Royal des Champs. *S. l.*, 1711. — 2 ouvr. en 1 vol. in-12, v. br.

244. Les Constitutions du monastère de Port-Royal du Saint-Sacrement. *A Mons, chez Gaspard Migeot*, 1665, in-12, portr. v. br.

245. Théologie familière, avec divers autres petits traitez de dévotion, par messire Jean Duvergier de Hauranne. *A Paris, chez J. Le Mire*, 1645, in-12, mar. r. fil. tr. dor. (*Reliure ancienne*).

Exemplaire réglé.

246. Lettres chrestiennes et spirituelles de messire Jean Duvergier de Hauranne, abbé de Saint-Cyran. *Paris, chez J. Le Mire*, 1648, 2 vol. pet. in 8, portr. chagr. n. comp. à fr.

247. L'Esprit de M. Arnaud, tiré de sa conduite et des écrits de luy et de ses disciples, particulièrement de l'apologie pour les catholiques. *A Deventer, chez les héritiers de J. Colombius*, 1684, 2 vol. in-12, vél.

248. Pensées de Pascal, publiées par Ern. Havet. *Paris, Ch. Delagrave*, 1866, 2 vol. in-8 br., plus la table analytique et lexique des Pensées de Pascal.

249. Lettres de la mère Agnès Arnaudet, abbesse de Port-Royal, publiées par M. P. Faugère. *Paris, Rey-Duprat*, 1858, 2 vol. in-8, demi-rel. v. fauve.

THÉOLOGIE.

250. Apologie pour les religieuses de Port-Royal du Saint-Sacrement, contre les injustices et les violences du procédé dont on a usé envers ce monastère. *S. l.*, 1665, 4 part. réunies en un vol. in-4, bas. ant.

251. Les Imaginaires, ou Lettres sur l'Hérésie imaginaire, par le sieur de Damvilliers. *A Liège, chez Alphonse Beyers*, 1667, 2 vol. in-12, v. brun.

252. Les Imaginaires, ou Lettres sur l'Hérésie imaginaire. — Les Visionnaires, ou seconde partie des Lettres sur l'Hérésie imaginaire. *A Liège, chez A. Beyers*, 1667, 2 vol. in-12, vél.

253. Histoire des cinq Propositions de Jansénius. *A Liège, chez Moumal*, 1700, 2 vol. in-12, mar. r. fil. tr. dor. (*Reliure ancienne.*)

254. Catéchisme sur l'Église, pour les tems de troubles, etc. *S. l. n. d.* (Manque le titre). — Histoire de l'origine des Pénitens et Solitaires de Port-Royal des Champs. *Mons, chez Migeot*, 1733. — Relation de la retraite de M. Arnauld dans les Pays-Bas, en 1679, *Mons*, 1733. — Mémoires pour servir à l'histoire de P.-R. ou Relations de la vie de quelques-unes des filles de la Mère Angélique, 1733. — L'Appel des quatre Évêques et de la Sorbonne au futur concile de la constitution Unigenitus. *S. l.*, 1717, ens. 5 ouv. en un vol. in-12, v. br.

255. Nécrologe de l'abbaïe de Notre-Dame de Port-Roïal des Champs. *A Amsterdam, chez N. Potgieter*, 1723, in-4, v. ant. — Supplément au Nécrologe, etc. *S. l.*, 1735, in-4, v. ant.

256. Premier Gémissement d'une dame vivement touchée de la destruction du saint monastère de Port-Royal des Champs. *S. l.* 1714. — Second Gémissement..... *S. l.* 1713. — Troisième Gémissement..... *S. l.* 1717. — Quatrième Gémissement d'une dame vivement touchée de la constitution de N. S. P. le pape Clément XI, du 8 septembre 1713. *S. l.*, 1724, 4 part. en un vol. in-12, vél.

Bel exemplaire dans sa première reliure. Les trois premiers Gémissements sont par l'abbé Le Sesne d'Etemare, et le quatrième par le P. Fr. Boyer, oratorien.

257. Les Ruines de Port-Royal en mil-huit-cent-un, par le citoyen Grégoire. *S. l. n. d.*, plaq. in-8 cart.

258. Vie de M. de Paris, diacre du diocèse de Paris. *En France*, 1738, in-12, fig. v. br.

259. La Vérité des miracles opérés par l'intercession de M. de Paris, démontrée contre M. l'archevêque de Sens, par M. de Montgeron. *A Utrecht*, 1737, in-4, v. ant.

260. Anecdotes ou Mémoires secrets sur la constitution Unigenitus. *A Utrecht, chez Corneille Guill. Le Febvre*, 1733, 3 vol. in-12, mar. r. fil. tr. dor. (*Reliure ancienne*.)

261. Recueil de divers ouvrages au sujet de la constitution Ugenitus. *A Utrecht*, 1740. — Jésus-Christ sous l'anathème et sous l'excommunication, etc. *Utrecht*, 1730, 2 ouvr. en un vol. in-12, bas. marb.

262. La Pragmatique Sanction, contenant les decrets du Concile national de l'Église gallicane, assemblée en la ville de Bourges, au règne du roy Charles septiesme, avec le concordat d'icelle, entre le très-chrestien roy Francois, premier de ce nom, et le pape Léon dixiesme. *A Paris, par V. Sertenas*, 1561, in-12 de 58 f. f. demi-rel. chag. bl.

263. Controverse pacifique sur les principales questions qui divisent et troublent l'Église gallicane. *Londres, Dulau*, 1802, in-8, demi-rel. avec c. v. r.

264. Les Maximes de l'Église gallicane, victorieuses des attaques des modernes ultramontains, par un curé du diocèse de Lyon (l'abbé Jacquemont). *A Lyon*, 1818, in-8, demi-rel. chag. la Vall.

265. Essai historique sur les libertés de l'Église gallicane et des autres Églises de la catholicité, pendant les deux derniers siècles, par M. Grégoire. *A Paris*, 1818, in-8, cart. dérel.

266. Les Vrais Principes de l'Église gallicane, sur la puissance ecclésiastique, la papauté, les libertés gallicanes, la promotion des évêques, les trois concordats et les appels comme d'abus, par M. D. Frayssinous. *Paris, imp. d'Adrien Le Clère*, 1826, in-8 cart. non rog.

267. Les Libertés de l'Église gallicane, depuis l'établissement du christianisme dans les Gaules jusque vers la fin du XVIII° siècle, par Boucher de Courson. *A Paris, chez Petit*, 1826, in-8, demi-rel. chag. r.

268. Lettre des évêques de Hollande, S. S. Jean Van Santen et Henri J. Van Buul, à notre saint-père le pape Pie IX, au sujet de la lettre apostolique *ex qua die*, en date du 4 mars 1853. *Paris, s. d.* — De l'Usage et de l'abus des opinions controversées entre les ultramontains et les gallicans. *Paris*, 1845. — De la Voie d'autorité, par M. l'abbé Laborde. *Bordeaux*, 1839. — Jansénisme et Jésuitisme, ou Examen des accusations de jansénisme soulevées par M. Lequeux contre M. l'abbé Guettée. *Paris*, 1857. — Examen de la conduite schismatique de M. l'archevêque de Paris envers M. Debertier, ancien évêque de Rodez. *Paris*, 1832, ens. 7 pièces réunies en un vol. in-8, demi-rel. v. f.

269. Protestation et appel respectueux en faveur de la Liturgie gallicane-chartraine, second fragment de l'histoire générale et particulière du grand et vieux diocèse de Chartres, par M. Roux. *Paris, Durand*, 1860, in-8, demi-cart. pere.

270. Brochures gallicanes. — L'Église de France injustement flétrie, par M⁰ʳ l'archevêque de Toulouse, 1843. — Le Journalisme dans l'Église, mémoire adressé à l'Épiscopat, par l'abbé Lequeux. — Le Pape et les Évêques, défense du livre sur le concile général et la paix religieuse, par M⁰ʳ H.-L.-C. Maut. *Paris, H. Plon*, 1869, ens. 4 ouvr. en un vol. in-8, demi-rel. chagr. brun.

271. Réunion de 4 brochures gallicanes, par l'abbé Laborde, l'abbé Guettée, M. de Pressensé, rel. en un vol. in-8, demi-rel. v. f.

272. De l'Ultramontanisme et du Gallicanisme, par l'abbé Valin. *Lyon, Ch. Méra*, 1868, in-8 de 89 p. p. demi-rel. v. f.

273. Ce qui se passe au Concile. *Paris, H. Plon*, 1870. — Histoire de la croisade contre les libertés de l'Église de France, par Laurent Sponton. *Paris, E. Dentu*, 1870, in-8, demi-rel. chag. la Vall.

274. A History of the so called jansenist church of Holland, by the Rev. J. M. Neald. *Oxford*, 1858, in-8 cart. perc. bl.

f. *Protestantisme.*

275. Origines liturgicæ, or antiquities of the english ritual, and a dissertation on primitive liturgies, by the Rev. W. Palmer. *Oxford*, 1832, 2 vol. in-8, fig. demi-rel. avec c. v. (*Rel. ang.*).

276. Liturgiæ britannicæ, or the several editions of the book of common prayer of the church of England, from its compilation to the last revision together with the liturgy set forth for the use of the church of Scotland, by W. Keeling. *London*, 1842, in-8, demi-rel. avec c. v. ant. (*Rel. ang.*).

277. Essays on liturgiology and church history, by the Rev. J.-M. Neale. *London*, 1863, in-8 cart. non rog.

278. A Glossary of liturgical and ecclesiastical terms, compiled and arranged by the Rev. Frederick George Lee. *London, B. Quaritch*, 1877, gr. in-8, demi-rel. chag. la Vall. n. rog.

279. Church vestments : their origin, use and ornament, by

Anastasia Dolby. *London*, 1868, in-4, fig. au trait, cart. angl. perc.

280. A Dissertation on the validity of the ordinations of the English and of the succession of the bishops of the Anglican church ; by the Rev. Father Pierre-François Le Courayer. *Oxford, John-H. Parker*, 1844, gr. in-8, cart.

281. A Dissertation on the validity of the ordinations of the english and of the succession of the Bishops of the Anglican church, etc., by the Rev. Father Pierre-François Le Courayer. *Oxford, J.-H. Parker*, 1844, in-8 cart. perc. v.

282. A Rationale, or practical exposition of the book of common prayer, by the right reverend father in God, Anthony Sparraw, to wich are prefixed the lives of the compilers of the liturgy ; and an historical account of its several reviews, by the reverend M. Samuel Dawnes. *London*, 1722, in-8, front. gr. v. f. ant. fil.

283. A Compendium of the book of common prayer, and administration of the sacraments, and other rites and ceremonies according to the use of the church of England, translated into the hindoostanee language. *Calcutta*, 1814, in-8. demi-rel. bas. v.

284. The holy Year, or hymns for sundays and holy days. *London*, 1862, in 12 cart. percal. bl.

285. Singers and songs of the church : being biographical sketches of the hymn writers in all the principal collections, by Josiah Miller. *London*, 1869, in-8 cart. angl. perc. viol. non rog.

286. Hymnus for the church of England. *London*, 1873, in-12 cart. angl. perc.

287. The heavenly soul's daily Exercise, morning and evening : being a manual of devout prayers for every day in the week, by a member of the church of England. *London*, 1710, in-18, fig. demi-rel. avec c. chag. la Vall.

288. Ecclesiology, a fresh inquiry as to the fundamental idea and constitution of the New Testament church, by rev. E.-J. Fish. *New-York*, 1875, pet. in-8, cart. angl. perc. bl.

289. The clergyman's Vade-mecum ; or, an account of the ancient and present church of England, the duties and rights of the clergy, etc. *London*, 1715, 2 vol. in-12, v. f. fil.

290. Morceaux d'éloquence extraits des sermons des orateurs protestants français les plus célèbres du dix-septième siècle, par A. Caillot. *Paris*, 1810, in-8, demi-rel. v. vert.

THÉOLOGIE.

291. A Sermon of Cuthbert Tonstall, bishop of Durham, preached on palm sunday, 1539, before King Henri VIII. *London*, 1823, in-12, demi-rel. v. f.

292. Certain Sermons or homilies appointed to be read in churches in the time of the late queen Elizabeth of famous memory, to which are added the constitutions and canons ecclesiastical set forth in the year 1603. *Oxford*, 1840. in-8, v. f. fil.

293. Sermons on various points of doctrine and practice, by J. Oldknow. *London, Hayes*, 1898, in-12, cart. angl. perc. non rog.

294. The english Reformation, by Francis Ch. Massingberd. *London, J.-W. Parker*, 1847, in-12, v. bl. fil.

295. The History of the reformation of the church of England, by Gilbert Burnet, bishop of Salisbury. *London, William*, 1830, 2 vol. gr. in-8 cart.

296. Histoire de la réforme en Angleterre, par le rév. Fl. Massingberg, traduit de l'anglais. *Oxford*, 1838, in-12, v. bleu. fil.

297. The Church of England, a portion of Christ's one holy catholic church, and a means of restoring visible unity. An Eirenicon, in a letter to the author of « The christian year », by E.-B. Pusey. *Oxford*, 1865, in-8, cart. perc. viol.

298. Orthodox London, or phases of religious life in the church of England, by the author of « Heterodox London » (Ch.-Maurice Davies). *London*, 1874, in-3, cart. perc. la Vall. non rog.

299. Heterodox London: or phases of free thought in the metropolis, by rev. Charles-Maurice Davies. *London*, 1874, 2 vol. in-8 cart. perc. la Vall. non rog.

300. Unorthodox London: or phases of religious life in the metropolis, by the rev. C. Maurice Davies, *London*, 1875, in-8 cart. angl. perc. la Vall. n. rog.

301. The protestant Reformation in France; or history of the Hugonots. *London, Richard Bentley*, 1847, 2 vol. in-8, portraits demi-rel. v. f. (*Rel. angl.*)

302. Histoire des Églises du désert chez les protestants de France, par Ch. Coquerel. *Paris, Cherbuliez*, 1841, 2 vol. in-8, demi-rel. v. fauve.

303. History of the french protestant refugees from the revocation of the edict of Nantes to the present time, by Ch. Weiss, translated by Frederyck Hardman. *London*, 1854, in-8, cart. perc.

304. L'Église et la Révolution française. Histoire des relations de l'Église et de l'Etat de 1789 à 1802, par Edm. de Pressensé. *Paris, Ch. Meyrueis,* 1867, in-8, demi-rel. v. f.

305. History of the progress and suppression of the reformation in Italy in the sixteenth century by Thomas M'Crie. *London,* 1827, in-8, demi-rel. avec c. v. ant.

306. History of the progress and suppression of the reformation in Spain in the sixteenth century, by Thomas M'Crie. *London,* 1829, in-8, demi-rel. v. f.

307. The History of the religious movement of the eighteenth century, called methodism, etc., by Abel Stevens. *New-York, s. d.,* 2 vol. pet. in-8, portr. cart. perc. n.

308. Eight months at Rome during the Vatican Concil, impressions of a contemporary, by Pomponio Leto. *London, John Murray,* 1876, in-8, cart.

309. The Pope, the Kings and the People, a history of the movement to make the Pope governor of the World by an universal reconstruction of society from the issue of the Syllabus to the close of the Vatican Council, by William Arthur. *London,* 1877, 2 vol. in-8, cart. angl. perc. non rog.

310. British Monachism; or, manners and customs of the monks and nuns of England, by Thomas Dudley Fosbrooke. *London,* 1817, in-4, fig. demi-rel. avec c. v. ant. (Rel. angl.)

311. Le Pauvre Horloger de Genève (par le P. Malant, de Genève). *Paris,* 1823. — La Valaisane (par le même). *Paris,* 1823. — L'Union dans la prière pour la propagation de l'Évangile, publiée par Jonatham Edwards. *Paris,* 1823. — Les Braves et honnêtes petits Garçons. *Paris,* 1825. — Germain le bûcheron. *Paris,* 1825. — Lettre d'un catholique de Marseille à un protestant son ami, par le chanoine G. Martin. *Marseille,* 1823. — Tableau des diverses religions professées de nos jours, par Frossard. *Nismes,* 1827. — Ens. 7 ouvr. réunis en 1 vol. in-12, demi-rel. v.

312. Piety without asceticism, or the protestant Kempis : a manual of christian faith and practice, selected from the writings of Scougal, Charles How and Cudworth, by John Jebb. *London, James Duncan,* 1830, in-8, v. f. ant.

313. Bishop Challoner's Meditations for every day in the year, revised and compressed into one volume, by the R. F. C. Husenbeth. *London,* 1839, in-8, cart. perc. bl.

314. Nouveau Précis élémentaire d'instruction religieuse, par M. Berr. *A Pont-à-Mousson*, 1842. — Saint Christodule et la réforme des couvents grecs au xv° siècle, par Ed. Le Barbier. *Paris, F. Didot*, 1863. — Correspondence between the Rev. J. Wyse and the Rev. J. Oldknow. *London*, 1857. — Four Lectures, by Keshub Chunder Sen, published by Sophia Dobson Collet. *London*, 1870. — 4 ouvr. en 1 vol. in-12, demi-rel. v. f.

315. The whole Evidence against the claims of the roman church, by Sanderson Robins. *London*, 1855. pet. in-8, cart.

316. L'Église anglicane n'est point schismatique, par feu J. Meyrick. *Oxford*, 1855. — Doctrine de l'Eglise anglicane. *Londres*. — Lettre à Mgr Parisis, sur les erreurs historiques qui existent dans la communion romaine, à l'égard de l'Église anglicane, par Cleveland Corce. *Oxford*, 1856. — De la Validité des ordinations de l'Eglise anglicane, par J. Oldknow. *Oxford*, 1856. — Caractère de l'Eglise d'Angleterre, par J. Jebb. *Oxford*, 1859. — Religion catholique primitive du royaume d'Angleterre, exposée dans toute sa pureté. *S. l. n. d.* — Exposition du culte divin, des offices, rites et cérémonies de l'Eglise anglicane. *Oxford*, 1859. — 6 ouvr. réunis en 1 vol. in-12, demi-rel. chag. vert.

317. Le Pouvoir temporel est-il nécessaire à la religion? Réponse aux derniers mandements des évêques, par Ed. de Pressensé. *Paris*, 1859. — Petit Catéchisme à l'usage des jeunes ultramontains de France et de ses vieux gallicans. *Paris*, 1867. — Le Pape et l'erreur. *Paris*, 1867. — On the present religious movement in Italy. Two letters to the Rev. Chr. Wordsworth. *London*, 1863. — Puritan objections to the book of common prayer, by the Rev. J. Oldknow. *London, s. d.* — A sermon preached in the holy trinity, Bordesley, Birmingham, 1847, 1850, 1866, by the Rev. J. Aldknow. *London*, 1847, 50, 56. — 3 sermons. — La prova di fatta che il dogma dell' immacolata non può essere difeso, o l'innocenza dei preti scomunicati di Pavia provata dai loro avversarii. *Torini*, 1848. — Ens. 9 pièces en 1 vol. in-12, demi-rel. chag. r.

318. Christ and other masters : an historical inquiry into some of the chief parallelisms and contracts between christianity and the religious systems of the ancient world, by Charles Hardwick. *London and Cambridge, Macmillan*, 1863, 2 vol. in-12, cart. perc. n. rog.

319. Work in the colonies : some account of the missionary

THÉOLOGIE

operations of the church of England. *London*, 1865, in-12, carte et fig. cart. perc. v.

320. A short Explanation of the Nicesse Creed, for the use of persons beginning the study of theology, by Alex. Penrose Forbes. *Oxford and London, Jurker*, 1866, in-8, cart. angl. perc. non rog.

321. The Church and the World : essays on question of the day in 1867, by various writers, edited by the Rev. Orby Shipley. *London*, 1867, gr. in-8, cart.

322. The Keys of saint Peter or the house of Rechab connected with the history of symbolism and idolatry, by Ern. de Bunsen. *London*, 1867, in-8, demi-rel. avec c. veau bl. (*Rel. angl.*)

323. Eleven addresses during a retreat of the companions of the love of Jesus, engaged in perpetual intercession for the conversion of sinners. *Oxford*, 1868, in-8, cart. perc. n.

324. Is heathful reunion impossible? A second Letter to the very rev. J.-H. Newman, by the Rev. E. B. Pusey. *London*, 1870, in-8, demi-rel. chagr. vert.

325. Méditations sur la Mort et l'Éternité, traduites de l'anglais par Ch. Bernard-Derosne. *Paris, E. Dentu*, 1863, in-8, demi-rel. chag. vert.

326. The literary Churchman, a journal devoted to the interests and advancement of religious literature. *London*, 1855 à 1861, 7 vol. gr. in-8, cart. (*Texte à deux colonnes.*)

327. Réunion de huit brochures anglicanes reliées en 1 vol. in-8, demi-rel. chagr. bleu.

328. Religious English pamphlets. 6 brochures reliées en 1 vol. in-8, demi-rel. v.

329. Réunion de 14 brochures anglaises sur les matières religieuses, reliées en 1 vol. in-8, demi-rel. chagr. viol.

330. Réunion de onze brochures anglicanes, reliées en 1 vol. gr. in-8, demi-rel. chagr. viol.

331. Brochures d'érudition, religieuses et anglicanes. env. 20 pièces réunies en 4 vol. in-12, demi-rel. chag. vert.

332. Réunion de onze brochures religieuses anglaises reliées en 1 vol. in-8, demi-rel. chagr. vert.

333. The History, design, and present state of the religious, benevolent and charitable institutions, founded by the British in Calcutta and its vicinity, by Ch. Lushington. *Calcutta*, 1824, in-8, fig. demi-rel. bas r.

334. Missionary enterprise in the East with special refe-

rence to the Syriac christians of Malabar and the results of modern missions, by the Rev. Richard Collins. *London*, 1873, pet. in-8, fig. cart. angl. perc. viol. non rog.

335. The Book of common prayer, and administration of the sacraments and other rites and ceremonies of the church....., translated into Hindoostanee, for the prayer book and homily society. *Calcutta*, 1828, in-8, bar. r.

336. Controversial tracts on christianity and Mohammedanism, by the late Rev. Henry Martin, and some of the most eminent writers of Persia translated and explained, by the Rev. S. Lee. *Cambridge*, 1824, in-8, portr. demi-rel. mar. r.

337. The Precepts of Jesus, the guide to peace and happiness, by Rammohun Roy of Calcutta. *Boston*, 1828, gr. in-8, demi-rel. v. f.

338. Rewiew of christian literature in India, during 1870, by J. Murdoch. *Madras*, 1871. — Eighth report of the Punjab religious book Society..., established january 1863. *S. l.*, 1875. — Report for the year 1875. *London*, fig. sur bois. — Report for the year 1876 of the Society for the propagation of the Gospel in foreign parts. *London*, 1877. — The indian christian Intelligencer conducted by members of the church of England. *Lahore*, 1877. — Ens. 6 pièces en 1 vol. in-8, demi-rel. chag. la Vall.

339. A native Church for the natives of India;..... *Lahore*, 1877. — A Sermon preached in St Paul's cathedral, at the consecration of the Ven. Ed. Ralph. Johnson, by Thomas E. Espin. *London*, 1877. — Appendix containing the list of vernacular publications, which are to be procured at the Lahore depository of the Punjab religious book Society. — The christian Intelligencer, december 1876. « The still hour; or communion with god, » by the Rev. Austin Phelps. — Ens. 5 pièces réunies en 1 vol. in-8, demi-rel. chag. bleu.

g. *Science des religions. — Sectes diverses.*

340. Introduction to the science of religion, by F. Max Müller. *London*, 1873, in-12, cart. non rog.

341. Essais sur l'histoire des religions, par Max Müller, traduit de l'anglais, par G. Harris. *Paris, Didier*, 1872, in-8, br.

34   THÉOLOGIE.

342. La Science des religions, par Em. Burnouf. *Paris, Maisonneuve*, 1872, in-12, demi-rel. bas. v. doré en tête, non rog.

343. Outlines of the history of religion to the spread of the universal religions, by C. P. Tiele, translated from the dutch by J. Estlin Carpenter. *London, Trübner*, 1877, in-8, cart. angl. non rog.

344. Dictionnaire universel, historique et comparatif, de toutes les religions du monde, rédigé par M. l'abbé Bertrand, publié par l'abbé Migne. *Paris*, 1848, 4 vol. gr. in-8, demi-rel. chag. la Vall.

345. Histoire des sectes religieuses, par M. Grégoire. *Paris*, 1814, 2 vol. in-8, demi-rel. bas.

346. Vie et Sentences de Secundus, d'après divers manuscrits orientaux, les analogies de ce livre avec les ouvrages gnostiques, par M. E. Revillout. *Paris, Impr. nationale*, 1873, in-8, chag. viol. comp. dorés, dent. int. tr. dorée.

Exemplaire de dédicace à M. Garcin de Tassy.

347. Exposé de la religion des Druses, tiré des livres religieux de cette secte et précédé d'une introduction et de la vie du Khalife Hakem-Biamr-Allah, par M. le baron Silvestre de Sacy. *Paris*, 1838, 2 vol. in-8, demi-rel. bas.

348. Théogonie des Druses, ou abrégé de leur système religieux, traduit de l'arabe par H. Guys. *Paris*, 1863, in-8, br.

349. Sketches of the rites and customs of the greco-russian church, by H. C. Romanoff. *Rivingston, London, Oxford*, 1868, pet. in-8, cart. perc. j. non rog.

350. Histoire critique de Manichée et du manichéisme, par M. de Beausobre. *A Amsterdam, chez Frédéric Bernard*, 1734, in-4, v. fauve ant., aux armes de Soubise.

351. Simples Notices religieuses, introduction à une religion universelle basée sur la croyance en un seul Dieu. *Paris, N. Chaix*, 1865, 2 vol. in-12, br.

352. Essai sur le panthéisme dans les sociétés modernes, par H. Maret. *Paris, O. Fulgence*, 1841, in-8, demi-rel. v. ant.

II. RELIGION DE L'ANTIQUITÉ.

353. Dictionnaire de la Fable, par Fr. Noël. *Paris, chez Le Normant*, 1823, 2 vol., in-8, front. gr. demi-rel. chag. viol.

354. Essais sur la mythologie comparée, les traditions et les coutumes, par Max Müller, traduit de l'anglais, par G. Perrot. *Paris, Didier*, 1873, in-8 br.

355. The Foregleams of Christianity, an essay on the religious history of antiquity, by Ch. Newton Scott. *London*, 1877, in-8 cart. angl. perc. v., non rog.

356. Des Cultes qui ont précédé et amené l'idolâtrie ou l'adoration des figures humaines, par J.-A. Dulaure. *Paris, Dentu*, 1807, in-8, v. marb.

357. Histoire des religions de la Grèce antique depuis leur origine jusqu'à leur complète constitution, par L.-F.-Alfred Maury. *Paris, Ladrange*, 1857, 2 vol. in-8, demi-rel. chag. la Vall.

Incomplet du tome IIIe.

358. Du Polythéisme romain, ouvrage posthume de Benjamin Constant, précédé d'une introduction de M. J. Matter. *Paris, chez Béchet*, 1833, 2 vol. in-8 cart.

359. Mythology among the Hebrews and its historical development, by Ignaz Goldziber, translated from the german with additions by the author, by Russell Martineau. *London*, 1877, in-8 cart.

360. Mémoire sur le culte de Mithra, son origine, sa nature et ses mystères, par le Ch^{er} J. de Hammer, publié par J. Spencer Smith. *Paris*, 1833, in-8, demi-rel. v. f. ant.

361. Réfutation des différentes sectes des païens de la religion des Perses, de la religion des Sages de la Grèce, de la secte de Marcion, par le Dr Eznig, traduit en français par M. Le Vaillant de Florival. *Paris, Boutarel*, 1853, in-8, demi-rel. v. f.

362. Des Divinités génératrices, ou du culte du phallus chez les anciens et les modernes; des cultes du dieu de Lampsaque, de Pan, de Vénus, etc., par J.-A. D***. *Paris, Dentu*, 1805, in-8, bas. marb.

363. Ancient Symbol worship, influence of the phallic idea in the religions of antiquity, by Hodder M. Westropp and C. Staniland Wake. *New-York, I.-W. Bouton*, 1874, in-8 cart. perc. non rog.

364. La Religion des Gaulois, tirée des plus pures sources de l'antiquité, par le R. P. Dom ***. *A Paris, chez Saugrain*, 1727, 2 vol. in-4, fig. v. marb.

365. Northern Mythology, comprising the principal popular traditions and superstitions of Scandinavia, North Germany, and the Netherlands, compiled from original by

Benjamin Thorpe. *London, Ed. Lumley*, 1851-52, 3 vol. in-12, demi-rel. bas. dorés en tête, non rog.

366. Les Divines Féeries de l'Orient et du Nord, par Sébastien Rhéal. *Paris, Fournier*, 1843, gr. in-8, fig. lith. demi-rel. v. f. (*texte encadré*).

III. RELIGION DES PEUPLES ORIENTAUX.

a. *Religion mulsumane.* — *Mahomet.* — *Le Coran.*

367. La Vie de l'imposteur Mahomet, recueillie des auteurs arabes, persans, hébreux, etc. *A Paris, chez J. Musier*, 1699, in-12, v. ant.

368. La Vie de Mahomet, traduite et compilée de l'Alcoran, des traditions authentiques de la Sonna, et des meilleurs auteurs arabes, par M. J. Gagnier. *A Amsterdam, chez les Wetstein et Smith*, 1748, 8 vol. pet. in-8, v. marb.

369. Mishcat-ul-Masabih; or a collection of the most authentic traditions, regarding the actions and sayings of Muhammed; translated from the original arabic, by Capt. A.-V. Matthews *Calcutta*, 1809-10, 2 vol. in-4, demi-rel. chag. vert.

370. *Mohammedieh*, traité sur Mahomet et l'Islam, par Mohammed Tchelebi (en turc). *Kazan*, 1845, in-4, cart. tr. dor.

371. The Life and religion of Mohammed, as contained in the sheeab, traditions of the Hyât-ul-Kuloob, translated from the persian, by Rev. J.-L. Merrick. *Boston*, 1850, in-8, cart. perc.

372. The Life of Mohammed, from original sources, by A. Sprenger. *Allahabad*, 1851, in-8 cart.

373. The Life of Mahomet and history of Islam, by William Muir, esq. *London*, 1858-1861, in-8 cart.

374. A Series of essays on the life of Mohammed, and subjects subsidiary thereto, the original english text of these essays has been revised and corrected by a friend, by Syed Ahmed Khan Bahador. *London, Trübner*, 1870, in-8 cart. perc. v. (*Tome premier*).

375. A critical Examination of the life and teachings of Mohammed, by Syed Ameer Ali Moulvi. *London*, 1873, in-8 cart. angl. perc. v. ébarb.

376. The Life of Mahomet from original sources by sir W. Muir. *London*, 1876, in-8, cartes, cart. angl. perc.

THÉOLOGIE. 37

377. Vie de Mahomet, en ourdou, par Imaduddin d'Amritsar. *Lahore*, 1871, in-8, demi-rel. chag. v.

378. Aperçu historique sur les temps antéislamiques, d'après les docteurs musulmans. — La Fleur du palmier, ou histoire de Joseph. — Mouça, ou Moïse, légende traduite de l'arabe. — Des Arabes avant l'islamisme. — Mahomet et les origines de l'islamisme. — Miracles de Mahomet, traduit de l'arabe. — Le Miradj, ou ascension de Mahomet aux cieux, traduit de l'arabe. — Le Koran et les femmes arabes. — De la Tolérance dans l'islamisme. — Une Conversion à l'islamisme. — De la Propagande musulmane en Afrique et dans les Indes. *Paris*, 1851. — Sur le Calendrier des mahométans, par M. Francœur. *S. l. n. d.* — Ens. 12 pièces en un vol. in-8 cart.

379. Life of Mahomet. *S. l. n. d.* — Chapitre inconnu du Coran, pubilé et traduit par M. Garcin de Tassy. *Paris*, 1842. — Recherches sur l'initiation à la secte des Ismaéliens, par M. le baron Silvestre de Sacy. *Paris, Dondey-Dupré*, 1824. — De l'Etat actuel et de l'avenir de l'islamisme dans l'Afrique centrale. — Lettre sur l'histoire des Arabes avant l'islamisme, par M. Perron. — Satire contre les principales tribus arabes, par Sanguinetti. *S. l. n. d.* — Les Amours d'Anas-Eloujoud et de Ouardi, traduit de l'arabe par Savary, *Paris*, 1799. — Ens. 7 pièces réunies en un vol. in-8 cart.

380. Al-Coranus, s. lex islamitica Muhammedis, filii Abdallæ pseudoprophetæ, ad optimorum codicum fidem edita ex museo Abrahami Hinckelmanni. *Hamburgi, ex officina*, 1694, in-4, bas. marb.

381. Mohammedis filii Abdallæ pseudo-prophetæ fides islamitica, i. e. Alcoranus..., cura et opera M. Christiani Reineccii. *Lipsiæ, sumtibus Sanckisianis*, 1721, pet. in-8, bas.

382. Le Coran en arabe (*édition de l'Inde*), 1866, in-12, rel. orient.

383. Le Coran, avec le commentaire de l'iman Al-Zamakhchari, intitulé le Kachaf, publié par Naman Lees. *Calcutta*, s. d., 2 vol. in-4, cart.

384. *Coran-I-Charif*, le noble Coran, édition lithographiée du Coran avec les commentaires de Husain et de Abbas en marge et la traduction hindoustanie de Chah Abdul-Cadvi de Dehli, interlinéaire. *Calcutta, Asiatic lithographic press*, in-4, veau ant. fil.

385. *Mausih-i-Curan*, ou exposition du Coran en hindoustani, par Maulana Chah Abdul-Kadir de Dehli, 2

tomes en 1 vol. in-fol. de 850 pp. *Hougly, 1829*, in-4, demi-rel. bas. v.

386. *Noudjaima ul fourgan*, les Étoiles du Coran, en persan, *Bombay*, 1808, in-4, demi-rel. veau ant.

386 bis. *Quran : maulavi abdul Gadir ka Tarjuma Zuban i urdu menaur Nashiye Nasara musannif Ke Hahabad.* 1844, in-8, cart.

387. L'Alcoran de Mahomet, traduit de l'arabe par A. du Ryer. *A Amsterdam et à Leipsig, chez Arkstée et Morkus*, 1775, 2 vol. in-12, front. gr. carte et vues, demi-rel. v. f. ant.

388. Le Coran, traduit de l'arabe, accompagné de notes, précédé d'un abrégé de la vie de Mahomet, par M. Savary. *Paris, G. Dufour*, 1821, 2 parties en un vol. in-8, demi-rel. bas.

389. Le Coran, traduit de l'arabe, avec les notes des plus célèbres commentateurs orientaux, par Savary, précédé de la légende de Mahomet, traduit de l'arabe par M. Garcin de Tassy. *Paris, Dondey-Dupré*, 1829. — Doctrines et devoirs de la religion musulmane, tirés du Coran, suivis de l'eucologe musulman, traduit de l'arabe par M. Garcin de Tassy. *Paris*, 1840. (*Exemplaire interfolié de papier blanc avec des notes manuscrites de la main de M. Garcin de Tassy.*) — Ens. 3 vol. in-12, demi-rel. bas. v.

390. Le Koran, traduction nouvelle faite sur le texte arabe, par A. de Biberstein Kazimirski. *Paris, Charpentier*, 1852, in-12, demi-rel. mar. bl.

391. Chapitre inconnu du Coran, publié et traduit par M. Garcin de Tassy. *Paris, Impr. royale*, 1842. — Observations de Mirza-Alexandre Kazem-Beg, sur le chapitre inconnu du Coran, traduit et publié (par le même). *Paris, Impr. royale*, 1844. — Saadi, auteur des premières poésies hindoustani, par M. Garcin de Tassy. *Paris, Impr. royale*, 1843, portr. sur chine. — Lettre à M. Garcin de Tassy, au sujet de sa notice, intitulée : *Saadi, auteur des premières poésies hindoustanies*, par M. Newbold (1843). — La légende de Krischna, fragments d'un poëme hindoui, traduits par M. Garcin de Tassy. — Ens. 5 pièces en un vol. in-8, demi-rel. chag. viol.

Exemplaire interfolié de papier blanc, avec des notes manuscrites de la main de M. Garcin de Tassy.

Voir le manuscrit arabe placé en tête du volume.

392. Morale de Mahomet, ou recueil des plus pures maximes du Coran, par M. Savary. *A Constantinople, et se trouve à Paris, chez Lamy*, 1784, in-12, v. porph. fil.

THÉOLOGIE. 39

393. Exposition de la foi musulmane, traduite du urc de Mohammed Ben Pir-Ali Elberkevi, avec des notes, par M. Garcin de Tassy, suivi du Pend Nameh, poème de Saadi, traduit du persan par le même, et du Borda, poème à la louange de Mahomet, traduit de l'arabe par M. le baron Silvestre de Sacy. *Paris*, 1822. — Coup d'œil sur la littérature orientale, par M. Garcin de Tassy. Discours lu au Cercle des arts le 1er mars 1822. S. l. n. d. — 2 ouvr. en un vol. in 8, demi-rel. chag. r. — 5 - 50

394. The Koran, commonly called the Alcoran of Mohammed, translated into english immediately from the original arabic; by G. Sale. *London*, 1764, 2 vol. in-8 cart. v. marb. fil. — 1 - 50

395. The Koran, translated from the arabic, the suras arranged in chronological order, with notes and index by the Rev. J. M. Rodwell. *London*, 1861, in-8, cart. perc. v. — 5 - 50

396. Selections from the Kur-An, commonly called, in England, the Koran, by Ed.-W. Lane. *London*, 1843, in-8, cart. perc. v. ébarb. — 1 - "

397. Concordantiæ Corani arabicæ, ad litterarum ordinem et verborum radices diligenter disposuit G. Flügel. *Lipsiæ*, 1842, in-4, demi-rel. chag. viol. (*Texte et traduction*). — 15 - "

398. Concordance complète du Coran, contenant tous les mots et les expressions des textes pour guider les orientalistes dans les recherches sur la religion, sur la législation, sur l'histoire et la littérature de ce livre par Mirza A-Kazem-Bek. *Saint-Pétersbourg*, 1859, in-fol. cart. doré. — 8 - 50

399. Religion ou théologie des Turcs, par Echialle Mufti avec la profession de foi de Mahomet fils de Pir Ali. *Bruxelles, chez Fr. Foppens*, 1704, 3 part. en 1 vol. in-12, v. ant. — 1 - "

400. Adriani Relandi, de religione Mohammedica....., *Ultrajecti, ex officina Gulielmi Broedelet*, 1705, in-12, vél. — 2 - "

401. La Religion des mahométans, tiré du latin de M. Reland, et augmenté d'une confession mahométane qui n'avait point encore paru. *A la Haye, chez Isaac Vaillant*, 1721, in-12, front. gr. et fig. v. ant. — 1 - "

402. La Certitude des preuves du mahométisme, ou réfutation de l'examen critique des apologistes de la religion mahométane, par Ali-Gier-Ber. *A Londres*, 1780, pet. in-8, demi-rel. mar. br. avec c. n. rog. — 2 - "

403. Histoire du mahométisme..., ouvrage traduit de l'an- — 2 - "

THÉOLOGIE.

glais de C. Mills, par G. Buisson. *Guernesey*, 1826, in-8, demi-rel. bas. v.

404. Mohametanism unveiled, an inquiry, in which that arch-heresy, its diffusion and continuance, are examined on a new principle, tending to confirm the evidences and aid the propagation of the christian faith, by the rev. Ch. Forster. *London*, 1829, 2 vol. in-8 cart. non rog.

405. Sillar of faith of the Sunnites : being a short exposition of the orthodoxe muhammadans, by Hafidh-Uddin, Abul-barayat Ahmad Alnarafi, edited by the rev. William Cureton. *London*, 1843, plaq. in-8 cart. perc.

406. La Religione di Maometto considerata nel proprio suo sviluppo interiore e nella sua influenza sulla vita de' popoli, di Gian. Gius. Ignazio Döllinger. *Milano*, 1853, in-8, demi-rel. avec c. bas. ant.

407. The Mohammedan religion explained..., by J. D. Macbride. *London*, 1857, in-8 cart. perc. bl.

408. Mohammed and Mohammedanism, lectures delivered at the royal institution of Great Britain in february and march 1874, by rev. Bosvoorth Smith. *London*, 1874, in-8 cart. perc. v.

409. Islam : its history, character, and relation to christianity, by J. Muchleisen Arnold. *London*, 1874, in-8 cart. angl. perc. v.

410. L'Islam et son fondateur, étude morale par Jules-Charles Scholl. *Neufchâtel*, 1874, in-8, demi-rel. chagr. viol.

411. L'Islamisme d'après le Coran, l'enseignement doctrinal et la pratique, par Garcin de Tassy. *Paris, Maisonneuve*, 1874, in-8, demi-rel. chag. viol.

412. Notes on Mohammadanism, by the rev. T. P. Hughes. *London*, 1875, pet. in-8 cart. perc. bl.

413. The History of Mohammedanism, and its sects ; derived chiefly from oriental sources, by W. C. Taylor. *London*, 1834, in-12 cart. perc. v.

414. Non-christian religions Systems. — Islam and its Founder, by J. W. H. Stobart. *London, s. d.*, in-12 cart. col. cart. perc. v.

415. Islam under the Arabs, 1876. — Islam under the Kalifs of Baghdad, by Robert Durie Osborn. *London*, 1878, 2 vol. in-8 cart. angl. perc.

416. Le Mahométisme en Chine et dans le Turkestan oriental, par J. Dabry de Thiersant. *Paris, Ern. Leroux*, 1878, 2 vol. in-8 br. fig.

417. Mémoire sur des particularités de la religion musulmane dans l'Inde, d'après les ouvrages hindoustanis, par M. Garcin de Tassy. *Paris, de l'Imprimerie royale*, 1831, in-8, demi-rel. bas.

Exemplaire interfolié de papier blanc, couvert de notes manuscrites, de la main de l'auteur.

418. Mémoire sur les particularités de la religion musulmane dans l'Inde, d'après les ouvrages hindoustanis, par M. Garcin de Tassy. *Paris, Ad. Labitte*, 1869, plaq. in-8 de 108 p. demi-rel. mar. La Vall. (*Seconde édition*).

419. The Dervishes, or oriental spiritualism, by John P. Brown. *London, Trübner*, 1868, in-8, cart. angl. perc. v.

420. Les Khouan, ordre religieux chez les musulmans de l'Algérie. *Paris, impr. de A. Guyot*, 1846, in-8, demi-rel. chag. La Vall.

421. Recueil des rites et cérémonies du pèlerinage de la Mecque, auquel on a joint divers écrits relatifs à la religion, aux sciences et aux mœurs des Turcs, par M. Galland. *A Amsterdam, et se vend à Paris, chez Desaint et Saillant*, 1754, in-12, v. marb.

422. Mohammed, Buddha and Christ. Four lectures on natural and revealed religion, by Marcus Dods. *London*, 1877, in-8 cart. angl. perc. ébarb.

423. Christianity and Islam. The Bible and the Koran, four lectures by the rev. W. R. W. Stephens. *London*, 1877, in-8, cart. angl. en perc. v. ébarb.

424. The emperor Akbar's repudiation of Islám and profession of his own religion, called the Akbar Shah's divine monotheism : translated by Edward Rehatsek. *Bombay*, 1866, pet. in-8, demi-rel. chagr. la Vall.

425. Sufismus, sive theosophia Persarum pantheistica quam e Mss. bibliothecæ regiæ Berolinensis, persicis, arabicis, turcicis, eruit atque illustravit F. A. Deofidus Tholucle. *Berolini*, 1821, in-12, demi-rel. v. f. ant.

b. *Religion de la Perse ancienne (Parsis).*

426. Avesta, livre sacré des sectateurs de Zoroastre, traduit du texte par C. de Harlez. *Liège*, 1875, 2 tomes en 1 vol. gr. in-8, demi-rel. mar. bleu.

427. Avesta : the religious books of the Parsees ; from professor Spiegel's german translation of the original ma-

nuscripts, by A. H. Bleeck. *Hertford*, 1864, 3 tomes en 1 vol. in-8, cart. angl. perc.

428. Decem Sendavestæ excerpta, latine vertit, sententiarum explicationem et criticos commentarios adjecit, textum archetypi ad Westergaardii, Spiegelii aliorumque lucubrationes recensuit Dr Cajetanus Kossowicz. *Parisiis*, 1865, in-8, br.

429. Commentaire sur le Yaçna, l'un des livres religieux des Parses, par Eug. Burnouf. *Paris, Impr. royale*, 1833, fort vol. in-4, demi-rel. avec c. mar. r.

Tome premier.

430. The Parsi religion as contained in the Zend-Avesta, by John Wilson. *Bombay*, 1843 in-8, cart.

431. *Vendidad Sade* des Parsis, en zend et en caractères gouzaratis avec traduction, paraphrase et commentaires gouzarates suivant l'interprétation traditionnelle des disciples de Zoroastre. *Bombay*, 1844, in-fol. rel. orient.

Ouvrage imprimé aux frais de la Société asiatique de Bombay, et tiré à 25 exemplaires seulement.

432. Vendidad translated into gujerati with grammatical et explanatory notes, by Kavasji Edalji Kanga. *Bombay, s. d.*, 3 part. en 1 vol, in-8, demi-rel. chag. La Vall.

433. Oriental mysticism, a treatise on the suffiistic and unitarian theosophy of the Persians, compiled from native sources by E. H. Palmer. *Cambridge*, 1867, pet. in-8 cart. perc. v.

c. *Religions de l'Inde*.

434. Mythologie des Indous travaillée par Mme la duchesse de Polier sur des manuscrits authentiques apportés de l'Inde par feu M. le colonel de Polier. *A Rudolstadt et à Paris*, 1809, 2 vol. in-8, bas. rac. dent.

Cet exemplaire a été annoté par feu Lanjuinais.
Ouvrage rare.

435. Ueber religiöse Bildung, Mythologie und Philosophie der Hindous, von Dr. J. G. Rhode. *Leipzig*, 1827, 2 vol. in-8, fig. au trait, demi-rel. bas.

436. The Mythology of the Hindus with notices and an appendix, with plates illustrative of the principal Hindu deities, etc., by Charles Coleman. *London*, 1832, in-4, v. vert fil.

437. Plates illustrating the hindu pantheon reprinted from the work of Major Edward Moor, edited, with brief des-

THÉOLOGIE.

criptive index, by the rev. Allen Page Moor. *London*, 1861, in-4 front. et 104 planches au trait, cart. perc. bl. tr. dor.

438. Des Védas, par M. J. Barthélemy Saint-Hilaire. *Paris, B. Duprat-Durand*, 1854, in-8 br. — 25 -"

439. Rig-Véda, ou livre des hymnes, traduit du sanscrit par M. Langlois. *Paris, Firmin-Didot*, 1848, 1851, 4 vol. gr. in-8, demi-rel. v. fauve. — 28 -"

440. Monde ancien, civilisation orientale. — Poésie lyrique. — Inde. Rig-Véda, traduction de A. Langlois. *Paris*, 1870. 2 vol. grand in-8, demi-rel. chag. viol. (*Texte à deux colonnes*). — 6 - ,0

441. Rig-Veda-Sanhita. — A Collection of ancient Hindu hymns constituting the first Ashtaka, or book of the Rig-Veda, the oldest authority for the religious and social institutions of the Hindus, translated from the original sanskrit by H. H. Wilson, M. A. F. R. S., *London, H. Allen*, 1850, 1857, 3 vol. in-8 cart. — 9 -"

442. Rig-Veda-Sanhita, the sacred hymns of the brahmans, together with the commentary of Sayanacharya edited by F. Max Müller. *London*, 1872, 2 forts vol. in-4 cart. Tomes V et VI. — 30 -"

443. Rigveda-Sanhita, liber primus, sanskrite et latine, edidit Fridericus Rosen. *London, W. H. Allen and B. Duprat*, 1838, in-4, demi-rel. mar. viol. — 11 -"

444. Translation of several principal books, passages and texts of the Vedas, and of some controversial works on brahmunical theology by Rajah Rammohun Roy. *London*, 1812, in-8, demi-rel. chagr. vert. — 2 -"

445. Bagavadam, ou doctrine divine, ouvrage indien, canonique, sur l'Etre suprême, les dieux, les géants, les hommes, les diverses parties de l'univers, etc. *Paris*, 1786, in-8, cart. — 1 -"

446. Le Bhâgavata Purâna, ou histoire poétique de Krickna, traduit et publié par M. Eugène Burnouf. *Paris, Impr. royale*, 1840-47, 3 vol. in-4, demi-rel. chag. n. — 100 -"

447. Krichna et sa doctrine. Bhagavat dasam askand, x° liv. du Bhagavat Pourana traduit sur le manuscrit hindoui de Lalatch Kab par Th. Pavie. *Paris, Benj. Duprat*, 1852, gr. in-8, dem -rel. v. f. — 5 -"

448. The Vishnu Purana, a system of Hindu mythology and tradition translated from the original sanscrit, and illustrated by notes, by H. Wilson. *London, John Murray*, 1840, in-4 cart. — 40 -"

THÉOLOGIE.

449. Vichnou Sahastra nama Kartâ byâs. *S. l. n. d.*, in-32, cart.

450. Du Nirvana bouddhique, en réponse à M. Barthélemy Saint-Hilaire, par J.-R.-F. Obry. *Paris, A. Durand*, 1863, in-8 br.

451. The Prem Sagar; or the history of Krishnu, translated into hindie from the Bruj Bhasha of Chutoorbhooj Mirr. *Calcutta*, 1825, in-4, demi-rel. v. vert.

452. The Prem Sagar, translated into english, by captain W. Hollings. *Calcutta*, 1848, in-8 cart.

453. The Prem Sagar, or, the Ocean of Love, being a history of Krishn, translated into hindi from the Braj Bahka of Chaturbhuj Misr, by Lallu Lal, with a vocabulary by Ed.-B. Eastwick. *Hertford*, 1851. — Prem Sagar ; or, the Ocean of Love, literally translated from the hindi of Shri Lallu Lal Kab, into english. *Hertford*, 1851, ens. 2 vol. in-4, demi-rel. chag. la Vall.

454. Essai sur le mythe des Ribharas, avec le texte sanscrit et la traduction française des hymnes adressés à ces divinités, par F. Nève. *Paris, Benj. Duprat*, 1847, in-8, demi-rel. chag. viol.

455. Manava Dharma Sastra. — Lois de Manou, comprenant les institutions religieuses et civiles des Indiens, traduites du sanscrit et accompagnées de notes explicatives, par A. Loiseleur-Deslongchamps. *Paris, Crapelet*, 1833, pet. in-4, demi-rel. v. ronge.

456. The Maharansi, the Raja-Ratnacari and the Raja-Vali forming the sacred and historical books of Ceylon, edited by Edward Upham. *London*, 1833, 3 vol. in-8, demi-rel. mar. viol.

457. The Mythology of Aryan nation, by George W. Cox. *London, Longmans*, 1870, 2 vol. gr. in-8 cart.

458. Brahminical fraud detected ; or the attempts of the sacerdotal tribe of India to invest their fabulous deities and heroes with the honours and attributes of the Christian Messiah, examined, exposed and defeated. *London*, 1812, in-8, demi-rel. v. ant.

459. Du Bouddhisme, par M. J. Barthélemy Saint-Hilaire. *Paris, Benjamin Duprat*, 1855, in-8, demi-rel. chag. vert.

460. Book of religious and philosophical sects, by Muhammad Al-Shahrastani, by the rev. W. Cureton. *London*, 1846, in-8, demi-rel. chag. vert.

461. A rational Refutation of the Hindu philosophical sys-

tems, by Nehemiah Ni Lakantha Sastri Gore, translated from the original Hindi printed and manuscript, by Fitz-Edward Hall. *Calcutta*, 1862, in-8, demi-rel. v. bl.

462. The Legends and theories of the buddhists compared with history and science, by R. Spence Hardy. *London*, 1866, in-8, demi-rel. avec coins, v. (*Reliure anglaise.*)

463. Christianity and Buddhism compared, by the late rev. R. Spence Hardy. *Colombo*, 1874, in-8, demi-rel. chag. r.

464. Non-Christian religious systems. — Hinduism, by Monier Williams. *London*, 1877, in-12 cart.

465. The Adi Granth, or the holy scriptures of the Sikhs, translated from the original Gurmukhi with introductory essays, by d^r Ernest Trumpp. *London*, 1877, in-4, cart.

JURISPRUDENCE.

JURISPRUDENCE EUROPÉENNE ET ORIENTALE.

466. Essai sur les lois criminelles des Romains, concernant la responsabilité des magistrats, par Ed. Laboulaye. *Paris*, 1845, in-8 br.

467. Recherches sur la condition civile et politique des femmes, depuis les Romains jusqu'à nos jours, par Ed. Laboulaye. *Paris, A. Durand, Joubert*, 1843, in-8 br.

468. Histoire du droit de propriété foncière en Occident, par Ed. Laboulaye. *Paris*. 1839, in-8 br.

469. Assises de Jérusalem, ou Recueil des ouvrages de jurisprudence composés pendant le xiii° siècle dans les royaumes de Jérusalem et de Chypre. *Paris, Impr. royale*, 1841-43, 2 vol. in-fol. demi-rel. v. f.
Tome premier. — Assises de la haute cour.
Tome second. — Assises de la cour des bourgeois, publiées par M. le comte Beugnot.
Faisant partie de la collection du : Recueil des historiens des croisades.

470. Etude sur l'Emancipation en droit romain et en droit français, par F. Saulaville. *Paris, F. Pichon*, 1878, in-8, br.

JURISPRUDENCE.

471. Code de la propriété, ou Traité complet des bâtiments, des forêts, des chemins, etc., par C.-J. Toussaint. *A Paris*, 1833, 2 vol. in-8 br.

472. Histoire du conseil d'État depuis son origine jusqu'à ce jour, avec des notices biographiques, par A. Regnault. *Paris, Aug. Vaton*, 1851, in-8, fig. et fac-simile, demi-rel. chag. r.

473. An Inquiry into the origin of the office and title of the justice of the peace, by James Birch Sharpe. *London*, 1841, in-12, cart. perc.

474. Législation orientale......, par M. A. Duperron. *A Amsterdam, chez Marc-Michel Rey*, 1878, in-4, demi-rel. v. f.

475. Das moslemische Recht aus den Quellen dargestellt von Nicolaus v. Tornauvv. *Leipzig*, 1855, in-8, demi-rel. chag. v.

476. Etudes sur la loi musulmane (Rite de Malck), législation criminelle, par M. B. Vincent. *Paris, Joubert*, 1842, in-8, demi-rel. v. f. ant.

477. Etude sur la propriété foncière en pays musulman et spécialement en Turquie (rite hanéfite), par M. Bélin, *Paris, Impr. imp.*, 1862, in-8 br.

478. Inayah. A commentary on the Hidayah: a Work on Mohummudan law, compiled by Mohummud Akmulooddeen, Ibn Muhmood, Ibn Ahmudonil Hunufee, edited by Moonshee Ramdhum Sen. *Calcutta*, 1830-31, 2 vol. in-4, demi-rel. mar. vert (*tomes III et IV*).

479. Lois mahométanes, ou Recueil des us et coutumes des Mahométans établis dans la presqu'île de l'Inde, par F.-E. Sicé. *Pondichéry*, 1834, pet. in-4 débr.

480. *Kachf ul Khoulaw*, commentaire sur l'abrégé de la loi musulmane de Mohammed Sarmad Cazi, en vers ourdous, *Calcutta, s. d.*, br. in-8.

481. Principles of the law of nations, with historical illustrations, by Y. Boutros, translated into urdu by Pundit Ramkishem. *S. l. n. d.*, gr. in-8, demi-rel. chag. vert.

482. The hindu law: being a treatise on the law administered exclusively to Hindus, by the British courts in India, by Herbert Cowell. *Calcutta*, 1870 et 1871 2 vol. gr. in-8, cart. perc. n. non rog.

483. Législation hindoue publiée sous le titre de Vyavahara-Lara-Sangraha, ou Abrégé substantiel de droit, par Madura-Kansdavami-Pulavar, traduite du tamil par F.-E. Sicé. *Pondichéry*, 1857, in-8, demi-rel. v. f.

484. Principles of hindu and Mohammadam law republished from the principles and precedents of the same, by sir William Hay Macnaghten, edited by the late H.-H. Wilson. *London*, 1865, in-12 cart. — 3-50

485. A penal Code : prepared by the Indian law commissioners, in english, and translated into urdu by G.-F. Edmons Toue, with the assistance of Wujechoozzaman. *Agra*, 1850, in-4 cart. — 5-"

486. Traité sur la procédure civile hindoue, en sanscrit, imprimé en caractères bengalis, par le Babou Tchand, Coomar Bagore. *Calcutta, s. d.*, in-8, demi-rel. bas. avec c. — 4-"

487. The Law of inheritance translated from the sanscrit of the Mitakshara into hindi, by Daya Sankara. *Calcutta*, 1832, in-8, demi-rel. v. bleu. — 3-"

488. Dayabhaga, or law of inheritance, by Jimntarahama, with a commentary by Krishna Terkalankara. *W.* in-8, demi-rel. v. f. — 2-"

489. An analytical Digest of all the reported cases decided in the courts of the Hon. East. India company, ..., with illustrative and explanatory notes, by William H. Morley. *London*, 1852, 2 vol. in-8 cart. — 6-"

490. Même ouvrage. *London*, 1850 (*tome premier*). — Act

491. Jurisprudence et Doctrine de la Cour d'appel de Pondichéry, en matière de droit hindou et de droit musulman, par Alex. Eyssette. *Pondichéry*, 1877, in-8 br. — 17-50
Tome premier. Droit hindou.

492. A Code of Gentoo Laws or ordinations of the Pundit from a Persian translation made from the original written in the sanscrit language. *London*, 1777, in-8, v. marbr. — 2-"

SCIENCES.

Généralités. — Philosophie. — Anthropologie. — Sciences naturelles et médicales. — Sciences mathématiques. — Arts industriels.

493. Paradoxe sur l'incertitude, vanité et abus des sciences, traduit en françois du latin de Henry Corneille Agrippa. *S. l.*, 1608, in-12, v. f. ant. fil. (*Armoiries*). — 3-"

494. Mémoires de l'Académie royale des sciences de l'Institut de France. *Paris, F. Didot*, 1842-1876, 7 vol. in-4 br.

Ce sont les tomes : XVIII, XXXVI, XXXVII, 2º partie. (2 exemplaires). XXXVIII, XL et XLI.

495. Nova Acta regiæ Societatis scientiarum Upsaliensis. *Upsaliæ*, 1855 à 1876, 10 tomes en 17 fasc. in-4 br.

Il manque les fascicules 1ᵉʳ du tome VI et 2 du tome X.

496. Nova Acta regiæ Societatis scientiarum Upsaliensis. — Volumen extra ordinem editum. *Upsaliæ*, 1877, fort vol. in-4 br.

497. Bulletin de l'Académie impériale des sciences de Saint-Pétersbourg. *Leipzig*, 1860 à 1876, 23 tomes en 127 fasc. in-4 br.

498. Nouveau Dictionnaire des origines, inventions et découvertes dans les arts, les sciences, la géographie, etc., par Fr. Noël et Carpentier. *Paris, Janet et Cotelle*, 1833, 4 tomes en 2 vol. in-8, demi-rel. v. ant.

499. Dictionnaire universel des sciences, des lettres et des arts, par N. Bouillet, *Paris, Hachette*, 1867, fort vol. in-8, demi-rel. chag. n.

500. A Dictionary of the technical terms used in the sciences of the musulmans, edited by Mawlawies Mohammad Wajih, Abd-Al Haqq, and Gholam Kadir, and captain W. Nassau Lees. *S. l.* 1862, 2 vol. gr. in-4, demi-rel. chag. vert.

501. A Synopsis of science, in sanskrit and english, reconciled with the truths to be found in the Nyâya philosophy, by James R. Ballantyne, *Mirzapore*, 1856, in-8 br.

502. Miscellaneous papers on scientific subjects written chiefly in India, by T. Seymour Burk, esq. *London*, 1837, in-8 cart.

---

503. Histoire de la philosophie, par l'abbé J.-B. Bourgeat. *Paris, Lyon*, 1850, in-8 br.

504. Histoire de l'école d'Alexandrie, par M. Matter. *Paris, Hachette*, 1840-1844, 2 tomes réunis en un vol. in-8, demi-rel. v. ant.

505. Les Ennéades de Plotin, chef de l'école néoplatonicienne, traduites en français par M. N. Bouillet. *Paris, Hachette*, 1857-61, 3 vol. in-8, demi-rel. mar. la Vall.

506. Pléthon : Traité des lois, ou recueil des fragments, en partie inédits, de cet ouvrage, par C. Alexandre, traduction

SCIENCES.

par A. Pélissier. *Paris, Firmin-Didot,*1858, in-8, demi-rel. chagr. vert.

507. Le *Novum Organum* de Bacon, traduit et expliqué en sanscrit, par le Pandy Vitlhala sanscrit. *Benarès,* 1852, in-8, demi-rel. v. f. (*Première partie.*)

508. Les Caractères de Théophraste, avec les Caractères ou les Mœurs de ce siècle, par M. de la Bruyère. *A Amsterdam, chez F. Changuion,* 1733, 2 vol. in-12 br.

509. Des Erreurs et de la Vérité, ou les hommes rappelés au principe universel de la science ; par un Ph..... Inc..... (Saint-Martin). *A Edimbourg,* 1782, 3 vol. in-8, veau marb.

510. Dictionnaire anti-philosophique, pour servir de commentaire et de correctif au Dictionnaire philosophique et aux livres qui ont paru de nos jours contre le christianisme. *A Avignon, chez Girard et Fr. Seguin,* 1767, in-8, v. marb. fil. tr. dor.

511. De l'Usage et de l'abus de l'esprit philosophique durant le dix-huitième siècle, par J.-E.-M. Portalis. *Paris, Moutardier,* 1827, 2 vol. in-8, portr. et fac-simile, demi-rel. v. f.

512. Programme d'un cours de philosophie, théorie, histoire, par l'abbé J.-B. Bourgeat. *Lyon,* 1853, in-8 br.

513. L'Éternité et la consommation des temps, par Ch. Schoebel, *Paris, Plon,* 1854, in-8, demi-rel. v. f.

514. Dieu et son homonyme, par Ad. Saisset. *Paris,* 1867, in-8 br.

515. Le Mot, base de la raison et source de ses progrès, par C.-A.-L. Letellier. *Paris, Caen,* 1875, in-8, br.

516. La Lumière sur la vie et la mort, les êtres et les choses, par J. S... *Paris, A. Ghio, impr. de Jouaust,* 1877, in-8 br.

517. Le Serment, par P. Antonini. *Paris, Dauvin,* 1878, in-8 br.

518. Faits de l'esprit humain, — philosophie, — par D.-J.-G. de Magalhaens, traduit du portugais par N.-P. Chansselle. *Paris, A. Fontaine,* 1859, in-8 br.

519. Prodromus, or an inquiry into the first principles of reasoning ; including an analysis of the human mind, by sir Graves Chamney Haughton. *London, W. H. Allen,* 1839, in-8 cart. perc. r. non rog.

520. Rudiments of natural philosophy, compiled and translated by lieutenant M.-J. Rowlandson. *Madras,* 1833, in-8, fig. cuir de Russie. (*Texte persan.*)

521. Memoirs of extraordinary popular delusions and the madness of crowds, by Ch. Mackay. *London*, 1852, 2 vol. in-12, fig. sur bois, demi-rel. avec c. chag. la Vall. fil. doré en tête, ébarb.

522. Practical Philosophy of the Muhammadan people, exhibited in its professed connexion with the european, so as to render either an introduction to the other; being a translation of the Akhlak -i- Jalaly, the most esteemed ethical work of middle Asia, from the persian of Fakir Jany Muhammad Asaad : with references and notes by W. F. Thompson. *London*, 1839, in-8 cart.

523. Adèle et Théodore, ou lettres sur l'éducation. *A Paris, Baudoin impr.*, 1782, 3 vol. in-8, demi-rel. veau vert.

524. Histoire de l'instruction publique en Europe et principalement en France, depuis le christianisme jusqu'à nos jours, par Vallet de Viriville. *Paris*, 1849, in-4, nombr. gr. sur bois, et fig. de blasons en chromo chag. vert. fil.

525. De l'Enseignement secondaire en Angleterre et en Ecosse. Rapport adressé à Son Exc. M. le Ministre de l'instruction publique par MM. J. Demogeot et H. Montucci. *Paris, Impr. imp.*, 1868, gr. in-8 br.

526. Etudes sur l'instruction publique en Russie, par N. de Khanikof. *Paris*, 1865, in-8, demi-rel. v. f.

527. Report on popular education in the Punjab and its dependencies, by captain A. R. Fuller. *Lahore*, 1860 à 1878, ens. 12 vol. pet. in-fol. demi-rel. chagr. bleu.

528. Traité de l'éducation corporelle des enfants en bas âge, ou réflexions pratiquées sur les moyens de procurer une meilleure constitution aux citoyens, par J.-C. Desessartz. *A Paris, chez Croullebois, an VII de la Rép. fr.*, in-8, demi-rel. v. f.

529. A Collection of the most remarkable definitions and answers of Massieu and Clerc, deaf and dumb, to the various questions put to them, at the public lectures of the abbé Sicard, in London, by Laffon de Labédat with notes and an english translation, by J.-H. Sievrac. *London*, 1815, gr. in-8, fig. cart.

530. Essai sur l'histoire de l'instruction publique en Chine, par Ed. Biot. *Paris, Benj. Duprat*, 1845, in-8, demi-rel. v.

531. Clarisse Bader. La Femme grecque. *Paris, Didier*, 1873, 2 vol. — La Femme biblique, sa vie morale et sociale, sa participation au développement de l'idée religieuse. *Paris, Didier*, 1866, — ens. 3 vol. in-12, demi-rel. mar. la Vall.

532. The History of Women from the earliest antiquity to the present time, by William Alexander. *London*, 1782, 2 vol. in-8, v. rac.

533. Adresse aux nations de l'Europe sur le commerce homicide appelé traite des noirs; traduit de l'anglais. *Londres*, 1822. — Le Cri des Africains contre les Européens leurs oppresseurs, ou coup d'œil sur le commerce homicide appelé traite des noirs, par T. Clarkson, traduit de l'anglais. *Londres*, 1822. — Discours prononcé par M. le duc de Broglie, le 28 mars 1822, sur la traite des nègres. — Résumé du discours prononcé par M. Wilberforce, le 27 juin 1822, sur l'état actuel de la traite des nègres. *Londres*, 1822. — Discours prononcé dans la chambre des communes d'Angleterre, à l'appui de la motion pour l'adoucissement et l'extinction graduelle de l'esclavage dans les colonies anglaises, par J. Buxton; traduit de l'anglais, par Ch. Coquerel. *Paris, de l'impr. de Crapelet*, 1824. — Faits relatifs à la traite des noirs, suivis de détails sur la colonie de Sierra-Leone. *Paris*, 1824. — Société formée à Liverpool pour l'adoucissement et l'abolition graduelle de l'esclavage. — Affaire de la *Vigilante*, bâtiment négrier de Nantes. *Paris, Crapelet*, 1823, planche. — Ens. 8 pièces réunies en un vol. in-8, demi-rel. bas.

534. Annuaire de la société d'ethnographie, publié par L. de Rosny. *Paris, Challamel*, 1860 à 1864, 5 parties réunies en 2 vol. in-12, demi-rel. chag. r.

535. The Progress of ethnology, an account of recent archæological, philological and geographical researches in various parts of the globe, by J. Russel Bartlett. *New-York*, 1847, in-8, demi-rel. chag. r.

536. Histoire naturelle de l'homme, comprenant les différentes races humaines, par J.-C. Richard, traduit de l'anglais par le Dr F. Roulin. *Paris, chez J.-B. Baillière*, 1843, 2 vol. in-8, fig. n. et col. demi-rel. chag. vert.

537. Ethnogénie gauloise, par Roget Bon de Belloguet. *Paris, Maisonneuve*. 1872-73, 4 part. en 2 vol. in-8, demi-rel. mar. r.

Glossaire gaulois. — Types gaulois et celto-bretons. — Le Génie gaulois. — Les Cimmériens.

538. The native Races of the Russian empire, by R. G. Latham. *London*, 1854, in-8, front. et carte col. cart. perc.

539. Philological proofs of the original unity and recent origin of the human race, etc., by A. James Johnes. *London*, 1843, in-8 cart. perc. v. ébarb.

SCIENCES

540. Du Berceau de l'espèce humaine, selon les Indiens, les Perses et les Hébreux, par J.-B.-F. Obry. *Paris, Durand,* 1858, in-8 br.

541. Memoirs on the history, folklore, and distribution of the races of the North Western provinces of Indian, by the late sir Henry M. Elliot, edited, revised and re-arranged by John Beames. *London, Trübner,* 1869, 2 vol. gr. in-8 cart.

542. L'Homme américain (de l'Amérique méridionale) considéré sous ses rapports physiologiques et moraux, par Alcide d'Orbigny. *Paris, chez F.-G. Levrault,* 1839, 2 tomes en 1 vol. in-8, demi-rel. chag. r.

543. Lettres à Sophie, sur la physique, la chimie et l'histoire naturelle, par L. Aimé-Martin. *Paris, chez H. Nicolle,* 1811, 2 vol. in-8, v. marbr.

544. Conversations on Chemistry in english and urdu. *Calcutta,* 1839, in-8, demi-rel. chagr. vert.

545. Principes de géologie, ou illustrations de cette science empruntées aux changements modernes que la terre et ses habitants ont subis, par Ch. Lyell. *Paris, Langlois et Leclercq,* 1843, 4 vol. in-12, cartes et fig. cart. perc.

546. Traité de météorologie, de physique et de galvanoplastie, rédigé en arabe par Soliman al Harairi. *Paris, Benj. Duprat,* 1862, in-8 br.

547. La Foudre, l'électricité et le magnétisme chez les anciens, par H. Martin. *Paris,* 1866. — Les Sciences et la philosophie (par le même). *Paris,* 1869. — Galilée, les droits de la science et la méthode des sciences physiques, par H. Martin. *Paris,* 1868. — Histoire des corporations françaises d'arts et métiers, par J.-P. Mazaroz. *Paris,* 1878, in-8. — Ens. 4 vol. in-12 et in-8 br.

548. *Canountchah.* De la théorie et de la pratique de la physique, par Ahmed ben Mahmoud Ghaghmèni. *Calcutta,* 1827, in-8, v. marbr.

549. Protogea, ossia l'Europa preistorica, per Vincenzo Padula da Acri. *Napoli,* 1871, in-12 br.

550. Traité élémentaire d'histoire naturelle, par A.-M. Constant-Duméril. *Paris, chez Déterville,* 1807, 2 vol. in-8, figures, demi-rel. bas.

551. *Djami-un Nafais;* Histoire naturelle en ourdo. *Agra,* 1860, 3 liv. in-8 br.

Ce sont les livraisons 3, 4 et 5.

SCIENCES.

552. Zoologie analytique, ou méthode naturelle de classification des animaux, par A.-M. Constant-Duméril. *Paris, Allais*, 1806, in-8, demi-rel. bas.

553. Descriptiones animalium, avium, amphibiorum, piscium, insectorum, vermium, quæ in itinere orientali observavit Petrus Forskal. Post mortem auctoris edidit Carston Niebuhr. *Hauniæ*, 1775, in-4, planches, d.-rel. avec c. v. ant.

554. Les Chiens de guerre, étude historique, par Ed. de la Barre-Duparcq. *Paris, Ch. Tanera*, 1869, in-18 br.

555. Falknerklee, bestehend in drey ungedruckten Werken über die Falknerey, von Hammer-Pargstall. *Wien*, 1840, in-8, demi-rel. mar. vert.

556. Essais philosophiques sur les mœurs de divers animaux étrangers, ou extraits des voyages de M*** en Asie. *A Paris, Couturier*, 1783, in-8, frontisp. gr. v. marb.

557. Essais sur la faune de l'île de Woodlark ou Moiou, par le P. Montrouzier. *Lyon*, 1857, gr. in-8, demi.-rel. avec c. v. bl.

Envoi autographe signé de l'auteur, au gouverneur de la Nouvelle-Calédonie (M. de Saisset). On a joint une lettre autographe signée, de M. de Saisset (capitaine de vaisseau), adressée de Port de France, le 20 septembre 1859, à M. Garcin de Tassy.

558. Dictionnaire des termes techniques de botanique, par le citoyen Mouton-Fontenille. *Lyon, chez Bruyset*, 1803, in-8, demi-rel. bas.

559. The natural History of Aleppo, by Alex. Russell, the second edition revised, enlarged, and illustrated with notes by Pat. Russell. *London, printed for G. G. and J. Robinson*, 1794, 2 vol. in-4, v. fil. (*Rel. anglaise.*)

560. Report on the government central museum, and on the agricultural and horticultural Society of western India for 1863, by George Birdwood. *Bombay*, 1864, in-8, plan, cart.

561. An english Index to the plants of India, compiled by H. Piddington. *Calcutta*, 1832, in-8 cart. n. rog.

562. Hortus Bengalensis, or a catalogue of the plants growing in the honourable East-India company's botanic garden, at Calcutta. *Serampore*, 1814, in-8, demi-rel. mar. vert.

563. Recherches sur l'agriculture et l'horticulture des Chinois, par le baron Léon d'Hervey-Saint-Denys. *Paris*, 1859, in-8 br.

564. Essai sur l'art des jardins modernes, par M. Horace Walpole, traduit en françois par M. le duc de Nivernois,

en 1784, *Imprimé à Strawberry-Hill, par T. Kirgate*, 1785, in-4, d.-rel. v. (*Texte et traduct.*).

565. Les Œuvres d'Avicenne en arabe. *Rome*, 1593, in-fol. br.

Texte arabe imprimé avec les petits caractères de l'Imprimerie de Médicis. *Voyez* Bibliothèque de Sacy, tom. II, p. 16.

566. The Anis ul musharrahin, or anatomist's vade-mecum, translated into arabic from the original of Robert Hooper, by John Tytler, *Calcutta*, 1836, in-4, planche, demi-rel. mar.

567. Traditions tératologiques, ou récits de l'antiquité et du moyen âge en Occident, par J. Berger de Xivrey. *Paris*, 1836, in-8, demi-rel. v. vert.

568. A Vocabulary of the names of the various parts of the Human Body and of medical and technical terms in English, Arabic, Persian, Hindee and sanscrit for the use of the members of the medical departement in India, second edition, by Peter Breton. *Calcutta*, 1827, in-4, demi-rel. mar. vert.

569. Recherches sur le cœur et le foie considérés au point de vue littéraire, médico-historique, symbolique, etc., par le D' F. Andry. *Paris, Germer-Baillière*, 1858, in-8, br.

570. La Maison des fous de Marseille, essai historique et statistique sur cet établissement, depuis sa fondation, en 1699, jusqu'en 1837, par J.-B. Lautard. *Marseille*, 1840, in-8, fig. au trait, demi-rel. avec c. mar. r. fil.

571. Pathological table, by P. Breton, *W. Y.*, in-4, demi-rel. v. f. (*Texte hindi*).

572. Pharmacopœia collegii regalis medicorum Londinensis. *Londini*, 1824, in-8, demi-rel. chag. vert.

573. Hindostanee version of the London pharmacopœia, published in January 1824, printed lithography in the persian character, for the use of the students of the native medical institution. *S. l. n. d.*, in-8, demi-rel. avec c. v. f. ant. fil.

574. An Essay on the antiquity of hindoo medicine..., by J. F. Royle. *London, W. H. Allen*, 1837, in-8 cart.

575. Cinq Traités de médecine en Hindoustani. *Calcutta*, s. d., in-8 cart.

576. Recueil de brochures lithographiées chirurgicales, par P. Breton, réun. en un vol. in-8, demi-rel. bas. bl.

577. Ulfaz Udwiyeh, or the materia medica, in the arabic,

SCIENCES.

persian and hindee languages, compiled by Noureddeen Mohammed Abdullah Shirazy with an english translation, by Francis Gladwin. *Calcutta*, 1793, in-4, d.-rel. avec c. bas. marb.

578. Materia medica of Hindoostan, and artisan's and agriculturist's nomenclature. *Madras*, 1813, in-4, demi-rel. avec c. bas. — 1 — »

579. Materia indica; or, some account of those articles which are employed by the Hindoos and other eastern nations, in their medicine, arts, and agriculture, etc., by Whitelaw Ainslie. *London*, 1826, 2 vol. in-8, veau rac. — 3 — »

580. The Taleef shereef, or Indian materia medica, translated from the original by George Playfair, esq. *Calcutta*, 1833, in-8 demi-rel. chag. viol. — 4 — »

581. Notes on chinese materia medica, by D. Hanbury. *London*, 1862, plaq. in-8 cart. perc. la Vall. — 4 — »

582. Matériaux pour servir à l'histoire comparée des sciences mathématiques chez les Grecs et les Orientaux, par L.-A.-M. Sédillot. *Paris, F.-Didot*, 1845-49, 2 vol. in-8 br. planches. — 1 — »

583. Mémoires présentés par divers savants à l'Académie des sciences de l'Institut de France et imprimés par son ordre. — Sciences mathématiques et physiques. — *Paris, Impr. nat.*, 1872-1877, 6 vol. in-4 cart. ou br. — 25 — »
Ce sont les tomes XX à XXV.

584. Apollonii Pergæi conicorum lib. V, VI, VII, paraphraste Abalphato Asphahanensi nunc primum editi; additur in calce Archimedis assumptorum liber, ex codicibus arabicis mss. latinos reddidit Io. Alphonsus Borellus. *Florentiæ*, 1661, in-fol. fig. br. — 2 — »

585. Eléments d'Euclide. *Lahore*, 1865, gr. in-8, demi-rel. chag. bl. — 23 — »

586. Eléments d'Euclide en langue arabe. *Rome*, 1594, in-fol. br. — 24 — »

587. Eléments d'Euclide en ourdou. *Agra*, 1856, in-8 br. — 1 — 50

588. Les trois Traités de mathématiques de Cafazzoul Houssein-Khan, par le maoulaoin Haider-Ali. *Calcutta*, 1819, br. in-8. — 2 — »

589. Khaza'nat ul Ilm, or the Treasury of science, being a course of instruction in the various branches of mathematics, by Dewan Kanh Ji, of Patna. *Calcutta*, 1837, in-4, demi-rel. mar. la Vall. — 13 — »

590. Vincent. — Sur une Méthode proposée par Ampère, pour extraire les racines des fractions, décomposition des fractions en facteurs, application à la théorie de la gamme, principalement chez les Grecs. — Essai d'explication de quelques pierres gnostiques. — Supplément au mémoire intitulé : Essai d'explication de quelques pierres gnostiques. — Eloge de la pomme et du nombre six, au sujet d'un envoi de six pommes : fragment inédit (d'une lettre de l'empereur Julien). — Note sur la numération chez les Romains. — Note sur deux passages d'Euclide. — Héron d'Alexandrie, la chirobaliste. *Paris*, 1866. Ens. 7 opuscules réunis en 1 vol. in-8 cart.

591. Principes d'algèbre en ourdou. *Madras*, 1858, in-8, br.

592. A Dictionary of quotations, in most frequent use, taken chiefly from the latin and french, translated into english by D. E. Macdonnal. *London*, 1826, in-12, d.-rel. chag. v.

593. Traité de géométrie en hindoustani. *Allahabad*, 1850, br. in-8.

594. *Misbah ul mesahat.* Traité de géométrie en ourdou. *Allahabad*, 1859, br. in-4.

595. Traité d'arpentage et de topographie en hindi. *Benarès*, 1859, br. in-4.

596. Arithmetic for the use of schools, by Rev. M. E. Adam. *Calcutta*, 1834, in-8, demi-rel. v. viol.

597. Livre d'arithmétique en bengali. *Calcutta*, 1860, br. in-8.

598. Lettres sur l'astronomie, ou traité élémentaire et complet d'astronomie, par Albert Montémont. *Paris, Ledoyen*, 1859. 2 vol. in-8 br.

599. Astronomie indienne d'après la doctrine et les livres anciens et modernes des brames..., par M. l'abbé J.-M.-F. Guérin. *Paris, Imprim. royale*, 1847, in-8, br.

600. Courtes Observations sur quelques points de l'histoire de l'astronomie et des mathématiques chez les Orientaux, par M. L.-J.-E. Sédillot. *Paris*, 1863. — Lettre au sujet des recherches du Dr Young sur les hiéroglyphes égyptiens, par Champollion-Figeac. *Paris*, 1857. — Les Samaritains de Naplouse, par l'abbé Bargès. *Paris, Dondey-Dupré*, 1855. — Le Bouddhisme, son fondateur et ses écritures, par Félix Nève. *Paris*, 1853. Ens. 5 ouvrages réunis en 1 vol. in-8, demi-rel. chag. vert.

601. Description of a planispheric astrolabe constructed

for Shah Sultan Husain Safawi...., with notes illustrative and explanatory, by William H. Morley. *London*, 1856, gr. in-fol. planches, cart.

602. A concise View of the Copernican system of astronomy, by Muoluwee Ubool Khuer, under the superintendance of W. Hunter. *Calcutta*, 1807, in-8, v. f. ant. fl.

603. Introduction à l'astronomie en ourdou. *Calcutta*, 1833, in-12, v. f. fel.

604. Henry Martin. — Mémoire sur cette question : la précession des équinoxes a-t-elle été connue des Egyptiens ou de quelque autre peuple avant Hipparque? *Paris*, 1869. — Mémoire sur la date historique d'un renouvellement de la période sothiaque, l'antiquité et la constitution de cette période égyptienne. *Paris, Impr. imp.*, 1868, 2 vol. in-4, br.

605. The Heavens, an illustrated handbook of popular astronomy by Amédée Guillemin, edited by J. Norman Lockyer. *London, R. Bentley*, 1872, in-8, fig. cart. perc. bl.

606. Les Cieux, réponses aux astronomes sceptiques, par Alex. Guillemin. *Paris, Douniol, Albanel, Palmé*, 1866, in-8 cart. perc. bl. ébarb.

607. Recueil de mémoires, rapports et documents relatifs à l'observation du passage de Vénus sur le Soleil. *Paris, F.-Didot*, 1877, 2 vol. in-4, br.

Manque la 2º partie du tome premier.

608. Histoire de l'art de la guerre, par le capitaine Ed. de la Barre Duparcq. *Paris, Ch. Tanera*, 1860-1864, 2 vol. in-8 br.

609. Extracts from torrents, etc., etc., for the use of the native ranks of infantry. *S. l.*, 1834, in-4, demi-rel. avec c. bas. ant.

---

610. Rapport sur l'Exposition universelle de 1865. *Paris, Impr. imp.*, 1867, in-4, plans, demi-rel. chag. vert, tr. dor.

611. Histoire des arts industriels au moyen âge et à l'époque de la renaissance, par Jules Labarte. *Paris, A. Morel*, 1872-75, 3 vol. in-4, fig. n. et chromolith. demi-rel. chag. r.

Envoi autographe signé de l'auteur à M. Garcin de Tassy.

BEAUX-ARTS.

14-" 612. Dictionnaire de l'Académie des Beaux-Arts. *A Paris, chez F.-Didot,* 1858-1876, 3 vol. gr. in-8, figures, demi-rel. chag. bleu, plus la 1re livraison du tome IV br.

1-" 613. Considérations sur le but moral des Beaux-Arts, par Aug. Couder. *Paris, Renouard,* 1867, in-12 br.

26-" 614. Recherches sur la peinture en émail dans l'antiquité et au moyen âge, par J. Labarte. *Paris, V. Didron,* 1856, in-4, fig. en chrom. demi-rel. chag. r.

5-" 615. La Beauté des Femmes dans la littérature et dans l'art du XIIe au XVIe siècle, analyse du livre de A. Niphus, *Du beau et de l'amour :* par Jean Houdoy. *Paris, A. Aubry, Detaille,* 1876, gr. in-8, chag. r. fil.

3-" 616. Histoire de la caricature et du grotesque dans la littérature et dans l'art, par Thomas Wright. *Paris, A. Delahays,* 1875, in-8, nombr. gr. sur bois, demi-rel. chag. r.

8-" 617. Recueil de dessins et fac-simile de miniatures, extraits de divers mss.

Environ 50 p. remontées en 1 vol. in-fol.

20-" 618. Iconographie de l'Institut royal de France, ou collection des portraits des membres composant les quatre Académies depuis 1814 jusqu'en 1825, dessinés d'après nature et lithographiés par Bailly. *Paris, s. d.,* environ 200 portraits lith. réunis en 1 vol. gr. in-8, demi-rel. mar. vert.

11-" 619. Le Costume, ou Essai sur les habillements et les usages de plusieurs peuples de l'antiquité, prouvé par les monuments, par André Lens. *Liège, chez Bassompierre,* 1776, in-4, planches, demi-rel. chag. r.

21-" 620. Collection de costumes suisses, d'après les dessins de Reinhart. Chaque planche représente un costume avec une vue prise sur les lieux, à laquelle on a joint la description en anglais et en français. *Londres,* 1822. — Picturesque representations of the dress and manners of the Russians. *London, s. d.* — 2 ouvr. en 1 vol. gr. in-8, figures en coul. demi-rel. avec c. mar. r. fil.

2." 621. Album Boetzel. — Le Salon de 1869. *Paris, Berger-Levrault, s. d.,* in-4 oblong, figures, cart. perc. v.

BEAUX-ARTS.

622. Histoire sommaire de l'architecture religieuse, civile et militaire au moyen âge, par M. de Caumont. *Paris*, 1837, in-8 oblong. (*Atlas.*)

623. Monuments scandinaves du moyen âge, avec les peintures et autres ornements qui les décorent, dessinés et publiés par N. M. Mandelgren. *Paris*, 1682, gr. in-fol. planches n. et col. demi-rel. chag. r.

624. Étude sur Jean Cousin, suivie de notices sur Jean Leclerc et H. Woeiriot, par Ambroise Firmin-Didot. *Paris, Didot*, 1872, in-8, portr. br.

625. Recherches sur les figures de femmes voilées dans l'art grec, par L. Heuzey. *Paris*, 1875. — L'Enlèvement d'Orithyie par Borée du Musée du Louvre, par G. Perrot. *Paris, G. Chamerot*, 1874, 2 br. in-4, planches.

626. A Treatise on the Music of Hindoostan comprising a detail of the ancient theory and modern practice. *Calcutta*, 1834, in-8, demi-rel. v. vert, plats toiles dent.

627. The Hindustani choral Book or swar sangrah : containing the Tunes to those hymns in the Git Sangrah which are in native metres, compiled by John Parson. *Benares*, 1861, plaq. in-8 cart.

628. Theory of sanskrit music compiled from the ancient authorities by Sourindro Mohun Tagore. *Calcutta*, 1875, in-8, demi-rel. chagr. vert.

629. Yantra Kosha, or a treasury of the musical instruments of ancient and of modern India and of various other countries, by Sourindro Mohun Tagore. *Calcutta*, 1875, in-8, demi-rel. chag. vert.

630. Public Opinion and official communications about the Bengal music school and its president. *Calcutta*, 1876, in-8 br.

631. Six principal Ragas, with a brief view of Hindu music, by Sourindro Mohun Tagore. *Calcutta*, 1877, in-4, figures, cart.

632. A few Lyrics of Owen Meredith set to hindu music, by Sourindro Mohun Tagore. *Calcutta*, 1877, in-8, musique notée, br.

BELLES-LETTRES.

I. ORIGINE DES LANGUES ; GRAMMAIRE COMPAR

633. Lectures on the science of language delivered at the royal institution of Great Britain in April, May and June, 1861, by Max Müller. *London*, 1864, in-8 cart. perc. v. non rog.

634. Lectures on the science of language delivered at the royal institution of Great Britain in February, March, April and May, 1863, by Max Müller. *London*, 1864, in-8, cart. perc. v. non rog.

635. La Science du langage, par Max Müller, traduit de l'anglais par G. Harris et G. Perrot. *Paris, A. Durand*, 1867. — Nouvelles Leçons sur la science du langage (par le même). *Paris*, 1867-68, 2 vol. — Ens. 3 vol. in-8 br.

636. Language and the study of language, by William Dwight Withney. *London, Trübner*, 1867, pet. in-8, cart. angl. perc. v. non rog.

637. Grammaire générale, ou philosophie des langues, présentant l'analyse de l'art de parler, par M. Albert Montémont. *Paris, Moquet*, 1845, 2 tomes en 1 vol. in-8, demi-rel. chag. br.

638. Du Langage, essai sur la nature et l'étude des mots et des langues, par M. Alb. Terrien Poncel, précédé d'une introduction par L. de Rosny. *Paris, Franck*, 1867, in-8 br.

639. Essai d'une langue universelle, par MM. Piro et L. A. *Bar-le-Duc, Guérin*, 1868. — Cours de linguistique, par F.-G. Bergmann. *Paris*, 1876. — Ens. 2 vol. in-8, br.

640. On the Existence of mixed languages, prize essay by James Cresswell Clough. *London*, 1876, in-8 cart. angl. perc. v.

641. On the Stratification of language, sir Robert Rede's lecture, by Max Müller. *London*, 1868, plaq. in-8 cart. perc. bl.

642. The one primeval Language traced experimentally through ancient inscriptions in alphabetic characters of lost powers from the four continents; including the voice

of Israel from the rocks of Sinai, etc., translated by the Rev. Ch. Forster. *London, R. Bentley*, 1851-54, 3 vol. in-8, fig. cart. angl. perc. v.

643. Thresor de l'histoire des langues de cest univers, contenant les origines, beautez, perfections, décadences, mutations, changements, conversions et ruines des langues, par M. Claude Duret, Bourbonnois, président à Moulins. *A Yverdun*, 1619, in-4, v. fil.

644. Families of speech, by the Rev. F. W. Farrar. *London*, 1870, in-8, cart. perc. v.

645. La Langue française dans ses rapports avec le sanscrit et avec les autres langues indo-européennes, par S. Delattre. *Paris, F.-Didot*, 1854, in-8, demi-rel. chag. vert.

646. Précis d'une théorie des rhythmes, par L. Benloew. *Paris, Franck*, 1862, 2 part. en 1 vol. in-8, demi-cart. perc. v.

647. Luigi Delâtre. Saggi linguistici. *Firenze*, 1873, in-12 br.

648. Dictionnaire de linguistique et de philologie comparée, par L.-F. Jéhan. *Paris, Migne*, 1864, gr. in-8, demi-rel. chag. vert.

649. Parallèle des langues de l'Europe et de l'Inde, avec un essai de transcription générale, par F.-G. Eichhoff. *Paris, Impr. royale*, 1836, in-4, demi-rel. v. rouge, fil.

650. Grammaire générale indo-européenne, par F.-G. Eichhoff. *Paris, Maisonneuve*, 1867, in-8, dem.-rel. v. f.

651. A comparative Grammar of the sanscrit, zend, greek, latin, lithuanian, gothic, german and sclavonic languages, by F. Bopp, translated by Eastwick. *London, Maldem and Malcolm*, 1845, 2 vol. in-8 cart. angl. perc. n. ébarb.

652. Grammaire comparée des langues indo-européennes, comprenant le sanscrit, le zend, l'arménien, le grec, le latin, le lithuanien, l'ancien slave, le gothique et l'allemand, par François Bopp, traduite et précédée d'une introduction par M. Michel Bréal. *Paris, Imprimerie impériale*, 1866-1872, 4 vol. gr. in-8, demi-rel. chag. vert.

653. Apollonius Dyscole. — Essai sur l'histoire des théories grammaticales dans l'antiquité, par E. Egger. *Paris, A. Durand*, 1854, in-8, br.

654. The Result of comparative philology in reference to classical scholarship, by Dr G. Curtius. *Oxford*, 1851, in-8 cart.

655. Det norske sprogs vaesent-ligste ordforraad sammen-

lignet med sanskrit og andre sprog af samme aet. *Wien*, 1852, in-4, demi-rel. chagr. viol.

656. Ludus patronymicus, or the etymology of curious surnames, by Richard Stephen Charnock. *London, Trübner*, 1868, in-8 cart.

657. Origine, étymologie et signification des noms propres et des armoiries, par le baron de Coston. *Paris, chez A. Aubry*, 1867, in-8, demi-rel. cuir de R., tr. peigne.

658. Tiedot suomen-suwun muinaisuudesta, tutkinut ja yliopistolliseksi väitöskirjaksi ulos-antanut Yrjö Kaskinen. *Helsin-Gissä*, 1862, in-8, demi-rel. chag. La Wall.

659. A Harmony of primeval alphabets, Rev. C. Forster. *S. l. n. d.*, placard in-fol. collé sur toile, dans un carton.

660. Des Principes de l'écriture phonétique et des moyens d'arriver à une orthographe rationnelle et à une écriture universelle, par P. Jozon. *Paris, Germer-Baillière*, 1877, in-12, br.

661. Grammatography, a manual of reference to the alphabets of ancient and modern languages based on the german compilation of F. Ballhorn. *London, Trübner*, 1861, gr. in-8 cart.

662. The Application of the roman alphabet to all the oriental languages; contained in a series of papers written by Mss. Trevelyan, J. Prinsep, and Tytler, Rev. A. Duff, and Mr. H. T. Prinsep. *Serampore*, 1834, in-8, demi-rel. v. f.

II. LANGUES EUROPÉENNES ANCIENNES ET MODERNES.

663. La Grèce avant les Grecs, étude linguistique et ethnographique, Pélasges, Sémites et Ioniens, par L. Benloew. *Paris, Maisonneuve*, 1877, in-8, demi-rel. v. r.

664. Grammaire grecque et dictionnaire étymologique de tous les mots français qui viennent du grec ancien, par E. Marcella. *Paris*, 1841, in-8, demi-rel. chag. la Wall.

665. Grammaire grecque élémentaire et systématique, par Et. Marcella. *Paris*, 1845, 2 part. en 1 vol. in-8, demi-rel. v. bl.

666. Traité de la formation des mots dans la langue grecque, par Ad. Regnier. *Paris, Hachette*, 1855, in-8 br.

667. Dictionnaire grec-français, par C. Alexandre. *Paris, L. Hachette*, 1848, fort vol. in-8, chag. vert.

668. Dictionnaire français-grec. *Paris*, 1809, in-8, demi-rel. bas. v.

669. Philodemi Rhetorica ex herculanensi papyro lithographice Oxonii excusa, restituit, latine vertit.... E. Gros. *Parisiis, F.-Didot*, 1840, in-8, demi-rel. v. gris.

670. Les Quatre Poétiques d'Aristote, d'Horace, de Vida, de Despréaux, avec les traductions et des remarques, par M. l'abbé Batteux. *Paris, chez Saillant, Nyon et Desaint*, 1771, 2 vol. in-8, demi-rel. mar. la Wall. dorés en tête, non rog.

Exemplaire en GRAND PAPIER DE HOLLANDE.

671. Les Quatre Poétiques d'Aristote, d'Horace, de Vida, de Despréaux, avec les traductions et des remarques, par M. l'abbé Batteux. *Paris, chez Saillant et Nyon*, 1771, 2 vol. in-8, front. gr., demi-rel. v. f.

672. Harangues politiques de Démosthène, publiées par R. Töpffer. *Genève*, 1824, in-8, demi-rel. v. rose.

673. Œuvres politiques de Démosthène, traduites par P.-A. Plougoulm. *Paris, Hachette*, 1863, 2 vol. in-8, demi-rel. mar. la Vall.

674. Le Discours d'Isocrate sur lui-même, intitulé sur l'Antidosis, traduit en français pour la première fois par Aug. Cartelier, publié avec le texte par E. Havet. *Paris, Impr. imp.*, 1862, in-8 br.

675. Oracula Sibyllina, curante C. Alexandre. *Parisiis, apud F.-Didot*, 1841, 2 vol. in-8, demi-rel. v. f.

676. Oracula Sibyllina, curante C. Alexandre. *Parisiis, apud F. Didot*, 1869, in-8, demi-rel. v. f.

677. Odes d'Anacréon, traduites en français et en prose par MM. Grégoire et Collombet; en vers français, par MM. Saint-Victor, F.-Didot, etc.; en vers latins, par H. Estienne et Elie André; en vers anglais, par Frawkes, etc.; en vers allemands, par Degen; en vers italiens, par Rogati; en vers espagnols, par Bernabe Canga Arguelles. (Texte grec en regard.) Édition polyglotte publiée sous la direction de J.-B. Montfalcon. *Paris, F.-Didot*, 1835, gr. in-8 cart. (*Texte à deux colonnes.*)

678. Petits Poèmes grecs. *Paris, Lefèvre*, 1841, in-12, demi-rel. chag. la Wall.

679. Theocritus. Codicum manuscriptorum ope denuo recensuit Christophorus Wordsworth, episcopus Lincolniensis. *Cantabrigiæ*, 1877, in-8 cart. perc.

680. Hymnes de Callimaque imités du grec, par M. Poullin de Fleins. *Paris*, 1776, in-16, v. f. antiq. fil.

Exemplaire de l'auteur, dont le nom est sur les plats de la reliure.
Il n'a été tiré que 40 exemplaires de cet ouvrage.

681. Hymnes de Callimaque le Cyrénéen, traduits du grec en vers latins, avec la version française, le texte et des notes, par M. Petit-Radel. *A Paris, Agasse,* 1808, in-8, demi-rel. bas.

682. Guerre de Troie, depuis la mort d'Hector jusqu'à la ruine de cette ville, poème en quatorze chants, par Quintus de Smyrne, traduit du grec en français par R. Tourlet. *Paris, chez Lesguilliez,* 1800, 2 vol. in-8 v. marb.

683. L'Enlèvement d'Hélène, de Coluthus, traduit en français par A. Stanislas Julien. *Paris, de Bure,* 1823, in-8, fac-simile, demi-rel. v. vert.

684. Nonnos. — Les Dionysiaques, ou Bacchus, poème en XLVIII chants, grec et français, rétabli, traduit et commenté par le comte de Marcellus. *Paris, F.-Didot,* 1856, gr. in-8, demi-rel. chag. r., non rog.

685. Popularia carmina Græciæ recentioris, edidit Arnoldus Passow. *Lipsiæ,* 1860, in-8 br.

686. Recueil de poèmes historiques en grec vulgaire relatifs à la Turquie et aux principautés danubiennes, publiés, traduits et annotés par Em. Legrand. *Paris, Ern. Leroux,* 1877, gr. in-8 br.

687. Comédies d'Aristophane, traduites en grec par M. Artaud. *Paris, F.-Didot,* 1855, 2 vol. in-12 br.

688. Tragédies d'Euripide, traduites du grec par Artaud. *Paris,* 1857, 2 vol. — Tragédies de Sophocle, traduites du grec (par le même). *Paris,* 1857. — Ens. 3 vol. in-12 br.

689. Fragments pour servir à l'histoire de la comédie antique. — Épicharme, — Ménandre, — Plaute, — par M. Artaud. *Paris, A. Durand,* 1863, in-8, demi-rel. v. f.

690. Essai sur l'histoire de la critique chez les Grecs, suivi de la Poétique d'Aristote et d'extraits de ses Problèmes, par M. E. Egger. *Paris, A. Durand,* 1850, 2 vol. in-8 br.

691. Histoire des amours de Chéréas et de Callirrhoé, traduite du grec, avec des remarques (par Larcher). *Paris, chez Guneau,* 1763, 2 vol. in-12, v. f. ant. fil. tr. dor.

692. De Syntipa et Cyri filio Andreopuli narratio e codd. pariss edita a Jo. Fr. Boissonade. *Parisiis, Doyen,* 1828, in-12, demi-rel. v. gris.

693. Cours de littérature grecque moderne, donné à Genève par Jacovaky Rizo Néroulos, publié par J. Humbert. *Paris,* 1828, in-8, portr. lith., demi-rel. v. f.

694. Études sur la littérature grecque moderne, par A.-Ch. Gidel. *Paris, 1866*, gr. in-8, demi-rel. mar. La Vall.

695. An etymological Dictionary of the latin language, by the Rev. F.-E.-J. Valpy. *London, 1838*, in-8, cart. perc. v.

696. Vocabulaire des noms géographiques, mythologiques et historiques de la langue latine, par L. Quicherat. *Paris, Hachette, 1846*, in-8, demi-rel. chag. vert.

697. Addenda lexicis latinis investigavit, collegit, digessit L. Quicherat. *Parisiis, Hachette, 1862*, gr. in-8 demi-rel. chag. vert. (*Texte à deux colonnes.*)

698. Glossarium eroticum linguæ latinæ..., auctore P. P. (Pierre Pierrugues). *Parisiis, apud A.-F. Dondey-Dupré, 1826*, gr. in-8, demi-rel. avec c. mar. la Vall. non rog.

699. Thesaurus poeticus linguæ latinæ, ou Dictionnaire prosodique et poétique de la langue latine, par L. Quicherat. *Paris, Hachette, 1875*, fort vol. in-8, bas. marb. (*Texte à deux colonnes.*)

700. Traité de la formation des mots dans la langue latine, par A. Chausselle. *Paris, Hachette, 1843*. — Les cinq conjugaisons de la langue française, par L. Delatre. *Paris, s. d.* — Le Chariot d'enfant, traduction du drame indien du roi Soudraka, par Méry et Gérard de Nerval. *Paris, 1850.* — Les Syriens catholiques et leur patriarche Mgr Ant. Samhéri, par l'abbé J. Mamarbaschi. *Paris, 1855.* — Méhul, sa vie et ses œuvres, par P.-A. Viellard. *Paris, 1859.* — Court aperçu sur la langue romaine. S. l. n. d. — Ens. 6 ouvr. en 1 vol. in-12 demi-rel. mar. la Wall.

701. La Langue latine étudiée dans l'unité indo-européenne, par A. de Caix de Saint-Aymour. *Paris, Hachette, 1868*, in-8 br.

702. Corpus poetarum latinorum, edidit Gulielmus Sidney Walker. *Londini, H. G. Bohn, 1840*, fort vol. in-8, demi-rel. avec c. v. f. (*Texte à deux colonnes*).

703. Œuvres de Virgile, édition polyglotte, publiée sous la direction de J.-B. Monfalcon. *Paris et Lyon, Cormon et Blanc, 1838*, fort vol. gr. in-8, demi-rel. chag. la Vall. (*Texte à deux colonnes*).

704. Virgile et Constantin le Grand, par Jean-Pierre Rossignol. *Paris, J. Delalain, 1845*, in-8, br.

705. Œuvres complètes d'Horace, édition polyglotte publiée sous la direction de J.-B. Monfalcon. *Paris et Lyon, Cormon et Blanc, 1834*, fort. vol. gr. in-8, demi-rel. chag. la Vall. (*Texte à deux colonnes*).

706. Œuvres complètes d'Horace, de Juvénal, de Perse, de Sulpicia, de Térence, de Catulle, de Properce, de Gallus et Maximien, de Tibulle, de Phèdre, de Syrus, avec la traduction en français publiées sous la direction de M. Nisard. *Paris, J.-J. Dubochet, 1839*, gr. in-8, demi-rel. bas. (Texte à deux colonnes).
De la Collection des auteurs latins.

707. Ovidii Nasonis Opera quæ supersunt. *Parisiis, Barbou, 1793*, 3 vol. in-12, front. gr. v. marbr. fil. tr. dor.

708. Épigrammes de Martial, traduction nouvelle et complète, par E. T. Simon, publiée par le baron Simon. *Paris, chez F. Guitel, 1819*, 3 vol. in-8, v. marb.

709. Poème de S. Prosper contre les ingrats, traduit en vers et en prose, en laquelle on a adjousté l'excellente lettre du mesme S. à Ruffin, avec un abrégé de toute sa doctrine touchant la grâce et le libre arbitre, tiré de ses autres ouvrages, le tout en latin et en françois. *A Paris, chez Martin Durand, 1650*, 2 part. en un vol. in-12, v. br.

710. Poésies populaires latines du moyen âge, par M. Edélestand du Méril. *Paris, F. Didot, 1847*, in-8, demi-rel. v. f.

711. Edélestand du Méril. Mélanges archéologiques et littéraires. *Paris, Franck, 1850*. — Poésies inédites du moyen âge, précédées d'une histoire de la fable ésopique. *Paris, 1854*, ens. 2 vol. in-8, demi-rel. mar. la Vall.

712. Hymni sacri et novi, auctore Santolio Victorino. *Parisiis, apud Dionysium Thierry, 1698*, in-12, musique notée, bas. ant.

713. De la Poésie latine en France au siècle de Louis XIV, par l'abbé Vissac. *Paris, Aug. Durand, 1862*, in-8, demi-rel. v. f.

714. Origines latines du théâtre moderne, publiées et annotées par M. Edélestand Du Méril. *Paris, Franck, 1840*, gr. in-8, demi-rel. chagr. vert.

715. Théâtre de Hrotsvitha, religieuse allemande du x⁰ siècle, traduit pour la première fois en français, avec le texte latin, par Ch. Magnin. *Paris, B. Duprat, 1845*, in-8, demi-rel. chag. la Vall.

716. Pétrone latin et françois, traduction entière, suivant le manuscrit trouvé à Belgrade en 1688. *S. l., 1713*, 2 vol. in-12, front. gr. et fig. v. marb.

717. Pétrone latin et françois, traduction entière, suivant le manuscrit trouvé à Belgrade en 1688. *Amsterdam, 1736*, 2 vol. in-12, front. gr. et fig. v. br. ant.

BELLES-LETTRES.

718. L'Éloge de la Folie, traduit du latin d'Érasme, par M. Gueudeville. S. l., 1757, in-12, front. gr. vign. et figures, v. ant. marb. — 1 - "

719. A most pleasant, fruitful, and witty work of the best state of a public weal, and of the new isle called Utopia; written in latin, by the right worthy and famous sir Thomas More, and translated into english, by Raphe Robinson. London, 1808, 2 vol. in-12, v. ant. portr. — 2 - "

720. Leçons latines de littérature et de morale, par Fr. Noël et F. Delaplace. Paris, 2 vol. in-8, demi-rel. bas. — 1 - "

721. Macaronéana, ou Mélanges de littérature macaronique des différents peuples de l'Europe, par Octave Delepierre. Brighton, G. Gancia, 1852, in-8, demi-rel. chag. r. — 6 - "

722. Antonius de Arena Provençalis de Bragardissima villa de Soleriis ad suos compagnones. Londini, 1758, in-12, v. marb. fil. tr. dor. — 2 - "

723. Essai philosophique sur la formation de la langue française, par Édélestand du Méril. Paris, Franck, 1852. — Essai philosophique sur le principe et les formes de la versification, par le même. Paris, Brockhaus et Avenarius, 1841, 2 ouv. en un vol. in-8, demi-rel. v. f. — 8 - "

724. Grammaire générale et raisonnée de Port-Royal, par Arnauld et Lancelot; précédée d'un Essai sur l'origine et les progrès de la langue française, par M. Petitot. Paris, chez Perlet, 1803, in-8, demi-rel. bas. — Retiré

725. Grammaire des Grammaires, nouvelles remarques détachées sur un grand nombre de mots et sur l'emploi vicieux de certaines locutions de la langue française, par Ch.-P. Girault-Duvivier. Paris, Janet et Cotelle, 1834, plaq. in-8 de 99 p., demi-rel. bas. — 1 - "

726. Étude historique et philologique sur le participe passé français et sur ses verbes auxiliaires, par J.-B.-F. Obry. Paris, A. Durand, 1852, in-8 br. — 3 - 50

727. The whole french Language comprised in a series of lessons, by T. Robertson. Paris, London, 1853, 2 vol. in-8 cart. — 1 - "

728. Grammaire française à l'usage des Arabes de l'Algérie, de Tunis, du Maroc, de l'Égypte et de la Syrie, par Gust. Dugat et le cheikh Fârès Echchidiak. Paris, 1854, in-8 br. — 2 - "

729. Nouveau Guide de la conversation, ou Dialogues usuels et familiers en quatre langues, français, grec-moderne, anglais et turc, par N. Mallouf. Paris, Maisonneuve, 1859, in-12, demi-rel. chag. bl. — 2 - "

BELLES-LETTRES.

730. The practical Linguist ; being a system based entirely upon natural principles, of learning to speak, read, and write the french language, by David Nasmith. *London, David Hutt*, 1873, 2 vol. in-4 cart.

731. Dictionnaire historique de la langue française, publié par l'Académie française. *Paris, F.-Didot*, 1858, in-4, demi-rel. chag. vert (*Tome premier*).

732. Dictionnaire de l'Académie française, publié en 1835. *Paris, F.-Didot*, 1835-1843, 3 vol. in-4, dont un de complément, demi-rel. v. bl.

733. Dictionnaire de l'Académie française. *Paris, F.-Didot*, 1878, 2 vol. gr. in-4 br.

734. Dictionnaire raisonné des difficultés grammaticales et littéraires de la langue française, par J.-Ch. Laveaux. *Paris, chez Lefevre*, 1818, in-8 cart. non rog.

735. Dictionnaire des Synonymes français, par feu le R. P. Timothée de Livoy, publié par M. Beauzée. *A Paris, chez Nyon*, 1788, in-8, chag. la Vall. fil. à fr.

736. Dictionnaire idéologique, recueil des mots, des phrases, des idiotismes et des proverbes de la langue française, par T. Robertson. *Paris, Derache*, 1859, in-8, demi-rel. chag.

737. Dictionnaire comique, satirique, critique, burlesque, libre et proverbial, par P.-J. Leroux. *A Pampelune*, 1786, 2 vol. in-8, veau. fil. à fr.

738. Dictionnaire infernal, par J. Collin de Plancy. *Paris et Lyon*, 1724, gr. in-8, texte à deux col. demi-rel. v. f.

739. Essai historique et philosophique sur les noms d'hommes, de peuples et de lieux, par Eusèbe Salverte. *Paris, Bossange*, 1824, 2 vol. in-8, demi-rel. v. f. ant.

740. Tableau historique et littéraire de la langue parlée dans le midi de la France et connue sous le nom de langue romano-provençale, par Mary-Lafon. *Paris, Maffre-Capin*, 1842, in-12 br.

741. Dictionnaire des expressions vicieuses usitées dans un grand nombre de départements et notamment dans la ci-devant province de Lorraine, par J.-F. Michel. *Paris*, 1807. — Concordance des temps du verbe et emploi de ses modes, ou une partie très-importante des délicatesses de la langue de Racine, par Michel (le Neuvillois). *Paris*, 1822, 2 ouv. en un vol. in-8, demi-rel. bas.

742. De quelques Parisianismes populaires et d'autres locutions non encore ou mal expliquées, par Ch. Nisard. *Gand*, 1875, in-8 br.

743. Étude sur le langage populaire ou patois de Paris et de sa banlieue, par Ch. Nisard. *Paris, A. Franck*, 1872, in-8 br.

744. Les Provençalismes corrigés, ou corrections raisonnées des fautes de langage et de prononciation que l'on fait généralement dans la Provence et dans quelques autres provinces du Midi, par J.-B. Reynier. *Marseille*, 1878, in-12 br.

745. Tableau synoptique et comparatif des idiomes populaires ou patois de la France, par J.-F. Schnakenburg. *Bruxelles*, 1840, in-8, demi-rel. bas. v.

746. Dictionnaire provençal-français, ou Dictionnaire de la langue d'oc, ancienne et moderne, suivi d'un vocabulaire français-provençal, par S.-J. Honnorat. *Digne, Repos*, 1846-47, 3 vol. in-4, demi-rel. chag. grenat.

747. Dictionnaire languedocien-français, suivi d'une collection de proverbes languedociens et provençaux, par M. l'abbé de Sauvages. *Alais, Martin*, 1820, 2 tomes en un vol. in-8, demi-rel. bas.

748. Dictionnaire étymologique des mots français dérivés du grec, par J.-B. Morin, enrichi de notes par M. d'Ansse de Villoison. *Paris*, 1809, 2 vol. pet. in-8, v. marb.

749. Glossaire des mots français tirés de l'arabe, du persan et du turc, par A.-P. Pihan. *Paris, Benj. Duprat*, 1847, in-8, demi-rel. v. f.

750. Dictionnaire étymologique des mots de la langue française dérivés de l'arabe, du persan ou du turc, par A.-P. Pihan. *Paris*, 1866, in-8, demi-rel. chag. la Vall.

751. Dictionnaire étymologique des mots français d'origine orientale (arabe, persan, turc, hébreu, malais), par L.-Marcel Devic. *Paris, Impr. nat.*, 1876, in-8 br.

752. Recherches sur les sources antiques de la littérature française, par J. Berger de Xivrey. *Paris, chez Crapelet*, 1829, gr. in-8, demi-rel. avec c. mar. olive, doré en tête, non rog.
Exemplaire en papier vélin.

753. Histoire littéraire de la France avant le douzième siècle, par M. J.-J. Ampère. *Paris, Hachette*, 1839, 3 vol. in-8, demi-rel. v. f.

754. Cours complet de rhétorique, par M. J.-A. Amar. *Paris, H. Langlois*, 1811, in-8, demi-rel. bas.

755. Institut de France. — Recueil des discours, rapports et pièces diverses lus dans les séances publiques et particu-

BELLES-LETTRES.

bres de l'Académie française, 1803 à 1879. *Paris, F.-Didot, 1847 à 1876*, 10 vol. in-4, demi-rel. v. vert.

756. Institut de France. — Séances publiques, rapports, etc. (de 1839 à 1877). *Paris, F.-Didot, 1839 à 1877*, 24 vol. in-4, demi-rel. v. vert.

757. Maximes et réflexions morales du duc de La Rochefoucauld, traduites en grec moderne, par W. Brunet (avec une traduction anglaise en regard). *Paris, F.-Didot, 1828*, in-8, demi-rel. v. gris.

758. De l'État de la poésie françoise dans les XII° et XIII° siècles; par B. de Roquefort, Flaméricourt. *Paris, Fournier, 1815*, in-8, demi-rel. v. ant.

759. Les Épopées françaises, étude sur les origines et l'histoire de la littérature nationale, par L. Gautier. *Paris, V. Palmé, 1865*, 3 vol. in-8, br. (*Il manque la deuxième partie du tome III*).

— Même ouvrage. Seconde édition, 1878. (Tome premier. *Exemplaire en papier vergé*).

760. Histoire poétique de Charlemagne, par Gaston Paris. *Paris, Franck, 1865*, in-8, br.

761. La Chanson de Roland, texte critique avec les corrections et additions, par L. Gautier. *Tours, A. Mame, 1872*, plaq. gr. in-8 br.
Exemplaire en GRAND PAPIER DE HOLLANDE.

762. La Chanson de Roland, texte critique accompagné d'une traduction nouvelle et précédé d'une introduction historique, par L. Gautier. *Tours, A. Mame, 1872*, 2 vol. gr. in-4, figures à l'eau-forte, par Chifflart et V. Foulquier, br.

763. Gérard de Roussillon, récit du IX° siècle, d'après les textes originaux et les dernières découvertes faites en Franche-Comté, par Ed. Clerc. *Paris, A. Aubry, 1869*, in-8, fig. br.

764. Macaire, chanson de geste publiée par F. Guessard. *Paris, A. Franck, 1866*, in-12 cart. perc. non rog.

765. Roman de Mahomet, en vers du XIII° siècle, par Alex. Du Pont, et Livre de la loi au Sarrazin, en prose du XIV° siècle, par Raymond Lulle, publiés par MM. Reinaud et Francisque Michel. *A Paris, chez Silvestre, 1831*, in-8, demi-rel. mar. vert.

766. Floire et Blancefor, poëme du XIII° siècle, publié d'après les manuscrits par M. Edélestand du Méril. *Paris, Jannet, 1856*, in-12 cart. perc. r. non rog.

767. Le Poëme de la croisade contre les Albigeois, ou l'Épo-

pée nationale de la France du sud au XIIIe siècle, étude historique et littéraire, thèse pour le doctorat ès lettres, présentée par G. Guibal. *Toulouse, impr. de A. Chauvin*, 1863, in-8, demi-rel. v. f.

768. Le Roman de Foulque de Candie, par Herbert Leduc, de Dammartin. *Reims*, 1860, in-8 br. — 3 – "

769. Romancero de Champagne. *Reims*, 1863-64, 5 vol. in-8 br. — 34 – "

<small>Chants religieux. — Chants populaires. — Chants légendaires et historiques, 1420-1550. — Chants historiques, 1750-1829.
Exemplaire en papier jonquille.</small>

770. Œuvres complètes de Mathurin Régnier, précédées de l'histoire de la satire en France, par M. Viollet-le-Duc. *A Paris, chez F. Jannet*, 1853, in-12 cart. perc. r. non rog. — 6 – 50

771. Recueil de Poésies calvinistes, 1550-1566, publié par P. Tarbé. *Reims*, 1866, in-8 br. — 2 – 50

772. Joseph, ou l'Esclave fidèle, poème. *A Turin, chez Benoist Fleury et Julien Le Brun*, 1679, in-12 vél. bl. moderne à recouv. — 1 – 50
<small>Rare.</small>

773. Fables from la Fontaine, in english verse. *London, J. Murray*, 1820, in-8, v. f. fil. (*Texte et traduction*). — 3 – "

774. La Religion, poème. *A Paris, chez J.-B. Coignard et Desaint*, 1742, in-8, vig. v. ant. — 1 – "

775. Les Fastes, ou les Usages de l'année, poème, par M. Le Mierre. *Paris, P.-Fr. Gueffier*, 1779, in-8, bas. marb. — 1 – "

776. Défense de Voltaire contre ses amis et ses ennemis, par Courtat. *Paris, A. Lainé*, 1872, in-8, br. — 1 – "

777. La Maçonnerie, poème en trois chants. *Paris, chez Arthus Bertrand*, 1820, in-8, 2 fig. de Deveria. v. rac. — 1 – "

778. Les Oiseaux et les Fleurs, par Isidore de Gaillon. *Paris, Garnier*, 1847, in-12 b. — 2 – "
<small>L'auteur a emprunté le titre, mais le titre seulement, aux allégories morales d'Azz Eddin El Mocaddeci publiées en arabe et traduites en français par Garcin de Tassy.</small>

779. Chatelain (le chevalier de), la Fleur et la Feuille, poème avec le texte anglais en regard, traduit en vers français de G. Chaucer. *London*, 1855. — Cléomadès, conte traduit en vers français modernes, du vieux langage d'Adenez le Roy, contemporain de Chaucer. *London*, 1859. — Les Misérables : souvenir de 1862, Victor Hugo's new-work, reviewed for the « Jersey independent ». *London, s. d.* — Contes pour les grands et les — *Manque*

petits enfants, mosaïque, par feu Mme Clara de Chatelain. *Londres*, 1878. — Ens. 4 vol. in-12 cart. ou br.

780. Rayons et Reflets, par le chevalier de Chatelain. *Londres*, 1865, in-8, br.

781. Perles d'Orient, par le chevalier de Chatelain. *London, Rolandi*, 1864, in-12, mar. vert. comp. dorés, tr. dor.
Exemplaire de dédicace à M. Garcin de Tassy.

782. Chatelain (le chevalier de). Épis et Bluets. *Londres*, 1865. — Le Monument d'un Français à Shakespeare, à l'occasion du 33me anniversaire de la naissance du poète de l'Avon. *Londres*, 1867. — A travers champs, flâneries. *Londres*, 1867. — Notre Monument, s. l. 1868. — Ronces et chardons, tohu-bohu politique et satirique, prosaïque et poétique, 1822 à 1869, code des arrêts futurs, s. l. 1869. — Les Dernières Lueurs d'un flambeau qui s'éteint. *Londres*, 1874. — Fleurs et fruits, souvenirs de feu Mme Clara de Chatelain, édités par le chevalier de Chatelain. *London*, 1877. — Ens. 7 vol. in-12, fig. br.

783. La Fille de Sion, ou le Rétablissement d'Israël, poème en sept chants, avec annotations et études bibliques, par Abram.-F. Pétavel. *Paris, E. Dentu*, 1868, in-8, br.

784. Lis et Pervenches, poésies, 1866-1875, par J.-G. Scholl. *Paris*, 1875, in-12 br.
— Même ouvrage, 1877.

785. Le Testament d'Eumolpe, œuvre semi-lyrique, par le chevalier de Chatelain. *Londres*, 1871, in-8 br.

786. Barzaz-Breiz. Chants populaires de la Bretagne, recueillis et publiés avec une traduction française, par Th. Hersart de la Villemarqué. *Paris, Franck*, 1846, 2 vol. in-12 br.

787. Cantiques, Noëls et autres ouvrages en vers, partie en françois et partie en langue vulgaire, de la ville de Beaucaire, composés par un de ses habitants, homme autrefois cordier; il n'a ni fille ni fils. Voici son propre nom : Jean-Baptiste Nalis. *A Arles, chez Jacques Mesnier*, 1769, in-12, v. anc.

788. Li Nouvé de Micoulau Saboly em'uno charradisso per Prouprieri Mistral segui d'un pau d'aqueli de l'abat Lambert chui d'queli di Troubaire moderne. *Avignoun*, 1865. — Li Nouvè de Antoni Peyrol e de Danis Cassan em'uno noutiço biougrafico sus Peyrol per Teodor Aubanel. *Avignoun*, 1869, 2 vol. in-12 br.

789. S.-F. Androt. Fleurs de Provence, recueillies et publiées par R. Reboul. *Avignon*, 1875, in-8, br.

790. Couronne poétique de la Lorraine, recueil de morceaux écrits en vers sur des sujets lorrains, par P.-G. de Dumast. *Nancy, Berger-Levrault*, 1874, in-8, br. — 1 — "

791. Théâtre français au moyen âge, publié par MM. L.-J.-N. Monmerqué et Francisque Michel (xie-xive siècles). *Paris, chez H. Delloye et F.-Didot*, 1839, gr. in-8, demi-rel. v. vert. (*Texte à deux colonnes*). — 3 — fo

792. Etudes sur les Mystères, monuments historiques et littéraires, la plupart inconnus, et sur divers manuscrits de Gerson, y compris le texte primitif français de l'Imitation de J.-C. récemment découvert, par Onésime Le Roy. *Paris, Hachette*, 1837, in-8, demi-rel. v. f. — 2 — "

793. Théâtre de Pierre et de Thomas Corneille. *Paris, F.-Didot*, 1842, 2 vol. in-12, portr. gr. sur acier, demi-rel. chag. br. — 1 — "

794. Œuvres complètes de Molière, avec des notes de divers commentateurs. *A Paris, F.-Didot*, 1837, gr. in-8, portr. dérel. (*Texte à deux colonnes*). — 1 — "

795. Select Comedies of M. de Molière (french and english). *London*, 1732, 8 vol. in-12, portr. et fig. v. ant. comp. à fr. — 1,2 — "

796. La Bienfaisance de Louis XVI vo leis festes de la pax, drame lyrique, mêlé de français et de provençal, composé à l'occasion de la paix glorieuse de 1783, par un Marseillais. *A Marseille, chez Ant. Favet*, 1783, plaq. in-8, demi-rel. v. f. — 4 — "

797. Études sur la personne et les écrits de J.-F. Ducis, par Onésime Leroy. *A Paris, chez Colas*, 1835, in-8 br. — 2 — "

798. Le Livre des Légendes, par Le Roux de Lincy. — Introduction. *Paris, chez Silvestre*, 1836, in-8, demi-rel. v. f. — 3 — "

799. Le Roman des Quatre fils Aymon, princes des Ardennes. *Reims*, 1861, in-8 br. — 3 — fo

800. The Works of Fr. Rabelais, translated from the french, by M. Le Duchat. *London*, 1784, 4 vol. in-12, frontg. demi-rel. avec c. v. f. — 5 — "

801. Les Aventures de Télémaque, en six langues, français, anglais, allemand, italien, espagnol et portugais (par Fénelon). *Paris, Baudry*, 1852, in-8 oblong, portr. grav. sur acier, demi-rel. v. f. (*Texte à 3 colonnes*). — 3 — fo

802. Le Aventure di Telemaco di Fénelon volgarizzate dal professore Antonio Pandolfo di Tropea. *Napoli*, 1862, in-4, portr. demi-rel. chag. r. (*Texte à 2 colonnes*). — 1 — "

803. Le Renard, ou le Procès des bestes. *Se vend à Bruxelles*, 1739, in-8, fig. à mi-pages, bas ant.

804. Graffigny. — Lettres d'une Péruvienne, augmentées et suivies de celles d'Aza, traduites de l'anglais, par J. Durand. *A Paris, chez Durand*, 1802, 2 vol. pet. in-8, portr. gr. par Gaucher et figures de Lebarbier, demi-rel. v. vert (*Texte et traduction*).

805. Joseph, par M. Bitaubé, *Paris, de l'impr. de Didot*, 1786, pet. in-8, portr. de l'auteur gravé par A. de Saint-Aubin d'après Cochin, et figures de Marillier, v. marb. fil. tr. dor.

806. Apologues et contes orientaux, etc., par l'auteur des Variétés morales et amusantes. *A Paris, chez Debure*, 1784, in-8, portrait de Fr. Blanchet, gr. par A. de Saint-Aubin, v. marb.

807. Les Aventures de Friso, roi des Gangarides et des Frasiates, par M. G. de Haren. *Paris, chez P. de Lormel*, 1785, 2 tomes en 1 vol. in-8, demi-rel. bas.

808. Aventures d'Arminde et de Florise, histoire véritable écrite en France, en 1688, par Rodrigues Marques (avec le texte portugais). *Paris*, 1808, in-8, bas. rac.

809. Islaor, ou le Barde chrétien, nouvelle gauloise, par N.-A. de Salvandy. *Paris, Baudoin*, 1824, in-12, demi-rel. avec c. mar. la Vall. doré en tête, non rog.

810. Veillées de famille, contes instructifs et proverbes moraux en français, en italien, en anglais et en allemand, publié par MM. Michaud et Ch. Nodier. *Paris, chez Allardin*, 1837, gr. in-8, vig. sur bois, demi-rel. chagr. viol.

811. Léon Cahun. Les Aventures du capitaine Magon, ou une exploration phénicienne mille ans avant l'ère chrétienne. *Paris, Hachette*, 1875, gr. in-8, fig. sur bois, demi-rel. chag. r.

812. Contes populaires recueillis en Agenais, par J.-F. Bladé; traduction française et texte agenais, par R. Köhler. *Paris, J. Baer*, 1874, in-8 br.

813. Le Livre des singularités, par G. P. Philomneste (Gabriel Peignot). *Dijon, V. Lagier ; Paris, Pelissonnier*, 1841, in-8, v. f. fil. tr. dor.

814. Lettres de quelques juifs portugais, allemands et polonais, à M. de Voltaire, suivies des mémoires sur la fertilité de la Judée, par M. l'abbé Guénée. *Paris, Méquignon-Junior*, 1817, 3 vol. in-12, v. marb. fil.

815. Dictionnaire étymologique, historique et anecdotique des proverbes et des locutions proverbiales de la langue

française, par P.-M. Quitard. *Paris, P. Bertrand*, 1842, in-8, demi-rel. v. f.

816. Le Livre des proverbes français, publié par M. Le Roux de Lincy. *Paris, A. Delahays*, 1859, 2 vol. in-12 cart. perc. v. non rog.

817. Études historiques, littéraires et morales sur les proverbes français et le langage proverbial, par P.-M. Quitard. *Paris, Techener*, 1860, in-8, demi-rel. v. f.

818. Dialogues des morts anciens et modernes, avec quelques fables, composez pour l'éducation d'un prince, par feu messire Fr. de Salignac de la Motte-Fénelon. *Paris, chez Florentin Delaulne*, 1721, 2 vol. in-12 v. ant.

819. Leçons nouvelles et remarques sur le texte de divers auteurs, par Reinhold Dezeimeris. — Mathurin Regnier. — A. Chénier. — Ausone. *Bordeaux*, 1876, in-8 br.

820. Œuvres complètes du roi René, avec une biographie et des notices, par le comte de Quatrebarbes. *Angers, impr. de Cosnier et Lachèze*, 1843, 4 tomes en 2 vol. gr. in-4, figures, demi-rel. chag. bl.

821. Œuvres posthumes de Bordas-Demoulin, publiées avec une introduction et des notes par F. Huet. *Paris*, 1861, 2 vol. in-8 demi-rel. v. fauve.

822. De la collection Charpentier, 1839-1842, 12 vol. in-12, demi-rel. v. gr.

823. Lettres de Mme de Sévigné, publiées par M. Suard. *Paris, Didot*, 1844, portr. sur acier. — L'Alhambra, chroniques du pays de Grenade, recueillies par Washington Irving, traduites par P. Christian. *Paris, Lavigne*, 1843. — Pensées et réflexions morales et politiques de L.-J.-A. marquis de Bouillé. *Paris, Amyot*, 1851. — Scènes intimes, par Em. de Borchgrave. *Paris, Amyot*, 1862. — Les Nibelungen, traduction par Em. de Laveleye. *Paris, Lacroix*, 1866. — Rosa, par Mme de Pressensé. *Paris, Ch. Meyrueis*, 1858. — Fables nouvelles suivies de poésies diverses, par le chevalier de Chatelain. *Londres*, 1855. — Ens. 9 vol. in-12, demi-rel. en chag. et en veau.

824. Grégoire. — Rapport sur la bibliographie. *S. l., l'an II*. — Rapport sur la nécessité et les moyens d'anéantir le patois et d'universaliser l'usage de la langue française. *S. l., l'an II*. — Discours sur la liberté des cultes, *an III de la Rép.* — De l'influence du christianisme sur la condition des femmes, *Paris, Baudoin*, 1821. — Derniers Moments de M. Grégoire, ancien évêque de Blois, et relation exacte de tout ce qui a eu lieu au sujet des sacrements

refusés par Mgr l'archevêque de Paris, par l'abbé Raradère. *Paris, Delaunay,* 1831. — Ens. 5 pièces réunies en 1 vol. in-8, demi-rel. chag. bl.

825. Histoire de la littérature française pendant la Révolution, 1789-1800, par E. Géruzez. *Paris, Charpentier,* 1859. — Théâtre de Lope de Vega, traduit par Damas-Hinard. *Paris,* 1862, 2 vol. — Chants populaires du Nord, traduits par X. Marmier. *Paris,* 1842. — Euler, lettres à une princesse d'Allemagne, publiées par Em. Saisset. *Paris,* 1843. — Contes suisses, par H. Zschokke, traduits par Loève-Veimars. *Paris,* 1843. — Nouvelles genevoises, par Töpffer. *Paris,* 1844. — Œuvres de Spinoza, traduites par M. Em. Saisset. *Paris, Charpentier,* 1842, 2 vol. — Ens. 9 vol. in-12, demi-rel. en chag. et en veau.

826. Le Génie du christianisme, par Chateaubriand. *Paris, Hachette,* 1863. — Histoire de saint Louis, par Joinville, publiée par M. Natalis de Wailly. *Paris,* 1865. — Œuvres complètes de Lucien de Samosate, traduites par Eug. Talbot. *Paris,* 1857, 2 vol. — Merveilles de la force et de l'adresse, par Guill. Depping. *Paris, Hachette,* 1869, fig. sur bois. — Ens. 5 vol. in-12, demi-rel. v. f.

827. Damas-Hinard. — La Fontaine et Buffon. *Paris, Perrotin,* 1861. — Mélanges poétiques, par F.-E. Sicé. *Paris, B. Dupont,* 1861. — Ch. Brasseur, Odes politiques et chants divers. *Paris, Ledoyen,* 1862. — Contes et bluettes, par la marquise Blanche de Saffray. *Paris,* 1864. — Impressions et souvenirs, poésies diverses, par Mlle Ern. Bianchi. *Paris, Hachette,* 1865. — Primevères, poésies, par Moulet. *Marseille,* 1865. — Poésies imitées de Robert Burns, par L. Demonceaux. *Paris, J. Tardieu,* 1865. — Histoires morales et dramatiques, par Mme Lazaouis, avec une introduction par J. Janin. *Paris,* 1866. — Le prince Caniche, par Ed. Laboulaye. *Paris, Charpentier,* 1868, etc. — Ens. 10 vol. in-12 br.

828. Mélanges de littérature, prose et vers, par Roget, baron de Belloguet, 1814-1835. *Paris, impr. de J. Claye,* 1873, in-8 br.

Tiré à 100 exemplaires.

829. Œuvres complètes du comte Xavier de Maistre. *Paris,* 1840. — Les Fiancés, par A. Manzoni, traduits de l'italien par Rey-Dusseuil. *Paris,* 1840. — Abdallah, ou le Trèfle à quatre feuilles, conte arabe, par Ed. Laboulaye. *Paris,* 1859. — Paris en Amérique, par le docteur René Lefebvre. *Paris,* 1863. — Mme H. Beecher-Stowe, Ma femme et moi, traduit de l'anglais par Mlle Hél. Janin. *Paris,* 1872, portr. — Ens. 5 vol. in-12, demi-rel. v. ant.

BELLES-LETTRES.

830. Mélanges littéraires de M. Maillet-Lacoste. *Paris, F. Didot*, 1847, in-8, demi-rel. chag. viol. — 2 - 50

831. Études grammaticales sur la langue euskarienne, par A.-Th. d'Abbadie et J.-Aug. Chaho. *Paris, A. Bertrand*, 1836, in-8, demi-rel. v. f. ant.

832. History of the european languages, by the late Alex. Murray. *Edinburgh*, 1823, 2 vol. in-8, demi-rel, avec q. v. f. fil à fr. (*Rel. angl.*). — 4 - "

833. The leading Principles of english grammar. *Calcutta*, 1838, in-12, v. viol. fil. — 1 - "

834. Synonymes anglais, ou différence entre les mots réputés synonymes dans la langue anglaise, traduit par J. L. *Paris, Richard*, 1803, 2 vol. petit in-8, demi-rel. s. f. (*Texte et traduction*). — 1 - "

835. Cours de langue angloise, à l'aide duquel on peut apprendre cette langue chez soi, en deux ou trois mois d'études, par la lecture des Aventures de Télémaque et du Paradis perdu, par P.-J.-F. Luneau de Boisjermain. *Paris*, an VI, 1798, 5 vol. in 8 et un in-4, demi-rel. v. vert. — Manque

836. Mme Campan. — Conversations d'une mère avec sa fille, en anglais et en français. *Paris, s. d.* — Études sur la traduction de l'anglais, ou *Lessons on the French translation*, par Mme G. M*** de Rochmondet. *Paris*, 1830. — Essai sur l'homme, par Pope, publié par P.-Y. de Sèprés. *Paris*, 1830. — 3 ouvrages en 1 un vol. in-8, demi-rel. v. bl. — 1 - "

837. A Glossary, or a collection of words, phrases, names, and allusions to customs, proverbs, etc., by Robert Nares. *Stralsund*, 1825, in-8 cart. — 1 - "

838. Dictionnaire général anglais-français et français-anglais, par A. Spiers. *Paris, Baudry*, 1846, 2 gr. vol. in-8, demi-rel. chag. n. — 6 - "

839. Vocabulaire symbolique anglo-français, par L.-C. Ragonot. *London*, 1836, plaq. in-4, nombreuses grav. cart. perc. — 1 - "

840. A critical pronouncing Dictionary and exposition of the english language, to which are prefixed principles of english pronunciation, by John Walker. *London, s. d.*, in-8 cart. — 1 - "

841. A Vocabulary, or collection of words and phrases which have been supposed to be peculiar to te United States of — 3 - "

America, by J. Pickering. *Boston*, 1816, in-8, demi-rel. v. gris.

842. Prospectus of a dictionary of the language of the Aire Coti, or ancient Irish, compared with the language of the Cuti, or ancient Persians, with the Hindoostanee, the arabic, and chaldean languages, by lieut.-general Ch. Vallancey. *Dublin*, 1802, in-4, demi-rel. v. rose.

843. Essays on family nomenclature, historical, etymological and humorous, by Mark Antony Lower. *London, J. Russel Smith*, 1841, petit in-8, cart. perc. bl. non rog.

844. Essai sur la littérature anglaise, par Chateaubriand. *Paris, Ch. Gosselin et Furne*, 1836, 2 vol. in-8, demi-rel. v. vert.

845. Poétique anglaise, par M. Hennet. *Paris, Barrois*, 1806, 3 vol. pet. in-8, demi-rel. v.

846. Beautés de la poésie anglaise, par le chevalier de Chatelain. *Londres, Rolandi*, 1860-1872, 3 vol. in-8 br. Tomes Ier, IIe et V^e.

847. Cyclopedia of english literature, edited by R. Chambers. *Edinburgh*, 1844, 2 vol. gr. in-8, demi-rel. avec c. v. f. (Rel. angl. Texte à deux colonnes).

848. Beauties of english poets. *Venice*, 1852, in-12, demi-rel. avec c. mar. r. fil. tr. der. (Texte encadré).

849. The pilgrim's Progress, by John Bunyan. *Romsey*, 1816, in-8, portr. et fig. demi-rel. chag. vert.

850. Contes de Cantorbéry, traduits en vers français, de Geoffrey Chaucer, par le chevalier de Chatelain. *London*, 1857, 2 vol. in-12 portr. et fig. cart. angl. perc. non rog.

851. Le Paradis perdu de Milton, trad. française en regard, par de Pongerville. *Paris*, 1838, in-8, demi-rel. chag. la Vall.

852. Hudibras, poême écrit dans le tems des troubles d'Angleterre, par Samuel Butler et traduit en vers françois par M. Fonnelay. *A Londres*, 1757, 3 vol. in-12, portr. et fig. v. marb. (Texte et traduction).

853. Essai sur l'homme, par Alex. Pope, en quatre épîtres à honorable Saint-Jean, lord Bolingbroke. *S. l. n. d.*, pet. in-8 cart. (Texte et traduction).
    Cet ouvrage fut tiré en 1709, à 12 exemplaires. (Nota manuscrito).

854. Fables de Gay, traduites en vers français par le chevalier de Chatelain. *Londres*, 1861, in-12 br. portr.

855. Le Fablier anglais, fables choisies de J. Gay, Moore,

BELLES-LETTRES.

Wilkie, etc., traduites en français avec le texte anglais, par M. A. Amar du Vivier. *Paris*, 1802, in-12, front. gr. demi-rel. bas.

856. Les Beautés poétiques d'Éd. Young, traduites en français avec le texte anglais en regard, par B. Barère. *Paris*, 1804, pet. in-8, demi-rel. chag. viol. — 1 - "

857. Episodes des Saisons de Thomson, Fables de Gay, l'Ermite de Parnell, etc., traduits en prose par A. G. T. B. *Paris, an VII*. — Dialogues français, anglais et italiens, extraits des comédies de Molière. *Paris, an VII*, 2 ouv. en un vol. in-8, demi-rel. v. f. — *Retiré*

858. The poetical Farrago : being a miscellaneous assemblage of epigrams and other jeux d'esprit, selected from the most approved writers. *London*, 1794, 2 tomes en un vol. in-12, mar. r. fil. tr. dor. (*Rel. moderne*). — 1 - 50

859. Chefs-d'œuvre de lord Byron (la traduction française en regard), par M. le comte d'Hautefeuille. *Paris*, 1847, in-8, demi-rel. v. gris. — 1 - "

860. Heber's Hymns, illustrated. *London*, 1867, pet. in-4, fig. sur bois, cart. angl. perc. viol. tr. dor. — 5 - "

861. Poetical Works, by Thomas Moore, with a life of the author, illustrated by Thomas Corbould. *London*, 1862, in-12, cart. doré à relief. — 3 - 50

862. Les Moines de Kiléré, poème-ballade traduit de l'anglais par le chevalier de Chatelain, *London*, 1858, in-12, fig. cart. — 1 - "

863. The Song of Hiawatha, by H. Wodsworth Longfellow. *London*, 1856, in-12, front. et fig. cart. angl. perc. bl. — *Ret*

864. The ladyes Chace ; a ballad edited by Francis Philip Nash. *Philadelphia*, 1877, in-18, cart. — *idem*

865. Lyra sacra americana ; or, gems from american sacred poetry, by Ch. Dexter Cleveland. *London*, 1868, in-12 cart. perc. tr. dor. — *idem*

866. The illustrated Book of french songs, from the sixteenth to the nineteenth century, translated and edited, by John Oxenford. *London*, 1855, in-12, front. et vignettes sur bois, cart. angl. percal v. — 4 - 50

867. A Sheaf gleaned in french fields, by Toru Dutt. *Bhowamipore*, 1876, in-8, demi-rel. chag. r. — 1 - "

868. Théâtre européen, nouvelle collection des chefs-d'œuvre des théâtres allemand, anglais, espagnol, danois, français, hollandais, italien, polonais, russe, suédois, etc., publié par J. Ampère, Avenel, Barante, Ch. Nodier, etc. — 8 - "

etc., *Paris, Guérin*, 1835, 2 vol. gr. in-8, demi-rel. avec c. mar. r.

869. A Collection of english miracle-plays, or mysteries, by William Mariott. *Bazel*, 1838, in-8, v. f. fil. doré en tête (*Rel. angl.*).

870. The complete Works of William Shakspeare, consisting of his plays and poems. *Halifax*, 1864, in-8, portr. cart. perc. r.

871. Shakspeare. Chefs-d'œuvre, trad. par O' Sullivan. *Paris, Belin-Mandar*, 1836, 3 vol. in-8, demi-rel. v. f.

872. Chatelain (le chevalier de). — Hamlet, tragédie de W. Shakespeare, traduite en français. *Londres*, 1864. — Le Marchand de Venise. *Londres*, 1870. — Vie et Mort de Richard. *Londres*, 1872. — Le Roi Lear, tragédie. *Londres*, 1873. — Timon d'Athènes, drame. *Londres*, 1874. — Le Conte d'hiver, drame. *Londres*, 1875. — Madame Tartuffe, comédie. *London*, 1877, ens. 7 vol. in-8 br.

873. Joyaux de Shakespeare, tirés des pièces du Barde de l'Avon, avec la traduction française en regard, à l'usage des écoles et des étudiants, par le chevalier de Chatelain. *Londres*, 1868, in-12, cart.

Texte anglais, traduction française en regard.

874. Essais littéraires sur Shakspeare, ou Analyse raisonnée de toutes les pièces de cet auteur, par M. P. Duport. *Paris, chez C. Letellier*, 1828, 2 vol. in-8, fig. demi-rel. bas.

875. Truths illustrated by great authors, a dictionary of nearly four thousand aids to reflection, etc., in prose and verse, compiled from Shakespeare. *London, W. White*, 1855, in-12, chag. vert. fil. à fr. tr. dor.

876. The History of fiction : being a critical account of the most celebrated prose works of fiction, etc., by John Dunlop. *London*, 1845, gr. in-8, demi-rel. avec c. mar. vert. fil. fr. (*Texte à deux colonnes. Rel. angl.*).

877. The History of Rasselas, prince of Abyssinia, a tale, by Samuel Johnson, L.-L.-D., translated into bengalee, by Maha-Raja Kalée Krishna Bahadur. *Calcutta*, 1833, in-8, demi-rel. chagr. viol.

878. Peculiar, a tale of the great transition, by Epes Sargent, edited by William Howitt. *London*, 1864, 3 vol. in-8 cart.

879. The Life and most surprising Adventures of Robinson Crusoe. *A Dampierre*, 1797, 2 vol. in-8, demi-rel. bas. v. avec la traduction interlinéaire.

BELLES-LETTRES.

880. Le Conte du Tonneau, contenant tout ce que les arts et les sciences ont de plus sublime et de plus mystérieux avec plusieurs autres pièces très-curieuses, par Jonathan Swift. A Lausanne et à Genève, chez Marc-Michel Bousquet, 1742, 3 vol. in-12, front. gr. et fig. v. marb.

881. Le Ministre de Wakefield, traduction nouvelle précédée d'un essai sur la vie et les écrits d'Olivier Goldsmith, par M. Hennequin. Paris, Brédif, 1825, in-8, demi-rel. v. f.

882. Le Vicaire de Wakefield, par Goldsmith, traduit en français avec le texte anglais en regard, par Ch. Nodier. Paris, Bourgueleret, 1838, in-8, fig. sur acier et vig. sur bois, mar. viol. fil. comp. a fr. tr. dor.

883. Le Ministre de Wakefield d'Olivier Goldsmith, traduit par Aignan (texte en regard). Paris, Baudry, 1830, 2 vol. in-16, demi-rel. v.

884. Goldsmith. Le Vicaire de Wakefield, publié en anglais par Alex. Beljame. Paris, Hachette, 1866, in-12 cart.

885. Vathek. A Londres, chez Clarke, 1815, in-8, front. gr. demi-rel. avec c. bas. ant.

886. Pamela, or virtue rewarded, in a series of letters from a beautiful young damsel to her parents, by Samuel Richardson. London, 1818, in-8, v. rac.

887. Clarissa, or the history of a young lady..., by Samuel Richardson. London, 1784, 2 vol. in-8, figures de Stothard, v. marb.

888. The Romance of Octavian, emperor of Rome, by Conybeare. Oxford, 1809, in-12, demi-rel. mar.
Tiré à 100 exemplaires.

889. Outalissi, a tale of dutch Guiana. London, J. Hatchard, 1826, pet. in-8, mar. viol. fil. tr. dor.

890. The Kuzzilbash, a tale of Khorasan. London, 1828, 3 vol. pet. in-8, demi-rel. bas. n.

891. The Tower of London, a historical romance, by W. Harrisson Ainsworth. Paris, Baudry, 1841, in-8, demi-rel. v. f.

892. Marsh. Romans anglais. Leipsig, 1851-1857, in-12, demi-rel. v. f.

893. Trevenam Court, a tale, by E. A. B. London, 1860, in-12, cart. angl. perc.

894. The Sedan-clair, and sir Wilfred's seven nights, by Madame de Chatelain. London, G. Routledge, 1866, in-12, fig. sur bois, cart. perc. r.

BELLES-LETTRES.

895. Arlon grange, and a Christmas legend, by W. Alf. Gibs. *London, Provost, s. d.* — Abridged opinions of the press. *London, s. d.* — 2 ouvr. réunis en 1 vol. in-8 cart. tr. dor.

896. The History of Sandford and Merton, by Thomas Day. *Edinburgh, s. d.*, in-12, fig. col. cart. angl. perc. r. tr. dor.

897. Œuvres de Walter Scott, traduction nouvelle par Albert Montémont. *Paris, F.-Didot, Gosselin, Ménard*, etc., 1835-1838, 28 vol. in-8, demi-rel. bas. viol.

898. Cooper. — Œuvres, traduction de Defauconpret. *Paris, Furne*, 1830-39, 2 vol. in-8, demi-rel. bas. viol.
Lionel Lincoln, ou le Siége de Boston. — Précaution, ou le Choix d'un Mari. — La Prairie. — L'Espion. — Le Dernier des Mohicans. — Le Pilote. — Le Corsaire. — Les Pionniers.

899. The Works of Washington Irving. *New-York, Putnam*, 1859, 21 vol. pet. in-8, portr. et vig. sur acier et sur bois, demi-rel. v. f.

900. A Polyglot of foreign proverbs comprising french, italian, german, etc., with english translations by H. G. Bohn. *London*, 1857, in-12 cart. angl. perc. v.

901. A complete Collection of english proverbs : also the most celebrated proverbs of the scotch, italian, french, spanish and other languages, by the late J. Ray. *London*, 1768. — A Collection of english words not generally used, by J. Ray. *London*, 1768, 2 ouvr. en 1 vol. in-8, v. granit.

902. Lettres de lord Chesterfield à son fils Philippe Stanhope, publiées par M. A. Renée. *Paris, J. Labitte*, 1842, 2 vol. in-12, demi-rel. chag. la Vall.

903. Junius. *London, T. Bensley*, 1797, 2 vol. in-8, portraits et vig. cuir de R. fil.

904. Photographs of familiar faces, by a female photographer (the late Mme Clara de Chatelain), edited by the chevalier de Chatelain. *London, Pickering*, 1878, in-12 br. doré en tête, ébarb.

905. Fragments littéraires de lady Jeanne Grey, reine d'Angleterre, traduits en français par Ed. Frère. *A Rouen, chez Ed. Frères*, 1832, gr. in-8, portr. demi-rel. avec c. chag. la Vall. fil. à fr. doré en tête, ébarb.

906. The Works of James Harris, with an account of his life and character, by his son the earl of Malmesbury. *Oxford*, 1841, in-12, demi-rel. avec c. v. f. (*Rel. angl.*).

907. The ancient Cornish drama, edited and translated by

Edwin Norris. *Oxford*, 1859, 2 vol. in-8 cart. angl. perc.

908. Irlande, poésies des bardes, précédées d'un essai sur ses antiquités et sa littérature, par D. O'Sullivan. *Paris, Glashin*, 1853, in-8, demi-rel. v. f.

909. Leçons anglaises de littérature et de morale, par M. Noël et Chapsal, prose, poésie. *Paris, Le Normant*, 1831-32, 2 vol. in-8, demi-rel. v. f.

910. Grammaire italienne, suivi d'un traité de la poésie italienne, par G. Biagioli. *Paris, chez Fayolle*, 1808, in-8, demi-rel. v.

911. Dizionario portatile e di pronunzia francese italiano et italiano francesa, da G.-L. Bartolomeo Cormon et da Vincenzio Mamni. *Parigi e Lione*, 1854, in-8, demi-rel. chag. la Vall.

912. Leigh Hunt. The italian poets. — A Book for a corner. — Essays and miscellanies. *New-York*, 1859, 4 vol. in-12, demi-rel. avec c. v. f. fil. à fr.

913. Matilda nella divina foresta della Commedia di Dante Alighieri, disputazione tusculana. *S. l. n. d.* — Vita ed esame delle opere del Car. Vincenzo Costenzo, poeta dramatico, per Mariano Grassi. *Aci-Reale*, 1860. — Relazione storica ed osservazioni sulla eruzione Etnea del 1865, per Mariano Grassi. *Catania*, 1865. — Pareri sul Ruggiero, poema epico di Leornado Vigo. *Catania*, 1866. — Le Sestine di Dante, per F.-G. Bergmann. *Bologna*, 1868. — Ens. 6 br. en un vol. in-8, demi-rel. chag. vert.

14. The Vision, or Hell, Purgatory and Paradise, of Dante Alighieri, translated by the Rev. H.-F. Cary. *London*, 1819, 3 vol. in-8, demi-rel. bas. non rog.

915. Le mie Prigioni, memorie di Silvio Pellico, da Saluzzo, traduit de l'italien par Eug. Thunot. *Parigi*, 1837, in-8, demi-rel. chag. bl. (*Texte et traduction*).

916. Beautiful Thoughts from french and italian authors, with english translations and lives of the authors, etc., by Craufurd Tait Ramage. *Liverpool, E. Howell*, 1866, in-12, portr. demi-rel. mar. r.

917. Grammatica della lingua maltese, di Michelantonio Vassalli. *Malta*, 1827, in-8, demi-rel. chag.

918. Maltese Grammar for the use of the english, by Francis Vella. *Leghorn*, 1831, in-12, demi-rel. chag. bl.

919. Views on the improvement of the malthese language

84 BELLES-LETTRES.

and its use for the purposes of education and literature, by the Rev. C.-F. Schlienz. *Malta*, 1838, in-8, demi-rel. chag. la. Vall.

920. Grammatica della lingua maltese, spiegata secondo i principi delle lingue orientali e della lingua italiana dal Cav° Fortunato Panzavecchia. *Malta*, 1845, in-12, demi-rel. chag. v.

921. Grammaire complète de la langue espagnole, par l'abbé Pedro-Maria de Torrecilla. *Paris*, 1859, 4 vol. in-8, demi-rel. chag. r.

922. Glossaire des mots espagnols et portugais dérivés de l'arabe, par B. Dozy et le Dr W.-H. Engelmann. *Leyde, E.-J. Brill*, 1869, in-8, demi-rel. chag. r.

923. History of spanish literature, by G. Ticknor. *London*, 1863, 3 vol. in-12, demi-rel. avec c. v. f. fil., à fr.

924. Poème du Cid, texte espagnol accompagné d'une traduction française, par Damas-Hinard. *Paris, à l'Impr. imp.*, 1858, in-4 br.

925. Modern Poets and Poetry of Spain, by James Kennedy. *London*, 1860, in-8, mar. orange, fil. tr. dor.

926. L'Ingénieux Chevalier don Quichotte de la Manche, par Michel Cervantes, traduction nouvelle par Furne. *Paris, Furne*, 1865, 2 vol. in-8, portr. et fig. gr. sur acier, demi-rel. v. f.

927. L'Araucana, poème héroïque de dom Ercilla, traduit par Gilibert de Merlhiac. *Paris, Igonette*, 1824, in-8, demi-rel. v. f.

928. Tableau de la littérature du Nord au moyen âge, en Allemagne, en Angleterre, en Scandinavie et en Slavonie, par F.-G. Eichhoff. *Paris, Didier*, 1857, in-8, demi-rel. v. f.

929. Les Intrigues du cabinet des rats, apologue national, destiné à l'instruction de la jeunesse et à l'amusement des vieillards, ouvrage traduit de l'allemand en français. *Paris, chez Le Roy*, 1788, in-8, vig. à mi-pages, d.-rel. chag. n.

930. Fleurs des bords du Rhin, par le chev. de Chatelain. *Londres, Rolandi*, 1865, in-12 br.

931. Poésies magyares, choix et traduction, par H. Desbordes Valmore et Ch.-E. de Ujfalvy de Mező Kövesd. *Paris, Maisonneuve*, 1873, in-12 br.

932. Poetry of the Magyars, preceded by a sketch of the

language and literature of Hungary and Transylvania, by John Bowring. *London*, 1830, in-12, v. f. fil.

933. A complete practical Grammar of the Hungarian language, by J. Csink. *London*, 1853, 2 part. en 1 vol. in-12, cart. angl. perc. n. rog.

934. Wybör poezyi polskiéy. Specimens of the polish poets, with notes and observations on the literature of Poland, by John Bowring. *London*, 1827, in-12, musique notée, cart. n. rog.

935. Wybör poezyi Polskiey. Specimens of the polish poets, with notes and observations on the literature of Poland, by John Bowring. *London*, 1827. — Wybör y Basnictwi Cesehok. Cheskian anthology, being a history of the poetical literature of Bohemia, with translated specimens, by John Bowring. *London*, 1832. 2 ouvr. en 1 vol. in-12, demi-rel. chag. n.

---

936. Histoire de la langue et de la littérature des Slaves, Russes, Serbes, Bohèmes, Polonais et Lettons, par F.-G. Eichhof. *Paris et Genève, Ab. Cherbuliez*, 1839, in-8, d.-rel. avec bas. r. fil.

937. Grammaire paléoslave, suivie de textes paléoslaves, par Alex. Chodzko. *Paris, Imprimerie impér.*, 1869, in-8 br.

938. Grammaire russe, précédée d'une introduction sur la langue slavonne, par Ch.-Ph. Reiff. *St-Pétersbourg et Paris, chez T. Barrois*, 1851, in-8, demi-rel. chag. r.

939. Grammaire française-russe, par Ch.-Ph. Reiff, revue par S. Léger. *Paris, Maisonneuve*, 1878, in-8, demi-rel. mar. la Vall.

940. Nouveau Dictionnaire de poche français-russe et russe-français, par A. Oldecop. *St-Pétersbourg*, 1837, 2 t. en 3 v. in-12 carré, demi-rel. chag. vert.

941. The History of russian literature, with a lexicon of russian authors, by D^r. F. Otto, translated by the late George Cox. *Oxford, Talboys*, 1839, in-8, demi-rel. chag. la Vall.

942. Russian folk Tales, by W.-R.-S. Ralston. *London*, 1873, in-8 cart. perc. r.

943. Slavonic fairy Tales, collected and translated from the russian, polish, servian and bohemian, by John E. Naaké, with four illustrations. *London*, 1874, in-12 cart. doré à relief.

BELLES-LETTRES.

944. Rouman Anthology, or selections of rouman poetry, ancient and modern, by the hon. H. Stanley. *Hertford*, 1856, gr. in-8, vig. sur bois, cart. perc. v. tr. dor. (*Texte avec encadrements en or et en couleur.*)

945. Servian popular Poetry, translated by John Bowring. *London*, 1827, in-12 cart. n. rog.

946. A Guide to the danish language, by Maria Bojesen. *London*, 1863, in-12 cart. perc. éb.

947. Histoire de la littérature en Danemark et en Suède, par X. Marmier. *Paris, F. Bonnaire*, 1839, in-8, demi-rel. v. f.

948. The Gods of the north, an epic poem, by Adam Œhlenschlæger, translated from the original danish into english verse by W.-E. Frye. *London and Paris*, 1845, gr. in-8, demi-rel. mar. la Vall.

949. Histoire de la poésie scandinave, par M. Edélestand du Méril. *Paris*, 1839, in-8, demi-rel. v. gris.

950. A swedish Grammar for Englishmen, by A. May. *London*, 1845, in-8 cart.

951. Mélanges de littérature suédoise, traduits par M. Agander. *A Stockholm, et se trouve à Paris, chez Cussac*, 1788, in-8, demi-rel. v. f.

952. Frithiof's saga, or the legend of Frithiof, by Esaias Tegner. *London, Baily*, 1835. — Trois chants de l'Edda : Vaftrudnismal, Thrymsgvida, Skirnisfor, traduits en vers français par W.-E. Frye. *Paris, Heideloff*, 1844, 2 ouvr. en 1 vol. in-8 demi-rel. v. f.

953. Esaias Tegners Frithiofs saga, translated from the swedish, with notes, index and a short abstract of the northern mythology by Leopold Hamel. *London*, 1874, in-12 cart. percal. dor tr. dorées.

954. Isaïe Tegner, Axel-Frithiof — Poésies diverses, traduites du suédois par Mlle R. du Puget. *Paris*, 1846, in-8, demi-rel. v. bl.

955. Abrégé des ouvrages d'Em. Swedenborg, contenant la doctrine de la nouvelle *Jérusalem céleste*, etc. *A Stockolm*, 1788, in-8, demi-rel. v. ant.

956. Contes populaires de la Norvège, de la Finlande et de la Bourgogne, suivis de poésies norvégiennes, par E. Beauvais. *Paris, E. Dentu*, 1862, in-18, demi-rel. v. f.

957. Kalewala, das national Epos der Finnen, nach der zweiten Ausgabe ins deutsche übertragen von Anton Schiefner. *Helsingfors*, 1852, in-8, demi-rel. chag. vert.

958. Grammatical apponica...., opera ac studio H. Ganandri. *Holmiæ*, 1743, in-12, demi-rel. avec c. v. f. doré en tête, non rog.

959. A Grammar of the icelandic or old norse tongue, translated from the swedish of Erasmus Rask, by G. Webbe Dasent. *London*, 1843, in-8, demi-rel. avec c. v. gris.

960. Select icelandic Poetry, translated from the originals, by the hon. W. Herbert. *London*, 1804-1806, 2 tomes en 1 vol. in-12, demi-rel. avec c. v. vert.

961. Snioland, or Iceland, its Jokulls and Fjalls, by W. lord Watts. *London*, 1875, in-12, front. et figures photogr. et remontées, cart. angl. perc.

962. Poèmes islandais (Voluspa, Vafthrudnismal, Lokasenna) tirés de l'Edda de Sæmund, publiés avec une traduction par F.-G. Bergmann. *Paris*, 1838. — Les Chants de Sôl (Sôhar Liôd), poème tiré de l'Edda de Sæmund, publié (par le même). *Paris, chez F. Jung-Treuttel*, 1858, 2 ouvr. en 1 vol. in-8, demi-rel. mar. r.

III. LANGUES ASIATIQUES.

a. *Dictionnaires polyglottes. Journaux asiatiques. Mélanges. Bibliotheca Indica.*

963. Asia polyglotta, von Julius Klaproth. *Paris, A. Schubart*, 1823, in-4, demi-rel. v. f. et atlas in-fol. rel.

964. F. Ambrosii Calepini, Bergomensis, Dictionarium septem linguarum....., *Venettis*, 1644. — Vocabulario volgare et latino...., per il reverendissimo P.-F. Filippo Ferrari Alessandrino. *In Venetia*, 1644. (*Piqûres de vers dans la marge inférieure.*) — 2 ouvr. en 1 vol. in-fol. v. ant.

965. Thesaurus linguarum orientalium, turcicæ, arabicæ, persicæ, præcipuas earum opes a Turcis peculiariter usurpatas continens, nimirum Lexicon turcico-arabico-persicum...., opera, typis et sumptibus Francisci a Mesgnien Meninski. *Viennæ Austriæ*, 1680, 3 vol. in-fol. vél.

Exemplaire défectueux.

966. Complementum thesauri linguarum orientalium, seu onomasticum latino-turcico-arabico-persicum, simul index verborum Lexici turcico-arabico-persici..., authore Francisco a Mesgnien Meninski. *Viennæ Austriæ*, 1687, in-fol. v. br.

967. ASIATIC RESEARCHES, or, transactions of the Society instituted in Bengal for inquiring into the history and antiquities, the arts, sciences and literature of Asia. *London and Calcutta*, 1806-1836, 20 vol. in-4 et in-8, cartes et figures, demi-rel., v. ant.

<small>Les douze premiers volumes ont été publiés à *Londres*, de 1806 à 1818, in-8, et les huit autres à *Calcutta*, de 1820 à 1836, in-4.</small>

968. Useful Tables, forming an appendix to the Journal of the asiatic Society. *Calcutta*, 1834, 2 parties en 1 vol. in-8, demi-rel. bas. r.

969. Transactions of the literary Society of Bombay. *London*, 1819-1823, 3 vol. in-4, fig., demi-rel. avec c. cuir de R. fil.

970. The asiatic Journal and monthly register for British India and its dependencies. *London*, 1816 à 1845, 72 vol. in-8, demi-rel. v. vert.

<small>Première série, de 1816 à 1829, 28 volumes.
Deuxième série, de 1830 à 1843, 40 volumes.
Troisième série, de 1843 à 1845, 4 volumes.
La reliure n'est pas uniforme.</small>

971. JOURNAL ASIATIQUE, ou recueil de mémoires, d'extraits et de notices relatifs à l'histoire, à la philosophie, aux langues et à la littérature des peuples orientaux. *Paris*, 1822 à 1877, 91 vol. in-8, demi-rel. bas.

<small>1re série de 1822 à 1827, 11 tomes en 6 vol.
2me série de 1820 à 1835, 16 tomes en 8 vol.
3me série de 1836 à 1842, 14 tomes en 7 vol.
4me série, 20 vol.; — 5me série, 20 vol.; — 6me série, 20 vol.; — 7me série, 10 vol.</small>

972. THE JOURNAL of the asiatic Society of Bengal, edited by James Prinsep. *Calcutta*, 1832 à 1876, 60 vol. in-8 plus 1 vol. d'index, demi-rel. v. vert. — Proceedings. *Calcutta*, 1866 à 1876, 12 vol. in-8, demi-rel. v. vert.

<small>Collection TRÈS-RARE, il manque le tome 34e qui contient l'année 1865.</small>

973. The Madras Journal of literature and science. *Madras*, 1834 à 1864, 23 vol. in-8, demi-rel. chagr. brun.

974. Transactions of the literary Society of Madras. *London*, 1827, in-4, planches, cart. non rog.

975. Transactions of the royal asiatic Society of Great-Britain and Ireland. *London*, 1827-1835, 3 vol. in-4 v. marbr.

976. The Journal of the royal asiatic Society of Great-Britain and Ireland. *London*, 1834 à 1877, 30 vol. in-8, demi-rel. bas. verte.

<small>Première série de 1843 à 1863, 20 volumes avec tables; deuxième série, 1865 à 1877, 10 volumes.</small>

977. THE JOURNAL of the Bombay branch of the royal asiatic

BELLES-LETTRES.

Society. *Bombay*, 1841 à 1878, 12 vol. in-8, demi-rel. mar. vert et 2 vol. brochés.

978. The Meerut universal Magazine. *Agra*, 1835-37, 4 vol. in-8, demi-rel. avec c. v. f. ant.

979. Journal of the american oriental Society. *Boston*, 1849 à 1871, 9 vol. in-8, demi-rel. chag. vert.

980. Revue orientale et algérienne, etc., etc. *Paris, Gide et Baudry*, 1852, 3 vol. in-8, demi-rel. chag. vert.

981. Revue orientale et américaine, publiée par Léon de Rosny. *Paris, Challamel*, 1859 à 1865, 10 vol. in-8, demi-rel. chag. viol.

982. Zeitschrift der deutschen morgenländischen Gesellschaft. *Leipzig*, 1870-78, 9 tomes en 26 parties, in-8 br.
Tomes XXIV à XXXII; il manque les livraisons 1 et 2 du tome XXV.

983. Congrès international des orientalistes, compte-rendu de la première session. *Paris*, 1873. *Paris, Maisonneuve*, 1874-76, 3 vol. in-8 br. — Congrès provincial des orientalistes français, compte-rendu de la session inaugurale. *Levallois*, 1874. *Paris, Maisonneuve*, 1875. — Congrès des orientalistes de Marseille, 4-10 octobre 1876. *Marseille*, 1876. — Ens. 5 vol. in-8 br.

984. *Vacaya Misriya*, journal du Caire (turc-arabe), 1261-1267 de l'hégire (1843-1849) *de notre ère*, 6 années en numéros détachés, in-fol.

985. Journaux indiens et anglais, environ 2 à 3,000 numéros dépareillés.
Allen's indian Mail and register of intelligence for british et foreign. India, China and all parts of the east. (*Journal publié à Londres. Ses premières années sont reliées en 8 vol. in-4, demi-rel. bas. s.*) — The Punjabee (*publié à Lahore*). — The Aligarh institut gazette. — Behar scientific Society Mozuffurpore. — The Kavivachanasudha. — The Journal of the Anjumani Panjab, etc., etc.

986. Historia Nerdiludii, hoc est dicere, trunculorum; cum quibusdam aliis Arabum, Persarum, Indorum, Chinensium de ludis orientalibus lib. 2, quem horis succisivis congessit Thomas Hyde. *Oxonii*, 1694, 2 tomes en 1 vol. in-12 vél.

987. Mélanges de littérature orientale, traduits de différents manuscrits turcs, arabes et persans, par M. Cardonne. *A Paris, chez Hérissant*, 1770, 2 tomes en 1 vol. in-12, demi-rel. v. f.

988. Nouveaux Mélanges de littérature orientale, ouvrage posthume de M. Cardonne. *Se vend à Paris, l'an IV*$^\circ$, 2 tomes en 1 vol. in-12, demi-rel. v. f. ant.

989. A Dissertation on the languages, literature and man-

ners of eastern nations, by John Richardson. *Oxford*, 1777, in-8, demi-rel. avec c. v. f. ant.

990. Essays by the students of the college of Fort William in Bengal, to which are added the theses pronounced at the public disputations in the oriental languages on the 6 february, 1802. *Calcutta*, 1802, in-8, v. marb.

991. The Works of sir William Jones with the life of the author, by lord Teignmouth. *London*, 1807, 13 vol. in-8, bas. rac.

992. Tales of the East, comprising the most popular romances of oriental origin and the best imitations by european authors, published by Henry Weber. *Edinburgh*, 1812, 3 vol. gr. in-8, v. marb. fil.

993. Mémoires d'histoire et de littérature orientale, extraits des Mémoires de l'Institut, par le baron Silvestre de Sacy. *Paris, de l'Imprimerie royale*, 1823, in-4, demi-rel. v. ant.

Dans le même volume :
Le même ouvrage, extrait des tomes IX et X des Mémoires de l'Institut. (par le même). *Paris, de l'Imprim. royale*, 1832.

994. Discours, opinions et rapports sur divers sujets de législation, d'instruction publique et de littérature, par le baron Silvestre de Sacy. *Paris, Debure*, 1823, in-8, demi-rel. bas. r.

995. E. Quatremère. Mélanges d'histoire et de philologie orientale, précédés d'une notice sur l'auteur, par M. Barthélemy Saint-Hilaire. *Paris, E. Ducrocq, s. d.*, in-8, chag. grenat, comp. en or à fr. dent. int. doublé de soie blanche, tr. dor.

Exemplaire de dédicace à M. Garcin de Tassy.

996. Mélanges asiatiques, ou Choix de morceaux critiques et de mémoires, par M. Abel Rémusat. *Paris, Dondey-Dupré*, 1825, 2 vol. in-8, demi-rel. bas.

997. Nouveaux Mélanges asiatiques, ou Recueil de morceaux de critique et de mémoires relatifs aux religions, aux sciences, aux coutumes, à l'histoire et à la géographie des nations orientales, par M. Abel Rémusat. *Paris*, 1829, 2 vol. in-8, demi-rel. v.

998. Mélanges posthumes d'histoire et de littérature orientales, par M. Abel Rémusat. *Paris, Imp. royale*, 1843, in-8, demi-rel. bas.

999. Clavis orientalis or lecture card of the London oriental Institution, by Sandford Arnot. *London*, 1827, in-4, demi-rel. v. f.

BELLES-LETTRES.

1000. Miscellaneous Translations from oriental languages. London, 1831, in-8, demi-rel. chag. vert. — 5 - "

1001. Flowers of the East, with an introductory sketch of oriental poetry and music, by Ebenezer Pocock. London, 1833, in-12, fig. demi-rel. chag. bl. — 1 - "

1002. Oriental Fragments, by the author of the hindu Pantheon. London, 1834, in-8 cart. angl. perc. — 5 - "

1003. Idiomatical Sentences in the english, hindostanee, goozartee and persian languages in six parts, by Dossalhaco Gorabjee. Bombay, 1843, petit in-fol. demi-rel. chagr. vert. — 8 - 50

1004. Mémoires d'histoire orientale, suivis de Mélanges de critique, de philologie et de géographie, par M. C. Defrémery. Paris, F.-Didot, 1855, in-8, demi-rel. mar. vert. — 14 - "

1005. Suggestions for the assistance of officers in learning the languages of the seat of war in the East, by Max Müller. London, 1854, in-8 cart. col. cart. angl. en perc. v. — 1 - "

1006. Ch. M. Fræhnii opusculorum postumorum liber, edidit Bernh. Dorn. Petropoli, 1855, 2 vol. in-8, portr. lith. demi-rel. chag. viol. — 16 - "

1007. Mémoire historique et littéraire sur le collège des Trois-Langues à l'Université de Louvain, par F. Nève. Bruxelles, 1856, in-4 br. — 2 - 50

1008. Exposé des signes de numération usités chez les peuples orientaux anciens et modernes, par A.-P. Pihan. Paris, 1860, in-8, demi-rel. v. fr. — 3 - "

1009. Works, by H. H. Wilson, collected and edited by Reinhold Rost. London, Trübner, 1861, 5 vol. gr. in-8, cart. — 36 - "

1010. Études orientales, par Ad. Franck. Paris, M. Lévy, 1861, in-8 demi-rel. bas. r. — 2 - 50

1011. The Poetry of the Orient, by W. Rounseville, Alger. Boston, 1866, in-12, cart. perc. angl. tête dor. ébarb. — 2 - 50

1012. Chips from a german workshop, by Max Müller. London, 1867-1875, 4 vol. in-8 cart. perc. v. non rog. — 35 - "

1013. Variétés orientales, etc., par L. de Rosny. Paris, Maisonneuve, 1869, in-8 br. — 4 - 50

1014. Rhétorique et prosodie des langues de l'Orient musulman, par M. Garcin de Tassy. Paris, Maisonneuve, 1873, in-8, demi-rel. chag. viol. — 4 - "

1015. The arian Witness, or the testimony of arian scriptures in corroboration of biblical history and the rudi- — 4 - "

ments of christian doctrine, including dissertations on the original home and early adventures of Indo-Arians, by the rev. K. M. Banerjea. *Calcutta*, 1875, in-8 demi-rel. chagr. La Vall.

1016. The oriental Studies, by John Muir. *Calcutta*, 1878, in-8 demi-rel. chag. vert.

1017. Notice historique sur la Perse ancienne et moderne et sur les peuples en général, par M. Rousseau. *Marseille, Achard*, 1818. — Précis de la littérature historique du Mogh'rib-El-Aksa, par J. Graberg de Hemso. *Lyon, de l'impr. de Ballanche*, 1820. — Mémoire sur les trois plus fameuses sectes du musulmanisme, les Wahabis, les Nosaïris et les Ismaélis, par M. R*** (Rousseau). *Paris, Nepveu*, 1818. — Catalogue d'une collection de cinq cents manuscrits orientaux (réunis par M. Rousseau, consul de Bagdad, etc.). *Paris, Lenormant*, 1817. — Catalogue d'une collection de médailles, de pierres gravées et autres monuments d'antiquité (faite par le même). *S. l. n. d.* — Lettre à M. le baron Silvestre de Sacy, par M. l'abbé Reinaud, sur la collection des monuments orientaux de S. Exc. M. le comte de Blacas. *Paris*, 1820. — Leçons de langue arabe, Koran. — Du Caractère koufique quadrangulaire. *S. l. n. d.* — Ensemble 7 ouvr. en 1 vol. in-8 demi-rel. bas.

1018. Théorie du Sloka, ou mètre héroïque sans krit, par A.-L. Chézy. *Paris*, 1827. — Notice sur le premier ouvrage d'anatomie et de médecine, imprimé en turc, en 1820, intitulé : *Miroir des corps dans l'anatomie de l'homme*, par T.-X. Bianchi, *Paris*, 1821. — De l'Utilité de l'étude de la poésie arabe, par le baron Silvestre de Sacy. *Paris*, 1826. — Défense de la poésie orientale, par Grangeret de Lagrange. *Paris*, 1826. — Sur la Conformité de l'arabe occidental avec l'arabe oriental, par M. J. Jackson. *Paris*, 1824. — Examen critique du voyage en Perse de M. le colonel Gaspard Drouville, par le baron de Nerciat (1812-1813). — Lettre écrite de Lintz par un orientaliste allemand au sujet d'un orientaliste français. *Strasbourg, et se trouve à Paris, s. d.* — Discours sur la langue illyrienne, par Bernardini. *Paris*, 1823. — Lettre à M. Champollion le Jeune, relative à l'affinité du cophte avec les langues du nord de l'Asie, etc., par Klaproth. *Paris*, 1823. — Notice sur Soliman Ier, empereur des Turcs, par P.-Hyacinthe Audiffret. — Notice sur Tamerlan, empereur des Tartares-Mongols (par le même). — Histoire de la sixième croisade de Damiette, par M. Reinaud. *Paris*, 1826. — Ens. 12 pièces en 1 vol. in-8, demi-rel. bas.

1019. De la Variole chez les médecins arabes, par le docteur Eusèbe de Salle. *Paris, Panckouke*, 1829. — Instituts du droit mahométan sur la guerre avec les infidèles, traduits de l'arabe en français, par Ch. Solvet. *Paris, Dondey-Dupré*, 1829. — Précis historique des révolutions de Constantinople en 1807, 1808 et 1826, traduit du turc par Mathieu Puscich. *Paris*, 1830. — Notice des ouvrages arabes, persans, turcs et français, imprimés à Constantinople, par M. Reinaud. — Tableau historique des descentes et de l'établissement des Sarrasins en Provence et en Italie, pendant les IXe et Xe siècles, par M. Desmichels. *Paris*, 1831. — Du Rabbinisme et des traditions juives, par M. Berr. *Paris*, 1832. — Vie de Mungo Park, voyageur anglais, par M. Albert Montémont. — Ens. 12 pièces réunies en un vol. in-8 demi-rel. v. f. ant.   — 4 - "

1020. Papers originally published at Calcutta in 1834 and 1836, on the application of the roman letters to the languages of India. *London*, 1858. — Description of an arabic quadrant, by W. Morley. *London*, 1860. — Specimen of an assysian dictionary, by Edwin Norris. *S. l. n. d.* — A Specimen of a syriac translation of the Kalilah Wa-Dimnah, edited by W. Wright. *London, s. d.* — The Brahma year-book for 1876, brief records of work and life in the theistic churches of India, edited by Sophia Dobson Collet. *London*, 1876. — Ens. 8 br. réunies en 1 vol. in-8, demi-rel. mar. vert.   — 2 - "

1021. État actuel des Indes anglaises, par A. Dubois de Jancigny. *Paris*, 1840, 3 part. — Le Sanscrit et les études indiennes, par Nève. *Bruges*, 1864. — La Légende de Rahu chez les Brahmanes, et les Buddhistes par Feer. *Paris, Duprat*, 1865. — Épigraphie phénicienne, examen des inscriptions d'Oumm-El-Awamid, par l'abbé Le Hir. *Paris, Douniol*, 1864. — De l'Usage pratique de la langue grecque, *Paris*, 1864. — Recherches sur la destruction du christianisme dans l'Afrique septentrionale, par H. Guys. *Paris, Dentu*, 1865. — Siège de Josapata, par A. Parent. *Paris*, 1866. — Ensemble 12 pièces réunies en 1 vol. in-8 demi-rel. chag. vert.   — 5 - "

1022. Réunion de brochures sur l'Orient, extraites du Journal asiatique, par MM. Sédillot, Lancereau, l'abbé Bergès, Ariel, du Couroy, Ed. Biot, F. Nève, Gust. Dugat, etc., etc., environ 50 brochures in-8. — Traité des lois mahométanes. *Paris*, 1841. — Antar en Perse, ou les chamelles Açâfir. *Paris*, 1850. — Législation musulmane   — 14 - "

sunnite, rite Hanèfin. *Paris*, 1848. — Mémoire sur les colonies militaires et agricoles des Chinois. *Paris*, 1850. — Extraits du Bétâl-Patchisî. *Paris*, 1852. — Notice biographique et littéraire sur Mir-Ali-Chir-Névâii. *Paris*, 1861. — Études sur la grammaire védique. Prâtiçâ-khya du Rig-Véda. *Paris*, 1858, etc., etc.

1023. Félix Nève. — Examen historique du tableau des alphabets et des langues de l'univers. *Gand*, 1854. — De la Renaissance des études syriaques. *Paris*, 1854. — De l'Origine de la tradition indienne du déluge. *Paris, s. d.* — La Tradition indienne du déluge dans sa forme la plus ancienne. *Paris*, 1851. — Établissement et destruction de la première chrétienté dans la Chine. *Louvain*, 1846. — Démonstration critique de l'authenticité du Pentateuque, par Ch. Schœbel. *Versailles*, 1858. — Ch. Schœbel. De l'Universalité du déluge. *Paris*, 1858. — Satan et la chute de l'homme. *Paris*, 1859. — Le centième Anniversaire de la naissance de Schiller. *Paris*, 1859. — L'Histoire de Balaam, authenticité de sa prophétie. *Paris*, 1860. — Mémoire sur le monothéisme primitif attribué par M. E. Renan à la seule race sémitique. *Paris*, 1860. — Du Cosmos de M. le baron de Humboldt, et de ce qui y manque essentiellement, par M. le chevalier de Paravey. *S. l. n. d.* — Ens. 18 br. réunies en 1 vol. in-8 dem.-rel. chag. vert.

1024. Brochures d'érudition, par Félix Nève, J. Long, Léouzon-Leduc, P. Viollet, P. Bataillard, 14 brochures reliées en 1 vol. gr. in-8, demi-rel. v. f.

Des portraits de femmes dans la poésie épique de l'Inde, 1858. — Examen de l'histoire des conciles de Mgr Héfélé. 1876. — État de la question de l'ancienneté des Tsiganes en Europe, etc.

1025. Insurrection de l'Inde, par W. Fonvielle et L. Legault. *Paris, Taride*, 1858. — Les Aventures d'Antar, fils de Cheddad, roman arabe traduit par L. Marcel Devic. *Paris, s. d.* — Choix de fables et historiettes, traduites de l'arabe par Pihan. *Paris*, 1866. — La Bulgarie chrétienne, par le baron d'Avril. *Paris, B. Duprat*, 1861. — Histoire littéraire de la Grèce moderne. *Paris, C. Lévy*, 1877. — L'Épiscopat de l'Occident tel qu'il s'est maintenu dans les églises anglicanes, étude historique par Mgr Cleveland Coxe. *Paris, Sandoz*, 1875. — Ens. 6 vol. in-12 br.

1026. Cinquante brochures anglaises et allemandes sur la linguistique et l'histoire orientales, réunies en 4 vol. in-8 demi-rel. chag.

1027. Littérature orientale. — Réunion de 9 br. angl. rel. en 1 vol. in-8, demi-rel. v. f.

1028. Littérature orientale, réunion de 6 br. en un vol. in-4, demi-rel. bas. — 1 — "

1029. Réunion de 14 br. angl. sur la littérature orientale rel. en 1 vol in-8, demi-rel. chagr. brun. — 2 — 50

1030. Littérature orientale. — Réunion de 8 br. angl. rel. en 1 vol. in-8, demi-rel. v. f. — 1 — "

1031. Bargès. — Eichhoff. — Sicé. — Réunion de 6 br. en 1 vol. in-8, demi-rel. chagr. vert. — 2 — "

1032. Huit brochures de Weber, Roth, Marcel, Pavie, etc., réunies en 1 vol. in-8, demi-rel. chagr. vert. — 11 — "

1033. Félix Nève, professeur à la Faculté des lettres de Louvain. — Réunion de 14 opuscules en 1 vol. in-8, demi-rel. chagr. vert. — 11 — "

L'antiquité chrétienne en Orient. *Louvain*, 1852. — Les Hymnes funèbres de l'Église arménienne, 1855. — Calidasa, ou la poésie sanscrite, etc. *Paris*, 1864. — Les Peuples de l'Orient avant la civilisation grecque, 1868. Des Éléments étrangers du mythe et du culte indiens de Krichna, 1876, etc., etc.

1034. Brochures orientales. — Réunion de 20 pièces en 1 vol. in-8 demi-rel. chagr. viol. — 11 — "

Quelques Observations sur le Gouzerati et le Maharatti, par M. Théodore Pavie. — Le Mausala Parva formant le livre XVI du Mahabharata, traduit et annoté par Émile Wattier, 1864. — Les Castes du Sud de l'Inde (région dravidienne), par Jules Vinson, 1868. — Huit Contes en langue cochinchinoise, par Abel des Michels, 1869. — Kata-Kata Malayou, ou Recueil des mots malays francisés, par Aris. Marre, 1875. — Spécimen du Divan (recueil de poésies) de Menoutchehri, poète persan du Ve siècle, texte, traduction et notes, 1876.

1035. Brochures d'érudition, par MM. L. Vaïsse, Schoebel, Trémaux, Coussemaker, d'Avezac, Quatremère, Pihan, etc., etc., environ 50 pièces réunies en 3 vol. in-8 demi, rel. chag. vert. — 19 — "

Notices sur les divers genres d'écriture des Arabes, des Persans et des Turcs, par Pihan. *Paris*, 1856. — Les Peuples de l'Indo-Chine, par L. de Rosny. *Poissy*, 1874. — Histoire naturelle chez les Arabes, par C. Mullet. — Revue zoologique du Coran, par Pihan. — L'Abbaye de Ravensberg, par Coussemaker. — La Géographie de Ptolémée, par d'Avezac, etc., etc.

1036. Brochures d'érudition, par MM. Pauthier, de Sabir, Hubaud, Le Blant, J. Oppert, Bréal, Feer, Champollion-Figeac, etc., etc. — Environ 50 pièces réunies en 4 vol. in-8, demi-rel. chag. vert. — 20 — "

De quelques Caractères du langage primitif. *Paris*, 1863. — Esquisse sur l'île de Sardaigne. *Marseille*, 1863. — Essai sur l'histoire de la philologie orientale en France. *Paris*, 1854. — Les Inscriptions assyriennes des Sargonides et les Fastes de Ninive, 1862. — De la Méthode comparative appliquée à l'étude des langues. *Paris*, 1864. — La Tunisie. *Paris*, 1861. — La Langue basque et les Idiomes de l'Oural. — Les Anneaux de Jeanne d'Arc, etc., etc.

1037. Chrestomaties orientales ou recueil de textes arabes, turks, persans, grecs modernes, arméniens et indostanis. *Paris, F.-Didot,* 1841, gr. in-8 demi-rel. chagr. r. (t. 1er).

Vie de Djenghiz-Khan, par Mirkond (*texte persan*). — Extraits du roman d'Antar (*texte arabe*). — Extraits d'Ali-Schir (*texte turk-oriental*). — Relation de l'ambassade de Mohammed Effendi (*texte turk*). — Ens. 4 ouvr. en 1 vol.

1038. Bibliotheca indica, a collection of oriental works published under the patronage of the Hon. Court of directors of the East-India company, and the superintendence of the Asiatic society of Bengal. *Calcutta,* 1849-1877, 544 fasc. in-8 br.

A biographical Dictionary of persons who knew Mohammed, 27 fasc. — Soyuty's itqa'n on the exegetic sciences of the Qoran. 10 f. — The first two lectures of the sankita of the Rig Veda, 4 fasc. — The sankhya-pravachania-Bhashya : aphorisms of the sankhya philosophy, 3 fasc. — Division of the Nyaya philosophy, 2 fasc. — Sarvadar'sana Sangranha : or an epitome of the different systems of Indian philosophy, 2 fasc. — The tale of Vasasadetta, 3 fasc. — The Surya Siddhanta, 4 fasc. — The ris-inha Tapani, 3 fasc. — The Kavyadarsa of Sri Dandin, 5 fasc. — Wiss o Ramin, an ancient persian poem, 5 fasc. — The isa, kena, katha, prasnas munda, mandukya, aitareya, upanishad, 6 fasc. — Wakidy's history of Muhammad's campaigns, 5 fasc. — The markandeya purana, 7 fasc. — The Tarikh-i-Baihaki of Masaud, son of sultan Mahmud Ghazi, 9 fasc. — Index of names of persons and geographical names occurring in the Badshahnamah, 2 fac. — Chaturvarga Chiktamini, by Hemadri, 10 fasc. — The Taittiriya pratisa Khya, 3 fasc. — The nokhbat Al-Fiker and Nozha Al-Nazr, 1 fasc. — The Mimausa Darsana, 12 fasc. — Tandya, Mahabrahmana, 19 fasc. — The Aphorisms of the Vedanta, 13 fasc. — The Taittiriya Brahmana of the Black Yajur Veda, 26 fasc. — The sanita of the Black Yajur-Veda, 28 fasc. — The Fotooh Al-Sham being an account of the Maslim conquests in Syria, 4 fasc. — The Salita-Vistara, or memoire of the life and doctrines of Sakya Senha, 6 fasc. — The Chhan dogya Upanishad of the Sama Veda, 6 fasc. — The Taittarya, Aitareya, Swetaswatara, Kena and Isa Upanishads, 2 fasc. — The Taittiriya Upanishad, 1 fasc. — The Uttara Naishadha Charita, by Sri Harsha, 12 fasc. — Tusys hist. of Shy'ah books and' Alam Alhodás notes on Shy'ah biography, 4 fasc. — Gopatha Brahmana of the Atharra Veda, in the original sanskrist, 2 fasc. — The maitri Upanishad, 3 fasc. — The Srauta Sutra of Latyayana, 9 fasc. Gopála Tápani, of the Atharva Veda, 1 fasc. — The haft Asman or history of the Masnawi of the persians, 1 fasc. — The Aphorisms of Sandilya, 1 fasc. The Sankhya aphorisms of Kapila, 2 fasc. — The Kaus hitak Bráhmana-Upanishad, 2 fasc. — The Grihya Sutra of As'walayana, 4 fasc. — Chaturvarga-Chintamini by Hemadri, 11 fasc. — The Maásir i Alamgiri of Muhammad Sági Mustaidd Khan, 5 fasc. — The Dasa-Rupa, or hindu cations of dramaturgy by Dhanan jaya, 3 fasc. — The Katantra, 2 fasc. — The Naiada Pancharatra, 4 fasc. — The Muntakhab al-Tawárikh of Abd Al-Qádir Bin Maluk Shah Al-Badaoui, 16 fasc. (Manque le fasc. II du vol. III). — The Vaiseshiku Darsana, 5 fasc. — The Bádshah Námah, by Abd Al-Hamid Laharwi, 18 fasc. — The srauta Sutra of Aswaláyana, 11 fasc. — The Tabaqáti Nasiri of Aboo Omar Miniháy Al-Din Othman Ibn Siráy Al-Din Al-Jawzjani, 5 fasc. — The Tabakát-i-Nasiri of Minháj-i-Saráy, Abu' Umr-Usman, son of Muhammed J. Minhay, Al-Juryani, 5 fasc. — The Brihad Aranyaka Upanishad, 14 fasc. — Chaitanya Chandrodaya, or the incarnation of Chaitanya, a drama in ten acts, by Kavikarnapura, 3 fasc. — Chhandah Sutra of Pingala a'cha'rya, 3 fasc. — The Ain i' akberi, 7 fasc. — Ikbálnámah-i-Jahángiri, of Mohamad Khán, 3 fasc. — The Alamgir-Námah, by Muhammad Kazim ibn Muhammad Amin Munshi, 12 fasc. — The Aitarea Oranyaka of the Rig Veda, 5 fasc. — Hindu astronomy, the Siddhanta Siromani, 3 fasc. — Sánkhya-Sara, a treatise on Sánkhya philosophy, 1 fasc. — The Sankara Vijaya of Anantananda Giri, 3 fasc. — Sáma Veda Sanhita, 29 fasc. (Manque la Ire fasc. du vol. II.) — The Nyáya Darsana of Gotama, 4 fasc. — The Brihatsanhita of Taráha-Mihira, 7 fasc. — The Conquest of Syria commonly ascribed to Aboo Abd Allah Mohammad B'Omar Al-Waqidi, 9 fasc. — Ens. 457 fascicules, plus 87 fasc. d'ouvrages au cours de publication, in-8 et in-4.

b. *Langues de l'Inde.*

Sanscrit, pali.

1039. Outlines of indian philology with a map shewing the distribution of indian languages, by John Beames. *Calcutta*, 1867, plaq. in-8 cart. perc. — 1 - "

1040. Essai sur la langue et la philosophie des Indiens, traduit de l'allemand de Fr. Schlegel, par A. Mazure. *Paris, Parent-Desbarres*, 1837, in-8 demi-rel. v. f. — 3 - "

1041. Essai sur le pali ou langue sacrée de la presqu'île au-delà du Gange, par E. Burnouf et Ch. Lassen. *Paris, Dondey-Dupré*, 1826, in-8, pl. in-8 demi-rel. v. — 6 - 50

Dans le même volume : *Observations grammaticales sur quelques passages de l'Essai sur le pali de MM. E. Burnouf et Lassen. Paris, Dondey-Dupré*, 1827, in-8 de 20 pages.

1042. A Grammar of the pure and mixed East indian dialects, with dialogues affixed, spoken in all the eastern countries, methodically arranged at Calcutta, according to the Brahmanian system of the shamscrit language, by Herasim Lebedeff. *London*, 1801, in-8, demi-rel. v. vert. — 5 - "

1043. A Grammar of the sanskrita language, by Ch. Wilkins. *London*, 1808, in-4 v. f. fil. — 6 - "

1044. Grammatica critica linguæ sanscritæ, auctore Francisco Bopp. *Berolini*, 1822, in-4 v. viol. fil. — 2 - "

1045. An Introduction to the grammar of the sanskrit language, for the use of early students, by H. Wilson. *London*, 1841, in-8 cart. — 6 - "

1046. Grammaire sanscrite française, par M. Desgranges. *Paris, Impr. royale*, 1845, 2 vol. in-4, demi-rel. mar. viol. — 4 - 50

1047. An elementary Grammar of the sanscrit language, to which is added a selection from the institutes of Manu, — 4 - "

with copious references to the grammar, and an english translation, by Monier Williams. *London*, 1846, in-8 cart. perc. vert.

1048. Étude sur l'idiome des Védas et les origines de la langue sanscrite, par Ad. Regnier. *Paris, Lahure*, 1855, in-4 br.
Première partie.

1049. Études sur la grammaire védique, prâtiçâkhya du Rig-Véda, par Ad. Regnier (première lecture ou chapitres I à VI, et troisième lecture ou chapitres XIII à XVIII). *Paris, Impr. impér.*, 1857-1859, 2 vol. in-8 br.

1050. Méthode pour étudier la langue sanscrite, par L. Burnouf. *Nancy et Paris*, 1859, in-8, demi-rel. v. f.

1051. Méthode pour étudier la langue sanscrite, par Em. Burnouf et L. Leupol. *Paris, Benj. Duprat*, 1861, in-8 cart.

1052. Méthode pour déchiffrer et transcrire les noms sanscrits qui se rencontrent dans les livres chinois, inventée et démontrée par Stanislas Julien. *Paris, Impr. imp.*, 1861, in-8 br.

1053. The Study of sanskrit, par Monier Williams. *Oxford*, 1864, br. in-8.

1054. Dictionary in sanscrit and english, translated from an original compilation, by N. Wilson. *Calcutta and London*, 1832, in-4, demi-rel. v. vert.

1055. A Dictionary bengali and sanskrit, explained in english and adapted for students of either language, by sir Graves C. Haughton. *London*, 1833, in-4, demi-rel. v. vert.

1056. Sanscrit vocabulary, english and sanscrit, by E.-A. Pinsep. *London, W. N. Allen*, 1847, plaq. gr. in-8 cart.

1057. Dictionnaire classique sanscrit, par Burnouf et Leupol. *Nancy et Paris*, 1865, gr. in-8, demi-rel. chagr. bl. plat. toile tr. jasp.

1058. A sanskrit-english Dictionary, by Monier Williams M. A. *Oxford*, 1872, in-4 cart.

1059. Nyâyakosa, or dictionary of the technical terms of the Nyâya philosophy, by Bimâcharya Jhalakîkar, first assistant, sanskrit teacher, Elphinstone college. *Bombay*, 1875, in-8 cart.

1060. The Kusumanjali, or Hindu proof of the existence of a supreme being, by Udayana Acharya, edited and translated by E.-B. Cowell, M. A. *Calcutta*, 1864, in-8, demi-rel. chag. viol.

1061. An historical Sketch of sanscrit literature... *Oxford*, 1832, in-8 cart. non rog.

1062. A Handbook of sanskrit literature, by George Small. *London*, 1866, in-8 cart.

1063. Études sur la littérature sanscrite, par A. Philibert Soupé. *Paris, Maisonneuve*, 1877, gr. in-8, demi-rel. chagr. vert.

1064. Metriska ofversättningar Från Sanscrit utgifna af C. Fr. Bergstedt. *Upsala*, 1845, in-8, demi-rel. chagr. viol.

1065. Poésie héroïque des Indiens comparée à l'épopée grecque et romaine, par F.-G. Eichhoff. *Paris, Aug. Durand*, 1860, in-8, demi-rel. v. f.

1066. Indian epic Poetry : being the substance of lecture recently given at Oxford, by Monier William. *London*, 1865, in-8 cart.

1067. Monuments littéraires de l'Inde, ou mélanges de littérature sanscrite, par A. Langlois. *Paris, Lefèvre*, 1827, in-8, demi-rel. v. f.

1068. Poésies populaires du sud de l'Inde, traduction et notices par E. Lamairesse. *Paris, A. Lacroix et Verbocokoven*, 1867, in-12, demi-rel. chagr. Lavall.

1069. Essai sur les fables indiennes et sur leur introduction en Europe, par A. Loiseleur-Deslongchamps. *Paris, Techener*, 1838, in-8, demi-rel. v. ant.

1070. Select Specimens of the theatre of the Hindus translated from the original sanscrit by Horace Hayman Wilson. *Calcutta*, 1827, 3 vol. gr. in-8, v. fauve dent.

1071. Chefs-d'œuvre du théâtre indien, traduits de l'original sanscrit en anglais par M. H. Wilson et de l'anglais en français par A. Langlois. *Paris, Dondey-Dupré*, 1828, 2 tomes en 1 vol. in-8, demi-rel. v. rouge.

1072. Panini : His place in sanskrit literature, by Theodor Goldstucker. *London, N. Trübner*, 1861, gr. in-8 cart.

1073. Légende indienne sur la vie future, traduite du sanscrit par Eichhoff. *Lyon*, 1853. — La Perse et les Persans, par le Cte de Croizier. *Paris, Dentu*, 1873. — Vestiges dans les langues européennes des invasions orientales, par F. Michalowski. *Saint-Etienne*, 1876. — La Société et les Gouvernements de l'Hindoustan au XVIe et au XIXe siècle, par de Jancigny. *Paris*, 1853. — Ens. 8 br. réunies en 1 vol. in-8, demi-rel. chag. vert.

1074. Amarakocha, ou vocabulaire d'Amarasinha, publié en sanskrit avec une traduction française, des notes et un index, par A. Loiseleur-Deslongchamps. *Paris, Impr. royale*, 1839-1845, 2 vol. in-8, demi-rel. chagr. vert.

1075. Anthologie érotique d'Amarou, texte sanscrit, traduction, notes et gloses, par A.-L. Apudy (Chézy). *Paris, Dondey-Dupré*, 1831, pet. in-4, demi-rel. mar. viol.

1076. Les Aradanas, contes et apologues indiens inconnus jusqu'à ce jour, suivis de fables, de poésies et de nouvelles chinoises, traduits par M. Stanislas Julien. *Paris, Benj. Duprat*, 1859, 3 vol. pet. 12, demi-rel. mar. bleu, non rog (*Heldt*).

1077. Lecture on the Nyaya philosophy, embracing the text of the Barka Sangara in sanscrit. *Bénarès*, 1852, in-8 br.

1078. The Bhagvat-Geeta, or dialogues of Kreeshna and Arjoon in eighteen lectures, with notes, translated from the original by Ch. Wilkin. *London*, 1785, in-4 bas.

1079. Bhagavad-Gita, textum recensuit, adnotationes criticas et interpretationem latinam adjecit Aug. Guil. A. Schlegel. *Bonnæ*, 1846, gr. in-8, demi-rel. chagr. bleu.

1080. Bhagavad-Gita, or the sacred law; a new edition of the sanskrit text, with a vocabulary by J. Cockburn Thomson. *Hertford*, 1855, in-8 cart.

1081. The Bhagavad-Gita, a sanskrit philosophical poem, translated by J. Cockburn Thomson. *Hertford*, 1855, in-8, cart.

1082. Le Bhaguat-Geeta, ou dialogues de Kreeshna et d'Arjoon; contenant un précis de la religion et de la morale des Indiens, traduit du sanscrit en anglois par M. C. Wilkins, et de l'anglois en françois par Parraud. *A Londres, et se trouve à Paris, chez Buisson*, 1787, in-8, bas. marb.

1083. Bhagavad-Gita, ou le Chant du bienheureux, poème indien, traduit par E. Burnouf. *Paris, B. Duprat*, 1861, in-8 br.

1084. The Chhandogya Upanishad of the Sama Veda, with extracts from the commentary of Sankara Acharya, translated from the original sanskrit, by Rajendralala Mitra. *Calcutta*, 1862, in-8, cart. angl. perc.

1085. Le Livre de Chri Satsidhantamartan Darvyoyan en sanscrit. *Bénarès*, s. d., in-8 br.

1086. The Dasa Kumára Charita, or Adventures of the princes, a series of tales in the original sanscrit, by Sri Dandi, edited by H.-H. Wilson. *London*, 1846, gr. in-8, cart. per. n.

1087. Daya crana sangraha, augmenté de notes et de passages du Mitacshara et suivi de quelques observations sur l'adoption et sur le pouvoir testamentaire chez les Hindous, par G. Orianne. *Pondichéry*, 1843, in-8 bas.

1088. L'Ezour-Vedam, ou ancien commentaire du Vedam, traduit du samscretan, par un brame (publié par le baron de Sainte-Croix). *Yverdon, imp. de Félice*, 1778, 2 vol. in-12, v. marb.

1089. Gita Govinda Jayadevæ, poetæ indici, drama lyricum, textum ad fidem librorum manuscriptorum recognovit, scholia selecta, annotationem criticam, interpretationem latinam adjecit Christianus Lassen. *Bonnæ ad Rhenum*, 1836, in-4, demi-rel. chagr. vert.

1090. Gopála laula Kavyam, en sanscrit. *Bénarès*, 1872, in-12 br.

1091. Gutka, or selections by Sivaprasad. *Bénarès*, 1870, in-8, demi-rel. chag. r. (Texte sanscrit).

1092. Harivansa ou Histoire de la famille de Hari, ouvrage formant un appendice du Mahabharata et traduit sur l'original sanscrit par M. A. Langlois. *Paris, London*, 1834, 2 vol. in-4, veau vert. fil.

1093. Hindoo tales, or the adventures of ten princes, freely translated from the sanscrit of the Dasaka Maracharitam, by P.-M. Jacob. *Strahan*, 1873, in-12 cart.

1094. The Hitopadesa : a collection of Fables and tales in sanscrit by Vishnusarma, edited by Lakshami Narayan Nyalankar. *Calcutta*. 1830, pet. in-4, demi-rel. v. bl.

1095. Hitopadesa, the sanskrit text of the first book, or Mitra Labha, with a grammatical analysis, by Francis Johnson. *London, James Madden*, 1840, in-4, demi-rel. v. viol.

1096. Hitopadesa, the sanskrit text with a grammatical analysis alphabetically arranged by Francis Johnson. *London and Hertford*, 1847, in-4, demi-rel. chagr. br.

1097. Indian fables from the sanscrit of the Hitopadesa, translated and illustrated in colours from original designs by Florence Iacomb, chromo-lithographed by W.-R. Tymms. *London, Day and son*, in-4, texte encadré et figures en chromolith. cart. perc. verte.

1098. Hitopadésa, ou l'Instruction utile, recueil d'apologues et de contes, traduit du sanscrit, par M. Edouard Lancereau. *Paris, P. Jannet*, 1855, in-12 cart. percal. r. n. r.

1099. Œuvres complètes de Kalidasa, traduites du sanscrit en français pour la première fois par Hipp. Fauche, *Paris, A. Durand*, 1859-1863, 3 vol. in-8 demi-rel. v. f.

1100. Notes et corrections supplémentaires pour l'édition du drame indien de Calidasa, intitulé la Reconnaissance de Sacountala, publié en 1830, par A.-L. Chézy. *Paris, Impr. roy.*, 1832, br. in-8.

1101. The Kalpa Sutra and Nava Tatra, by the Rev. J. Stevenson D. D. *London, B. Quaritch*, 1848, in-8 cart.

1102. Le Lotus de la bonne loi, traduit du sanscrit, accompagné d'un commentaire et de vingt et un mémoires relatifs au buddhisme, par M. E. Burnouf. *Paris, Impr. nationale*, 1852, in-4, demi-rel. chag. rouge.

1103. Parabole de l'Enfant égaré formant le chapitre IV du Lotus de la bonne loi, publiée pour la première fois en sanscrit et en tibétain et accompagnée d'une traduction française d'après la version tibétaine du Kanjour, par Ph.-Ed. Foucaux. *Paris, Benj. Duprat*, 1854, in-8 br.

1104. *Mahabhachyam* en sanscrit. *Mirzapoure*, 1855, in-fol. en feuilles.
Très-belle édition.

1105. Le Mahabharata, onze épisodes tirés de ce poème épique, traduit pour la première fois du sanscrit en français par Ph.-Ed. Foucaux. *Paris, Benj. Duprat*, 1862, in-8, br.

1106. Le Maha-Bharata, poème épique de Krishna-Dwaipayana, plus communément appelé Véda-Vijasa, c'est-à-dire le compilateur et l'ordonnateur des Védas, traduit par Hippolyte Fauche. *Paris, Benj. Duprat*, 1863-68, 9 vol. in-8 br.

1107. Fragments du Mahabharata, traduits en français sur le texte sanscrit de Calcutta, par Th. Pavie. *Paris, Benj. Duprat*, 1844, gr. in-8, demi-rel. mar. bleu.

1108. Malavika et Agnimitra, drame sanscrit de Kalidasa, traduit en français par Ph.-E. Foucaux. *Paris, Ern. Leroux*, 1877, in-12 br.

1109. The Megha duta, or Cloud Messenger, a poem in the sanskrit language by Kalidasa, translated into english verse by H. Wilson M. A. F. R. S. *London*, 1843, gr. in-8 cart.

1110. Malus, carmen sanscritum e mahabharato edidit, latine vertit, et adnotationibus illustravit Franciscus Bopp. *Londini*, 1819, gr. in-8, demi-rel. v.

1111. *Nayakaoumoudi*, Synopsis of science, en sanscrit. *S. l. n. d.*, in-8 br.

1112. The Neeti Sunkhulun, or Collection of the sanskrit slokas of enlightened moonies, etc., with a translation in english, by Muha Raj Kalee Krishna Bahadur. *S. l.*, 1831, in-8, demi-rel. bas. v.

1113. A Synopsis of science, from the standpoint of the Nyaya philosophy, sanskrit and english. *Mirzapore*, 1852, 2 vol. in-8 br.

1114. *Pand Namah adarbad Maraspand*, or the book counsels by Adârbâb Marâspând, being a prize essay in the name of M. Haug, etc., by Herbad Sheriarjee Dadabhoy, published by the Zartoshti Dinni Khol Karnari Mandly. *Bombay*, 1869, in-8 cart.

1115. Le Pantcha Tantra, ou les Cinq Ruses, fables du brame Vichnou-Sarma, aventures de Paramarta, et autres contes, le tout traduit pour la première fois sur les originaux indiens, par M. l'abbé J.-A. Dubois. *Paris, J.-S. Merlin*, 1826, in-8, demi-rel. bas. v.

1116. Pantchatantra, ou les cinq livres, recueil d'apologues et de contes traduits du sanscrit par Ed. Lancereau. *Paris, Impr. nationale*, 1871, gr. in-8, demi-rel. v. bleu.

1117. Le Pantcha-Tantra, fables du brahme Vichnou-Sarma, et autres contes, traduits par M. l'abbé J.-A. Dubois. *Paris, A. Barraud*, 1872, in-8, figures gravées à l'eau-forte, demi-rel. chag. r.

1118. The Pooroos-purikya, or collection of moral tales, translated from the original sungskrit into english, by Maha Rajah Kalee Krishna Behadoor of Sobha bazar Calcutta. *Serampore Press*, 1830, in-8, demi-rel. v. bleu.

1119. *Pragatahoki* en sanscrit. *Bénarès*, 1869, in-4 cart.

1120. Radjatarangini, histoire des rois du Kachmir, traduite et commentée par M. A. Troyer. *Paris, Imp. royale*, 1840-1852, 3 vol. gr. in-8, demi-rel. mar. vert.

1121. Rajneeti, or tales exhibiting the moral doctrines and the civil and military policy of the Hindoos, translated from the original sunskrit of Narayun pundit, into brij bhasha, by Sree Lulloo Lal Kub. *Calcutta*, 1809, in-4, demi-rel. cuir de Russie, fil.

1122. Rajneeti, or tales exhibiting the moral doctrines and the civil and military policy of the Hindoos translated from the original sunskrit of Narayun pundit, into brij bhasha, by Sree Lulloo Lal Kub. *Calcutta*, 1827, in-8, demi-rel. v. viol.

1123. *Ramasahastranama* en sanscrit. *Bénarès*, 1825, br. in-8.

1124. Le Ramayana de Toulcidas en sanscrit. Cawnpore, 1832, in-4, demi-rel. chag. fil.

1125. Sitaharanam, episod ur Râmâyana. Text öfversättning och förklaringar utgifna of Dr O. Donner. Helsingfors, 1835, gr. in-8, demi-rel. chagr. rouge.

1126. Le Râmâyana de Valmìki, traduit pour la première fois du sanskrit en français, par Val. Parisot. Paris, 1853, in-8, demi-rel. v. f.

1127. Ramayana, poème sanscrit de Valmiki, mis en français par Hipp. Fauche. Paris, A. Franck, 1854-1858, 9 vol. in-12, demi-rel. v. f.

1128. Le Ramayana, poème sanscrit de Valmiky, traduit en français par Hipp. Fauche. Paris, A. Lacroix et Verbœckhoven, 1864, 2 vol. in-12, demi-rel. v. fauve.

1129. Scenes from the Ramayan, etc., by T.-H. Griffith, M. A. London, Trübner, 1870, in-8 cart.

1130. The Sankhya Karika, by Iswara Krishna, by Henry Thomas Colebrooke, esq., translated by Horace Hayman Wilson. Oxford and London, 1837, in-4, v. f. fil.

1131. Sacontala, ou l'Anneau fatal, drame traduit de la langue sanskrite en anglais par sir Wm Jones, et de l'anglais en français par le cit. A. Bruguière. Paris, Treuttel et Würtz, 1803, in-8, demi-rel. v. r.

1132. La Reconnaissance de Sacountala, drame sanscrit et pracrit de Calidasa, accompagné d'une traduction française par A.-L. Chézy. Paris, Dondey-Dupré, 1830, in-4, demi-rel. v.

1133. Sakuntala, or Sakuntala recognized by the ring, a sanskrit drama, in seven acts, by Kalidasa; the devanagari recension of the text, with notes, critical and explanatory, by Monier Williams. Hertford, 1853, gr. in-8 cart.

1134. Sakoontala, or the lost ring, an indian drama, translated into english prose and verse, from the sanskrit of Kalidasa, by Monier Williams. Hertford, Stephen Austin, 1855, in-4, vig. sur bois, cart. angl. perc. v.

Texte, vignettes, entêtes avec encadrements en or et en couleur.

1135. Sakoontala, or the lost ring, an indian drama, translated into english prose and verse, from the sanskrit of Kàlidàsa, by Monier Williams. Hertford, 1856, in-8, cart. ang. perc.

1136. Sunya purana en sanscrit. Bénarès, 1864, in-12 cart.

1137. Une Tétrade, ou drame, hymne, roman et poème, traduits pour la première fois du sanscrit en français par

Hipp. Fauche. *Paris, A. Durand,* 1861-62, 2 vol. gr. in-8, demi-rel. v. f.

1138. The Aphorisms of the Vaiserhika philosophy of Kanada with illustrative extracts from the commentary, by Sankare Misra. *Mirzapore,* 1851, in-8, demi-rel. chag. r. — 5 -50

1139. *Le Vikramân kadevacharita*, ou Vie du roi Vikramâditya de Vidyâpati Bilhana, en sanscrit, publié par Georg Bühler. *Bombay,* 1875, in-8, br. — 10 -"

1140. Vikramorvasi, a drama by Kalisada, edited by Monier Williams. *Hertford,* 1849. — Vikramorvasi, an indian drama translated into english prose from the sanskrit of Kalidasa, by Edw. Byles Coswell. *Hertford,* 1851, in-8, demi-rel. chagr. viol. — 12 -"

1141. Vikramorvaci. — Ourvaci donnée pour prix de l'héroïsme, drame en cinq actes, par Kalidasa, traduit du sanscrit par Ph.-Éd. Foucaux. *Paris, B. Duprat,* 1861, br. in-8. — 5 -50

1142. The Book Viswagunaadarsana, a travel of Gandharvas composed by Venkata chari, dedicated to honorable sir Francis Workman Macnaghten, by Cavali Vankata Ramsawami pundit. *W. Y.*, in-4, demi-rel. v. r. — 8 -50

1143. *Vivada Chintamani*, a succinct commentary on the hindoo law prevalent in Mithila, from the original sanscrit of Vachaspati Misra, by Prossonno Coomar Tagore. *Calcutta,* 1863, in-8, carte, demi-rel. avec c. bas. — 14 -50

1144. Yàjnadattabada, ou la mort d'Yadjnadatta, épisode extrait du Ramâyana, poème épique sanscrit, donné avec le texte gravé, une analyse grammaticale très-détaillée, une traduction française et des notes, par A.-L. Chézy. *Paris, de l'impr. de F.-Didot,* 1826, in-4, demi-rel. chag. la Vall. — 6 -"

Hindoustani.

(*Ourdou et hindi et dialectes modernes, langues dravidiennes.*)

1145. Benjamini Schulzii, missionarii evangelici, Grammatica hindostanica....., edidit et de suscipienda barbararum linguarum cultura præfatus est D. Jo. Henr. Callenberg. *Halæ Saxonum,* 1745, pet. in-4, demi-rel. bas. r. — 2 -"

1146. Alphabetum Brammhanicum seu Indostanum. *Romæ,* 1771, in-8, demi-rel. bas. verte. — 1 -"

1147. Grammatica indostana a mais vulgar que se practica no imperio do Gram Mogol, offerecida aos muitos reverendos padres missionarios do dito imperio. *Em Roma,* 1778, pet. in-4, demi-rel. v. — 1 -"

1148. A Grammar of the hindoostanee language, or part — 3 -50 third of volume first, or a system of hindoostanee philology, by John Gilchrist. *Calcutta*, 1796, in-4, v. rouge dent.

1149. A compendious Grammar of the current corrupt dialect of the jargon of Hindostan with a vocabulary, by George Hadley. *London*, 1809, in-8, demi-rel. v. vert.

1150. A Grammar of the hindustani language, by John Shakespear. *London*, 1818, in-4, demi-rel. bas. ant.

Exemplaire avec une table, couvert de notes manuscrites de la main de M. Garcin de Tassy.

1151. Gilchrist's Oordoo risaluh, or rules of hindee grammar. *Calcutta*, 1820, in-8, v. ant.

1152. The stranger's infaillible East Indian or Hindoostanee *multum in parvo* as a grammatical compendium of the grand popular and military language of all India, by John Borthwick Gilchrist. *London*, 1820, in-8, v. rac. dent.

1153. Tuhfa-e Elphinstone, or a Grammar of the hindustani language, by Muhammed Ibrahim Makbah Munshi, interpreter to the honorable court of recorder, revised by major V. Kennedy. *Bombay*, 1823, pet. in-fol. demi-rel. v. vert.

1154. A Grammar of the three principal oriental languages, hindoostanee, persian and arabic, to which is added a set of persian dialogues composed for the author, by Mirza Mohammed Saulih, of Shiraz; accompanied with an english translation by William Price. *London*, 1823. — A new Grammar of the hindoostanee language, by W. Price. *London*, 1828. — Elements of the sanscrit language, or an easy guide to the indian tongues, by W. Price. *London*, 1828, 3 ouvr. en 1 vol. in-4, demi-rel. bas. v.

1155. Rudiments de la langue hindoustani, par M. Garcin de Tassy. *Paris, à l'Impr. royale*, 1829. — Appendice aux Rudiments de la langue hindoustani, par le même. *Paris*, 1833, 2 vol. in-4, fac-simile, demi-rel. bas.

* Exemplaire interfolié de papier blanc, avec des notes manuscrites de la main de l'auteur.

1156. A comprehensive Synopsis of the elements of hindustani grammar, by William Andrew. *London*, 1830. — A comprehensive Synopsis of the elements of persian grammar, by William Andrew. *London*, 1830, in-8 demi-rel. v. bleu.

1157. A hindee Grammar for the instruction of the youngs in the form of easy question and answers, by the rev. M. E. Adam. *Calcutta*, 1837, in-8, demi-rel. chag. viol.

1158. Institutiones linguæ pracriticæ, scripsit Christianus Lassen. *Bonnæ ad Rhenum,* 1837, in-8 demi-rel. v. viol.

1159. A Grammar of the hindustani language, followed by a series of grammatical exercises, by James R. Ballantyne, *London*, 1838. gr. in-8, demi-rel. mar. bleu.

1160. A Grammar of the hindustani language, by John Shakespeare. *London, W. H. Allen,* 1843, in-4, demi-rel. chagr. vert.

1161. A Grammar of the hindustani tongue, in the oriental character, by the late Sandfort Arnot, with a copious vocabulary and explanatory notes, by Duncan Forbes. *London,* 1844, gr. in-8, demi-rel. chagr. vert.

1162. An Introduction to the hindustani language, comprising a grammar and a vocabulary english and hindustani, by John Shakespear. *London, Allen,* 1845, gr. in-8, demi-rel. chagr. viol.

1163. A Grammar of the hindustani language, by Duncan Forbes. *London,* 1846. in-8 cart.

1164. A Grammar of the hindustani language, by John Shakespear. *London, Allen,* 1846, gr. in-8 cart.

1165. Rudiments de la langue hindoue, par M. Garcin de Tassy. *Paris, à l'Impr. royale,* 1847, in-8, demi-rel. chag. br.

Exemplaire interfolié de papier blanc, avec des notes manuscrites de la main de l'auteur.

1166. A Grammar of the urdu language, for the use of schools, by the Rev. S. Slater. *Calcutta,* 1849, in-12 cart.

1167. Grammaire hindoustanie en ourdou, par le maoulaoui Karim Uddin. *Agra,* 1852, in-8 cart.

1168. The Prakrita-prakasa, or the prakrit grammar of Vararuchi, with the commentary (Manorama) of Bramaha, with copious notes, an english translation, and index of prakrit words, by Ed. Byles Cowell. *Hertford,* 1854, in-8, demi-cart. perc. bl.

1169. An easy Introduction to the study of hindustani, in words, with a full syntax, by Monier Williams, in which the alphabet is adapted to the expression of hindustani 1858, in-12 cart.

1170. A concise Grammar of the hindustani language, by E.-R. Eastwick, M. R. A. S., second edition, by Georges Small, M. E. P. *London, B. Quaritch,* 1858, in-8 cart. angl.

1171. Grammaire hindie en hindi. *Agra,* 1860, br. in-8.

1172. Rudiments de la langue hindoustanie, par M. Garcin de Tassy. *Paris, B. Duprat*, 1863. — Les Auteurs hindoustanis et leurs ouvrages (par le même). *Paris, impr. de Dubuisson*, 1855. — Les Animaux, extrait du Tuhfat Ikhwan Ussafa (Cadeau des Frères de la pureté), traduit d'après la version hindoustanie (par le même), *Paris, B. Duprat, 1864*, 3 ouvr. en 1 vol. in-8, demi-rel. chag. vert.

1173. Grammatica indostana a mais vulgar que se pratica no imperio do Gram Mogol para uso dos muitos reverendos Padres missionarios do dito imperio. *Lisboa, na Impressa regia, anno* 1865, petit in-8, v. f. fil.

1174. Elements of hindi and braj bhakha Grammar, by the late James R. Ballantyne. *London, Trubner*, 1868, in-12, cart.

1175. The students Grammar of the hindi language, by the rev. W. Etherington. *London, Trubner*, 1870, pet. in-8 cart.

1176. A comparative Grammar of the modern aryan languages of India, by John Beames. *London*, 1872, 2 vol. in-8, demi-rel. chagr. viol.

1177. Grammar of the sindhi language compared with the sanskrit-prakrit and the cognate indian vernaculars, by D. Ern. Trumpp. *London, Trubner*, 1872, in-8, demi-rel. chagr. viol.

1178. A Grammar of the urdu or hindustani language, by John Dowson. *London, Trubner*, 1872, in-12 cart.

1179. The english Language or Nasmiths practical system adapted to Oordos, by Iludus E. Prichard, esq. *London, William Collim*, 1873, in-8 cart.

1180. Grammaire hindie, par Radja Sivaprasad. *Bénarès*, 1875, in-8, demi-rel. chag. vert.
  Ce volume contient en outre six brochures indiennes.

1181. Grammaire ourdou, de Radja Siva Prasad. *Cawnpore*, 1875, in-8, demi-rel. la Vall.

1182. A Grammar of the hindi language, by the rev. S.-H. Kellog. *London*, 1876, gr. in-8, cart. angl. perc. v.

1183. Raja Sivaprasad. Hindi grammar. *S. l. n. d.* — Vidyankur, or an adoption from Chambers's rudiments of knowledge. *S. l. n. d.* 2 ouvr. en 1 vol. in-8, demi-rel. mar. la Vall.

1184. The oriental Linguist, an easy and familiar introduction to the popular language of Hindoustan, comprising the rudiment of that tongue with an extensive vocabulary. *Calcutta*, 1798, in-4, demi-rel. v. viol.

BELLES-LETTRES.

1185. The hindee story Teller, or entertaining expositor of the roman, persian, and nagree characters simple and compound in their application to the hindoostanee language. *Calcutta*, 1802, in-8, demi-rel.

1186. The hindee Manual or casket of India under the direction and superintendence of John Gilchrist. *Calcutta*, 1802, in-4 bas.

1187. The hindie moral Preceptor and persian scholars shortest road to the hindoostanee linguage or vice versa, translated, compiled and arranged under the direction of John Gilchrist. *Calcutta*, 1803, gr. in-8, demi-rel. v.

1188. The british indian Monitor, or the antijargonist, strangers guide oriental linguist... By the author of hindoostanee philology. *Edinburgh*, 1806, 2 vol. in-8, demi-rel. v.

1189. An Introduction to the study of the hindostany language as spoken in the Carnatic. *S. l.*, 1808, in-4, v. br.

1190. Dialogues english and hindoostanee, by John Borthwick Gilchrist. *Edinburgh*, 1809, in-8, demi-rel. v.

1191. General Principles of inflexion and conjugation in the *Brij-bakha*, or the language spoken by the Hindoos. *Calcutta*, 1811, in-4 v. rac.

1192. Dialogues english and hindoostanee for illustrating the grammatical principles of the strangers east indian guide, by John Borthwick Gilchrist, L. L. D. *London*, 1820, in-8, demi-rel. v. vert.

1193. The hindee moral Preceptor or rudimental principles of persian grammar, as the hindoostanee scholars, shortest road to the persian language or vice versa, by John Borthwick Gilchrist L. L. D. *London*, 1821, 2 parties en 1 vol. in-8, demi-rel. mar. vert.

1194. The hindoostanee Interpreter containing the rudiments of hindoostanee grammar, by William Carmichael Smyth, esq. *London*, 1824. — The lutaifi hindee or hindoostanee jest Book containing a choice collection of humorous stories, edited by William Carmichael Smyth, esq. *London*, 1821. — Schooulue ishq, the flame of love, a hindoostanee poem, by meer Moohummed Tuquee, edited by William Carmichael Smyth, esq. *London*, 1820. Ens. 3 ouvr. en 1 vol. in-8, demi-rel. bas. verte.

1195. Sukoontula Natuk, being an appendix to the english and hindostanee dialogues in the universal character, by John Borthwik Gilchrist. *London*, 1826, in-8 v.

1196. Introduction to the hindoostanee language, by W. Yates. *Calcutta*, 1826, in-8 mar. viol.

1197. Introduction to the hindustani language, by rev. W. Yates, transferred into the roman character, by rev. J. Thomas. *Calcutta*, 1836, in-8 v. rac.

1198. Ancient and modern Alphabet of the popular hindu languages of the southern peninsula of India, by captain Henry Harknest, M. R. A. S. *London*, 1837, in-4, demi-rel. v. f.

1199. Pocket Guide to hindoostanee conversation containing grammatical principles, familiar phrases, and a vocabulary english and hindoostanee, by James R. Ballantyne. *London*, 1841, in-18 cart.

1200. The soldier's Manual, compiled for the use of Infantry in the nagri and english character, comprising the squad and company drill according to the regulations and field exercise established by Her Majesty's command. *Calcutta, the Hegira* 1242. 2 part, en 1 vol. in-8, demi-rel. chagr. vert.

1201. The hindustani Manual, a pocket companion, by Duncan Forbes, A. M. *London*, 1845, in-12 cart. anglais.

1202. Hindi Reader. *Hertfort, Stephen Austin,* 1870, in-4, cart.

1203. Tashil ul Kalam, or Hindustani made easy, by captain W. R. M. Hobroyd. *London*, 1873, in-8 cart.

1204. Hindustani Synonymous, a collection of proximately synonymous words in daily use in the hindustani language, by James W. Furrel. *Calcutta*, 1873, in-12 cart.

1205. A Grammar of the hindustani or urdu language, by John T. Platts. *London, W. A. Allen,* 1874, in-8 cart. angl.

1206. The Conversation Manual in english, hindustani, persian, poushtu, by captain G. T. Plunkett. *London, Richardson,* 1875, plaq. in-8 cart.

1207. The hindee-roman orthoepigraphical Ultimatum, or a systematic discriminative view of oriental and occidental visible sounds, by John B. Gilchrist. *London*, 1820, in-8 demi-rel. chag. la Vall.

1208. The pleasing Instructor, or a Selection of moral and entertaining pieces in hindestanee. *Calcutta*, 1824, in-8 demi-rel. v. vert.

1209. The hindoostanee and english student's Assistant, or idiomatical exercises in those languages. *Calcutta*, 1826, in-12 mar. br.

BELLES-LETTRES.

1210. Manuel de l'auditeur du cours d'hindoustani, ou thèmes gradués pour exercer à la conversation et au style épistolaire, accompagnés d'un vocabulaire français-hindoustani. *Paris, à l'Impr. royale*, 1836, in-8 demi-rel. v. f. ant.
   Exemplaire interfolié de papier blanc, avec des notes manuscrites de la main de M. Garcin de Tassy.

1211. The students Assistant, or idiomatical exercises in english and hindui. *Calcutta*, 1838, in-12 v. bl. fil.

1212. The regimental Monshi, being a course of reading in hindustani, designed to assist officers and assistant surgeons on the Madras establishment, by captain Edward. *London, W. H. Allen*, 1847, in-8 cart. perc. v.

1213. A Grammar of the bengal language, by Nathaniel Brassey Halhed. *Printed at Hoogly in Bengal*, 1778, in-4, v. marb.

1214. Illustration of the grammatical part of the guzeratee, mahratta and english languages, by d' Robert Drummond. *Bombay*, 1808, pet. in-fol. demi-rel. v.

1214 bis. Grammar of the punjabee language, by W. Carey. *Serampore*, 1812 in-8 demi-rel. v.

1214 ter. A Grammar of the panjabi language with appendices. *Lodiana*, 1851. — A geographical Description of the Panjab in panjabi, translated from the persian of Bute shah by munshi Bahidl. *Lodiana*, 1850, in-8 demi-rel. v. vert.

1215. The Principles of murathe grammar, by the rev. J. Stevenson D. D. *Bombay*, 1843, in-8 demi-rel. v.

1216. A Grammar of the carnataca language, by John M. Kerell, esq. *Madras*, 1820, in-4 br.

1217. A Grammar of the goojratee language, with exercises, dialogues and stories for the assistance for the student of the colloquial language of Goojrat, by the late William Forbes. *Bombay*, 1829, 5 part. en 1 vol. in-4, demi-rel. bas. ant.

1218. Elements of hindi and braj bhakha grammar, compiled by J. R. Ballantyne. *London*, 1839, in-4 demi-rel. chag. vert.

1219. Grammatica da lingua concani composta pelo Padre Thomaz Estevão, segunda impressão correcta e annotada a que precede como introducção a memoria sobre a distribuição geographica de principaes linguas da India, por sir Erskine Perry. *Nova-Goa*, 1857. — Essaio historico da lingua concani por Joachim Heliodoro da Cunha Rivara.

BELLES-LETTRES.

Nova-Goa, 1858. — Grammatica da lingua concani escripta em portuguez por um missionario italiano, *Nova-Goa*, 1859. — Ens. 3 ouvr. en un vol. in-8 demi-rel. chagr. br.

4220. A Grammar of the santhal language, by the rev. L. O. Skrefornd. *Bénarès*, 1873, petit in-8 demi-rel. v. bl.

1221. A Grammar of the róng (lepcha) language, as it exists in the Dorjeling and Sikim hills, by colonel G. B. Mainwaring. *Calcutta*, 1876, in-4 cart.

1222. Grammaire telugu. *S. l. n. d.*, in-8, bas. ant.
Manque le titre.

1223. A Dictionary english and hindostani. *Madras*, 1790, in-4, demi-rel. bas.

1224. A Dictionary hindoostanee and english originally compiled by captain Joseph Taylor, revised and prepared by W. Hunter. *Calcutta*, 1808, 2 vol. in-4 bas.

1225. Hindostanee Philology, comprising a dictionary english and hindostanee with a grammatical introduction, by John Bootwick Gilchrist. *London*, 1825, in-4 demi-rel. v. vert.

1226. A Dictionary of the hindee language, compiled by rev. M. E. Adam. *Calcutta*, 1829, in-8 v. viol. fil.

1227. Ramaseeana, or a vocabulary of the peculiar language use by the Thugs with an introduction and appendix descriptive of the system pursued by that fraternity and of the measures which have been adopted by the supreme government of India. *Calcutta*, 1836, in-8 demi-rel. chagr. vert.

1228. A Dictionary of the principal languages spoken in the Bengal presidency, viz english, bengali and hindustani in the roman character. *Calcutta*, 1837, in-8 demi-rel. mar. rouge.

1229. A Dictionary in oordoo and english compiled from the best authorities and arranged according to the english alphabet, by J. T. Tompson, of Delhi. *Serampore*, 1838, gr. in-8 v. fauve fil. tr. marbr.

1230. Supplement to the Glossary of indian terms, by H. M. Elliot. *Agra*, 1845, in-8 cart.

1231. A Dictionary in hindee and english, compiled from approved authorities, by J. T. Tompson. *Calcutta*, 1846, gr. in-8, demi-rel. v. fauve.

1232. A romanized hindustani and english Dictionary, designed for the use of schools, compiled by Nath. Brice. *Calcutta*, 1847, in-12 cart. perc. non rog.

1233. A pocket Dictionary of english and hindustani by captain Robert Shedden Dobbie. *London, James Madden*, 1847, in-8 cart.

1234. A Dictionary hindustani and english, by W. Yates, M. D. *Calcutta-London*, 1847, in-8 cart.

1235. Chrestomathie hindie et hindouie. *Paris, Impr. nationale*, 1849. — Vocabulaire hindie et hindoui-français. — 2 part. en 1 vol. in-8 demi-rel. chag. la Vall.

<small>Exemplaire interfolié de papier blanc, avec des notes manuscrites de la main de M. Garcin de Tassy.</small>

1236. A Dictionary, hindustani and english, and english and hindustani, the latter being entirely new, by John Shakespear. *London, published by Pelham Richardson*, 1849, fort vol. in-4, demi-rel. chag. vert.

<small>Exemplaire annoté par M. Garcin de Tassy, avec une lettre autographe signée de l'auteur.</small>

1237. Vocabulaire hindoustani-français pour le texte des aventures de Kamrup, édité par M. Garcin de Tracy, par M. l'abbé Bertrand. *Paris, B. Duprat*, 1858, br. in-8.

1238. An english-hundustani law and commercial Dictionary of words and phrases used in civil, criminal, revenue and mercantile affairs; designed especially to assist translators of law papers, by J. W. Fallon. *Calcutta*, 1858, gr. in-8 cart.

1239. Thesaurus of english and hindustani technical terms, by captain H. G. Raverty. *Hertford*, 1859, in-8 cart.

1240. An urdu-english Vocabulary, for the use of beginners. *Bénarès*, 1860, in-8, demi-rel. v. f.

1241. Glossary hindustani and english to the New Testament and Psalms, by Gotton Mather. *London*, 1861, in-8. cart.

1242. A trilingual Dictionary, being a comprehensive lexicon in english, urdú and hindí....., with their explanation in english, and urdú and hindí in the roman character, by Mathura Prâsâda Misra. *London*, 1865, fort vol. in-8 cart. perc. vert.

1243. A Dictionary, hindustani and english, english and hindustani, second edition by Duncan Forbes, L. L. D. *London*, 1866, 2 parties en 1 vol. gr. in-8, demi-rel. avec coins v. viol. (*Reliure anglaise*).

1244. A comparative Dictionary of the language of India and high Asia with a dissertation by W. Hunter, B. A., M. R. *London, Trübner*, 1868, in-fol. cart. perc. verte fil. or.

1245. A Dictionary of the hindee language compiled by D. Bate, missionary. *London*, 1875, gr. in-8 cart.

BELLES-LETTRES.

1246. Dictionnaire hindoustani-français et français-hindoustani, suivi d'un vocabulaire mythologique, historique et géographique de l'Inde, publié sous la direction de M. Garcin de Tassy, par François Deloncle. *Paris, F. Vieweg*, 1876, 1 livraison gr. in-8 br.

1247. English and urdu school Dictionary romanized, eighth edition revised and enlarged by H. Blochmann. *Calcutta*, 1877, in-12 cart.

1248. A Dictionary murathee and english compiled for the government of Bombay, by captain James T. Molesworth assisted by lieutenant Thomas and George Candy. *Bombay*, 1831, in-4, demi-rel. v. rouge.

1249. The zilla Dictionary, in the roman character, explaining the various words used in business in India, by Ch. Philip Brown. *Madras*, 1852, in-4, demi-rel. v. f.

1250. Specimens of hindoo literatur consisting of translations from the tamoul language, of some hindoo works of morality and imagination, with explanatory notes, by N. E. Hindersley. *London*, 1794, in-8, demi-rel. v.

1251. Histoire de la littérature hindoue et hindoustanie, par M. Garcin de Tassy. *Paris, Imp. royale*, 1839, 2 vol. in-8, demi-rel. avec coins, mar. rouge.

1252. Histoire de la littérature hindouie et hindoustanie, par M. Garcin de Tassy. *Paris, Imprimerie royale*, 1839, 2 fort vol. in-8. br.

— Même ouvrage, même édition, 2 vol. in-8, demi-rel. v.
La reliure n'est pas uniforme.

1253. Histoire de la littérature hindouie et hindoustanie, par M. Garcin de Tassy. *Paris, Ad. Labitte*, 1870, 3 vol. gr. in-8, cart. perc. n.
Exemplaire avec des notes manuscrites de la main de M. Garcin de Tassy.

1254. Mémoire sur les noms propres et les titres musulmans, par M. Garcin de Tassy. *Paris, Maisonneuve*, 1878, in-8, br.
25 exemplaires, papier de Hollande.

1255. Chrestomathie hindoustanie (urdû et dakhni). *Paris, Dondey-Dupré*, 1847, in-8, demi-rel. chag. viol.
Exemplaire interfolié de papier blanc avec des notes manuscrites de la main de M. de Tassy.

1256. Les Femmes poètes dans l'Inde, par M. Garcin de Tassy. *Paris, Just Rouvier*, 1854. — Tableau du Kali Yug ou de l'Âge de fer, par Vischnu-Dâs, traduit de l'hindoui par M. Garcin de Tassy. *S. l. n. d.* — Mas'oud, poète persan et hindoui. Lettre à M. Garcin de Tassy, par M. N.

BELLES-LETTRES.

Bland. *Paris, Impr. imp.*, 1853. — Notice sur une carte routière de Meschhed à Bokhara et de Bokhara à Balkh, d'après la traduction de M. Garcin de Tassy, par Sédillot. *Paris, imp. de Martinet*, 1852, ens. 4 pièces réunies en un vol. dérel.

1257. Conference on urdu and hindi christian literature held at Allahabad 24 and 25 February. *Madras*, 1875, plaq. in-8, demi-rel. v. bleu.

1258. Biographical Sketches of eminent hindu autors ancient and modern who have flourished in different provinces of India, by Jamardan, 1860, in-8 cart. percal. v.

1259. Garcin de Tassy. Cours d'hindoustani. La langue et la littérature hisdoustanies, discours d'ouverture du cours d'hindoustani, par M. Garcin de Tassy. *Paris*, 1850 à 1876, part. en 4 vol. in-8, demi-rel. mar. v.

Le tome 3 comprend la réimpression des discours de 1850 à 1869 faite en 1874.

1260. Discours de Garcin de Tassy, à l'ouverture de son cours d'hindoustani, 1856, 1857, 1859, 1861, 4 discours. — Notice des biographies originales des auteurs qui ont écrit en langue indienne ou hindoustanie, par M. Garcin de Tassy, *S. l. n. d.* — Notes sur les Rubá 'iyât de 'Omar Khîyâm, par M. Garcin de Tassy. *Paris, Impr. imp.*, 1857. — Le Bostan, poème moral de Saadi, analyse et extraits, par M. Garcin de Tassy. *Paris, B. Duprat*, 1859. — Description des monuments de Dehli en 1852, d'après le texte hindoustani de Saiyid Ahmad Khan, par M. Garcin de Tassy. *Paris, Impr. imp.*, 1861, ens. 8 pièces réunies en 1 vol. in-8, demi-rel. chag. vert.

1261. Discours de M. Garcin de Tassy, à l'ouverture de son cours d'hindoustani, le 3 décembre 1850. — Analyse d'un monologue dramatique indien, par M. Garcin de Tassy. *Paris, Impr. nat.*, 1850. — Notice nécrologique sur M. Ferrão de Castelbranco, par M. Garcin de Tassy, 1849. — Compte-rendu de l'ouvrage de J.-A. Vullers, intitulé : Institutiones linguæ persicæ, par M. Garcin de Tassy, 1850. — Notice du traité persan sur les vertus, de Huçaïn Waïz Kaschifi, intitulé Akhlaqu-i Muhcini, *S. l. n. d.*, ens. 5 pièces en 1 vol. in-8, demi-rel. v. ant.

Exemplaire interfolié de papier blanc avec des notes manuscrites de la main de M. Garcin de Tassy.

1262. La Langue et la Littérature hindoustanies, de 1850 à 1869, discours d'ouverture du cours d'hindoustani, par M. Garcin de Tassy. *Paris, Maisonneuve*, 1874, in-8 br.

1263. Discours de M. Garcin de Tassy, à l'ouverture de son

116   BELLES-LETTRES.

cours d'hindoustani. *Paris*, de 1850 à 1877, ens. 14 années dépareillées en livr. in-8, br.

1° 1850, 14 exemplaires; — 2° 1852, 13 exemplaires; — 3° 1859, 9 exemplaires; — 4° 1861, 11 exemplaires, du 7 février; — 5° 1861. 10 exemplaires, du 2 décembre; — 6° 1862, 10 exemplaires; — 7° 1864, 15 exemplaires; 8° 1865, 11 exemplaires; — 9° 1866, 9 exemplaires; — 10° 1867, 11 exemplaires; — 11° 186, 838 exemplaires; — 12° 1869, 15 exemplaires; — 13° 1876, 11 exemplaires; — 14° 1877, 21 exemplaires.

1264. Abrégé du roman hindoustani, intitulé : la Rose de Bakawali, par M. Garcin de Tassy. *Paris, de l'Impr. royale*, 1835. — Proclamation de lord Ellenborough, au sujet des portes du temple de Somnath, texte hindoustani, traduit et publié par Garcin de Tassy. *Paris, Impr. royale*, 1845. — Histoire de la littérature hindouie et hindoustanie, d'après les biographies originales, par M. Garcin de Tassy, ens. 3 pièces réunies en vol. in-8, demi-rel. mar. bleu.

1265. Akhlak i Hindi, or Indian Ethics, translated into indu from a Persian version of the Hitopadesa, by mir Bahadur Ali, edited, with and introduction and notes, by Syed Abdoolloh. *London*, 1868, gr. in-8, cart. anglais.

1266. Allégories, récits poétiques et chants populaires, traduits de l'arabe, du persan, de l'hindoustani et du turc, par M. Garcin de Tassy. *Paris, Ern. Leroux*, 1876, in-8, demi-rel. chag. la Vall.

1267. Les Aventures de Kamrup, par Tahcin-Uddin, traduites de l'hindoustani par M. Garcin de Tassy. *Paris*, 1834, in-8, demi-rel. bas.

Exemplaire interfolié de papier blanc, couvert de notes manuscrites de la main de M. Garcin de Tassy.

1268. Les Aventures de Kamrup, par Tahcin-Uddin, traduites de l'hindoustani, par M. Garcin de Tassy. *Paris*, 1834, 3 part. en un vol. in-8, demi-rel. chag. r.

Texte, traduction et vocabulaire.

1269. Les Aventures de Kamrup, par Tahcin-Uddin, publiées en hindoustani par M. Garcin de Tassy. *Paris, à l'Impr. royale*, 1835, in-8, demi-rel. chag. viol.

Exemplaire interfolié de papier blanc, avec des notes manuscrites de la main de M. Garcin de Tassy.

1270. The Bagh o Bahar, or the garden and the spring ; being the adventures of King Azad Bakht and the four darweshes ; literally translated from the uurdu of Mir Amman, of Delhi, by Ed. B. Eastwick. *Hertford*, 1852, in-8 cart.

1271. Bagh o Bahar, or tales of the four darweshes, translated from the hindustani of Mir Amman, of Delhi, by Duncan Forbes. *London, Allen*, 1857, in-8, cart. angl. perc.

1272. *Bag o Bahar*. Le Jardin et le Printemps, poème hindoustani, traduit en français par Garcin de Tassy. *Paris, Ern. Leroux*, 1878, in-8 br.

1273. *Bag o Bahar*. Le Jardin et le Printemps, poème hindoustani, traduit en français par Garcin de Tassy. *Paris, Ern. Leroux*, 1878, in-8 br.
    15 exemplaires.

1274. Bytal-Pachisi, or the twenty five tales of Bytal transleted from the brujbhakha into english, by Rajah Halee Krishen Behadur. *Calcutta*, 1834, in-8, demi-rel. v. bleu.

1275. The Bytal pucheesee, translated into english by captain W. Hollings. *Calcutta*, 1848, in-8 cart.

1276. The Baital Pachisi, or twenty-five tales of a demon, a new edition of the hindi text, literal english interlinear translation, by W. Burckhardt Barker, edited by Eastwick. *Hertford*, 1855; in-8 cart.

1277. The *Bytal Pucheesee*, translated into english by captain W. Hollings. *Calcutta*, 1859, in-8 br.

1278. A Collection of moral precepts and reflections gathered from various sources in english and hindostany. *Lucknow*, 1833, gr. in-8, v. rouge, dent, tr. dor.

1279. A Collection of pleasantries, or fables and stories, translated from english and persian into urdu and english, by Rajah Kali-Krishna Bahadur. *Calcutta*, 1835, in-12, portr. demi-rel. avec c. bas. r.

1280. Conseils aux mauvais poètes, poème de Mir Taki, traduit de l'hindoustani par M. Garcin de Tassy. *Paris, Dondey-Dupré*, 1826. — Relation de la prise de Constantinople, par Mahomet II, traduite du turk par M. Garcin de Tassy. *Paris*, 1826. — Mémorial scientifique et industriel, recueil mensuel rédigé en arabe et publié par M. Garcin de Tassy. Ens. 3 ouv. en un vol. in-8, demi-rel. bas. v.
    Exemplaire interfolié de papier blanc, avec des notes de la main de M. Garcin de Tassy.

1281. La Doctrine de l'amour, ou Taj-Ulmuluk et Bakawali, roman de philosophie religieuse, par Nihal Chand de Delhi, traduit de l'hindoustani par M. Garcin de Tassy. *Paris, B. Duprat*, 1858. — Les Aventures de Kamrup, texte hindoustani romanisé d'après l'édition de M. Garcin de Tassy, par l'abbé Bertrand. *Paris, B. Duprat*, 1859, 2 ouv. en un vol. in-8, demi-rel. chag. vert.
    Exemplaire interfolié de papier blanc.

BELLES-LETTRES.

1282. An elementary Treatise on summary suits, by P. Carnegy and R. Manderson, translated into hindi by Mirza Jan. *Allahabad*, 1859, in-8, demi-rel. chagr. vert.

1283. Fables, by the late M. Gay, with its translation into urdu poetry, by Raja Kali-Krishna Bahadur. *Calcutta*, 1836, pet. in-4, v. vert, dent. à froid, fil. tr. marbr.

1284. Gool-i-Bukawullee, translated from the original oordoo into english prose and verse, by T. Philip Manuel. *Calcutta*, 1859, plaq. in-8, cart.

1285. Aventures du Gourou Paramarta, conte drôlatique indien, traduit par l'abbé Dubois, orné de nombreuses eaux-fortes par Bernay et Cattelain. *Paris, A. Bertrand*, 1877, in-8, fig. br.

1286. Les Séances de Haidari, récits historiques et élégiaques sur la vie et la mort des principaux martyrs musulmans, ouvrage traduit de l'hindoustani par M. l'abbé Bertrand, suivi de l'élégie de Miskin, ouvrage traduit de la même langue par M. Garcin de Tassy. *Paris, Benj. Duprat*, 1845, in-8, v. bleu, fil. tr. dor.

1287. Hindee and hindoostanee Selections, to which are prefixed the rudiment of hindoostanee grammar. *Calcutta*, 1827, 2 vol. in-4, demi-rel. v. viol.

1288. The hindee-roman orthoepigraphical Ultimatum, or a systematic discriminative view of oriental and occidental visible sounds, by John Gilchrist. *Calcutta*, 1804, in-8, demi-rel. cuir de R. fil.

1289. Ikhwan-us-safa, or Brothers of purity, translated from the hindustani of Maulavi Ikram Ali, by John Platts, esq., carried through the press by Edward B. Eastwick, C. B. M. P. *London*, 1859, in-8, cart. angl.

1290. The Ikhwan-os-suffa, translated from the original oordoo into english prose, and followed by a vocabulary of the difficult words and phrases occurring in the text, by Philip Manuel. *Calcutta*, 1860, plaq. in-8, cart. angl. perc. (*Texte à deux colonnes.*)

1291. The Khirud-Ufroz, translated from the oordo into english and followed by a vocabulary of the difficult words and phrases occurring in the text, by Thomas Manuel. *Calcutta*, 1861, plaq. in-8, cart.

1292. Oriental Penmanship, an essay for faciliting the reading and writing of talik character, with explanatory notes, etc., by Duncan Forbes. *London, W. N. Allen*, 1849, plaq. in-4, cart.

1293. Ikhwan-us safa, or Brothers of purity, translated from

BELLES-LETTRES.

the hindustani, by professor John Dowson. *London, Trübner*, 1869, pet. in-8, cart.

1294. Muntakhabât-I-Hindi, or Selections in hindustani, with a verbal translation and grammatical analysis of some part, for the use of students of that language, by John Shakespear. *London*, 1817, 2 tomes en un vol. in-4, demi-rel. v. ant. — 1 – "

1295. Muntakhabat-i-Hindi, or Selections in hindustani with verbal translations or particular vocabularies and a grammatical analysis of some parts for the use of students of that language, by John Shakespear. *London*, 1824, 2 tom. en un vol. in-4, demi-rel. chagr. viol. — 2 – "

1296. Old deccan Days, or hindoo fairy legends, current in southern India, collected from oral traditions, by M. Frere. *London, John Murray*, 1868, in-8 cart. — 6 – "

1297. The persian and urdu letter Writer, with an english translation and vocabulary compiled and translated by captain T. H. G. Besant, 21 regiment, Bengal native infantry. *Calcutta*, 1843, in-8, demi-rel. v. viol. — 2 – "

1298. The Rajaniti of Lallu lala, translated from the braj bhasha, by C.-W. Bowdler Bell. *Calcutta*, 1869, in-8, demi-rel. v. f. — 4 – "

1299. Sakhee Book, or the Description of Gooroo Gobing Singhs religion and doctrines, translated from gooroo mukhi into hindi, and afterwards into english, by Sirdar Attar Singh chief of Bhadour. *Bénarès*, 1873, in-8, demi-rel. mar. r. — 13 – "

1300. Légende de Sakuntala, d'après la version hindouie du Mahabharata, par M. Garcin de Tassy. *Paris*, 1852. —Chants populaires de l'Inde, traduits par M. Garcin de Tassy. *S. l. n. d.* — Lettre de S. A. Mir Jafa Ali Bahadur, nabab de Surate, à M. Garcin de Tassy. *Paris, Just Rouvier*, 1855 (*Avec la lettre autographe et le fac-simile de cette lettre*). — La Poésie philosophique et religieuse chez les Persans, le langage des oiseaux, par M. Garcin de Tassy. *Paris, impr. de Dubuisson*, 1856 (*Première édition, avec des notes manuscrites de la main de l'auteur et plusieurs lettres autographes ayant rapport à cet ouvrage*). Ens. 4 ouvr. en 1 vol in-8, demi-rel. chag. vert. — 5 – "

Exemplaire interfolié de papier blanc.

1301. Select Letters of Tippoo sultan, etc., arranged and translated by William Kirkpatrick. *London*, 1811, in-4, portr. aj. demi-rel. cuir de R. — 2 – "

1302. The Tale of the four darweshes, translated from the — 2 – "

oordoo tongue of Meer Ummun, of Dhailee, by Lewis F. Smith. *Calcutta, s. d.*, in-4, demi-rel. bas.

1303. Tota-Kahani, or tales of a Parrot, in the hindustani language, translated from Muhammad Kadiri's persian version, called Tuti-Nama, by Saiyid Haidar Bakhsh, surnamed Haidari, by Duncan Forbes. *London, Allen,* 1852, gr. in-8 cart. angl. perc.

1304. The Tota-Kahani, or tales of a Parrot, translated from Saiyid Haidar Bakhshs Hindustani version of Muhammad Kadiris Persian abridgement, of Nakhshabis tuti Nama by George Small, M. A. *London,* 1875, in-8, cart.

1305. Tarikh-I-Asham. — Récit de l'expédition de Mir-Djumlah au pays d'Assam, traduit sur la version hindoustanie de Mir-Huçaini, par Th. Pavie. *Paris, Benj. Duprat,* 1845, gr. in-8, demi-rel. chagr. vert.

1306. A Translation of popular Rekhtu song, with the english and hindustani, by W.-C. Hollings. *Calcutta,* 1852, in-4, demi-rel. chagr. viol.

1307. Vickram Charitra, or Adventures of Vickramadetea, king of Gujein, translated from the prakrit poem of Hurridass into the english language, by Ragoba Movoba. *Bombay,* 1852, in-8 cart.

1308. Les Œuvres de Wali, publiées en hindoustani par M. Garcin de Tassy. *Paris, à l'Impr. royale,* 1834, in-4, demi-rel. bas.

Exemplaire avec des notes manuscrites de la main de M. Garcin de Tassy.

Textes hindoustanis imprimés aux Indes.

1309. Abrégé de l'Histoire ancienne en hindoustani. *Calcutta,* 1834, in-8, demi-rel. mar. bl.

1310. Actes et Épîtres de saint Paul en hindi. *S. l. n. d.*, in-8, demi-rel. v. f.

1311. Actes et Lois du Gouvernement de l'Inde en ourdou. *Allahabad,* 1864, gr. in-8, veau gris, comp. et titre dorés sur les plats, tr. dor.

1312. Adress to Musulmans. *Bombay, s. d.*, plaq. pet. in-4, demi-rel. mar. v.

1313. *Ainahi ahl-i-Hind*. Les Mœurs et Coutumes de l'Inde en ourdou, par Rao Krichna Rao. *Rourki,* 1858, in-12, figures, oblong, br.

1314. *Ainaïdil*. Le Miroir du cœur, en ourdou. *Paris,* 1876, in-8, demi-rel. chag. r.

BELLES-LETTRES.

1315. *Akhvan us-safa* en ourdou. *Cawnpore*, 1861, gr. in-8, demi-rel. chag. bl.

1316. *Angrezi Lachkari Kavuaid Ka Tardjamā*, traduction en hindoustani du Manuel de l'exercice de l'armée anglaise. *Calcutta*, 1837, in-8, demi-rel. cuir de R.

1317. *Araïch-i-Mahfil* d'Afsos, en ourdou. *Calcutta*, 1808, gr. in-8, demi-rel. v. ant.

1318. *Araïch-i-Mahfil*, en ourdou. *Londres*, 1803, in-4, demi-rel. bas.

1319. *Armougān-i-Dehlī*. A Dictionary of written and spoken hindoustani, par Mounchi Saïyad Ahmad (P. I). *Delhi*, 1878, pet. in-fol. br.

1320. *Bagh-i-Iram*. Le Jardin Iram, traduction en ourdou, du Masnavi de Djelal eddin Roumi. *Bombay*, 1861, in-8, rel. orient.

1321. *Bagh-i-Ourdou*, ou le Gulistan en hindoustani, traduction d'Afsos, portion de l'ouvrage intitulé : *Hindou-Mannat*. *Calcutta*, pet. in-4, demi-rel. bas.

1322. *Bagh o Bahar*, consisting of the adventures of the four Darwesh, and of the king Azad Bakht, in the hindūstani language, by Mīr Amman of Delhi, published by Duncan Forbes. *London*, 1859, in-12, cart. angl.

1323. *Bagh o bahar*, a Translation into the hindoostanee tongue of the celebrated persian tale entitled Quissai Chuhar Darwesh, by Meer Ummun. *Madras*, 1822, in-8, bas. ant.

1324. *Bagh o bahar*, ou Jardin du Printemps. *Cawnpore*, 1832, in-8, demi-rel. cuir de Russie.

1325. *Bagh o bahar*. Le Jardin du Printemps, édition de Forbes. *Londres*, s. d., gr. in-8 cart.

Exemplaire avec des notes manuscrites de la main de M. Garcin de Tassy.

1325 bis. *Bagh o Bahar* en vers ourdous, traduit par M. G. de T. *Cawnpore*, 1857, in-folio br.

1326. *Bahar Danich* en ourdou. *Calcutta*, 1856, in-8, demi-rel. bas. ant.

1327. *Bahari Brindaban*. Essai sur la philosophie hindoue, par un Kchatrya d'Agra. *Lakhnau*, 1866, in-8 br.

1328. *Baharistan-i-nāz*. Le Jardin printanier de la gentillesse, en ourdou. *Mirat*, 1869, br. in-8.

1329. *Baital Patchisi* en hindi. *Calcutta*, 1861, in-8, demi-rel. cuir de r.

1330. *Bal Ram Kathamritan* de Guiridhar Dhas, en hindi.

Agra, s. d., gr. in-8 allongé, monté sur onglets, chag. la Vall.

1331. *Banyaranama*. Le Livre du marchand de grain ambulant, en hindi. *Mirat*, 1854, in-8, fig. demi-rel. chag. viol.

1332. *Barat Mahatam* en ourdou. *Agra*, 1847, in-8, demi-rel. chag. vert.

1333. The *Barah-Masa*, a poetical Description of the year in Hindoostan, by Mirza Cazin Ali Jawan. *Calcutta*, 1812, gr. in-8, bas.

1334. *Bhachabhaskar*. Grammaire hindi, par le R. Etherington. *Bénarès*, 1871, in-12, cart.

1335. *Bhâgavat* en ourdou. *Lakhnau*, 1863, gr. in-8, demi-rel. chag. viol.

1336. *Bharatiya natya Rahasya*, ou Traité sur le drame hindou, par Sourindro Mohun Tagore. *Calcutta*, 1878, in-18, br.

1337. *Bharat varscha ittihas*. Histoire de l'Inde, en hindi. *Allahabad*, 1856, br. in-8.

1338. The *Bhashka parichheda* and *siddhanta muktavali*, by Viswanatha Panchanana Bhatta. *Calcutta*, 1827, gr. in-8, demi-rel. mar. viol.

1339. *Bhouchana Kaoumoudi*, en hindi. *Bénarès*, 1863, in-8, demi-rel. chag. la Vall.

1340. *Bhougôla Vritant*. Histoire du Globe, en hindi. *Mirzapore*, 1853, in-8 br.

1341. *Bhugola-o-itihasa ghatita Brintanta*, par Sourindro Mohun Tagore. *Calcutta*, 1877, in-18, br.

1342. *Bidj Ganit*. Traité d'arithmétique en hindi. *Bénarès*, 1859, in-8, demi-rel. v. f.

1343. *Bihari-Satsaï* en hindi, avec commentaires. *Bénarès*, 1864, in-8, demi-rel. chag. la Vall.

1344. *Bikram Vilas* en hindi. *Agra*, 1855, in-8, demi-rel. chag. vert.

1345. *Binâya Patrika* en hindi. *Bénarès*, 1868, in-8, v. bleu fil.

1346. The *Bohoodurson*, or various Spectacles compiled by Neelrutna Haldar. *Serampore*, 1826, in-8, demi-rel. chag. viol.

1347. Le *Bostan* de Saadi, en hindoustani. *Calcutta*, 1865, in-8. chag. vert. fil.

1348. *Bridjbacha Kavya sangrah*, publié par Kavi Hirachand Kanji. *Bombay*, 1864, in-8, demi-rel. chagr. la Vall.

BELLES-LETTRES.

1349. Brochures hindies et hindoustanies, sur divers sujets; environ 40 pièces réunies en 7 vol. in-8, demi-rel. chag.

1350. Six brochures diverses en ourdou, réunies en 1 vol. in-8, demi-rel. chag. vert.

1351. Huit brochures hindoustanies. *Impr. à Agra et Allahabad*, 1856, en 1 vol. in-8, demi-rel. chagr. viol.

1352. Brochures hindoustanies. *Gouldasta-i nasr. — Moufid-i-am. — Quissa-i-Sihouh Roum. — Moudjiza-i-nabout. — Dastour ul amal madavis. — Agra*, 1842, ens. 5 br. réun. en 1 vol. in-8 demi-rel. chag. bl.

1353. *Buetal pucheessee*; being a collection of twenty fine stories, related by the demon Buetal to the raja Bikrumaject, translated into hindoostanee. *Calcutta*, 1805, in-4, v.

1354. *Cacidai Fath Dehli. — Cacidân-i chahi. — Dharam Singh. — Pand nama Kacht Karan. — Agra*, 1857, ens. 4 br. réun. en un vol. in-8 demi-rel. chag. vert.

1355. Catéchisme, suivi de trois dialogues et de la liste des éclipses de soleil et de lune calculées pour le Bengale, à partir de 1836 jusqu'en 1940 inclusivement, en hindi, nouvelle édition revue et corrigée, par J.-F.-M. Guérin, curé à Chandernagor. *S. l.*, 1836, in-8 cart.

1356. Catéchisme catholique hindoustan. *S. l.*, 1850, pet. in-4, demi-rel. v. f.

1357. *Chah Namah* en ourdou. *Calcutta*, 1846, in-8, demi-rel. chag. bl.

1358. *Chah Namah* en ourdou. *Lakhnau*, s. d., gr. in-8, demi-rel. chag. bl.

1359. Chant de triomphe en l'honneur du Maharadjah Nourrinder Singh Mehander Bahadour, en vers ourdous, par Saiyyid Abdoullah. *Londres*, 1860, br. in-4.

1360. *Charh-i-mouhammadi*, poésies ourdoues. *Agra*, 1863, gr. in-8 demi-rel. chag. la Vall.

1361. Choix de maximes morales traduites de l'anglais en hindoustani. *Calcutta*, 1837, br. in-8.

1362. Choix d'opuscules hindis dont plusieurs recueils de chants. *Impr. à Bénarès, dates diverses*, in-8, demi-rel. chag. La Vall.

1363. *Chaoula-i-Djan-Soz*, en ourdou. *Cawnpore*, 1854, br. in-8.

1364. Chrestomathie hindoustanie, par le Munchi Sayad Houssain. *Madras*, 1849, 2 vol. in-8 bas.

BELLES-LETTRES.

1365. Chrestomathie hindie de M. Garcin de Tassy. S. l. n. d., in-8, dér.

Exemplaire couvert de notes manuscrites, au crayon, de la main de M. Garcin de Tassy.

1366. *Chri hari chandra-chandrika*, en hindi. *Bénarès*, 1866, br. in-8.

1367. Circulaires du gouvernement du Pendjab de 1853 à 1856, gr. in-8, demi-rel. chag. br.

1368. Code pénal de l'Inde, en ourdou. *Allahabad*, 1860, in-4 demi-rel. chag. la Vall.

1369. An useful Collection of translations rendered into the hindoostanee or urdu language, by Moonshee Nizam-Uld-Decn. *Bombay*, 1847, in-8 demi-rel. avec c. chag.

1370. *Dabistan-ul mouzahib*. Études sur les religions des diverses nations, en ourdou. *Calcutta*, 1809, in-fol. rel. orient.

1371. *Daftar be misal*. Divan hindoustani de Nassakh. *Calcutta*, 1864, in-4, demi-rel. chag. bl.

1372. *Dastour ul amal* et *Mirât guiti numa*, en ourdou, *Agra*, 1855, in-4, cart.

1373. *Dastour ul âmal*, en ourdou. *Lahore*, 1858, br. in-8.

1374. *Dastour ul âmal*, en ourdou. *Lahore*, 1859, gr. in-8, cart.

1375. *Dastour ul âmal patvaryan*, en hindi. *Allahabad*, 1860, br. in-8.

1376. *Dasitan-i Amir Hamza*, ou histoire de l'émir Hamza, par Mohammed Khalil Ali Khan Achk, en hindoustani. *Bombay*, 1861, in-8 rel. orient.

1377. *Débitcharita sarodja*, en hindi. *Bénarès*, 1862, gr. in-8, fig. cart.

1378. Description de l'Angleterre, en hindi. *Agra*, 1860, in-8, br.

1379. A Dialogue between Ramhuree and Shadhoo. *Calcutta*, 1822. — The Gospel of S. Matthew, in hindoostance and english. *Calcutta*, 1819. — 2 ouvr. en 1 vol. in-8, demi-rel. avec c. v. ant.

1380. *Dil bahlao*, en hindoustani. *Bénarès*, 1860, in-8, demi-rel., chag. vert.

1381. *Divan-i-ghalib* en hindoustani. *Agra*, 1863, gr. in-8, demi-rel. chag. viol.

1382. *Divan-i Khodja mir Dard*, Divan de mir Dard de Delhi, revu par le Maoulavi Imam Bakch. *Delhi*, 1847, br. in-8.

BELLES-LETTRES.

1383. *Divan-i mir Jar Ali* en ourdou. *Lakhnan*, 1845, gr. in-8, demi-rel. chag. viol.

1384. *Divani Nazir hindi*. Le Divan de Nazir, traduit en hindi. *S. l. n. d.*, plaq. in-8, demi-rel. chag. vert.

1385. Poésies de Mirza Rafi Saouda, en ourdou. *Agra*, 1860, in-4 bas. ant. marb.

1386. Le Divan de Wali, en ourdou. *Bombay*, 1873, in-8, demi-rel. chag. vert.

1387. *Divani Zamin Ali*, en ourdou. *Delhi*, 1847, in-8, demi-rel. chag. vert.

1388. *Divan-i Zeb Tougra*, en hindoustani. *S. l.*, 1842, gr. in-8, chag. bl. fil.

1389. *Djami Djahan Nouma*, en ourdou. *Lakhnau*, 1860, br. in-8. (IV° volume.)

1390. *Djami-Djahan Numa*. Géographie de l'Inde, en ourdou. *Lahore*, 1861, in-8, demi-rel. chag. r.

1391. *Djang-i Mouqaddas*. La Guerre sacrée, en ourdou. *Allahabad*, 1866, in-8 cart.

1392. *Djazb ul couloub*, en ourdou. *Laknau*, 1865, gr. in-8, demi-rel. chag. r.

1393. *Djowhar-i akhlak*, traduction des fables d'Ésope en ourdou. *Calcutta*, 1848, br. in-8.

1394. Essai sur la poésie arabe en hindoustani, par Riza Huçn ul Ouloui ul Hamachi. *Calcutta*, 1849, in-8, demi-rel. cuir de R.

1395. Extraits d'Aboul-Fazl, en ourdou. *Agra*, 1856, in-8, demi-rel. chag. br.

1396. Extraits de l'*Anvari-Soheili*. — *Tadjriba Malakh*. — *Riçalai ousoul-i-mahsoul*. — *Khalassai Nizam-i chams*. — 1853, ens. 4 br. ourdou réun. en 1 vol in-8, demi-rel. chag. vert.

1397. Extraits de l'histoire de Djavahir Lal. *Agra*, 1855, in-8 demi-rel. chag. r.

1398. Extraits des Mille et une Nuits, en ourdou. *Delhi*, 1850, gr. in-8, demi-rel. chag. viol.

1399. Extraits du *Dastour us-Sabiyan*, de l'*Inchai Khalifa* et de l'*Inchai Khirad afroz* en ourdou. *Calcutta*, 1855, in-8, rel. orient.

1400. Extraits du Gulistan avec traduction en ourdou. *Agra*, 1854, in-8, rel. orient.

1401. Extraits du *Rouqaat-i-Alam guiri* et abrégé des *Tawarikh-i-Hind*. Deux br. en 1 vol. *Agra*, 1855, in-8 cart.

126 BELLES-LETTRES.

1402. Fables en hindi à l'usage des écoles. *Serampore*, 1821, br. in-8.

1403. Fables en ourdou à l'usage des écoles (1re partie). *Calcutta*, 1819, br. in-8.

1404. *Façana't adjaïb*, en ourdou. *Lakhnau*, 1862, gr. in-8, demi-rel. chag. la Vall.

1405. *Façana i Adjaïb*, en ourdou. *Lakhnau*, 1865, gr. in-8, fig. demi-rel. chag. bl.

1406. *Façana'i-ou'chaq*, en ourdou. *Delhi*, 1850, in-12, veau br. fil.

1407. Fragments de l'histoire ancienne d'Égypte, de Rollin, traduits en ourdou. *Allahabad*, 1864, in-8, br.

1408. Fragments de l'histoire ancienne de la Grèce de Rollin, traduits en ourdou. *Alygarh*, 1865, 3 fasc. in-8, br.

1409. Fragments de l'histoire des rois d'Angleterre. *Dehli*, 1860, in-8, demi-rel. veau ant.

1410. *Gandj i* (Khoubi), ou le Trésor de la bonté, par Mir Amman, en ourdou. *Calcutta*, 1846, in-8, rel. orient.

1411. *Ganit nidan*, traité d'arithmétique, en hindi. *Allahabad*, 1861, in-8 br.

1412. *Ganit Prakach*. Traité d'arithmétique, en hindi. *Allahabad*, 1861, in-8, demi-rel. chag. viol.

1413. Géographie de l'Inde, en ourdou. *Agra*, 1859, 2 br. in-8.

1414. Géographie de l'Inde, en ourdou. *Lahore*, 1860, in-8, demi-rel. chag. la Vall.

1415. Géographie de l'Inde, en ourdou. *Lahore*, 1861, br. in-8.

1416. Géographie hindie, avec les demandes et les réponses. *Calcutta*, 1840, in-12, demi-rel. chag. bl.

1417. *Ghizay rouh*, en hindoustani. *Allahabad*, 1875, in-8, demi-rel. chag. r.

1418. *Gouli Bakaouali*, en hindi. *Agra*, 1863, in-8 cart.

1419. *Goul-i Bakaouali*, en ourdou. *Lakhnau*, 1814, plaq. gr. in-8 cart.

1420. *Gouldasta-i Hind*, en ourdou. *Madras*, 1848, in-8, demi-rel. bas.

1422. *Goul-i-Maghferat*, ou la Rose de l'oubli. *Calcutta*, 1812, gr. in-8, demi-rel. bas. ant.

1421. *Gouldasta-i-Akhlaq*, en ourdou. *Agra*, 1860, in-8, demi-rel. chag. vert.

BELLES-LETTRES.

1423. *Gouldasta-i-Nazninan* en vers ourdous. *Lahore*, 1845, petit in-fol. chag. bl. fil.
1424. *Goulzar i (Ibrahim)*, en vers ourdous. *Mirat*, 1865, gr. in-8 demi-rel. chag. r.
1425. *Goulzar-i Nassim et Djaouar-i aga. Lahore*, 1864, in-8, demi-rel. chag. la Vall.
1426. Grammaire élémentaire d'hindoustani, en ourdou. *Calcutta*, s. d., br. in-8.
1427. Grammaire rhétorique et prosodie hindoustani, en ourdou. *Madras*, 1876, gr. in-8, demi-rel. chag. vert.
1428. Grammaire sanscrite en hindi. *Lahore*, 1865, gr. in-8, demi-rel. chag. r.
1429. A Guide to the map of the world for the use of natives. *Agra*, 1842, in-12 br.
1430. *Hall ul Ichkal* de Pfander. *Agra*, 1847, in-8, demi-rel. chag. r.
1431. *Harivansa Pourana Ki Bhacha*, résumé hindi du poème sanscrit. *Bénarès*, 1869, gr. in-8, cart.
1432. *Hatim Tahi*, traduction ourdoue. *Bénarès*, 1850, in-4, demi-rel. veau ant.
1433. *Haqaiq ul maoudjoudat* et *Temiz ul loughat*, en ourdou. *Lahore*, 1865, in-8 cart.
1434. *Hidayat ul Islam* en arabe et hindoustani, traduit en anglais sous la direction de John Gilchrist. *Calcutta*, 1804, in-8, cuir de R.
1435. *Hidayat namah* en hindoustani. *Lahore*, 1857, plaq. in-8 cart.
1436. *Hidaiat-namah* en ourdou. *Lahore*, 1859, br. in-8.
1437. *Hidayat nama malgouzari* en ourdou. *Lahore*, 1870, in-8, demi-rel. v. f.
1438. *Hidayat ul muslim in* en ourdou. *Lahore*, 1868, in-8, br.
1439. Hindee and hindoostanee Selections. *Calcutta*, 1830, 2 vol. in-4, demi-rel. v. viol.
1440. The hindee story Teller. *Calcutta*, 1806, in-8, veau ant.
1441. Hindi historical Books. *Agra*, 1859, in-8, veau granit, fil.
1442. The hindi story Teller. *Calcutta*, 1806, in-8 v. marb. ant. (*tome I*er).
1443. *Hindoustani reader* en ourdou. *Calcutta*, 1834, 2 vol. in-12, cart.

BELLES-LETTRES.

Retiré 1444. *Hindoustani spelling book. Calcutta*, 1820, plan. in-8 demi-rel. v. ant.

Idem 1445. *Hindi spelling book*, de M⁻ˢ Rowe. *Calcutta*, 1823, in-8 demi-rel. v. ant.

1446. *Hindoustani taallim namah*, livre de morale, grammaire et arithmétique, par Mahomed Ibrahim Moukba. *Bombay*, 1845, in-8, chag. vert, fil. à fr.

Ret 1447. Hindoostanee version of the London pharmacopœia published in january 1824, printed in lithography in the nagree character, for the use of the students of the native medical institution. *W. F.*, gr. in-8 demi-rel. v. r.

Idem 1448. Hints on self improvement abridged from the papers of the rev. John Todd in the Weekly visitor, by M. Carré Tucker, translated into oordoo by the late C. C. Tink, esq. *Agra college*, 1847, in-8 br.

Dem 1449. Histoire ancienne, en ourdou. *Calcutta*, 1831, in-8, demi-rel. v. ant.

D° 1450. Histoires anciennes et modernes en ourdou. *Calcutta*. 1852, in-12, cart.

1451. L'Histoire d'Aboul Feda, traduite de l'arabe en ourdou. *Dehli*, 1846, gr. in-8, demi-rel. chag. br.

1452. Histoire de l'Angleterre, en ourdou. *S. l. n. d.*, in-8, demi-rel. bas. ant.

Ret 1453. Histoire de l'Inde, en ourdou. *Delhi*, 1858, in-8, demi-rel. chag. viol.

Idem 1454. *Histoire de l'Inde*, en ourdou. *Lahore*, 1866, in-8, demi-rel. chag. r.

Dem 1455. Histoire de Sandford et Merton, traduite en ourdou, par Babou Chwa, prasad. *Agra*, 1855, in-8 br.

D° 1456. Histoire de Sandford et Merton, en ourdou. *Lakhnau*, 1860, gr. in-8, demi-rel. chag. la Vall.

1457. *Tabacat-i-Chouara i Hindi*, Rangées des poètes de l'Inde, traduction en hindoustani de l'ouvrage de M. Garcin de Tassy, *Histoire de la littérature hindouie et hindoustanie*, par Karim uddin. *Dehli*, 1848, gr. in-8, chag. viol. comp. dorés sur les plats.

1458. Hikayautool Joleelah, translation of Alfoylautloollah called Arabian Nights, for the use of the college of St-George, translated by Moonshy Shumsool deen. *W. Y.*, 2 vol. in-8, demi-rel. v.

1459. Histoire du Cachmir, de Mohammed Azim, traduit en ourdou. *Dehli*, 1856, in-8, demi rel. chag. vert.

BELLES-LETTRES.

1460. *Histoire du Pendjab*, en ourdou. *Lahore*, 1861, in-8, demi-rel. chag. La Vall.

1461. Histoire du royaume d'Angleterre, en ourdou. *Lahore*, 1871, in-8 br.

1462. *Hitopadésa*, en hindi. *Bénarès*, 1847, pet. in-8, demi-rel. chag. la Vall.

1463. An Abridgement of the holy Scriptures, by the rev. M. Sellan, translated into hindoostanee. *Calcutta*, 1822, in-8, demi-rel. v. ant.

1464. *Hori Ke Kirtton Dhomri*. Chant à la louange du Holi, par le babou Gopal Chandr, in-8 de 5 ff. en feuilles.

Petit poëme de vingt-trois vers publié par le fils de l'auteur, en caractères dévanagaris.

1465. *Hydti Afghani*, ou Histoire de l'Afghanistan, par Mahomed Hyal Khan, en ourdou. *Lahore*, 1867, in-4, cartes, chag. r. fil.

1466. Hymnes en hindoustani, à l'usage des indigènes chrétiens. *Calcutta*, 1826, in-8, demi-rel. bas. ant.

1467. *Ichârât ut taalim*, en ourdou. *Lahore*, 1866, in-8, demi-rel. chag. bl.

1468. *Idjaz-i-Coran*, en ourdou. *Dehli*, 1870, in-8, demi-rel. chag. r.

1469. *Ikhvan us Safa*, traduction ourdoue. *Hougly*, 1846, in-8, veau f.

1470. Ikhwanus-Safa, translated from the arabic into hindustani, by Maulavi Ikram'Ali, revised and corrected by Ducan Forbes et Ch. Rieu, *London*, 1861, in-8, cart. angl. perc.

1471. *Insha-e-Hindi*, being a collection of some hundreds of letters, petitions, etc., with an entire translation of the Insha-I-Hurkaran, by Moonshee Nizam-ud-Deen. *Bombay*, 1850, in-8, bas. marb.

1472. *Incha-i-Khalifa*, en ourdou. *Agra*, 1855, in-8, demi-rel. chag. la Vall.

1473. *Incha-i-Kirad Afros*. — *Gulistan ka attwânbât*. — *Intikhâb ul madarracin*. *Agra*, 1858, br. en 1 vol. in-8, demi-rel. chag. vert.

1474. *Intikhabi coolliyat Sauda*, by Mooloowe Golam Hyder. *Calcutta, printed by Nevratool akhbar*, 1847, in-4, demi-rel. chag. viol.

1475. *Intikhab-i-Ikhwan Ussafa*, en ourdou. *Londres*, 1829, in-4, demi-rel. bas v.

1476. *Janmay-ool-Ukhlauq*, translated from persian akhlauke julalee into oordoo, by Moulvy Amaunut oolah, under the patronage of captain J. Mouat. *Calcutta*, 1848, pet. in-4, v. rac.

1477. *Kabir Padsangrah*, Stances de Kabir, en hindi. *Bombay, s. d.*, in-8, chagr. vert, fil.

1478. *Kadim-ul-Loughat*, vocabulaire arabe-ourdou, par le Maoulaoui Karimuddin. *Bombay*, 1843, gr. in-8 cart.

1479. *Kala Kam*, en vers ourdous. *Calcutta*, 1847, pet. in-4, veau f. fil.

1480. *Kanz-ul-Favaid* et *Incha-i-Hadin Nisa*. Deux brochures hindoustanies de Sayed Ahmad. *Dehli*, 1875, in-8, demi-rel. chagr. r.

1481. *Khatti-Taqdir*, en ourdou. *Lahore*, 1864, in-8, demi-rel. chagr. vert.

1482. *Khatti-Taqdir*, en ourdou. *Lahore*, 1864, in-8, demi-rel. chagr. vert.

1483. *Khazanat ul imtilhan-i-Mal*, en ourdou. *Agra*, 1858, gr. in-8, demi-rel. chagr. r.

1484. *Khoulassa-i-tevarikh-i-Roum*. Histoire turque, en ourdou. *Madras*, 1877, pet. in-fol., très-beaux portraits phot. en or et en couleurs, rel. orient.

1485. The *Khirud Ufroz*, originally translated into the hindoostanee language by Muolavee Hufeez ood Deen Uhmud, revised by captain Thomas Roebuck. *Calcutta*, 1815, 2 vol. gr. in-8, demi-rel. v.

1486. *Khirad-Afroz* (the Illuminator of the understanding), by Maulavi hafizud-din. A new edition of the hindustani text, with notes, critical and explanatory, by Edward R. Eastwik. *Hertford*, 1857, in-4, demi-rel.

1487. *Khirad Afroz*, traduction ourdoue. *Calcutta*, 1847, in-4, demi-rel. avec c. bas. fil.

1488. *Khyalat-us-Sanay't*, texte ourdou et persan. *Agra*, 1854, in-8, demi-rel. v. f.

1489. *Kooliyati Meer Tuquee*. The poems of Meer Mohummud Tuquee, comprising the whole of his numerous and celebrated composition in the oordoo, or polished language of hindoostan... *Calcutta*, 1811, pet. in-fol., veau gran.

1490. *Koulliat-i-Akhtar*. Poésies hindoustanies du roi d'Aoude. S. l. n. d., in-fol. demi-rel. chag. la Vall.

1491. *Lamiat ul Hind* et *Matarik Ulazkya* de Riza Hassan. *Calcutta*, 1847, plaq. in-8, demi-rel. chag. vert.

BELLES-LETTRES.

1492. Le *Satsai* de Bihari Lal en hindi, publié par le pandit Babu Roun. *Calcutta*, 1809, in-8, demi-rel. mar. r.

1493. *Leila et Medjnoum*, par Mahomed Huwein, en ourdou. *Delhi*, 1844, plaq. in-8, demi-rel. chag. bl.

1494. *Lethaif-i-Hindi*. Choix de contes, histoires et anecdotes en hindi, par Chri Lalla Lal Kab. *Calcutta*, 1810, in-8, bas. ant.

1495. Livre de poésies hindies. *Agra*, 1816, in-8, veau marb. fil.

1496. Le Livre des Psaumes, en ourdou. *Dehli*, 1865, in-8 cart.

1497. Le Livre des Psaumes, en ourdou. *Madras*, 1870, v. in-18, carré, br.

1498. Les Livres du Pentateuque, des Proverbes et de Josué, en hindoustani. *Londres*, s. d., in-8, v. ant. comp. à fr.

1499. *Louli Nama*. Recueil hindoustani, par Balfour. *Madras*, 1874, plaq. in-8, demi-rel. chag. r.

1500. *Mabadi-ul Hissab*, en ourdou. *Bourki*, 1868, in-8, demi-rel. chag. vert.

1501. *Madjmoua' i soukhan* en ourdou. *Lakhnau*, 1865, in-8, demi-rel. chag. r.

1502. *Madjmoua' ul Favaid* en ourdou. *Ayro*, 1864, in-8, demi-rel. bas. ant.

1503. *Le Mahahbarata* en vers ourdous. *Lakhnau*, 1862, gr. in-8, demi-rel. chag. vert.

1504. *Mahabharata*, traduction hindie. *Calcutta*, 1829, 4 vol. in-4, veau granit.

1505. *Malabikagnimitra*, drame en cinq actes de Kalidasa, traduction bengalie par Sourindro Mohun Tagore. *Calcutta*, 1877, in-18 br.

1506. *Manasasankavali* en hindi. *Bénarès*, 1866, in-8, cart.

1507. *Mantic ut Tair*, en Ourdou. *Lahore*, 1863, in-8, rel. orient.

1508. Manuel d'examen. *Lakhnau*, 1859, in-8, demi-rel. chag. la Vall.

1509. *Maouloud-t-Charif*, en ourdou. *Lakhnau*, 1864, gr. in-8, demi-rel. chag. r.

1510. *Masihi Taalim*, en hindi. *Patna*, 1865, plaq. in-18, cart.

1511. *Miftah ul Loughat*. Correspondance des mots ourdous et hindis. *Delhi*, 1851, gr. in-8 cart.

BELLES-LETTRES.

1512. *Miftah ul Quloum.* La Clef des sciences en ourdou. *Agra*, 1853, in-8, demi-rel. v. f.

1513. Les Mille et une Nuits. *Lakhnau*, 1844, gr. in-8, rel. orient.

1514. *Mirat ul Akhbar*, en ourdou. Extrait du Journal hindoustani de *Madras*, in-fol. demi-rel. mar.

1515. *Mirat ul Harakat.* Les Arts et les Sciences en ourdou. *P. V. Mirzapour*, 1861, br. in-8.

1516. *Mirat ul Ourous* en ourdou. *Allahabad*, 1847, in-8, cart.

1517. *Mirat Ussidq.* — *Haqaiq ul Maoudjadat.* — *Guldastai Akhlaq.* — *Djagrafya-Pandjab. Delhi*, 1859. — Ens. 4 br. ourdou, en 1 vol. in-8, demi-rel. chag. viol.

1518. The *Moolukhkhus-ool-Tuwareekh*, being an abridgement of the celebrated historical work called the Seir Mootakherim, prepared chiefly by Maulavi Abdool Kerim. *Calcutta*, 1827, in-4, v. f. fil.

1519. Morceaux choisis de Aboul-Fazi. Histoire d'Akbar. Texte persan et traduction ourdoue. *Lahore*, 1861, in-8, demi-rel. veau bl.

1520. Morceaux choisis de poètes ourdous, par le Munchi Imana Bakhch. *Delhi*, 1844, in-8, demi-rel. chag. r.

1521. Morceaux hindoustanis. *Calcutta*, 1861, in-8 cart.

1522. Morceaux choisis en langue hindie, écrits en caractères persans avec une traduction en ourdoue. *Lakhnau*, s. d., br. gr. in-8.

1523. *Moubtadi-Ka-Pahli Kitab. Allahabad*, 1861. — Géographie universelle. *Bénarès*, 1860. — Ens. 2 br. ourdoues, en 1 vol. in-4, cart.

1524. *Moueyyid ul Islam*, en ourdou. *Delhi*, 1870, gr. in-8, demi-rel. chag. bl.

1525. *Moufid-i-Am*, ou Guide anglais à l'usage des indigènes, par Murat Ali. *Agra*, 1873, in-12, demi-rel. chag. bl.

1526. *Moukhtasar ul Maani. Ahmedabad*, 1865, gr. in-8, demi-rel. chag. viol.

1527. *Mouslimani din Ka raddia.* Réfutation de la religion musulmane, réponse à Hadji Mohammed Hachim, par le R. John Wilson, en hindoustani. *Bombay*, 1834, in-8 cart.

1528. *Mufeid Ussabian*, en ourdou. *Lahore*, 1862, in-8 br.

1529. *Muzhabi ishq*, or the Gooli Bukwlee; written in the oordoo dialect, by Moonshee Vihal Chund, by John Borthwick Gilchrist, revised and corrected by T. Roebuck. *Calcutta*, 1815, in-8, demi-rel. bas. (*Piqûres de vers.*)

1530. *Nagavansavali*, ou Généalogie en vers hindis des Nâgvansis, par Rakha Das Haldar. *Calcutta*, 1877, in-8 br.

1531. *Natidjah-i-tahrir Eclidas*, en ourdou. *Agra*, 1856, br. in-8.

1532. *Naqlyat-i-Hindi*, en ourdou. *Londres*, 1829, in-4, demi-rel. bas. v.

1533. *Naya Kachi Khand*, ouvrage de propagande chrétienne en hindi. *Bénarès*, s. d., in-8, demi-rel. chag. r.

1534. *Niaz Nama*, en ourdou. *Allahabad*, 1867, in-8 br.

1535. *Nouskha-i-Dilkucha* en ourdou. *Calcutta*, 1860, in-4 br.

1536. De l'Opération de la cataracte, en hindi et ourdou. S. l. n. d., in-8, demi-rel. bas. r.

1537. Opuscules en hindi, traitant de l'enseignement élémentaire de cette langue. *Calcutta*, 1839, in-12, demi-rel. chag. vert.

1538. The oriental Fabulist, a polyglot translation of Esop's and other ancient fables from the english language into hindoostanee, persian, arabic and sunskrit in the roman character, by John Gilchrist. *Calcutta*, 1803, in-8, demi-rel. v.

1539. *Ouaquiat-i-Hind*, Histoire de l'Inde en ourdou. *Lahore*, 1866, in-8, demi-rel. v. f.

1540. *Ouaquiat-i-Hind* en ourdou. *Lahore*, 1874, in-8, rel. orient.

1541. *Ourdou Ki pahali Kitab*, Éléments de l'ourdou. *Lahore*, 1868, plaq. in-8 cart.

1542. *Ourdou Ki tisri Kitab* en ourdou. *Lahore*, 1871, br. in-8.

1543. *Ousouli ilmi thabika*, Principes de la science naturelle en ourdou. *Lahore*, 1867, in-8, demi-rel. chag. bl.

1544. *Oussoul-i ilm-i Djeografiya*, *Mirzapore*, 1854. — *Riçala Djeografia zilla Bareilly*. *Akbarabad*, 1860. — *Tardjouma-i-taqrir-Allahabad*, 1860. — *Paihlavat*. *Calcutta*, 1850. — Ens. 4 br. en ourdou, réunies en 1 vol. in-8, cart.

1545. Deux Ouvrages de médecine en hindi. *Bénarès*, 1854, in-8, demi-rel. chag. r.

1546. *Pand Namah* de Saadi. Texte persan et traduction hindoustanie. *Calcutta*, 1825, in-8, demi-rel. chag. bl.

BELLES-LETTRES.

Retiré 1547. *Pantcha Dyaî*, poème hindi à la louange de Radha, femme de Krichna. *Bénarès, s. d.*, in-8, demi-rel. bas.

Idem 1548. Petite Collection de préceptes moraux persans, traduits en ourdou. *S. l.*, 1835, plaq. pet. in-4, br.

1 - " 1549. *Pingal et Rasarnava.* Deux poèmes hindis de Sukhder. *Bénarès*, 1865, in-8, demi-rel. chag. bl.

1 - " 1550. Poésies de mir Soz, en ourdou. *Calcutta*, 1810, gr. in-8, demi-rel. avec c. bas ant.

2 - 50 1551. Poésies de Saouda, en ourdou. *Agra*, 1860, in-8 demi-rel. chag. vert.

1 - " 1552. Préceptes moraux, traduits de l'anglais en vers hindoustanis. *Cawnpore*, 1834, in-64 cart.

Ret 1553. *Premphulwari*, en hindi. *Bénarès*, 1853, br. in-8.

3 - " 1554. The *Prem Sagar*, or the history of Krishnu, translated into hindie from the bruj bhasha of chutoorbhooj misr, by Lulloo Lal. *Calcutta*, 1831, in-4 demi-rel. chag. bleu.

1 - " 1555. *Prem Sagar*, ou histoire de Crichna, en hindi. *Calcutta*, 1810, in-4 dérel.

Exemplaire avec des notes manuscrites, au crayon, de la main de M. Garcin de Tassy.

1 - " 1556. Le *Prem Sagar*, en vers ourdous. *Lakhnau*, 1862, gr. in-8 fig. demi-rel. chag. v.

1 - " 1557. Principes de législation de Boutros, traduits en ourdou. *Delhi*, 1844, gr. in-8, demi-rel. chag. vert. doré en tête, ébarb.

1 - " 1558. Proverbes hindoustanis de Suleiman ben Daoud. *Madras*, 1875, in-18 cart.

1 - " 1559. Quatre Poèmes mystiques sur l'amour, en ourdou. *Lakhnau*, 1869, br. gr. in-8.

Ret 1560. *Quissa-i Lubuddhi aour Kubuddhi. — Riçala sifat adjsâm. — Chârî uttalîm. — Waqai baba nanak. — Khaliq bâri. — Agra*, 1854, ens. 5 br. hindoustanies, réun. en 1 vol. in-8 cart.

1 - " 1561. *Quissa-i Goul ba Sanaubar Ka.* Histoire de Goul et de Sanaubar, poème ourdou, par Nem Chand, imprimé par les soins du brahmane Dâtaram. *Calcutta*, 1847, in-8, cart.

1 - " 1562. *Racika Mohana*, poème hindi. *Bénarès*, 1865, in-8, demi-rel. chag. bl.

6 - " 1563. *Râja-Nîti*, a collection of hindu apologues in the braj bhasha language. *Allahabad*, 1854, in-8 cart.

1 - " 1564. *Ramagitavali*, en hindi. *Bénarès*, 1868, gr. in-8 cart.

BELLES-LETTRES.

1565. *Ramâyana* de Tulcidas, en hindi. *Khizarpour, près Calcutta*, 1811, pet. in-fol. demi-rel. avec c. bas.

1566. *Râmayana de Toulcidas*, en hindi. *Bénarès*, 1864, in-8, chag. vert, fil.

1567. *Ramayana*, en hindi. *Calcutta*, 1813, in-8, demi-rel. avec c. bas. ant.

1568. *Ramayana*, en hindoui. *Calcutta*, 1864, pet. in-fol, v. bl. fil.

1569. *Ramayana*, en hindi. *Calcutta*, s. d., 3 vol. in-8 cart. perc. n.

1570. *Ramayana*, imitation en ourdou de la version hindie de Toulsi-Das, par Chankar Dayae Farhat. *Cawnpore*, 1866, br. gr. in-8, fig.

1571. Recueil de contes et anecdotes hindoustanies. *Lahore*, 1868, plaq. in-8 cart.

1572. Règles de l'ourdou. *Lahore*, 1871, br. in-8.

1573. *Rekha ganit*. Traité de géométrie en hindi. *Bénarès*, 1858, in-8, demi-rel. v. f.

1574. *Retnavali*, drame hindi en quatre actes, par Chr. Hercha Deva. *Calcutta*, 1832, br. in-8.

1575. *Riçala-i Saulat*, en ourdou. *Lahore*, 1858, br. in-8.

1576. Robinson Crusoé, texte hindou. *Bénarès*, 1865, in-8, figures, demi-rel. mar. viol.

1577. *Roussoum-i hind*, en ourdou. *Calcutta*, 1865, in-8, cart. tr. ciselée (*Rel. orientale*).

1578. *Sabbha Bilasa*. Choix de poésies de divers auteurs hindis. *Khizarpour, près Calcutta*, s. d., in-8, demi-rel. bas. r.

1579. *Safar Nama*. Journal de voyages dans le Pendjab, le Cachemire, le Sindh, une partie du Dekhan, le Khandech, le Malva et le Radjpoutana, par le Mounchi Amin Chani. *Bombay*, 1854, in-8, mar. bl. fil. (*Première partie*).

1580. *Saïr-i ichrat Djami ul hikayât*. La Récréation, collection de narrations en ourdou, par Chakh Sahh Mohammed Ousmand. *Bombay*, 1825, in-4 de 266 p. p. lith. demi-rel. mar. v.

1581. *Sakountala Natak*, histoire de Sacountala traduite du sanscrit en ourdou, par Romandji Dossabhaï Mounchi. *Bombay*, 1848, br. in-8.

1582. The *Sakuntala* in hindi, the text of Kanra Lachhman Sinh, critically edited with grammatical, idiomatical notes, by Frédéric Pincott. *London*, 1876, in-4 cart.

1583. *Sangit ragkalpadroum*, en hindi. *Calcutta*, 1845, in-4, rel. orient.

1584. *Santon ki tevarikh*, en hindoustani. *Bombay*, 1847, in-8 bas. ant.

1585. *Sarab-i Alam-i Asbab*. Le Mirage du monde des choses, en ourdou. *Delhi, sans date*, in-8, en feuilles.

1586. *Saráb-i álami Asbab*, en ourdou. *Delhi, s. d.*, in-8, demi-rel. chag. la Vall.

1587. *Sarapa Soukhan*. Anthologie hindoustanie. *Lakhnau*, 1861, gr. in-8, chag. bl. fil.

1588. *Sarfi ourdou*, en hindoustani. *Calcutta*, 1810, gr. in-8, demi-rel. bas. v.

1589. *Saroch-i Sukhum*, en ourdou. *Lahore*, 1864, gr. in-8, demi-rel. chag. v.

1590. *Sarvaran*, en hindi. *Agra*, 1854, pet. in-8, br.

1591. *Saswi et Pounhou*. Poème en sindhi avec une traduction en vers anglais. *Londres*, 1863, plaq. in-8 cart.

1592. *Sankhani-chouara*, en vers ourdous. *Lakhnau*, 1874, gr. in-8 chag. la Vall. fil.

1593. *Seif ul Muslimein*. L'Epée des Musulmans, en ourdou. *Calcutta*, 1823, pet. in-4 demi-rel. chag. vert.

1594. Selecta historiques, littéraires et scientifiques, en hindoustani. *Calcutta*, 1840, in-12 cart.

1595. A Selection of Khyals, or marivari plays, with an introduction and glossary. *Beawr, Mission press*, 1866, plaq. in-8 cart.

Ouvrage autographié.

1596. *Sing hasun Butteesee*, or Anecdotes of the celebrated Bikr majet, translated into hindoostanee. *Calcutta*, 1805, in-4 v.

1597. *Singhasan Battici*, en hindi. *Calcutta*, 1839, in-8, demi-rel. cuir de R.

1598. *Singhasan Butteesi*. Histoire du Radja Bikrama, en ourdou. *Agra*, 1862, in-8, fig. br.

1599. *Singhasan Battisi*, or the thirty-two tales of Bikrama jet translated into hindi from the sanskrit, by Lalluji Lal Kaby, a new edition revised, corrected by Syed Abdoollah. *London*, 1869 gr. in-8 cart.

1600. *Sihr ul bayan*, par Mir Haçan, en vers hindoustanis. *Calcutta*, 1805, in-folio.

1601. *Soudâmâtcharitra*, en hindi. *Fathgarh*, 1867, in-8, veau f. ant. fil.

1602. *Soudjân Satak*, en hindi, *Bénarès*, 1870, plaq. in-12, cart.

1603. *Santon Ki tavarikh*, en hindi. *Bénarès*, s. d., in-8, bas.

1604. *Soulbam ul Adab*, avec la traduction ourdoue. *Lahore*, 1869, in-8, cart.

1605. *Soundara Vilasâ*, par Sundaradâsa, en hindi. *Bénarès*, 1869, br. gr. in-8.

1606. *Soursagar Ratna* en hindi. *Bénarès*, 1864, in-8, demi-rel. chag. la Vall.

1607. *Soubh Ka Sitara*. Lakhnau, 1860, *Khoulassa un nafais*. Cawnpore, 1846, etc. 3 br. hindoustanics réunies en 1 vol. gr. in-8, demi-rel. chagr. la Vall.

1608. Spécimen de dix journaux hindoustanis, pet. in-fol. demi-rel. chag. viol.

1609. *Sülâüst tül Kutuub*, a treatise on the momentous controversy regarding salvation pending between Christians and Mahommedans, etc., inscribed to the erudite Mahommedans of Hindostan, by W. Robertson Aikman. *Madras*, 1866, in-8 cart.

Même ouvrage. Madras, 1868. (Texte anglais.)

1610. *Tachhir Zouhoûri*, en ourdou. *Lahore*, 1801, in-8, demi-rel. chag. viol.

1611. *Tohfat ul Uhhuba*, par Mohammed Gotbeddin, de Delhi, en ourdou. *Lackhnau*, 1869, br. gr. in-8.

1612. *Tahzib ul Akhlaq*, extrait du journal hindoustani de Madras de 1872-1873, in-4, demi-rel. chag. v.

1613. Talc clat, par le Maoulaouï Habban. *Calcutta*, 1820, br. in-8.

1614. *Talim ul akhbar*. Janvier-juin, 1853, in-4, demi-rel. bas. ant.

1615. *Tanzih-ul furcan*, en hindoustani. *Aligarh*, 1877, gr. in-8, demi-rel. chag. r.

1616. *Tarikhi-Goudjrat*. Histoire du gouzarate ourdou. *Lahore*, 1867, in-4, figures, demi-rel. chag. La Vall.

1617. *Tarikh-i Alâm*. Histoire universelle, en ourdou. *Agra*, 1859, in-8 cart.

1618. *Tarikh-i Rechid al Diahini*, en ourdou. *Calcutta*, 1866, in-4, rel. orient.

1619. *Tarikh-i Rohilcand*, en ourdou. *Lahore*, 1866, br. in-8.

1620. *Taskèrat ul àkèlin* en ourdou. *Mirzapour*, 1860, br. in-8.

BELLES-LETTRES.

1621. *Tazkirat ul machahir*, en ourdou. *Agra*, 1860, in-8, demi-rel. chag. vert.

1622. *Taskirat ul machahir*. *Agra*, 1860, in-8, demi-rel. chagr. viol.

1623. *Tchachma'i Faiz*, traduction ourdoue du *Pand Namah i Attar* et *Miftah ul Asrar*, traité pour démontrer la divinité du Christ. *Calcutta*, 1874, in-8 cart.

1624. *Tchachma'i chirin*, histoire de Ferhad et Chirin en vers hindoustanis. *Lakhnau*, 1847, br. gr. in-8.

1625. *Tchachma-i-Faiz* en ourdou. *Calcutta*, 1803, pet. in-4, v. f. dent. sur les plats. (Rel. angl.)

1626. *Tchitr Tchandrika*. Poétique hindie. *Agra*, 1855, in-8, demi-rel. chag. vert.

1627. Théorie de la musique sanscrite, d'après les anciens auteurs, en hindi, par Sunrindro Mohum Bagore. *Calcutta*, 1875, in-8 br.

1628. *Tota kuhanee*, a Translation into the hindoostanee tongue of the popular persian tales entitled Tootee Namu, by Sueynd Huedur Bukhshi Hue duree, by John Gilchrist. *Calcutta*, 1810, in-4, demi-rel. bas r.

1629. *Toulcishabdarth prokacha*, par Djayegopala, en hindi. *Bénarès*, 1869, in-8 cart.

1630. *Touhfat ikhvan ussafa* en ourdou. *Calcutta*, 1846, in-8, demi-rel. chag. vert.

1631. *Toulou'i Aftab Seddakat*. Histoire des rois du monde, en ourdou. *Mirzapoure*, 1860, in-8, br.

1632. *Touzuk-i-Timour* en ourdou. *Delhi*, 1845, in-8, demi-rel. chag. la Vall.

1633. Traduction du Mahabhârata, en vers hindoustanis. *Lackhnan*, 1862, gr. in-8 br.

1634. Traité d'algèbre en ourdou. *Agra*, 1856, in-8, demi-rel. v. f.

1635. Traité de cosmographie et astronomie, en hindi. *Rourki*, 1853, in-8 br.

1636. Traité de géographie, en hindi. *Agra*, 1854, in-8, br.

1637. Traité de géométrie, en hindoustani. *Allahabad*, 1840, in-8, demi-rel. v. f.

1638. Traité de mathématiques (arithmétique et algèbre), en hindi. *Agra*, 1856, br. in-8.

1639. Traité de trigonométrie, en ourdou. *Rourki*, 1858, br. in-8.

BELLES-LETTRES. 139

1640. Traité sur l'estimation des perles, en ourdou. *Calcutta*, 1851, plaq. in-4 bas. ant.

1641. *Treatise on Dislocation*, par P. Breton, en ourdou. *Calcutta*, 1834, in-8, demi-rel. bas. bl.

1642. Treatise on hydrocele, en ourdou, par P. Breton. *Calcutta*, 1826, in-8, demi-rel. bas. viol.

1643. Treatise on mineral poisons, by P. Breton, en ourdou. *Calcutta*, 1826, in-8, demi-rel. bas. viol.

1644. Trifling Sketches from the lives of english kings, with a few historical remarks translated into the hindustanee language. *Calcutta*, 1838, in-8, demi-rel. mar. viol.

Ouvrage autographié.

1645. *Vahyaprapancha Darpana*, en hindi. *Bénarès*, 1869, in-8, br.

1646. *Vayaprapancha Darpana*, traduit en hindi par Mathura Prasada Misra. *Bénarès*, 1869, in-8, br.

1647. Les Voyages de Amin Tchand dans les présidences de Bengale et de Bombay et dans l'Inde centrale, etc., en ourdou, 2ᵉ édition. *Lahore*, 1859, in-8, mar. bl. fil.

1648. *Yoga Vasichta* en hindi, ouvrage sur les principes de la philosophie védanta, dans lequel Rama, en conversation avec Vasichta Viswamitra et autres sages, discute sur la non-réalité de l'existence matérielle, les mérites des œuvres et de la dévotion et de la suprématie de l'âme, en trente-six sections, traduit du sanscrit. *Bombay*, 1865, in-fol. chag. la Vall. fil. n. rog.

1649. *Zabdat-ul-hissa*. Traité d'arithmétique, en ourdou. *Lahore*, 1868, in-8, demi-rel. v. ant.

1650. *Zabdat-ul-Khiyal*, en ourdou. *Calcutta*, 1834, in-4, cart.

1651. *Zabdat-ul-tavarikh*. Histoire de l'Inde et des Sultans de Delhi, en ourdou, *Calcutta*, 1854, in-4, bas. v.

1652. *Zuleikha*, en vers ourdous. *Canwpore*, 1873, gr. in-8, demi-rel. chag. r.

Tibétain. — Tamoul. — Birman. — Malais.

1653. A Grammar of the tibetan language in english, by Alexander Ésoma de Körös. *Calcutta*, 1834, in-4, v. rose, filet.

1654. Grammaire de la langue tibétaine, par Ph.-Ed. Foucaux. *Paris, à l'Impr. imp.*, 1858, in-8. demi-rel. chag. r.

BELLES-LETTRES.

1655. A short practical Grammar of the tibetan language, with special reference to the spoken dialects, by H.-A. Jaeschke. *S. l.*, 1865, plaq. in-8, demi-rel. chag. r.
Ouvrage autographié.

1656. Rgya Tch'er Rol pa, ou développement des jeux, contenant l'histoire du Bouddha Çakya-Mouni, traduit par Ph.-Ed. Foucaux. *Paris, Impr. royale*, 1847, 2 vol. in-4, demi-rel. mar rouge.
Texte tibétain. — Traduction française.

1657. *Grammatica Dumulica*, ou Grammaire de la langue tamoul, en latin, par Bartholomæus Ziegenbæg. *Halle*, 1716, in-4, cart.

1658. Dictionnaire français-tamoul et tamoul-français, par Bhin. *Chez Dondey-Dupré, Paris*, 1831, in-12 oblong, demi-rel. v. ant.

1659. A Collection of proverbs in tamil, with their translation in english, by P. Percival. *S. l.*, 1843, in-12, demi-rel. avec c. bas. v.

1660. A Grammar of the malayan language, with an introduction and praxis, by William Marsden. *London*, 1812, in-4, demi-rel. chag. vert.

1661. Éléments de la langue malaise ou malaye, par A. Tugault. *Paris, Impr. imp.*, 1863, in-8 br.

1662. Lettres et pièces diplomatiques en malais. *Paris*, 1835, in-8 br.

1663. Louis de Backer. Bidasari, poème malais, précédé des traditions poétiques de l'Orient et de l'Occident. *Paris, E. Plon*, 1875, in-8 br.

1663 *bis*. Dialogues cochinchinois expliqués littéralement en français, en anglais et en latin, par Abel Desmichels. *Paris, Maisonneuve*, 1871, in-8 br.

1664. An english and burman Vocabulary, preceded by a concise Grammar, by G.-G. Nough. *Serampore*, 1825, in-12 obl. cart.

1665. Buddhaghosha's Parables, translated from burmese by captain T. Rogers, with an introduction containing Buddha's Dhammapada, or Path of virtue, translated from pâli by F. Max Müller. *London*, 1870, in-8, cart. angl. perc. v.

c. *Langues persanes anciennes et modernes.*

(Cunéiformes. — Zend. — Pehlvi. — Langue et Littérature persanes.)

1666. Exposé des éléments de la Grammaire assyrienne, par Joachim Ménant. *Paris, à l'Impr. nat.*, 1878, gr. in-8 br.

1667. Étude sur quelques parties des syllabaires cunéiformes, essai de philologie accadienne et assyrienne, par Fr. Lenormant. *Paris, Maisonneuve*, 1877, in-8 br.

1668. Les Écritures cunéiformes, exposé des travaux qui ont préparé la lecture et l'interprétation des inscriptions de la Perse et de l'Assyrie, par M. Joachim Ménant. *Paris, Benj. Duprat*, 1870, gr. in-8 br.

1669. Abel Hovelacque. Grammaire de la langue zende. *Paris, Maisonneuve*, 1868, gr. in-8 br.

1670. A Grammar of the pahlvi language with quotations and examples from original works and a glossary of words bearing affinity with the semetic language, by Peshotun Dustoor Behramjee Sunjana. *Bombay*, 1871, in-8 cart. perc. viol.

1671. An old pahlavi-pazand Glossary edited with an alphabetical index, by Destur Hoshangji Asa, revised and enlarged, with an introductory essay on the pahlavi language, by Martin Haug. *London*, 1870, in-8, demi-rel. chag. r.

1672. The Dinkard, the original pehlwi text, the same transliterated in zend characters, translations of the text in the guzrati and english languages, etc., by Peshotun Dustoor Behramjee Sunjana. *Bombay*, s. d., in-8 cart. (*Tome premier*).

1673. The Book of Arda Viraf, the pahlavi text prepared by Destur Hoshangji Asa, revised and collated with further mss., with an english translation and introduction by Martin Haug assisted by E.-W. West. *London*, 1872, in-8, demi-rel. chag. r.

1674. *Zratirat nabhoun*, ouvrage parsi, publié par le comité de la Rahanoumaï Mazdiaslina. *Bombay*, 1870, in-8, cart.

1675. Gazophylacium linguæ Persarum, triplici linguarum clavi, italicæ, latinæ, gallicæ, nec non specialibus præceptis ejusdem linguæ reseratum, authore P. Angelo à S. Joseph. *Amstelodami, ex officina Jansonio-Waesbergiana*, 1684, in-fol. v. f. ant.

Légères piqûres de vers dans la marge intérieure, vers le milieu du volume.

BELLES-LETTRES.

1676. A Grammar of the persian language, by William Jones. *London, printed by Richardson*, 1775, in-4, demi-rel. v. vert.

Exemplaire couvert de notes manuscrites, de la main de M. Garcin de Tassy.

1677. Rudimenta grammaticæ persicæ, ad usum seminarii patavini (auth. L. de Dieu). *Patavii*, 1789, in-8, demi-rel. bas. ant.

1678. A persian-english Grammar, or Grammar of the english language, explained in persian, by Donald Mackinnon. *Calcutta*, 1791, in-4, demi-rel. mar. vert.

1679. Persian Miscellanies, an essay to facilitate the reading of persian manuscripts, by William Ouseley. *London*, 1795, in-4, demi-rel. chag. viol.

1680. A new Theory and prospectus of the persian verbs, with their hindoostanee synonymes in persan and english, by John Gilchrist. *Calcutta*, 1801, pet. in-4, demi-rel. v. vert.

1681. Grammatica linguæ persicæ, accedunt dialogi, historiæ, sententiæ et narrationes persicæ, opera et studio Francisci de Bombay. *Vindobonæ*, 1804, in-4, demi-rel. bas.

1682. Institutiones ad fundamenta linguæ persicæ cum chrestomathia in maximam partem ex auctoribus ineditis collecta et glossario locuplete, edidit F. Wilken. *Lipsiæ*, 1805, in-8, demi-rel. bas. ant.

1683. De Persidis lingua et genio, commentationes philosophico-persicæ, auctore Othm. Franch. *Vorembergæ*, 1809, in-8, demi-rel. bas. ant.

1684. A Grammar of the persian language, by sir William Jones. *London*, 1826, in-4, demi-rel. chag. viol.

1685. A new persian Grammar, by Duncan Forbes and Sandford Arnot. *London*, 1828, in-8, demi-rel. avec c. bas.

1686. Tables mnémoniques pour servir à la conjugaison des verbes persans. *Hertford*, 1825, plaq. in-4 cart.

1687. *Madjmou'-i Tâlimi Moufsiyan*, ouvrage élémentaire pour l'étude du persan. *Calcutta*, 1830, in-8, mar. Corinthe (Rel. angl.).

1688. The persian Moonshee, containing a copious grammar and a series of entertaining stories, also the Pund-Namu of Shykh Sadee, translated into the roman character, by W. Carmichael Smyth. *London*, 1840, in-8, demi-rel. avec c. v. f.

BELLES-LETTRES. 143

1689. Joannis-Augusti Vullers Institutiones linguæ persicæ cum sanscrita et zendica lingua comparatæ. *Gissæ*, 1850, 2 part. en 1 vol. in-8, demi-rel. chag. viol.

1690. A Grammar of the persian language, by Meerza Mohammed Ibraheem. *London, Allen*, 1841, gr. in-8, demi-rel. chag. viol.

1691. A Grammar of the persian language to which is added a selection of easy extracts for reading, together with a copious vocabulary, by Duncan Forbes. *London*, 1844, in-8, demi-rel. perc. n. non rog.

1692. La Rhétorique des nations musulmanes, d'après le traité persan intitulé Hadayik Ul-Balagat, par M. Garcin de Tassy. *Paris, Imp. royale*, 1844, 5 parties ou extraits réunies en 1 vol. in-8, demi-rel. chag. r.

1693. Grammaire persane de sir William Jones, seconde édition, revue, corrigée et augmentée par M. Garcin de Tassy. *Paris, à l'Impr. royale*, 1845, in-12, demi-rel. veau f. ant.

Exemplaire interfolié de papier blanc, couvert de notes manuscrites de la main de M. Garcin de Tassy et suivie d'une table des matières manuscrite.

1694. Grammaire persane de sir William Jones, seconde édition française, revue, corrigée et augmentée par M. Garcin de Tassy. *Paris, à l'Impr. royale*, 1845, in-12, demi-rel. v. f.

1695. Chrestomathia persica, edidit et glossario explanavit F. Spiegel. *Lipsiæ*, 1846, in-8, demi-rel. chag. la Vall.

1696. Grammatik der lebenden persischen Sprache von Mirza Mohammed Ibrahim, aus dem englischen übersetzt, von Dr H.-L. Fleischer. *Leipzig*, 1847, in-8, demi-rel. cuir de R. fil.

1697. Grammaire persane, ou principes de l'iranien moderne, accompagnés de fac-simile pour servir de modèles d'écriture et de style pour la correspondance diplomatique et familière, par Alex. Chodzko. *Paris*, 1852, in-8, demi-rel. mar. r.

1698. A concise Grammar of the persian language, by A.-H. Bleeck. *London, B. Quaritch*, 1857, in-12, cart. perc. v.

1699. Grammatica linguæ persicæ cum dialectis antiquioribus persicis et lingua sanscrita comparatæ, scripsit Joannes Augustus Vullers. *Gissæ*, 1870, in-8, demi-rel. chag. bl.

1700. Éléments de la langue persane, en hindoustani. *Lahore*, 1870, br. in-8.

1701. *Menazir ul Kaouaid*, grammaire, rhétorique et prosodie. *Madras*, 1873, gr. in-8, demi-rel. chag. la Vall.

1702. Grammatik, poetik und rhetorik der Perser, nach dem siebenten Bande des Heft Kolzum dargestellt von Fr. Rückert, neu herausgegeben von W. Pertsch. *Gotha*, 1874, in-8, demi-rel. chag. r.

1703. Grammatik der lebenden persischen Sprache, nach Mirza Mohammed Ibrahim's Grammar of the persian language neu bearbeitet von Heinrich Leberecht Fleischer. *Leipzig*, 1875, in-12, br.

1704. Essai sur les Dialectes de Mazanderan et de Ghilan, par Melgounof. (Extrait du Journal de la Société allemande.) *Leipzig*, s. d., br. in-8.

1705. Boorhani Qatiu, a dictionary of the persian language, with a short grammar prefixed, by Moohummud Hoosuen Ibni Khuluf oot-Tubreezee, revised and corrected by T. Roebuck. *Calcutta*, 1818, fort vol. in-4, demi-rel. avec coins bas.

1706. A Dictionary persian, arabic and english, by Francis Johnson. *London*, 1852, fort vol. gr. in-4, demi-rel. chag. vert.

1707. Ramz-Youssefy. Vocabulaire secret pour la correspondance télégraphique par Mirza Youssef Khan (chargé d'affaires de Perse à Paris. *Tours*, 1864, in-12, cart. (*Texte persan.*)

1708. Joannis Augusti Vullers Lexicon persico-latinum. *Bonnæ*, 1855-1867, 3 vol. gr. in-8, dont 1 de suppl. demi-rel. chag. vert. (*Texte à deux colonnes.*)

1709. The Farhang i Rashidi, a persian dictionary, by Sayyid' Abdurrhasid of Tattah, edited for the asiatic Society of Bengal, by Maulawi Zulfaqar' Ali. *Calcutta*, 1875, 2 tomes en 1 vol. in-4, demi-rel. chag. vert.

1710. *Chadjrat-ul Rinani.* Traité de rhétorique, par Mirza Catil. *S. l. n. d.*, in-8, demi-rel. bas. ant.

1711. Dissertations on the rhetoric, prosody and rhyme of the Persians, by Francis Gladwin. *Calcutta*, 1801, in-4, demi-rel. bas.

1712. Geschichte der schönen Redekunste Persiens, mit einer Bluthenlese aus zweyhundert persischen Dichtern, von Joseph von Hammer. *Wien*, 1818, in-4, portr. demi-rel. cuir de R. fil.

Exemplaire avec une liste alphabétique manuscrite des principaux articles de cet ouvrage.

1713. Biographical Notices of persian poets, with critical and explanatory remarks, by the late right honourable sir Gore Ouseley, to which is prefixed a memoir of the late right hon. sir Gore Auseley Bart. *London*, 1846, in-8, demi-rel. cuir de R.

1714. Auswahl aus den Diwanen des grössten mystischen Dichters Persiens Mewlana Dschelaleddin Zumi aus dem persischen mit beigefügtem original Text und erläuternden Anmerkungen von Vincenz von Rosenzweig. *Wien*, 1838, in-4 cart. non rog. — 6 -"

1715. The Flowers of persian literature, containing extracts from the most celebrated authors, in prose and verse; with a translation into english; being a companion to sir William Jones's persian grammar, to which is prefixed an essay on the language and literature of Persia, by S. Rousseau. *S. l.*, 1801, gr. in-8, demi-rel. bas. — 4 -50

1716. La Rhétorique des nations musulmanes, d'après le traité persan intitulé Hadayik Ul-Balagat, par M. Garcin de Tassy. *Paris, Impr. royale*, 1844-46, 3 br. — Saadi, auteur des premières poésies hindoustani, par M. Garcin de Tassy. *Paris*, 1843. — Le Bostan, poème moral de Saady, analyse et extraits par M. Garcin de Tassy. *Paris*, 1859. — Lettre sur le Mantic Uttair (Langage des oiseaux), poème persan de philosophie religieuse, par Farid Uddin Attar. *Paris, Just Rouvier*, 1856. — Proclamation de lord Ellenborough, au sujet des portes du temple de Somnath, texte hindoustani, traduit et publié par M. Garcin de Tassy. *Paris*, 1845. — Chapitre inconnu du Coran, publié et traduit pour la première fois par M. Garcin de Tassy. *Paris*, 1842. — Ens. 8 br. in-8. — 2 -"

1717. La Poésie philosophique et religieuse chez les Persans, d'après le Mantic Uttaïr, ou le Langage des oiseaux, de Farid-Uddin Attar, par M. Garcin de Tassy. *Paris, B. Duprat*, 1857. — Livre de voyage (Sihyahat-Nama) ou itinéraire de Delhi à Londres, par Karim Khan, de Jhajhar, traduit de l'hindoustani par M. Garcin de Tassy. *Paris, B. Duprat*, 1866, 2 ouvr. en 1 vol. in-12, demi-rel. chag. vert. — 1 -"

Exemplaire avec des notes manuscrites de la main de M. Garcin de Tassy.

1718. La Poésie philosophique et religieuse chez les Persans, d'après le Mantic Uttaïr, ou le Langage des oiseaux, de Farid Uddin Attar, et pour servir d'introduction à cet ouvrage, par M. Garcin de Tassy. *Paris, B. Duprat*, 1864. — Mantic Uttaïr, ou le Langage des oiseaux, poème de philosophie religieuse, traduit du persan de Farid Uddin Attar, par M. Garcin de Tassy. *Paris, imp. Imp.* 1863. — 2 ouvr. en 1 vol. in-8, demi-rel. chag. r. — 6 -"

On a joint à cet exemplaire la nouvelle copie, manuscrite, de l'inscription du tombeau de Feriddeddine; un errata pour la traduction du Mantic Uttaïr, et un supplément à l'errata du texte persan, manuscrits, de la main de M. Garcin de Tassy.

1719. The persian Metres, by Saifi, and a treatise on persian rhyme, by Jami, edited in persian by B. Blochmann. *Calcutta*, 1867, in-8, demi-rel. v. bl.

1720. The Prosody of the Persians according to Saifi, Jami, and other writers, by H. Blochmann. *Calcutta*, 1872, gr. in-8, demi-rel. chag. viol.

1721. Specimen poeseos persicæ, sive Muhammedis Schems-Eddini notioris agnomine Raphyzi Ghazelæ, etc., etc. (par le baron de Reviczki). *Vindobonæ*, 1771, in-8, demi-rel. bas.

1722. Ad-Dourra Al-Fâkhira, la Perle gracieuse de Chazâli, avec une traduction française par L. Gautier. *Paris*, 1878, in-8, demi-rel. chag. r.

1723. Akhlaq-i-Naciri, en persan. *Lahore*, 1865, gr. in-8, demi-rel. chag. vert.

1724. Akhlaki Muhsiny, the Morals of the beneficent, by Husain Vaiz Kâshfi, engraved from the manuscript. *Hertford*, 1823, gr. in-8, demi-rel. avec c. f. v.

1725. Akhlaki Muhsiny, the Morals of the beneficent, by Husain Vaiz Kâshfi. *Hertford*, 1850, in-8 cart.

1726. Amusing Stories translated from the persian by Edward Rehatsek, published by Damoder Rabulji Kirke. *Bombay*, 1871, in-8 cart.

1727. Anecdotes et histoires persanes, en persan. *Lahore*, 1870, br. in-8.

1728. The Anvari Soheily of Hussein Vaaz Kashefy, published by captain Charles Stewart, and Moovly Hussein Aly, of the college of fort William. Calcutta, A. D. 1805. *Hertford*, s. d., in-4, demi-rel. avec c. v. ant. fil.

Exemplaire avec des notes manuscrites, au crayon, de la main de M. Garcin de Tassy.

1729. Anvari Soheili, en persan (livre Ier). *Londres*, 1837, in-8 cart.

1730. The Anvari-Suhaili, or the lights of Canopus, being the persian version of the fables of Pilpay, or the book «Kalilah and Damnah» rendered into persian by Husain Vá' iz U'l-Kâshifi, literally translated into prose and verse by Edward B. Eastwick. *Hertford*, 1854, gr. in-8, cart. perc. v. non rog.

1731. Anvari-Sohaili, en persan. *Lahore*, 1862, gr. in-8, demi-rel. chag. viol.

BELLES-LETTRES.

1732. The first Book of the Anvari-Suheli, a literal translation in english, by the rev. H. G. Keene. *London, Hertford*, 1845, in-8 cart.

1733. *Attyah Kubiri*, en persan. *Calcutta*, 1832, br. in-8.

1734. Ayeen Akbery, or the institutes of the emperor Akber, translated from the original persian by Francis Gladwin. *London*, 1800, 2 vol. in-8, demi-rel. avec c. bas. ant.

1735. Brochures persanes, parsi, etc., etc. 6 pièces réun. en 3 vol. in-8, demi-rel. chag.

1736. Extraits du *Tuhfat ul Araquin*, avec commentaires en persan. *Lahore*, 1867, in-8, demi-rel. chag. viol.

1737. A Collection of proverbs and proverbial phrases in the persian and hindoostanee languages compiled and transladed chiefly by the late Thomas Roebuck. *Calcutta*, 1824, 2 part. en 1 vol. gr. in-8, bas. rac.

1738. Contes indiens traduits du persan, extraits du Bahar-Danich. *Paris*, 1804. — Neh Manzer, ou les Neuf Loges, conte traduit du persan. A *Gênes*, 1806. — 2 ouvr. en 1 vol. in-8, demi-rel. bas.

1739. The Dabistan, or School of manners, translated from the original persian with notes and illustration by David Shea and Anthony Troyer. *Paris*, 1843, 3 tomes en 2 vol. in-8, demi-rel. mar. viol.

1740. *Djazb-ul Kouloub ila diyar il Mahboub*, par Abd ul Hakk de Delhi. Histoire de la ville de Médine, en persan. *Laknau*, 1865.

1741. *Mesnevi* de Djelál Eddin Roumi, en persan. S. l. n. d., pet. in-fol. rel. orient.

1742. *Djangui Chehadet*. Le Cantique du Martyre, en persan, édition Chodzko. *Paris*, 1852, br. in-8.

1743. Dukhnee unvari Soheilee, a translation into the dukhnée tongue of the persian Anwari Soheilee for the use of the military officers on the Madras establishment, by Mohammad Ibraheem moonshee. *Madras*, 1824, in-fol. demi-rel. v. vert.

1744. The Dustoor-i-ishk, or the Loves of Sussee and Punoon, a persian poem, by Lalla Joutperkass. *Calcutta*, 1812, in-8, demi-rel. avec c. v. f. ant. fil. (*Taches.*)

1745. LE LIVRE DES ROIS, par Abou' Ikasim Firdousi, publié, traduit et commenté par M. Jules Mohl. *Paris*, Impr. royale, 1838, *et nationale*, 1878, 7 vol. in-fol. cart.

De la Collection orientale.

1746. The Shâh Nameh of the persian poet Firdousi, translated and abridged in prose and verse, with notes and illustrations by James Atkinson. *London*, 1832, in-8, demi-rel. cuir de R.

1747. Soohrab, a poem, freely translated from the original persian of Firdousee, being a portion of the Shahnamu of that celebrated poet, by James Atkinson. *Calcutta*, 1814, gr. in-8 cart. non rog.

Exemplaire interfolié de papier blanc, couvert de notes manuscrites de la main de M. Garcin de Tassy.

1748. Fortune and misfortune, two tales translated from the persian by Edward Rehatsek, published by Janardan Ramchandraji. *Bombay*, 1876, in-8 cart.

1749. A Century of persian ghazals, from unpublished diwans. *London*, 1851, in-4 cart. angl. perc. r. (*Texte encadré et têtes de pages en or et en couleur*.)

1750. *Gouldasta-i Nichat*, en persan. *Calcutta*, 1836, in-4, veau vert, fil.

1751. Gooli Bukawulee, a tale translated from the persian, by Moonshee Nihal Chund, under the superintendence of Gilchrist. *Calcutta*, 1804, in-4, cuir de R.

1752. *Goulzar-i Azam*, biographie persane, *Bombay*, 1857, in-8 demi-rel. chag. r.

1753. Goulzar-i Hindi, ou essais poétiques persans, par Raï Kounya Call. *Lahore*, 1869, br. in-8.

1754. *Goulzar-i hindi*, ou essais poétiques en persan sur des sujets moraux, par Lallo Koumbyo. *Lahore*, 1867, in-8, v. f. fil.

1755. *Gouldasta-i Soukhoun*, en persan. *Madras*, 1851, in-8, cart.

1756. *Hadayic-ul balagat*, les Jardins de l'éloquence, en persan, par Chams Uddin Faquir. *Dehli*, 1843, in-8 demi-rel. veau ant.

1757. Le Divan de Hafiz, en persan. *Calcutta*, 1826, in-8, cuir de R. fil.

1758. Notice sur Khaudjah Hafiz Al-Chirazy, par A. F.-J. Herbin. *A. Chyraz*, 1806, in-12 demi-rel. bas. r.

1759. Odes de *Hafiz*, d'après un manuscrit du collège d'Aberdeen. S. l. n. d., br. in-12 de 8 p. p.

1760. The Works of Dewan Hafez, with an account of his life and writings. *Calcutta*, 1791, petit in-fol. rel. orient.

Titre raccommodé.

1761. *Macamati Hamidi*, en persan, par le mounchi Camar Uddin Gulab Khan avec des gloses marginales du maoulaoui Chams Uddin Mohammed. *S. l. n. d.*, gr. in-8, br.

1762. Hatim taee, a romance, in the persian language, revised and corrected under the superintendence of James Atkinson. *Calcutta*, 1818, in-4, demi-rel. avec c. mar, fil.

1763. The Adventures of Hatim Taï, a romance, translated from the persian by Duncan Forbes. *London*, 1830, in-4, demi-rel. v. f. ant.

1764. Laila Majnun, a persian poem of Hatifi. *Calcutta*, 1788, grand in-4, mar. r. comp. en or sur les plats, tr. dorée.

Ancienne reliure anglaise. Texte sur papier indien avec encadrements en or et en couleurs. Piqûres de vers dans les marges du haut.

1765. Husn oo dil, or Beauty and Heart, a pleasing allegory in eleven chapters, composed by Alfettah of Neeshaboor persian and english, translated by W. Price. *London*, 1827, in-4 demi-rel. v. f.

1766. Joseph und Suleicha, historisch-romantisches Gedicht aus dem persischen des Newlana Abdurrahman Dschami übersetzt und durch Anmerkungen erläutert von Vincenz Edlem von Rosenzweig. *Wien*, 1824, in-fol. veau rac.

1767. Tuhfat ul Ahrār, the Gift of nobles: being one of the seven poems, or Haft aurang, of Mullā Jāmī, with various readings, by Forbes Falconer. *London*, 1848, petit in-4, cart. perc. n.

1768. Salaman and Absal, an allegory translated from the persian, of Jami. *London*, 1856, in-8, fig. cart. angl. perc. bl.

1769. Juwelenschnüre Abul-Maanis gesammelt und übersetzt durch J. von Hammer. *Wien*, 1822, in-12 demi-rel. bas. ant.

1770. Makhzan ul Asrar, the Treasury of secrets, being the first of the five poems, or Khamsah of Schaikh Nizami of Ganjah, edited from an ancient manuscript by Nathaniel Bland. *London*, 1844, in-4, fig. col. cart. perc. n.

1771. Les Quatrains de Khéyam, traduits du persan par J.-B. Nicolas. *Paris, impr. Imp.*, 1867, gr. in-8, cart. non rog.

1772. O Kind ! die berühmte ethische Abhandlung Chasalis, arabisch und deutsch von Hammer-Purgstall. *Wien*, 1838, in-12, demi-rel. bas. bl.

1773. The Loves of Camarúpa and Cámala, an ancient indian

BELLES-LETTRES.

tale, elucidating the customs and manners of the Orientals, translated from the persian by W. Franklin. *London*, 1793, petit in-8 v. granit.

1774. Lettres de Madho Ram, en persan. *Rampore*, 1864. — Bagh o bahar, en ourdou. — 2 ouvr. en 1 vol. in-8, cart.

1775. Mahmud Tchebisteri's Rosenflor des Geheimnisses, persisch und deutsch, herausgegeben von Hammer-Purgstall. *Pesth und Leipzig*, 1838, in-8, fig. demi-rel. v. f.

1776. *Mantic uttair*, texte persan. S. l., 1863, in-8, rel. orient.

1777. *Mantic uttair*. Le Colloque des oiseaux, en persan. *Constantinople*, s. d., in-8 cart.

1778. *Mantic uttair*. Le Colloque des oiseaux, par Farid-Uddin Attar. *Constantinople*, s. d., in-8 cart.

1779. Mantic uttaïr, ou le Langage des oiseaux, poëme de philosophie religieuse, par Farid-Uttin Attar, publié en persan par M. Garcin de Tassy. *Paris, à l'Impr. imp.*, 1857. — La Poésie philosophique et religieuse chez les Persans, par M. Garcin de Tassy. *Paris, impr. de Dubuisson*, 1856. — 2 ouvr. en un vol. in-8, demi-rel. bas. v.

1780. Premier livre du *Masnawi-Cherif* de Djelal Eddin Roumi, en persan. *Bombay*, 1267 de l'hégire (1829), in-8 rel. orient.
Édition lithographiée, *très-rare*.

1781. Mesnewi oder Doppelverse des Schich Mewlânâ Dschelâl-Ed-Dîn-Rûmi aus dem persischen übertragen von G. Rosen. *Leipzig*, 1849, in-8 demi-rel. mar. bl.

1782. Les Mille et un Jours, contes persans, traduits par Petis de la Croix, suivis des Contes turcs. *Paris, Béchet*, 1826, 3 vol. in-8 fig. de Devéria, demi-rel. bas.

1783. Nul and Dumum, a tale, in persian verse, originally translated from the sanscrit work, by Moulana Fagzee Feyazee of Dehlee, now collated with three manuscripts, by Mouloy Tumezood deen Arzanee. *Calcutta*, 1831, in-8, v. f. fil.

1784. Pend-Namèh, ou le Livre des conseils de Férid-Eddin Attar, traduit et publié par M. le baron Silvestre de Sacy. *Paris, chez Debure*, 1819, in-8 demi-rel. bas. ant. (*Texte encadré*).

1785. Persian Chess, illustrated from oriental sources..., by N. Bland. *London*, 1850, in-8 demi-rel. chag. v.

1786. The persian Reader, or select extracts from various

persian writers. *Calcutta*, 1824, 2 tomes en un vol. in-8, v. granit.

1787. Original persian Letters, and other documents with fac-similes, compiled and translated by Ch. Stewart. *London*, 1825, in-4 mar. ver. fil.

1788. *Ramayana*, en persan. *Akbarabad*, 1803, petit in-fol. figures, col. demi-rel. mar. r.

1789. Boostan, by sheikh Muslahaddun Saudee of Sheras, first compiled expressly for this edition, by Moolvy Jummuzddy. *Cawnpore*, 1832, petit in-fol. v. vert. fil.

1790. Le Boustân de Saadi, texte persan avec un commentaire persan publié par Ch.-H. Graf. *Vienne*, 1858, gr. in-8, demi-rel. mar. r.

1791. *Le Bostan* de Saadi de Chiraz, en persan, avec de nombreuses gloses marginales. *Luknau*, 1862, in-8 br.

1792. Le Boustan de Saadi, texte persan, avec des gloses marginales et persanes et des notes interlinéaires lithographiées. *Cawnpore, Mahm ud Nagar, s. d.*, in-8, veau ant. fil.

1793. Selections from the Bostân of Sâdi intended for the use of students of the persian language, by Forbes Falconer. *London*, 1838, in-12 cuir de Russie, fil.

1794. The Gulistan of Musleh-Uddeen Shaik Sady of Sheeraz, published by F. Gladwin. *London*, 1809, in-8 demi-rel. bas. ant.

Exemplaire interfolié de papier blanc et couvert de notes manuscrites de la main de M. Garcin de Tassy.

1795. Gulistan de Saadi. *Calcutta*, 1827, in-12 bas. r. fil. tr. dorée.

Très-belle et rare édition.

1796. Le Parterre de fleurs du cheikh Moslih-Eddin Sâdi de Chiraz, édition autographique publiée par M. N. Semelet. *Paris*, 1828, in-4 demi-rel. bas. marb.

1797. The Gulistan (Rose-Garden) of Shekh Sadi of Shiraz, carefully collated with original mss., by E. B. Eastwick. *Hertford*, 1850, in-8, cart. angl. perc. ébarb.

1798. Gulistan, ou le Parterre de roses, par Sadi, publié par Ch. Defrémery. *Paris, Firm.-Didot*, 1858, in-12, demi-rel. chag. v.

1799. The Gulistan (Rose-Garden) of Shaikh Sadi of Shiraz, a new edition with a vocabulary, by Francis Johnson. *Hertford*, 1863, petit in-4 cart. non rog.

1800. The Gulistan of Shaikh Muslih ud din Sa'di of Shiraz, by John Platts. *London*, 1874, in-8 cart. angl. perc.

BELLES-LETTRES.

1801. Musladini Sadi Rosarium politicum, sive humanæ vitæ theatrum, de persico in latinum versum, necessariisque notis illustratum a Georgio Gentio. *Amstelædami, J. Blaeu*, 1651, pet. in-fol., demi-rel. bas.

1802. Gulistan, ou le Parterre de fleurs du cheikh Moslih-Eddin Sadi de Chiraz, traduit par N. Semelet. *Paris*, 1834, in-4, demi-rel. v. bl.

1803. The Gûlistân, or Rose Garden, by Musle Huddeen Shaik Sâdy of Sheeraz, translated from the original, by Francis Gladwin. *London*, 1808, in-8, demi-rel. bas. v.

1804. The Rose Garden of Hindoostan, translated from shykh Sadees original nursery or persian Goolistan of Sheeraz, by Meer Sher Ulee Ufsos, under the direction and superintendence of John Gilchrist. *Calcutta*, 1802, 2 vol. in-8, v.

1805. The Gulistan, or Rose-Garden, of shekh Muslihu'd-Din Sadi of Shiraz, translated for the first time into prose and verse, by Ed. B. Eastwick. *Hertford*, 1852, in-8, fig. col. cart. angl. perc. v. (*Texte encadré en couleur et en or.*)

1806. Extraits des Divans de Saadi et de Hafiz, en persan, *Lahore*, 1863, in-8, demi-rel. chag. bl.

1807. Salaman o Absal, an allegorical romance ; being one of the seven poems entitled the Haft Aurang of Mulla Jami, with various readings, by Forbes Falconer. *London*, 1850, in-4 cart. perc. n.

1808. Sketch of the early life of Duncan Forbes. *London*, 1859. — Two Letters addressed to Edward B. Eastwick of Haileybury college, Herts, containing sundry important corrections of that gentleman's recent lucubrations on the Bagh o Bahar by Duncan Forbes. *S. l.*, 1852. — Catalogue of oriental manuscripts, chiefly persian, collected within the last five and thirty years, by Ducan Forbes. *London*, 1866. Ens. 3 ouvr. en 1 vol. in-8, demi-rel. v. f.

1809. Subhat ul Abrar, en persan. *Calcutta*, 1811, in-4 bas.

1810. The Tales of the genii, translated from the persian, by sir Ch. Morell, *London*, 1820, 2 vol. fig. sur acier, v. f. fil.

1811. Théâtre persan, choix de Téaziés ou drames traduits pour la première fois du persan, par A. Chodzko. *Paris, E. Leroux*, 1878, in-12 br.

1812. The Tooti Nameh, or tales, of a Parrot, in the persian language, with an english translation. *London*, 1801, in-8, demi-rel. avec c. mar. r. fil.

1813. Les Trente-cinq Contes d'un perroquet, contes persans, traduits sur la version anglaise par Mme Marie d'Heures (Mme Colin de Plancy). *Paris, Mongie*, 1826, in-8, demi-rel. bleu.

1814. The Tooteenameh, or tales of a Parrot, translated from the original, written in the persian language. *Calcutta*, 1817, in-8, bas. ant.

1815. Thouhfat ul Aragaïn, en persan. *Agra*, 1855, in-8, demi-rel. chag. viol.

1816. Traduction persane de l'Histoire de Chine de Mahomed Zaman Khan. *Calcutta*, 1864, br. in-8.

1817. Translations from the Hakayit Abdulla (bin Abdulkadar) munshi, with comments, by J.-T. Thomson. *London*, 1874, in-8 cart. angl. perc. ébarb.

1818. Le Trône enchanté, conte indien, traduit du persan par M. le baron Lescallier. *New-York*, 1817, in-8, demi-rel. bas. verte.

1819. The Ardai Viraf Nameh, or the revelations of Ardai Viraf, translated from the persian and guzeratee versions, by J.-A. Pope. *London*, 1816, in-8, demi-rel. chag. bl.

d. *Afghan, beloutchi, etc.*

1820. A Gazetteer of the countries adjacent to India on the North-West, including Sinde, Afghanistan, Beloochistan, the Punjab and the neighbouring states, compiled by Ed. Thornton. *London, W.-H. Allen*, 1844, 2 vol. in-8, carte, cart. angl. perc. r.

1821. Grammar of the posto, or language of the Afghans compared with iranian and north-indian idioms, by Dr Ernest Trumpp. *London, Trübner*, 1873, in-8, demi-rel. chagr. viol.

1822. Selections from the poetry of the Afghans, from the sixteenth to the nineteenth century, litterally translated from the original pushto by captain H.-G. Raverty. *London*, 1862, in-8, portr. de l'auteur photogr., perc. r. ébarb.

1823. The Fables of Æsop al-Hakim, translated into the pus'hto or afghan language, by major H.-G. Raverty. *London*, 1871, pet. in-8, cart. angl. perc. v.

1824. The Gulshan-I-Roh, being selection, prose and poetical in the pushto, or afghan language, edited by captain H.-G. Raverty. *London*, 1860, in-4 cart.

1825. Cagataische Sprachstudien enthaltend grammatikalischen Umriss, Chrestomathie und Wörterbuch der Cagataischen Sprache, von Hermann Vambéry. *Leipzig, Brockhaus*, 1867, gr. in-8, demi-rel. mar. r.

1826. A Grammar of the baloochee language, by major E. Mockler. *Hertford*, 1877, in-12 cart.

1827. Grammatica e vocabolario della lingua kurda composti dal P. Maurizio Garzoni. *Roma*, 1787, pet. in-8, vél.

e. *Langues sémitiques.*

Hébreu.

1828. Histoire générale et système comparé des langues sémitiques, par E. Renan, *Paris, Impr. imp.*, 1855, in-8, br.

Première partie : Histoire générale des langues sémitiques.

1829. Etudes sur la formation des racines sémitiques, suivies de considérations générales sur l'origine et le développement du langage, par M. l'abbé Leguest. *Paris, chez Benj. Duprat*, 1858, gr. in-8, br.

1830. Introductio in chaldaicam linguā, syriacā, atque armenicā, et alias linguas..., Theseo Ambrosio authore. *Excudebat Papiæ J. Maria Simoneta*, 1539, in-4, titre encadré, v. marb.

Un feuillet refait à la main.

1831. Poma aurea hebraicæ linguæ Fr. Francisci Donati... *Romæ, exc. Steph. Paulinus*, 1618, in-4, bas. ant.

1832. Grammaire hébraïque, avec laquelle on peut apprendre les principes de l'hébreu sans le secours d'aucun maître, par M. l'abbé Ladvocat. *A Paris, chez Méquignon*, 1789, in-8, demi-rel. bas. ant.

1833. Institutiones ad fundamenta linguæ hebrææ, edidit Nicol. Guil. Schrœder. *Ulmæ*, 1792, in-8, demi-rel. bas. v.

1834. A Grammar of the hebrew language..., by the rev. S. Lee A. M. *London*, 1827, in-8, demi-rel., cuir de R.

1835. Grammaire hébraïque raisonnée et comparée, par Sarchi. *Paris, chez Pélicier et Chatet*, 1828, in-8, demi-rel. bas.

1836. Sefer Harikma. Grammaire hébraïque de Jona ben Gannach (Aboul-Walid Merwan Ibn-Djanah), traduite de l'arabe en hébreu par Jehuda Ibn Tabbon, publiée par

BELLES-LETTRES.

B. Goldberg, revue et corrigée par Raphaël Kirchheim. *Francfort-sur-le-Mein*, 1856, in-8 br.

1837. Racines hébraïques, avec leurs dérivés dans les principales langues de l'Europe, par Ad. Lethierry-Barrois. *Paris*, 1842. — Hébreu primitif, formation des lettres ou chiffres, signes du zodiaque et racines hébraïques (par le même). *Paris, A Franck*, 1867. — Ens. 2 ouvr. en 1 vol. in-4, demi-rel. chagr. vert.

1838. Hodegeticum hebræo-chaldæo-biblicum in quo vocabula hebraica et chaldaica ordine librorum intelligi possint..., auctore Josia Henrico Opitio. *Hamburgi, s. d.*, pet. in-8, front. gr. basane.

1839. Johannis Buxtorfii Lexicon hebraicum et chaldaicum... *Basileæ, sumptibus J. König*, 1663, pet. in-8, v. rac.

1840. Dictionnaire de la langue sainte, contenant toutes ses origines ou les mots hébreux tant primitifs que dérivez, du Vieux Testament, écrit en anglois par le chevalier Leigh, traduit en françois par feu Louis de Wolzogue. *A Amsterdam, chez P. Mortier*, 1703, in-4, front. gr. v. f. ant.

1841. Thesaurus syriacus, collegerunt Stephanus M. Quatremère, G.-H Bornstein, etc. etc., auxit, digessit, exposuit, edidit R. Payne Smith. *Oxonii*, 1868. in-fol. br. (*Premier fascicule*).

1842. Cours de littérature hébraïque, par S. Cahen. *Paris*, 1824, br. in-8.

1843. Histoire de la poésie des Hébreux, par Herder, traduite de l'allemand pour la première fois et précédée d'une notice sur Herder, par Mme la baronne A. de Carlowitz. *Paris, Didier*, 1844, in-8, demi-rel. mar. la Vall. clair.

1844. Histoire de la poésie des Hébreux, par Herder, traduite par la baronne A. de Carlowitz. *Paris, Didier*, 1845, in-12, demi-rel. chag. vert.

1845. Chrestomathie hébaïque, par Aug. Latouche. *Paris*, 1849, br. in-8.

1846. Le livre d'Hénoch sur l'Amitié, traduit de l'hébreu, par Aug. Pichard. *Paris*, 1838, in-8, demi-rel. v. f.

1847. Le pieux Hébraïsant, contenant les principales prières chrétiennes et un abrégé du catéchisme catholique en hébreu ponctué avec le latin en regard, par le chevalier Drach. *Paris*, 1853. — Sepher taghin, liber coronularum, J..., J.-J.-L. Bargès. *Lut. Parisiarum*, 1866, 2 opuscules en 1 vol. in-12, demi-rel. bas.

1848. Traité des Berakhoth du Talmud de Jérusalem et du

BELLES-LETTRES.

Talmud de Babylone, traduit pour la première fois en français par Moïse Schwab. *Paris, à l'Impr. nat.*, 1871, gr. in-8 br.

1849. The Talmud, translated from the original, by Polano. *London, F. Warne*, s. d., pet. in-8, plans, cart. angl. perc.

Arabe. — (Pour le *Coran*, voir les nos 307-424).

1850. Grammatica arabica, quinque libris methodice explicata a Thoma Erpenio. *Leidæ, in officina Raphelengiana*, 1613, pet. in-4, demi-rel. v. f. ant.

1851. Gramatica arabigo-española, vulgar y literal, con un diccionario arabigo-español, por Fray Francisco Canes. *Madrid*, 1775, pet. in-4 demi-rel. bas.

1852. Vestigios da lingua arabica em Portugal, ou Lexicon etymologico das palavras e nomes portuguezes que tem origem arabica, par Fr. João de Sousa. *Lisboa*, 1789, in-4, demi-rel. v. f. ant.

Exemplaire interfolié de papier blanc avec des notes manuscrites.

1853. Grammatica linguæ mauro-arabicæ juxta vernaculi idiomatis usum, accessit vocabularium latino-mauro-arabicum opera et studio Francisci de Dombay. *Vindobonæ, apud Camesina*, 1800, in-4, v. vert. marb.

1854. Développement des principes de la langue arabe moderne, par Aug.-F.-J. Herbin. *Paris, Baudoin*, 1803, in-4, planches, demi-rel. avec c. mar. vert. fil.

1855. Grammaire arabe à l'usage des élèves de l'Ecole spéciale des langues orientales vivantes, avec figures, par A.-J. Silvestre de Sacy. *Paris*, 1810, 2 parties en 1 fort vol. in-8, fig. v. marb.

1856. GRAMMAIRE ARABE à l'usage des élèves de l'Ecole spéciale des langues orientales vivantes, avec figures, par M. le baron Silvestre de Sacy, avec un traité de la prosodie et de la métrique des Arabes, seconde édition. *Paris*, 2 vol. gr. in-8, demi-rel. bas. verte.

1857. Chrestomathie arabe, ou extraits de divers écrivains arabes, tant en prose qu'en vers, avec une traduction française et des notes, par le baron Silvestre de Sacy (seconde édition). *Paris*, 1826, 3 vol. in-8, demi-rel. bas. v.

1858. Anthologie grammaticale arabe, ou morceaux choisis de divers grammairiens et scholiastes arabes, avec une traduction française et des notes, pouvant faire suite à la Chrestomathie arabe, par M. le baron Silvestre de Sacy. *Paris*, 1829, fort vol. in-8, demi-rel. bas. v.

BELLES-LETTRES.

1859. A Grammar of the arabic language, by John Richardson. *London*, 1811, in-4, demi-rel. bas. — 2 - fo

1860. Grammaire de la langue arabe vulgaire et littérale, ouvrage posthume de M. Savary, traducteur du Coran. A, *Paris, de l'Impr., imp.* 1813, in-4, demi-rel. bas. v. — 2 - "

1861. Ernesti Friderici Caroli Rosenmülleri Institutiones ad fundamenta linguæ arabicæ, accedunt sententiæ et narrationes arabicæ una cum glossario arabico-latino. *Lipsiæ*, 1818, in-8, bas. — *Rotüé*

1862. Grammaire arabe-vulgaire, suivie de dialogues, lettres, actes, etc., par A.-P. Caussin de Perceval. *Paris*, 1824, in-4, demi-rel. bas. verte. — 4 - "

1863. Geo. Henrici Aug. Ewald Grammatica critica linguæ arabicæ cum brevi metrorum doctrina. *Lipsiæ*, 1831-33, 2 tomes en 1 vol. in-8, demi-rel. v. f. ant. — 6 - fo

1864. Alfiyya, ou la quintessence de la grammaire arabe, ouvrage de Djemal-Eddin Mohammed connu sous le nom d'Ebn-Malec, publié en original avec un commentaire par le baron Silvestre de Sacy. *London*, 1833, in-8 demi-rel. avec c. v. vert. fil. — 9 - "

1865. L'Adjroumiah, par Mohammed-Ben-Daoud, grammaire arabe, traduite en français par M. L. Vaucelle, et suivie du texte arabe. *Paris, Dondey-Dupré*, 1833, br. in-8. — *Ret*

1866. Grammaire arabe vulgaire pour les dialectes d'Orient et de Barbarie, par A.-P. Caussin de Perceval. *Paris, Dondey-Dupré*, 1833, in-8, demi-rel. v. f. — 1 - fo

1867. Guide de la conversation arabe, ou Vocabulaire français-arabe, contenant les termes usuels classés par ordre de matières et marqués des signes-voyelles, par J. Humbert. *Paris*, 1838, in-8, demi-rel. bas. — 1 - "

1868. A practical arabic Grammar, by Duncan Stewart. *London*, 1841, in-8, cart. angl. perc. v. ébarb. — 1 - fo

1869. Djaroumiya, grammaire arabe élémentaire de Mohammed ben Dawoud El-Sanhadjy, texte arabe et traduction française accompagnés de notes explicatives par M. Bresnier. *Alger*, 1846, in-8, demi-rel. cuir de R. fil. ébarb. — 3 - fo

1870. Éléments de la langue algérienne, ou principes de l'arabe vulgaire usité dans les diverses contrées de l'Algérie, par A.-P. Pihan. *Paris, Impr. nationale*, 1851, in-8, demi-rel. v. f. — 1 - fo

1871. A Grammar of the arabic language, translated from the german of Caspari, and edited, with numerous additions and corrections, by W. Wright. *London*, 1859-62, 2 vol. in-8, cart. perc. — 13 - "

BELLES-LETTRES.

1872. Moyen de rechercher la signification primitive des racines arabes et, par suite, des racines sémitiques, par M. l'abbé Leguest. *Paris, B. Duprat*, 1860, in-8 demi-cart. perc. v.

1873. Principes de grammaire arabe, suivis d'un traité de la langue arabe, par J.-B. Glaire. *Paris, Benj. Duprat*, 1861, in-8 br.

1874. Einleitung in das Studium der arabischen Sprache bis Mohammed und zum Theil später zum allgemeinen Gebrauche auch für die welche nicht hebraisch und arabisch treiben, von G.-W. Freytag. *Bonn, Ad. Marcus*, 1861, in-8 br.

1875. Subjects of examination in the arabic language, edited by captain A.-R. Fuller and Moulbie Kurimud-Din. *Lahore*, 1865, in-8 cart. perc. viol.

1876. A practical Grammar of the arabic language, by Faris Elshidiæ. *London, B. Quaritch*, 1866, in-12 perc. bl.

1877. Djaroumiya, grammaire arabe élémentaire (principes de syntaxe) de Mohammed ben Dawoud El-Sanhadji, texte arabe et traduction française accompagnées de notes explicatives par L.-J. Bresnier. *Paris*, 1866, in-8 demi-rel. chagr. bl.

1878. A Grammar of the arabic language, by E.-H. Palmer. *London*, 1874, in-8 cart. angl. perc.

1879. Einleitung in das Studium der arabischen Grammatiker. Die Ajrûmiyyah des Muh'ammad Bin Daûd, arabischer Text mit Uebersetzung und Erläuterungen von Ernst Trumpp. *München*, 1876, in-8, demi-rel. chagr. viol.

1880. Fabrica overo dittionario della lingua volgare arabica et italiana, raccolto dal p. Fra. Domenico Germano de Silesia. *In Roma*, 1636, pet. in-4 vél.

1881. Jacobi Golii Lexicon arabico-latinum, contextum ex probatioribus Orientis lexicographis; accedit index latinus copiosissimus, qui lexici latino-arabici vicem explere possit. *Lugd. Bat., typis Elseviriorum*, 1653, fort vol. in-fol. demi-rel. mar. vert.

Titre remonté.

1882. Diccionario español latino-arabigo, compuesto por el P.-Fr. Francisco Canes. *Madrid*, 1787, 3 vol. in-fol. vig. v. marb.

1883. Dictionnaire abrégé français-arabe, par J.-F. Ruphy. A *Paris*, 1803, in-4, demi-rel. bas.

1884. Dictionnaire français-arabe, par Ellious Bocthor, Egytien, revu et augmenté par A. Caussin de Perceval. *Paris, F.-Didot*, 1828, in-4, demi-rel. bas. v.

1885. Georgii Wilhelmi Freytagii Lexicon arabico-latinum præsertim ex Djeuharii Firuzabadiique et aliorum Arabum operibus adhibitis Golli quoque et aliorum libris confectum, accedit index vocum latinarum locupletissimus. *Halis Saxonum, apud C.-A. Schwetschke*, 1830, 4 tomes en 2 vol. in-4, demi-rel. chag. la Vall.

1886. Vocabulaire français-arabe, suivi de dialogues à l'usage de l'armée d'expédition d'Afrique, par M. Vincent. *Paris, F.-Didot*, 1830, in-18 oblong, demi-rel. v. v.

1887. Dictionnaire français-arabe-persan et turc, par le prince Alex. Handjéri. *Moscou*, 1840-41, 3 vol. in-4, portr. demi-rel. chag. viol.

1888. Guide français-arabe vulgaire des voyageurs et des Francs en Syrie et en Egypte, par J. Berggren. *Upsal*, 1844, in-4, demi-rel. chag. n.

1889. Abdu-r-Razzâq's Dictionary of the technical terms of the Sufies, edited in the arabic original by Dr Aloys Sprenger. *Calcutta, London*, 1845, in-8, demi-rel. avec c. v. f.

1890. Vocabulaire français-arabe, par Florian Pharaon et le Dr F.-L. Bertherand. *Paris*, 1860, in-12 br.

1891. Vocabulista in arabico publicato per la prima volta sopra un codice della bibliotheca Riccardiana di Firenze da C. Schiaparelli. *Firenze*, 1871, in-8, fac-simile photogr. cart. non rog.

1892. Dictionnaire arabe-français (langue écrite), par A. Cherbonneau. *Paris, Impr. nat.*, 1876, 2 vol. in-12, br.

1893. Grammaire et dictionnaire abrégés de la langue berbère composés par feu Venture de Paradis, revus par P.-Amédée Jaubert. *Paris*, 1844, in-4, demi-rel. mar. vert.

1894. Ueber die Namen der Araber, von Dr Freiherrn Hammer-Purgstall. *Wien*, 1852, in-fol. br.

1895. Mémoire sur les noms propres et les titres musulmans, par M. Garcin de Tassy, suivi d'une notice sur des vêtements avec inscriptions arabes, persanes et hindoustanies. *Paris, Maisonneuve*, 1870, in-8 br.

Exemplaire en PAPIER DE HOLLANDE.

1896. Darstellung der arabischen Verskunst mit sechs Anhängen enthaltend, von G.-W. Freytag. *Bonn*, 1830, in-8, demi-rel. chag. v.

1897. Das hohe Lied der Liebe der Araber, von Hammer-Purgstall. *Wien*, 1854, gr. in-8 br.

1898. De Metris carminum arabicorum ...., auctore Geo. Henr. Aug. Ewald. *Brunsvigæ*, 1825 — Prosodies des langues de l'Orient musulman, par M. Garcin de Tassy. *Paris, Impr. nat.*, 1848 — Dissertatio de origine, antiquitate, conservatione, indole et utilitate linguæ arabicæ;... auctore J. Robertson. *Edinburgi*, 1769. — Dissertatio de genuina punctorum vocalium hebraicorum antiquitate..., auctore J. Robertson. *Edinburgi*, 1770. — 4 ouvr. en 1 vol. in-8, demi-rel. avec c. v. f. ant.

1899. Anthologie arabe, ou choix de poésies arabes inédites, traduites en français avec le texte en regard, et accompagnées d'une version latine littérale, par J. Humbert (de Genève). *A Paris, chez Treuttel et Würtz*, 1819, in-8, demi-rel. bas. v.

1900. Anthologie arabe, ou choix de poésies arabes inédites, traduites pour la première fois en français par M. Grangeret de Lagrange. (*Paris*), 1828, in-8 d-r. bas. r.

1901. Guirgass et Rozen. — Chrestomathie arabe. *St-Pétersbourg*, 1875, in-8, demi-rel. chag. la Vall.

1902. Reinaud. — Notice historique et littéraire sur M. le baron Silvestre de Sacy. *Paris, Dondey-Dupré*, 1838. — Fragments arabes et persans inédits, relatifs à l'Inde. *Paris*, 1845. — Rapport sur le tableau des dialectes de l'Algérie et des contrées voisines de M. Geslin. *Paris*, 1856. — Notice sur Mahomet. *Paris, F.-Didot*, 1860. — Réponse mesurée de M. Stanislas Julien à un libelle injurieux de M. Reinaud, 1859. — Ens. 5 pièces réunies en 1 vol. in-8, demi-rel. v. f.

1903. Zeitworte des Gebetes in sieben Tageszeiten. — Ein Gebetbuch arabisch und deutsch, herausgegeben von Hammer-Purgstall. *Wien*, 1844, in-12, d.-rel. ch.viol.

1904. Le Livre d'Abd-el-Kader intitulé : *Rappel à l'intelligent, Avis à l'indifférent*. Considérations philosophiques, religieuses, historiques, etc., par l'émir Abd-el-Kader, traduites par Gust. Dugat. *Paris, B. Duprat*, 1858, in-8, demi-rel. chag. vert.

1905. Philosophus autodidactus, sive epistola Abi Jaafar ebn Tophail de Hai ebn Yokdhan, ex arabicà in linguam latinam versa ab Edvardo Pocockio. *Oxonii*, 1671, pet. in-4, v. ant.

1906. *Kitab Tequouym al-Fouldan*, ou Géographie d'Aboul-Féda, par Hippolyte Jouy, revue par M. Reinaud. *Paris*, 1829, br. in-4.

1907. Géographie d'Aboulféda, texte arabe publié par M. Reinaud et le baron Mac-Guckin de Slane. *Paris*, 1840, in-4, mar. vert. fil.

1908. Traité des instruments astronomiques des Arabes, composé au treizième siècle par Aboul Hassan Ali, de Maroc, traduit de l'arabe, par J.-J. Sédillot, et publié par L.-Am. Sédillot. *Paris, Impr. royale*, 1834, in-8, demi-rel. v. f. — 9 - "

1909. Prolégomènes des tables astronomiques d'Olou Beg, publiés avec notes et variantes, et précédés d'une introduction par M. L.-P.-E.-A. Sédillot. *Paris, F.-Didot*, 1847, in-8, demi-rel. chag. vert. — 4 - "

1910. Abrégé du traité de Grotius sur la vérité du Christianisme, traduit en arabe par Pococke, publié par le professeur Macbride. S. l. n. d., in-8 cart. — 1 - "

1911. *Alf-Lyla*, or the arabian nights Entertainments, in the original arabic, published under the patronage of the college of fort William, by Sheickh Uhmud Bin Moohummud Shirwauee ool Yumunea, of the arabic département. *Calcutta*, 1814, 2 tomes en 1 vol. in-8, cuir de R. dent. sur les plats, tr. dor. — 21 - "

Piqûres de vers.

1912. Le Diwan d'Amro'lkaïs, précédé de la vie de ce poète par l'auteur du Kitab El-Aghani, accompagné d'une traduction et de notes par le Bon Mac-Guckin de Slane. *Paris*, 1837, in-4, demi-rel. avec c. v. bl. fil. — 1 - £

1913. Antar, a Bedoueen romance, translated from the arabic, by Terrick Hamilton. *London, J. Murray*, 1820, 4 vol. in-8, demi-rel. v. bl. — 19 - "

1914. Arabic Selections with a vocabulary, by Edward Vernon Schalch. S. l., 1830, in-4, demi-rel. mar. — 1 - "

1915. Arabic Proverbs, or the manners and customs of the modern Egyptians, translated and explained by the late John Lewis Burckhardt. *London*, 1830, in-4, demi-rel. chag. vert. — 5 - "

1916. Les Oiseaux et les Fleurs, allégories morales d'Azz-Eddin Elmocaddessi, publiées en arabe, avec une traduction et des notes, par M. Garcin de Tassy. *Paris, Impr. royale*, 1821, in-8, demi-rel. bas. ant. — 14 - "

Exemplaire interfolié de papier blanc, couvert de notes manuscrites, par M. Garcin de Tassy.

1917. Les Oiseaux et les Fleurs, allégories morales d'Azz-Eddin Elmocaddessi, publiées en arabe, avec une traduction et des notes, par M. Garcin de Tassy. *Paris, Impr. royale*, 1821, in-8, demi-rel. v. f. — 12 - "

1918. The poetical Works of Behâ-Ed-Din Zoheir, of Egypt, with a metrical english translation, notes and introduction by E.-H. Palmer. *Cambridge*, 1876, 2 vol. pet. in-4, cart. angl. perc. bl, tr. dorée. (*Texte arabe et traduction.*)

1919. Carmen mysticum Borda dictum Abi Abdallæ M. B.-S. Busiridæ Ægyptii e codice manuscripto B.-S-B. latine conversum; accedunt origines arabico-hebraicæ, paravit et edidit Joh. Uria A. S. M. phil. et theol. doct. *Trajecti Bat., apud J. Van Schoonhoven*, 1771, pet. in-4, demi-rel. bas. ant.

1920. Brochure arabe, par lord Munster, pair d'Angleterre, avec une lettre de l'auteur sur les ouvrages orientaux d'art militaire et d'histoire qui lui sont nécessaires. *Londres*, s. d., in-8, demi-rel. chag. viol.

1921. Calila et Dimna, ou Fables de Bidpai, en arabe, suivies de la Moallaka de Lébid, en arabe et en français, par M. Silvestre de Sacy. *A Paris*, 1816, in-4, demi-rel. bas.
Exemplaire avec des notes manuscrites, au crayon, de la main de M. Garcin de Tassy.

1922. Calila und Dimna, eine Reihe moralischer und politischer Fabeln, des Philosophen Bidpai, aus dem arabischen übersetzt von C. Holmboe. *Christiania*, 1832, in-8, demi-rel. v. rose.

1923. Documenta philosophiæ Arabum ex codd. mss. primus edidit, latine vertit, commentario illustravit Dr Aug. Schmœlders. *Bonnæ*, 1836, in-8, demi-rel. mar. bl.

1924. Definitiones viri meritissimi Sejjid scherif Ali Ben Mohammed Dschordschani; accedunt definitiones theosophi Mohji-Ed-Din Mohammed Ben Ali vulgo Ibn Arabi dicti, primum edidit et adnotatione critica instruxit Gust. Flugel. *Lipsiæ*, 1845, in-8, demi-rel. chag. v.

1925. Contes orientaux, tirés des manuscrits de la Bibliothèque du Roy de France (par M. le comte de Caylus). *A la Haye*, 1743, 2 vol. in-12, fig. v. marb.

1926. Contes du cheykh El-Mohdy, traduits de l'arabe d'après le manuscrit original, par J.-J. Marcel. *Paris, H. Dupuy*, 1832-1833, 3 vol. in-8, front. et vig. sur bois, demi-rel. v. f.

1927. Epistolæ quædam arabicæ a Mauris, Ægyptiis et Syris conscriptæ, edidit, interpretatione latina annotationibusque illustravit et glossarium adjecit D. C. Maximilianus Habicht. *Vratislaviæ*, 1824, in-4, bas. marb.

1928. Divan de Férazdak, récits de Mohammed Ben-Habib d'après Ibn-El-Arabi, publiés sur le manuscrit de Sainte-

BELLES-LETTRES.

Sophie de Constantinople, avec une traduction française, par R. Boucher. *Paris*, 1870, 4 vol. in-4, br.

1929. Selecta ex historia Halebi e codice arabico Bibliothecæ regiæ parisiensis edidit, latine vertit et adnotationibus illustravit G. W. Freytag. *Lut. Paristorum*, 1819, in-8, demi-rel. bas. v. — 2 -"

1930. Hamasæ Carmina cum Tebrisii scholiis integris primum edidit, indicibus instruxit, versione latina et commentario illustravit Georg. Guil. Freytag. — Pars prior continens textum arabicum et quatuor indices. *Bonnæ*, 1828, gr. in-4, veau marb. — 19 -"

1931. Haririi, eloquentiæ arabicæ principis, tres priores consessus e codice manuscripto bibliothecæ Lugduno-Batavæ pro specimine emissi, ac notis illustrati ab Alberto Schultens. — *Franequeræ, ex officina Wibii Bleck*, 1731, pet. in-4, vél. — 1 -"

1932. Les Séances de Hariri, publiées en arabe, avec un commentaire choisi, par M. le baron Silvestre de Sacy. *Paris, Debure, Treuttel et Würtz*, 1822, in-fol. bas. marb. — 17 -"

1933. Les Séances de Hariri, publiées en arabe avec une traduction et des notes persanes par le Maoulawi Chemseddin Mohammed. *Lakhnau*, 1863, gr. in-8, rel. orient. — 25 -"

1934. Die Verwandlungen des Ebu Seid von Gerug oder die Makamen des Hariri, in freier Nachbildung von F. Ruckert. *Gotta*, 1826, in-12, demi-rel. v. bl. — 1 - f°

1935. Makamat, or rhetorical anecdotes of al Hariri of Bosra translated from the original arabic with annotations, by T. Preston. *London*, 1850, in-8, cart. angl. perc. v. — 9 -f°

1936. The Forms of Herkern, corrected from a variety of manuscripts, supplied with the distinguishing marks of construction, and translated into english with an index of arabic words explained, and arranged under their proper roots by Francis Balfour. *London*, 1804, in-8, bas. ant. — 2 -"

1937. Histoire de Robinson Crusoë, en arabe. *Malte*, 1835, in-12, bas. — 1 -"

1938. Ibn Khallikan's biographical Dictionary translated from the arabic by baron Mac-Guckin de Slane. *Paris*, 1842-1871, 4 vol. in-4, v. f. fil. — 75 -"

1939. Le Livre des routes et des provinces d'Ibn Kordadbeh, texte arabe publié, traduit et annoté, par C. Barbier de Meynard. *Paris, Impr. imp.*, 1865, in-8 br. — 10 -"

1940. Ichwan-Oos-Suffa, in the original arabic, revised and edited by Shuekh Ahmud-Bin-Moohummud Shurwan-Ool-Yumunee. *Calcutta*, 1812, in-8, v. marb. — 19 -"

1941. Jacut's moschtarik, das ist lexicon geographischer homonyme, aus den Handschriften zu Wien und Leyden, herausgegeben von F. Wüstenfeld. *Göttingen*, 1847, in-8, demi-rel. chag. viol.

1942. Locmani Fabulæ et plura loca ex codicibus maximam partem historicis selecta edidit G.-W. Freytag. *Bonnæ, apud A. Marcum*, 1823, in-8, demi-rel. bas. ant.

1943. Maçoudi. Les Prairies d'or, texte et traduction par C. Barbier de Meynard et Pavet de Courteille. *Paris*, 1816-1877, 9 vol. in-8, demi-rel. chag. vert.

1944. Le Guide des égarés, traité de théologie et de philosophie, par Moïse Ben Maïmoun dit Maïmonide, publié pour la première fois dans l'original arabe, et accompagné d'une traduction française, par S. Munk. *Paris, chez A. Frank*, 1856-66, 3 vol. gr. in-8, demi-rel. mar. la Vall.

1945. Les Mille et une Nuits, en arabe. *Au Caire*, 1251 de l'Hégire (1835), 2 vol. gr. in-8, chag. n. fil.

1946. The Thousand and one Nights, commonly called, in England, the arabian nighits' Entertainments, a new translation from the arabic, with copious notes, by Edward Willian Lane. *London, Ch. Knight*, 1839-41, 3 vol. gr. in-8, vig. sur bois, cart. perc. v. non rog.

1947. Tausend und eine Nacht, arabisch nach einer Handschrift aus Tunis, herausgegeben von Dr Maximilian Habicht. *Breslau*, 1825-1843, 12 vol. in-12, demi-rel. mar. v.

1948. Remarks on the Arabian Nights' Entertainments, in which the origin of Sindbad's voyages and other oriental fictions is particularly considered, by Richard Hole. *London*, 1797, in-8, demi-rel. bas. ant.

1949. Contes inédits des Mille et une Nuits, extraits de l'original arabe, par M. J. de Hammer, traduits en français par M. G.-S. Trébutien. *Paris, Dondey-Dupré*, 1828, 3 vol. in-8, fig. demi-rel. bas. r.

1950. Histoire de Djouder le pêcheur, texte arabe extrait des Mille et une Nuits, accompagné d'un vocabulaire par ordre de racines des mots contenus dans le texte et autographié par O. Houdas. *Alger, A. Dubos*, 1865, in-12, demi-rel. chagr. v.

1951. The Adventures of Abdala..., translated into french from an arabic manuscript found at Batavia, by M. de Sandisson, and now done into english by W. Hatchett. *London*, 1729, in-8 v. marb.

1952. Histoire de la sultane de Perse et des vizirs, contes turcs (traduite de l'arabe de Checzadé, précepteur d'Amurat II, par Galland. *Amsterdam, Ét. Roger*, 1707, in-12, front. gr. demi-rel. mar. grenat, tr. dor.

1953. Nouveaux Contes arabes, ou supplément aux Mille et une Nuits, suivis de Mélanges de littérature orientale et de lettres, par M. l'abbé ***. *A Paris, chez Prault*, 1788, in-12, v. ant.

1954. Mooktusur, commonly called Mooktusur-Ool-Ma-Anee, or an abbreviated commentary on the rhetoric of the Arabs, comprising the text of the Tulkhees-Ool-Miftah, by Julal-Ood-Deen Moohummud, together with the shorter of two commentaries on that celebrated work, both written by Mus-Ood-Oobno Oomur, Saxd-Oot Tuftazannee. *Calcutta*, 1818, in-4 v. f. fil.

1955. La Colombe messagère plus rapide que l'éclair, plus prompte que la nue, par M. Sabbagh, traduit de l'arabe en françois par A.-J. Silvestre de Sacy. *Paris*, 1805, in-8, demi-rel. chagr. r.

1956. Samachscharis goldene Halsbänder. — Uls Neujarsgeschenk arabisch und deutsch von J. von Hammer. *Wien*, 1835, petit in-8 demi-rel. mar. r.

1957. Scharkan, conte arabe, suivi de quelques anecdotes curieuses; traduit par M. Asselan Riche. *Paris*, 1829, in-12, demi-rel. bas.

1958. C. M. Frœhnii Rostochiensis de academiæ imperialis scientiarum Petropolitanæ museo numario muslemico, etc. *Petropoli*, 1818. — Tarafæ Moallaca cum Zuzenii scholiis, Joannes Vullers. *Bonnæ*, 1829. — Ali's hundert Sprüche arabisch und persisch paraphrasirt von Reschideddin Watwat, von H. Leberecht Fleischer. *Leipzig*, 1837. — 3 ouvr. en un vol. in-4, demi-rel. v. ant.

1959. Lamiato'l Ajam, carmen Tograi, poetæ arabis doctissimi, una cum versione latina et notis..., opera Edvardi Pocockii. *Oxonii*, 1661. — Scientia metrica et rhythmica, seu tractatus de prosodia arabica, ex authoribus probatissimis eruta, operâ Samuelis Clerici. *Oxonii*, 1861, 2 part. en un vol. in-12 v. ant.

1960. Traduction arabe des pièces relatives à la procédure et au jugement de Soleyman El-Hhaleby, assassin du général en chef Kléber. *S. l. n. d.*, in-8 demi-rel. v. vert.

1961. Les Colliers d'or. *S. l. n. d.*, gr. in-8, demi-rel. chag. r. (*Texte arabe*).

1962. Les Colliers d'or, allocution morale de Zamakhschari, texte arabe suivi d'une traduction française et d'un commentaire philologique, par C. Barbier de Meynard. *Paris*, 1876, in-8, demi-rel. v. f.

f. Langues caucasiennes.

Arménien.

1963. Grammaire de la langue arménienne, par J.-Ch. Cirbied, aumônier. *Paris*, 1823, in-8 demi-rel. bas.

1964. Dictionnaire arménien-français et français-arménien, par Ambr. Calfa. *Paris, L. Hachette*, 1861, in-12 cart. perc. n.
Envoi autographe signé de l'auteur à M. Garcin de Tassy.

1965. The Life and times of S. Gregory the Illuminator, the founder and patron saint of the armenian Church, translated from the armenian, by the rev. S. C. Malan. *Rivingtons*, 1868, in-8 cart. perc. viol. non rog.

1966. Soulèvement national de l'Arménie chrétienne, au cinquième siècle, contre la loi de Zoroastre, sous le commandement du prince Vartan le Mamigonien, ouvrage écrit par Elisée Vartabed, traduit en français par l'abbé Grégoire Kabaragy Garabed. *Paris*, 1844, in-8, demi-rel. v. f.

1967. Aventures de Télémaque, par Fénelon, traduction arménienne par A. Calfa, *s. l.*, 1860, gr. in-8 portr. et nombr. vig. sur bois, demi-rel. chag. La Vall. (*Texte arménien*).

1968. Armenian popular Songs, translated into english, by the R. Leo Alishan. *Venice*, 1852, in-8 demi-rel. avec c. mar. r. fil.

1969. Les Harmonies de Lamartine traduites en vers arméniens par Corène V. Calfa. *Paris*, 1859, in-12 portr. lith. cart. perc. v.

g. Langues tartares.

Mongol. — Mandchou. — Turk.

1970. Recherches sur les langues tartares ou mémoires sur différens points de la grammaire et de la littérature des Mandchous, des Mongols, des Ouigours et des Tibétains, par Abel Rémusat. *A Paris*, 1820, in-4 demi-rel. bas. (*Tome premier.*)

1971. Institutes political and military, written originally in the mogul language, by the great Timour, improperly called Tamerlane, first translated into persian by Abu Taulib Alhusseini and thence into english, by major Davy, published by J. White. *Oxford*, 1783, in-4, fig. v. f. ant.

1972. The Mulfuzat Timury, or autobiographical memoirs of the Moghul emperor Timur, written in the Jagtay turky language, turned into persian by Abu Talib Hussiny, and translated into english by major Ch. Stewart. *S. l.*, 1830.
— The Tezkereh al Takiat, or private memoirs of the Moghul emperor Humayun, written in the persian language by Jouher, translated by major Ch. Stewart. *London*, 1832. — 2 ouvr. en 1 vol. in-4 portr. et carte, demi-rel. v. f.

1973. Instituts politiques et militaires de Tamerlan, proprement appelé Timour, par L. Langlès. *Paris*, 1787, in-8, demi-rel. v.

1974. Alphabet mantchou, rédigé d'après le syllabaire et le dictionnaire universel de cette langue, par L. Langlès (troisième édition). *Paris*, 1807, in-8, demi-rel. v. vert.

1975. Chrestomathie mandchou, ou recueil de textes mandchoux destiné aux personnes qui veulent s'occuper de l'étude de cette langue, par J. Klaproth. *Paris, Impr. royale*, 1828, in-8 demi-rel. v. r.

1976. Grammaire turque, ou méthode courte et facile pour apprendre la langue turque. *Constantinople*, 1730, petit in-4 interfolié de papier blanc, demi-rel. bas.

Cette grammaire a été composée par le P. Holderman, jésuite allemand, missionnaire à Galata de Constantinople. Paul Evemiani fut chargé du mécanisme et de la correction de l'impression.

1977. Éléments de la langue turque, ou tables analytiques de la langue turque usuelle, par M. Viguier. *A Constantinople*, 1790, in-4, demi-rel. v. ant.

1978. Éléments de la grammaire turque, par P. Amédée Jaubert. *Paris, Impr. royale*, 1823, in-8, demi-rel. bas.

1979. Grammaire turke, précédée d'un discours préliminaire sur la langue et la littérature des nations orientales, par Arthur Lumley Davids, traduite de l'anglais par Mme Sarah Davids. *Londres, W. H. Allen*, 1836, in-4, demi-rel. avec c. v. f.

1980. Grammaire raisonnée de la langue ottomane, par James W. Redhouse. *Paris, Gide*, 1846, in-8, demi-rel. v. f. ant.

1981. Allgemeine Grammatik der türkisch-tatarischen Sprache von Mirza A. Kasem-Beg, herausgegeben von Dr J. T. Zenker. *Leipzig*, 1848, in-8, demi-rel. chagr. grenat.

1982. Fevaydi-Charqiyé, ou Abrégé de grammaire orientale,

168   BELLES-LETTRES.

turque, arabe et persane, expliquée en langue turque par Nassif Mallouf. *Smyrne*, 1854, in-8 cart. (*Texte turc*).

1983. A practical Grammar of the turkish language, by W. Burckhardt Barker. *London, Quaritch*, 1854, in-12, cart. perc. r.

1984. Éléments de la grammaire turque, par L. Dubeux. *Paris, B. Duprat*, 1856, in-12, demi-rel. v. f. ant.

1985. Dialogues turcs. *Constantinople*, 1859, in-8 demi-rel. chag. la Vall.

1986. Dialogues turcs-français, par M. Viguier, mis en caractères orientaux par N. Mallouf. *Smyrne*, 1854, in-12 oblong, br.

1987. A reading Book of the turkish language, with a grammar and vocabulary, by W. Burckhardt Barker. *London, J. Madden*, 1854, in-8, cart. angl. perc. bl.

1988. Guide de la conversation française-turque, par Ambroise-O. Calfa. *Paris, Maisonneuve*, 1859, in-18 cart.
Envoi autographe, signé de l'auteur, à M. Garcin de Tassy.

1989. Vocabulaire français-turc à l'usage des interprètes, des commerçants, des navigateurs et autres voyageurs dans le Levant. *Paris*, 1831, in-8, v. bl. fil.

1990. Dictionnaire français-turc avec la prononciation figurée, par M. Mallouf. *Paris, Maisonneuve*, 1856, in-12, demi-rel. chagr. rel.

1991. A Lexicon english and turkish, by J. W. Redhouse. *London*, 1861, in-8 demi-rel. mar. r. (*Rel. angl.*)

1992. Dictionnaire turc-oriental, par M. Pavet de Courteille. *Paris*, 1870, gr. in-8 demi-rel., chag. la Vall.

1993. Dictionnaire turc-arabe-persan, par J. T. Zenker. *Leipzig*, 1876, in-4 chag. vert. fil. dent. int.

1994. De la Littérature des Turcs, par M. l'abbé Toderini, traduit de l'italien en françois par M. l'abbé de Cournand. *Paris, chez Poinçot*, 1789, 3 vol. in-8, titre gr. demi-rel. bas. ant.

1995. Geschichte der osmanischen Dichtkunst bis auf unsere Zeit, mit einer Blüthenlese aus zweitausend zweihundert Dichtern, von Hammer-Purgstall. *Pesth*, 1836-1838, 4 vol. in-8 cart. non rog.

1996. Bakis, des grössten türkischen Enrikers Diwan, zum ersten Mahle ganz verdeutscht von J. von Hammer. *Wien*, 1825, in-8 demi-rel. bas.

1997. Choix de fables, traduites en turk par un effendi de Constantinople, et publiées avec une version française et un glossaire, par V. Letellier. *Paris*, 1826, in-8 demi-rel. chag. la Vall.

1998. Contes et fables indiennes de Bidpaï et de Lokmann, tarduites d'Ali Tschelabi-ben-Saleh, auteur turc, ouvrage commencé par feu M. Galland, continué et fini par M. Cardonne. *Paris*, 1778, 3 vol. in-12 v. marb. fil.

1999. Contes turcs, en langue turque, extraits du roman intitulé : *les Quarante Vizirs*, par feu Belletête. *Paris, chez Debure*, 1812, in-4, demi-rel. bas.

2000. Derbend-Nâmeh, or the history of Derbend, translatend from a select turkish version by Mirza A. Kasem-Beg. *Saint-Pétersbourg*, 1851, in-4, demi-rel. avec c. chag. La Vall.

2001. Dissertation qui a remporté le prix de l'Académie royale des inscriptions et belles-lettres en l'année 1745, par M. de Bougainville. *A Paris, chez Desaint et Saillant*, 1745. — Canon de sultan Suleïman II, représenté à sultan Mourad IV pour son instruction, etc., traduit du turc en françois par M. P***. *A Paris, chez C.-L. Thiboust*, 1725. — 2 ouvr. en 1 vol. in-12 cart.

2002. Gül u Bülbül, das ist : Rose und Nachtigall, von Fasli. Ein romantisches Gedicht, turkisch, herausgegeben und deutsch übersetzt durch J. von Hammer. *Leipsig*, 1834, in-8, demi-rel. cuir de R.

2003. Histoire de la sultane de Perse et des vizirs, contes turcs, composez en langue turque, par Chec Zadé, et traduits en françois. *A Amsterdam, chez Elisabeth Abramse*, 1708, in-12, front. gr. v. granit.

2004. *Ilm Tedbiri Milk*, the Science of the administration of a state, or an essay on political economy in turkish, by Charles Wells. *London*, 1860, in-12, cart. angl.

2005. *Mantic uttair*, en turc. *Constantinople, s. d.*, in-8, cart.

2006. La Muse ottomane, ou chefs-d'œuvre de la poésie turque, traduits pour la première fois en vers français avec un précis de l'histoire de la poésie chez les Turcs, etc., par M. Ed. Servan de Sugny. *Paris, Joël Cherbuliez*, 1866, in-8, demi-rel. chag. vert.

2007. *Tarikh-i Timour Lang*. Histoire de Tamerlan, en turc. *Constantinople, s. d.*, in-4, rel. orient. à recouv.

2008. Wien's erste aufgehobene turkische Belagerung, von J. Ritter von Hammer. *Pest*, 1829, in-8, demi-rel. bas. r.

BELLES-LETTRES.

h. *Langues chinoise et japonaise.*

2009. Éléments de la grammaire chinoise, par M. Abel Rémusat. *Paris*, 1828, in-8, demi-rel. bas. v.

2010. Linguæ mandshuricæ Institutiones quas conscripsit, indicibus ornavit, chrestomathia et vocabulario auxit F. Kaulen. *Ratisbonne*, 1846, in-8, demi-rel. chag. bl.

2011. Grammaire mandarine, ou principes généraux de la langue chinoise parlée, par M. A. Bazin. *Paris, Impr. imp.*, 1856, in-8 br.

2012. The beginner's first Book in the chinese language (Canton vernacular). *Hongkong*, 1847, in-8, demi-rel. v. bl.

2013. Syntaxe nouvelle de la langue chinoise, fondée sur la position des mots, suivie de deux traités sur les particules et les principaux termes de grammaire, etc., traduits mot à mot par Stanislas Julien. *Paris, Maisonneuve*, 1869, in-8 br. (*Tome premier*.)

2014. Cours graduel et complet de chinois, parlé et écrit, par le comte Kleczkowski. *Volume premier*, phrases de la langue parlée, tirées de l'Arte china du P. Gonçalves. *Paris, Maisonneuve*, 1876, gr. in-8 br.

2015. Urh-chih-tsze-teen-se-Yin-Pe-Keaou, being a parallel drawn between the two intented chinese dictionaries, by the rev. Robert Morrisson and Antonio Montucci, L. L. D. *London*, 1817, in-4, demi-rel. mar. viol.

2016. Programme du cours de langue et de littérature chinoises et de tartare-mandchou, par M. Abel Rémusat. *Paris*, 1815. — Essai sur la langue et la littérature chinoises (par le même). — De l'importance des langues orientales pour l'extension du commerce, par L. Langlès. *Paris*, 1790. — Réflexions sur la langue chinoise, par M. de Guignes. — Notice des travaux littéraires des missionnaires anglais dans l'Inde, par L. Langlès. *Paris*, 1817. — Notice sur les fêtes populaires des Hindoux, par Garcin de Tassy. *Paris*, 1834, *etc.* — Ens. 17 pièces en 1 vol. in-8 cart.

2017. Choix de contes et nouvelles traduits du chinois par Théodore Pavie. *Paris, B. Duprat*, 1839, in-8, demi-rel. veau f.

2018. Histoire de la ville de Khotan, tirée des annales de la Chine et traduite du chinois par M. Abel Rémusat. *Paris*, 1820, in-8, demi-rel. bas.

2019. Le Li-Sao, poème du III° siècle avant notre ère, traduit du chinois et publié par le marquis d'Hervey de Saint-Denys. *Paris, Maisonneuve*, 1870, in-8 br.

2020. L'Inscription syro-chinoise de Si-ngan-Fou, monument nestorien élevé en Chine l'an 781 de notre ère et découvert en 1625, par G. Pauthier. *Paris, B. Duprat*, 1858, in-8 br. de 96 p. planche. — 1-"

2021. Le Livre des récompenses et des peines, en chinois et en français, traduit du chinois par Stanislas Julien. *Paris et Londres*, 1835, in-8, demi-rel. v. f. — 14-50

2022. La Morale de Confucius, philosophe de la Chine. *Paris, de l'imp. de Valade, et à Reims, chez Cazin*, 1783, in-12, portr. marb. fil. tr. dor. — 2-"
Exemplaire en grand papier.

2023. Poésies de l'époque des Thang (VIIe, VIIIe et IXe siècle de notre ère), traduites du chinois par le marquis d'Hervey-Saint-Denys. *Paris, Amyot*, 1862, in-8, br. — 3-50

2024. San-Koué-Tchy Ilan Kouroun-I-Pithé, histoire des trois royaumes, roman historique traduit sur les textes chinois et mandchou, par Théodore Pavie. *Paris, Benj. Duprat*, 1845, 2 vol. in-8 br. — 10-"

2025. Traité de l'éducation des vers à soie au Japon, par Sira-Kawa de Sendaï (Osyou), traduit pour la première fois du japonais par L. de Rosny. *Paris, Imp. imp.*, 1868, in-8 br. — 5-"

2026. Traité de l'éducation des vers à soie au Japon, traduit du japonais par L. de Rosny. *Paris*, 1869, in-8 br. — 6-"

2027. Théâtre chinois, ou choix de pièces composées sous les empereurs mongols, traduites sur le texte original par M. Bazin. *Paris*, 1838. — Le Pi-Pa-Ki, ou l'histoire du luth, drame chinois de Kao-Tong-Kia, représenté à Peking, en 1404, avec les changements de Mao-Tseu, traduit sur le texte original par M. Bazin. *Paris*, 1841. — 2 ouvr. en 1 vol. in-8, demi-rel. v. fauve. — 3-"

2028. Tchoung-Hoa Kou-Kin Tsaï. Textes chinois anciens et modernes, traduits pour la première fois dans une langue européenne par L. de Rosny. *Paris, Maisonneuve*, 1874, in-8 br. — 4-50

2029. Eléments de la grammaire japonaise, par le P. Rodriguez, traduit du portugais par C. Landresse et publié par M. Abel Rémusat. *Paris, Dondey-Dupré*, 1825, in-8, demi-rel. v. — 3-"

2030. A Grammar of the japanese written language with a short chrestomathy, by W. G. Aston, M.A. *London*, 1872, in-8 cart. — 12-"

IV. LANGUES D'AFRIQUE.

2031. Ancient Alphabets and hieroglyphic characters explained, with an account of the egyptian priests, their classes, initiation, and sacrifices, in the arabic language by Ahmad bin Abubekr bin Wahshih, and in english by Joseph Hammer. *London*, 1806, in-4, v. f. ant.

2032. Études égyptologiques, sixième livraison : Rituel funéraire égyptien, chapitre 64e, par P. Guieysse, textes comparés, traduction et commentaires d'après les papyrus du Louvre et de la Bibliothèque nationale. *Paris, F. Wieveg*, 1876, in-4, br. autographié.

2033. Recherches critiques et historiques sur la langue et la littérature de l'Egypte, par Etienne Quatremère. *A Paris, de l'Imp. imp.*, 1803, in-8, demi-rel. bas.

2034. Lettre sur l'interprétation des hiéroglyphes égyptiens adressée à M. Prisse d'Avesnes, par Michelange Lanci. *Paris, A. Larue*, 1847, in-8, fig. demi-rel. chag. la Vall.

2035. De la Littérature des nègres, par H. Grégoire. *A Paris, chez Maradan*, 1808, in-8, demi-rel. chag. r.

2036. A Grammar of the galla language, by Ch. Tutschek, edited by Lawrence Tutschek. *Munich*, 1845, in-8, demi-rel. chagr. v.

2037. Grammar of the fulah language, from a ms. by the rev. R. Maxwell Macbrair, edited by E. Norris. *London*, 1854, in-12 cart. perc. n.

2038. Grammaire malgache fondée sur les principes de la grammaire javanaise, suivie d'exercices et d'un recueil de cent et un proverbes, par Marre-de-Marin. *Paris, Maisonneuve*, 1876, in-8, demi-rel. chagr. bl.

2039. Chansons madécasses, traduites en françois, suivies de poésies fugitives, par M. le chevalier de P..... *A Londres, et se vend à Paris, chez Hardouin et Gattey*, 1787, in-8, cart. non rog.

V. LANGUES AMÉRICAINES ET POLYNÉSIENNES.

2040. Mémoire sur le système grammatical des langues de quelques nations indiennes de l'Amérique du Nord, par P.-Et. du Ponceau. *Paris, Gide*, 1838, in-8, br.

2041. The Literature of american aboriginal languages, by Hermann E. Ludewig. *London, Trübner*, 1858, in-8, cart. non rog.

2042. A short Grammar and vocabulary of the Moors language. *London*, 1771, in-8, demi-rel. bas.
2043. Grammaire de la langue malaye ou malaise, par Alfred Tugault. *Paris, V. Goupy*, 1868, plaq. in-8 cart.
2044. Grammaire javanaise, accompagnée de fac-simile et d'exercices de lecture, par l'abbé P. Favre. *Paris, Imp. impériale*, 1866. — Dictionnaire javanais-français (par le même). *Vienne, Impr. impériale et royale*, 1870 (*Paris, Maisonneuve*). — Ens. 2 ouvr. en 1 vol. gr. in-8, demi-rel. chag. vert.
2045. A tahitian and english Dictionary with introductory remarks on the polynesian language, and a short grammar of the tahitian dialect. *Tahiti*, 1851, in-8 cart.
2046. A Dictionary of the New-Zealand language, and a concise grammar to which is added a selection of colloquial sentences, by W. Williams. *London, Williams and Norgate*, 1852, pet. in-8, cart. angl. perc. bl. non rog.

HISTOIRE.

I. GÉOGRAPHIE. — VOYAGES.

2047. The geographical System of Herodotus, examined and explained by a comparison with those of other ancient authors and with modern geography, by James Rennell. *London, Rivington*, 1830, 2 vol. in-8, portr. et cartes, cart. perc. non rog.
2048. Claudius Ptolemy and the Nile, or an inquiry into that geographer's real merits and speculative errors, his knowledge of eastern Africa and the authenticity of the mountains of the Moon, by W. Desborough Cooley. *London*, 1854, in-8 cart. perc. v.
2049. Recherches sur l'histoire et la géographie de la Mésène et de la Characène, par M. J. Saint-Martin. *Paris, Impr. royale*, 1838, in-8, demi-rel. chag. vert.
2050. Géographie d'Aboulféda, traduite de l'arabe en français et accompagnée de notes et d'éclaircissements par M. Reinaud. *Paris, Impr. nationale*, 1848, 2 vol. in-8, br.

2051. Specimen e literis orientalibus exhibens *Kitabô'l boldan*, sive librum regionum auctore *Ahmed ibn Abi Jaqoub*, noto nomine al Jaqubii quem auspice B. S. J. Juynball nunc primum edidit Abrahamus Wilhelmus Theodorus Juynball. *Leyde*, 1861, in-8 br.

2052. The oriental Geography of Ebn Haukal, an arabian traveller of the tenth century, translated from a manuscript by sir William Ouseley. *London*, 1800, in-4, v. fauve fil.

2053. Traité de géographie, en hindi. *Bénarès*, 1860, br. in-4.

2054. Cosmographie de Chems-Ed-Din Abou Abdallah Mohammed-Ed-Dimichqui, publiée par A.-F. Mehren. *Saint-Pétersbourg*, 1866, in-4 demi-rel. chag. bl. (*Texte arabe*.)

2055. Abd-El-Qader et sa nouvelle capitale. *Paris, A. Bertrand*, 1840. — Les Iles fantastiques de l'Océan occidental au moyen âge, par M. d'Avezac. *Paris*, 1845. — Deux Notes sur d'anciennes cartes historiées manuscrites de l'école catalane. *Paris*, 1844. — Grands et petits Géographes grecs et latins. *Paris*, 1856. — Coup d'œil historique sur la projection des cartes de géographie. *Paris*, 1843. — Notice sur la vie et les travaux du lieutenant général Albert de la Marmora et du contre-amiral John Washington. *Paris*, 1864. — Note sur une mappemonde turke du XVIe siècle. *Paris*, 1866. — Ens. 7 ouvr. réunis en 1 vol. in-8, demi-rel. chag. la Vall.

2056. Le Fleuve Amour, histoire, géographie, ethnographie, par C. de Sabir. *Paris, G. Kugelmann*, 1861, in-4, figures, cart. perc. v.

2057. Shigurf namah i velaet, or excellent intelligence concerning Europe; being the travels of Mirza Iteaamodeen in Great Britain and France, translated from the original persian manuscript into hindoostani, with an english version and notes, by James Edward Alexander, esq., lieut. late H. M. 13 Light dragoons, with a portrait of the Mirza. *London*, 1827, in-8, v. f. fil. tr. marbr.

2058. Voyage aux Alpes et en Italie, ou description nouvelle de ces contrées, par Albert Montémont. *Paris, A. Bertrand*, 1860, in-8 br.

2059. Voyage littéraire de deux religieux bénédictins de la congrégation de Saint-Maur. *Paris*, 1717, 2 vol. in-4, fig. v. marb.

2060. Lettres sur l'Italie, écrites en 1785, par Dupaty. A

Avignon, chez J.-Albert Joly, 1811, 3 vol. in-18, demi-rel. v. f.

Tiré à 100 exemplaires.

2061. Fragments d'un voyage en Italie, en Grèce et en Asie; pendant les années 1829-30, par E. Gauthier d'Arc. *Paris, 1831*, pet. in-12, mar. vert, fil. tr. dor.

2062. Journal of a tour in Italy, by Chr. Wordsworth. *London*, 1862, 2 vol. pet. in-8 cart. angl. perc.

2063. A Tour through Sicily and Malta, in a series of letters to William Beckford, of Somerly in Suffolk, from P. Brydone. *London*, 1776, 2 vol. in-8, bas ant.

2064. Vingt Jours en Sicile, par le vicomte de Marcellus. *Paris, Debécourt*, 1841, in-8, demi-rel. chag. r.

2065. The Waldenses, or protestant Valleys of Piedmont and Dauphiny, by William Beattie. *London*, 1836, in-4, portraits et figures sur acier, mar. br. comp. en or, tr. dor.

2066. Voyage à Dresde et dans les Vosges, par Albert Montémont. *Paris, Ledoyen*, 1861, in-8 br.

2067. Vingt Semaines de séjour à Munich, par le baron Thiébault. *Paris, E. Dentu*, 1861, in-8 br.

2068. La Suisse historique et pittoresque, description de ses vingt-deux cantons, par MM. Mennard, Lullin de Châteauvieux, Le Prés, Dubochet, etc., etc. *Paris, Didier*, 1858, 2 vol. gr. in-8, cartes col. et figures n. et en coul. demi-rel. chag. r.

2069. Lettres sur la Grèce, faisant suite à celles sur l'Egypte, par M. Savary. *Paris, chez Onfroy*, 1788, in-8, carte et fig. demi-rel. bas.

2070. Voyage littéraire de la Grèce, ou lettres sur les Grecs anciens et modernes, avec un parallèle de leurs mœurs, par M. Guys. *Paris, chez la veuve Duchesne*, 1783, 4 vol. in-8, front. gr. plans et fig., v. f. ant. fil.

2071. Le Guide de la Macédoine, par M. Ch.-Ed. Guys. *Paris, Duprat*, 1857, in-8 br.

2072. Voyage à Constantinople fait à l'occasion de l'ambassade de M. le comte de Choiseul-Gouffier à la Porte Ottomane, par un ancien aumônier de la marine royale, par M. l'abbé Guillaume Martin, traduit du turc par M. Garcin de Tassy. *Paris, chez F. et L. Janet*, 1819, in-12, portr. cart. non rog.

Exemplaire interfolié de papier blanc avec des notes manuscrites.

2073. Voyage à Constantinople, fait à l'occasion de l'ambassade de M. le comte de Choiseul-Gouffier, à la Porte

Ottomane. *Paris, chez P. et L. Janet*, 1819, in-12, portr. v. ant. fil.

2074. Constantinopolis und der Bosporos, örtlich und geschichtlich beschrieben von Jos. von Hammer. *Pesth*, 1822, 2 vol. in-8, carte, br.

2075. The Travels of Marco Polo, a Venetian, in the thirteenth century, being a description, by that early traveller, of remarkable places and things, in the eastern parts of the world, translated from the italian by William Marsden. *London*, 1818, in-4, carte, demi-rel. avec c. v. f. fil.

2076. Le Livre de Marco Polo, citoyen de Venise, conseiller privé et commissaire impérial de Khoubilaï-Khaân, publié par G. Pauthier. *Paris, F.-Didot*, 1865, in-8 br.
Introduction.

2077. The Travels of Ibn Batuta; translated from the abridged arabic manuscript copies, by the rev. Samuel Lee. *London*, 1829, in-4 demi-rel. v. rose.

2078. Travels in Europe and Asia, by Myrza Abu Taleb Khân, published and edited by his son Mirza Hasein Ali and Mir Kudrut Ali, Munshi. *Calcutta*, 1812, in-8, veau ant.

2079. Voyage du prince persan Mirza Abou Taleb Khan, en Asie, en Afrique, en Europe, écrits par lui-même et publiés par Ch. Malo. *Paris*, 1819, in-8, demi-rel. v. bleu.

2080. Les Six Voyages de Jean-Baptiste Tavernier, en Turquie, en Perse et aux Indes. *Suivant la copie imprimée à Paris*, 1679-1692, 3 vol. in-12, titre front. gr. cartes et figures, veau br. tr. dor.

2081. Nouveau Voyage du Levant, par le sieur Du Mont, contenant ce qu'il a vu de plus remarquable en Allemagne, France, Italie, Malte et Turquie, où l'on voit aussi les brigues secrètes de M. de Chateauneuf, etc. *A la Haye, chez Et. Foulque*, 1694, in-12, figures, v. br.
Première édition, très-rare.

2082. Voyages and travels in the Levant, in the years 1849, 50, 51, 52, written originally in the swedish language, by the late F. Hasselquist, published by Ch. Linnœus. *London*, 1766, in-8, carte, v. granit.

2083. Voyages dans le Levant, contenant des observations sur l'histoire naturelle, la médecine, l'agriculture, etc., par Fr. Hasselquist. *A Paris, chez Delalain*, 1769, 2 part. en 1 vol. in-12, v. marb.

HISTOIRE. 177

2084. Pérégrinations en Orient, ou voyage pittoresque, historique et politique en Égypte, Nubie, Syrie, Turquie, Grèce, pendant les années 1837-38-39, par Eus. de Salle. *Paris, Pagnerre et L. Curmer*, 1840, 2 vol. in-8, demi-rel. v. f.

2085. Correspondance et mémoires d'un voyageur en Orient, par Eug. Boré. *Paris, Olivier-Fulgence*, 1840, 2 vol. in-8, demi-rel. v. f.

2086. Voyage religieux en Orient, par l'abbé J.-H. Michon. *Paris, Comon*, 1853, 2 tomes en 1 vol. in-8, fig. demi-rel. chag. bl.

2087. Voyage en Orient : Grèce, Turquie, Égypte, par A. Regnault. *Paris, P. Bertrand*, 1855, in-8 br.

2088. Recueil d'itinéraires et de voyages dans l'Asie centrale et l'extrême Orient. *Paris, Ern. Leroux*, 1878, gr. in-8 br.

2089. Itinéraires de la terre sainte des XIII°, XIV°, XV°, XVI°, XVII° siècles, traduit de l'hébreu par E. Carmoly. *Bruxelles, A. Vandale*, 1847, gr. in-8, carte, demi-rel. mar. la Vall.

2090. Byeways in Palestina, by James Finn. *London*, 1868, in-12, fig. col. cart. perc. la Vall. non rogn.

2091. The East; sketches of travel in Egypt and the holy Land, by the rev. J. A. Spencer. *New-York, P. Putnam*, 1850, gr. in-8, figures teintées, cart. angl. perc. n.

2092. Voyage en Syrie, peinture des mœurs musulmanes, chrétiennes et israélites, par H. Guys. *Paris, Just Rouvier*, 1855, in-8, demi-rel. chag. r.

2093. Damas et le Liban, extraits du journal d'un voyage en Syrie, par S. A. R. Mgr le comte de Paris. *Londres, W. Jeffs*, 1861, in-8 demi-rel. chag. bl.

2094. The Nestorians and their rituals : with the narrative of a mission to Mesapotamia and Coordistan in 1842-1844, and of a late visit to those countries in 1850, etc., by the rev. George Percy Badger. *London*, 1852, 2 vol. in-8, portr. carte et figures, veau fil.

2095. Journal d'un voyage dans la Turquie d'Asie et la Perse, fait en 1807 et 1808. *Paris, Le Normant*, 1809, in-8, demi-rel. bas.

2096. Description de l'Arabie, par M. Niebuhr. *A Paris, chez Brunet*, 1779, 2 vol. in-4, cartes et fig. bas. marb. fil.

2097. The Desert of the Exodus. Journeys on foot in the wilderness of the forty years' wanderings undertaken in

HISTOIRE.

connexion with the ordnance survey of Sinai and the Palestine exploration fund, by E. H. Palmer. *Cambridge, Deigthon Bell*, 1871, 2 vol. in-8, cartes col. et lig. teintées, cart. angl. perc.

2098. Travels in Arabia, by the late John Lewis Burckhardt. *London*, 1829, 2 vol. in-8, cartes, v. f. fil. (*Rel. angl.*).

2099. Narrative of a year's journey through central and eastern Arabia (1862-63), by W. Gifford Palgrave. *London*, 1865, 2 vol. in-8, portr. cart. angl. perc. v. ébarb.

2100. Pilgrimage to the Caaba and Charring Cross, by Hasiz Admed Hassan. *London, W. H. Allen, s. d.*, pet. in-8, portr. photogr. cart. perc. v.

2101. A Pilgrimage to Mecca, by the Nawab Sikandar begum of Bhopal, translated from the original Urdu, by Mrs Willoughby Osborne, translated by the rev. William Wilkinson. *London*, 1870, in-8, gravures et photogr. cart.

2102. Sketches of central Asia, additional chapters on my travels, adventures, and on the ethnology of central Asia, by Arminius Vambéry. *London, W.-H. Allen*, 1868, in-8, cart. perc. grenat, non rog.

2103. Relation des Mongols ou Tartares, par le frère Jean du Plan de Carpin, précédée d'une notice sur les anciens voyages de Tartarie en général, par M. d'Avezac. *Paris*, 1838, in-4, demi-rel. v. f.

2104. Arminius Vambéry, Voyages d'un faux derviche dans l'Asie centrale, etc., traduits de l'anglais par E.-L. Forgues. *Paris, Hachette*, 1868, in-12 br.

2105. Travels in Assyria, Media and Persia, including a journey from Bagdad, by Mount Zagros to Hamadan, the ancient Ecbatana, researches in Ispahan and the ruins of Persepolis, and journey from thence, by Shyraz and Shapoor to the Sea-Shore, by J.-S. Buckingham. *London*, 1829, in-4, port. col. carte et vig. demi-rel. mar. bl.

2106. Cabool, being a personnal narrative of a journey to and residence in that city in the year 1836, by the late lieut. col. sir Alexander Burne. *London, John Murray*, 1842, gr. in-8 cart.

2107. Amœnitatum exoticarum politico-physico-medicarum fasciculi V quibus continentur variæ relationes, observationes et descriptiones rerum persicarum et ulterioris Asiæ, multa attentione, in peregrinationibus per universum orientem, collectæ, ab auctore Engelberto Kæmpfero. *Lemgovius, H. Wilhelmus Meyeræ*, 1712, pet. in-4, front. gr. et figures, v. f. fil. tr. dor.
Exemplaire court de marges.

HISTOIRE.

2108. Voyage en Perse, fait en 1812 et 1813, par Gaspard Drouville. *Paris, 1825*, 2 vol. in-8, figures coloriées, demi-rel. v. f. ant. non rog.

2109. Voyages du chevalier Chardin, en Perse et autres lieux de l'Orient, publiés par F. Langlès. *Paris, Le Normant, 1811*, 10 vol. in-8, demi-rel. v. vert et atlas in-folio.

2110. The indian Travels of Apollonius of Tyana, etc., by Osmond de Beauvoir Priaulx. *London, Quaritch, 1873*, in-12, demi-rel. mar. non rog.

2111. Journal du voyage de Vasco da Gama en 1497, traduit du portugais par A. Morelet. *Lyon, imp. de L. Perrin, 1864*, in-4, portrait, carte et fac-simile, demi-rel. chag. r.

2112. Voyage de François Pyrard de Laval, contenant sa navigation aux Indes occidentales, avec la description des pays, mœurs, loix, façons de faire, police et gouvernement. *A Paris, chez Samuel Thibout, 1619*, 2 vol. in-12, demi-rel. v. f.

2113. Anciennes Relations des Indes et de la Chine, traduites d'arabe par l'abbé Renaudot. *A Paris, J.-B. Coignard, 1718*, in-8, v. ant.

2114. Relation des voyages faits par les Arabes et les Persans dans l'Inde et à la Chine dans le ixe siècle de l'ère chrétienne, texte arabe imprimé en 1811 par les soins de F. Langlès, publié par M. Reinaud. *Paris, 1845*, 2 vol. in-18, demi-rel. v. f.

2115. Voyage aux Indes orientales et à la Chine, fait par ordre du roi, depuis 1774 jusqu'en 1781, par M. Sonnerat. *A Paris, 1782*, 3 vol. in-8, veau marb. fil.

2116. Voyage dans l'Indostan, par M. Perrin. *Paris, 1807*, 2 vol. in-8, demi-rel. v. f.

2117. A Journey from Madras through the countries of Mysore, Canara and Malabar performed under the orders of the most noble the marquis Wellesley, governor general of India, published under the authority and patronage of the honourable the director of the East India compagny, illustrated by a map and numerous other engravings. *London, 1807*, 3 vol. in-4, v. rac.

2118. Translation of the letters of a hindoo rajah, written previous the, and during the period of his residence in England, to which is prefixed a preliminary dissertation on the history, religion and manners of the hindoos, by Eliza Hamilton. *London, 1801*, 2 tomes en 1 vol. in-12, demi-rel. v. ant.

2119. Voyage du Bengale à Pétersbourg à travers les provinces septentrionales de l'Inde, le Kachmyr, la Perse, sur la mer Caspienne, etc., par feu George Forster, traduit de l'anglais par L. Langlès. *Paris*, 1802, 3 vol. in-8, demi-rel. v.

2120. Voyages dans l'Hindoustan à Ceylan, sur les deux côtes de la mer Rouge, en Abyssinie et en Egypte, par le vicomte George Valentia, traduits de l'anglais par P.-F. Henry. *Paris*, 1813, 4 vol. in-8 et atlas in-4, demi-rel. v.

2121. Narrative of a journey through the upper provinces of India from Calcutta to Bombay, 1824-1825, by the late right rev. Reginald Heber. *London, John Murray*, 1828, 2 vol. in-4, demi-rel. u. bleu.

2122. Narrative of a journey through the upper provinces of India, from Calcutta to Bombay, 1824-1825 (with notes upon Ceylon), an account of a journey to Madras and the southern provinces, 1826, and letters written in India, by the late right rev. Reginald Heber. *London, John Murray*, 1828, 3 vol. in-8, fig. sur bois, v. ant.

2123. Excursions in India, including a walk over the Himalaya moutains to the sources of the Sumna and the Ganges, by captain Thomas Skinner. *London*, 1833, 2 vol. in-8, demi-rel. v. f.

2124. Tours in upper India, and in parts of the Himalaya mountains, with accounts of the courts of the native princes, etc., by major Archer. *London*, 1833, 2 vol. in-8, demi-rel. v. ant.

2125. Travels in western India embracing a visit to the sacred mounts of the Iains and the most celebrated shrines of hindu faith between Rajpootana and the Indus, by the late colonel James Tod. *London*, 1839, gr. in-4, veau.

2126. A personal Narrative of a visit to Ghuzni, Kabul, and Afghanistan, and of a residence at the court of Dost Mohamed, with notices of Runjit Sing, Khiva, and the russian expedition, by G.-T. Vigne. *London*, 1840, in-8, port. en couleur et fig. cart. angl. perc. v.

2127. Correspondance de V. Jacquemont pendant son voyage dans l'Inde. *Paris*, 1841, 2 vol. in-12, demi-rel. chag. vert.

2128. Narrative of three month's march in India, and a residence in the Dooab. *London*, 1841, in-8, fig. cart. non rog.

2129. Souvenirs d'un voyage dans l'Inde, exécuté de 1834 à 1839, par M. Ed. Delessert. *Paris, Fortin-Masson*,

HISTOIRE. 181

Langlois et Leclercq, 1843, pet. in-4, fig. lith. et planches en coul. demi-rel. v. f.

2130. Voyages dans l'Inde, notes recueillies en 1835, 39 et 40, par Saint-Hubert Théroulde. *Paris, Benj. Duprat*, 1843, in-12, fig. demi-rel. v. ant.

2131. Narrative of a journey through the upper provinces of India from Calcutta to Bombay, 1824-1825; by the late right rev. Reginald Heber. *London, John Murray*, 1844, 2 vol. in-12, demi-rel. mar. vert.

2132. Rambles and recollections of an indian official, by lieutenant colonel W.-H. Sleeman. *London*, 1844, 2 vol. gr. in-8, fig. chromolith. cart. perc. v.

2133. The indian Pilgrim, by Mrs Sherwood, translated by Bâbù Joyn Hari. *Allahabad*, 1847, in-12 cart.

2134. Voyage du missionnaire A.-F. Lacroix au temple de Jogonnath, traduit de l'anglais par W. Pétavel. *Neuchâtel*, 1851, in-8, portr. et fig. demi rel. v. f.

2135. Voyages dans l'Inde et en Perse, par le prince Alexis Soltykoff. *Paris, V. Lecou*, 1853, in-12, demi-rel. chag. r.

2136. A Journey through the kingdom of Oude, in 1849-1850, by major general sir W.-H. Sleeman. *London*, 1858, 2 vol. in-8, demi-rel. avec coins, v. vert.

2137. Six Months in India, by Mary Carpenter. *London, Longmans*, 1868, 3 vol. in-8, cart.

2138. The Travels of a Hindoo to various parts of Bengal and upper India, by Bholamauth Chunder, with an introduction, by J. Talboys Wheeler, esq. *London, N. Trubner*, 1869, 2 vol. in-8 cart.

2139. The indian Travels of Appollonius of Tyana and the indian embassies to Rome from the reign of Augustus to the death of Justinian, by Osmond de Beauvoir-Priaulx. *London, Quaritch*, 1673, in-8, demi-rel. bas. verte.

2140. India in 1875-76. The Visit of the prince of Wales, a chronicle of His Royal Highness journeying in India, Ceylon, Spain and Portugal, by George Wheeler. *London*, 1876, in-8 cart.

2141. Notes of an indian journey, by Mountstuart E. Grant Duff. *London*, 1876, in-8 cart.

2142. Journal du voyage de Siam, fait par M. l'abbé de Choisy. *A Trévoux*, 1741. in-12, v. marb.

2143. L'Annam et le Cambodge, voyages et notices historiques, par C.-E. Bouillevaux. *Paris, V. Palmé*, 1874, in-8 br. carte.

2144. Voyage en Chine, par L.-C. Lavallée. *Paris, Just Rouvier*, 1853, in-8 br.

2145. Relation de l'Égypte, par Abd-Allatif, le tout traduit et enrichi de notes historiques et critiques, par M. Silvestre de Sacy. *Paris*, 1810, in-4, veau vert. fil.

2146. Journal d'un séjour en Abyssinie pendant les années 1830, 1831 et 1832, par Samuel Gobat. *Paris et Genève*, s. d., in-8, portr. et carte, demi-rel. mar. vert.

2147. Le Grand Désert, ou itinéraire d'une caravane du Sahara au pays des nègres, par Eug. Daumas et Ausone de Chancel. *Paris*, 1848, gr. in-8, demi-rel. chag. r.

2148. Travels in the great desert of Sahara, by James Richardson. *London, R. Bentley*, 1848, 2 vol. in-8. fig. v. f. fil.

2149. Le Désert et le Soudan, par M. le comte d'Escayrac de Lauture. *Paris, Klincksieck*, 1853, gr. in-8, cartes et fig. demi-rel. chag. br.

2150. An Account of Timbuctoo and Housa territories in the interior of Africa, by El Hage Abd Salam Shabeeny, with notes, critical and explanatory, etc., by J. Grey Jackson. *London*, 1820, in-8, cartes, demi-rel. bas v.

2151. Voyage archéologique dans la régence de Tunis, exécuté et publié par V. Guérin. *Paris, H. Plon*, 1862, 2 vol. gr. in-8, carte et planche, demi-rel. chag. viol.

2152. Relation de ce qui s'est passé dans les trois voyages que les religieux de l'ordre de Nostre-Dame de la Mercy ont faits dans les Etats du roy de Maroc, pour la rédemption des captifs en 1704, 1708 et 1712. *Paris, chez A.-U. Coustellier*, 1724, in-12, v. ant.

2153. Inner Africa laid open, in an attempt to trace the chief lines of communication across that continent south of the equator with, their routes to the Muropue and the Cazembe, Moenemoezi and lake Nyassa, etc., by William Desborough Cooley. *London*, 1852, in-8, cartes, cart. perc.

2154. Central Africa : naked truths of naked people, an account of expeditions to the lake Victoria Nyanza and the Mukraka Niam-Niam, west of the Baht-El-Abiad (white Nile) by Col. C. Chaillé Long. *London*, 1876, in-8, portr. photogr. et fig. sur acier, cart. angl. perc.

2155. The Adventures of Robert Drury, during fifteen years captivity on the island of *Madagascar*, to which is added a vocabulary of the Madagascar language. *London*, 1807, in-8, fig. v. f. fil. (*Armoiries anglaises*.)

HISTOIRE.

2156. Campagne du navire l'Espoir de Honfleur, 1503-1505. — Relation authentique du voyage du capitaine de Gonneville ès nouvelles terres des Indes, publiée par M. d'Avezac. *Paris, Challamel*, 1869, in-8 br.

2157. Voyage of governor Phillip to Botany Bay; with an account of the establishments of the colonies of port Jackson and Norfolk Island, compiled from authentic papers, which have been obtained from the several departements, to which are added the journals of lieut. S. Shortand, Watts, Ball and capt. T. Marshall. *London*, 1790, in-4, portr. cartes et fig. v. marb.

2158. Relation du second voyage fait à la recherche d'un passage au Nord-Ouest, par sir John Ross, et de sa résidence dans les régions arctiques pendant les années 1829 à 1833, ouvrage traduit par A.-J.-B. Defauconpret. *Paris*, 1835, 2 vol. in-8, portr. gr. sur acier et carte, demi-rel. v. r.

2159. Voyage au pays des Mormons, par Jules Remy. *Paris, E. Dentu*, 1860, 2 vol. gr. in-8, portr. carte et figures sur acier, demi-rel. mar. vert.

2160. Fragment d'un voyage en Californie, par M. Duflot de Mofras, 1842. — Les Dernières Expéditions de sir John Franklin, par M. de la Roquette, 1856. — Rapport sur le progrès des sciences géographiques, par M. Alfr. Maury, 1857. — Lien des questions d'Orient et d'Italie, par J. Berger de Xivrey, 1860. — Note sur la mappemonde historiée de la cathédrale de Hereford, par M. d'Avezac, 1862. — Etat actuel des populations indigènes dans les diverses colonies européennes, par René de Semallé, 1874. — L'Art Khmer. Etude historique sur les monuments de l'ancien Cambodge, par le comte de Croizier, 1875. — Ens. 12 brochures réunies en 1 vol. in-8, demi-rel. chagr. viol.

2161. Souvenirs atlantiques, voyage aux États-Unis et au Canada, par Théodore Pavie. *Paris*, 1833, in-8, demi-rel. v.

2162. Fragments d'un voyage dans l'Amérique méridionale en 1833, par Théodore Pavie. *Angers*, 1840, in-8, demi-rel. v. f.

2163. Nineteen Years in Polynesia by Turner. *London*, 1861, in-8, fig. demi-rel. avec c. v. gr. fil. à fr. (*Rel. angl.*)

2164. Voyage aux îles de la mer du Sud en 1827 et 1828, et de la découverte du sort de la Pérouse, par le capitaine Peter Dillon. *Paris, chez Pillet*, 1830, 2 vol. in-8, carte et fig. demi-rel. v. f.

II. CHRONOLOGIE. — HISTOIRE UNIVERSELLE. HISTOIRE ANCIENNE ET DU MOYEN AGE.

2165. L'Art de vérifier les dates des faits historiques, des chartes, des chroniques et autres anciens monumens, depuis la naissance de Notre-Seigneur, par le moyen d'une table chronologique, etc., etc., avec deux calendriers perpétuels, la chronologie historique des conciles, des papes, etc., etc. *A Paris, chez Desprez*, 1770, in-fol, v. marb. fil. (*Texte encadré à deux colonnes.*)

2166. Introduction à l'histoire universelle, par Michelet. *Paris, Hachette*, 1831, in-8, demi-rel. v. f. ant.

2167. Histoire universelle, ouvrage posthume de Müller, traduit de l'allemand par J.-G. Hers. *Paris, chez Paschoud*, 1813, 1817, 4 vol. in-8, v. marb.

2168. Histoire universelle, par M. André de Bellecombe. — 2ᵉ partie. Histoire générale, politique, religieuse et militaire. *Paris, Furne*, 1855-1868, 13 vol. in-8, demi-rel. bas. rouge.

2169. Elements of general history ancient and modern to which are added a table of chronology and a comparative view of ancient and modern geography, by the rev. Edward Nares, translated into hindoostanee, by Lewi Dacosta. *Calcutta*, 1830, 3 tomes en 1 fort vol. in-4, demi-rel. v.

2170. Elements of general history, ancient and modern, by Edward Nares. *London*, 1837, 3 vol. in-8, demi-rel. chag. vert.

2171. Prehistoric Times, as illustrated by ancient remains and the manners and customs of modern savages, by sir J. Lubbock. *London*, 1872, in-8, fig. demi-rel. avec c. bas. viol. dos orné. (*Rel. angl.*)

2172. Histoire véritable des temps fabuleux, par l'abbé Guérin du Rocher. *Paris, chez Gauthier*, 1834, 5 vol. in-8, v. bl. fil. comp. à fr.

2173. Histoire des temps antédiluviens ou antérieurs au déluge d'Yao. *Paris, H. Fournier*, 1837. — Chronologie de Jésus-Christ, par M. le marquis de Fortia. *Paris*, 1830. — Histoire antédiluvienne de la Chine, ou histoire de la Chine dans les tems antérieurs à l'an 2298 avant notre ère, par le marquis de Fortia d'Urban. *Paris*, 1838. — Ens. 3 ouvr. en 1 vol. in-12, demi-rel. v. f. ant.

2174. Atlas géographique, astronomique et historique ser-

HISTOIRE.

vant à l'intelligence de l'histoire ancienne, du moyen âge et moderne, dressé par J.-G. Heck. *Paris, Ch. Picquet, géographe du Roi,* 1835, in-fol., demi-rel. v. viol.

2175. Cours d'histoire ancienne, par Ch. Lenormant. — Introduction à l'histoire de l'Asie occidentale. — *Paris, Ch. Heideloff,* 1838, in-8, demi-rel. v. f.

2176. Histoire de l'esclavage dans l'antiquité, par H. Wallon. *Paris, Dezobry, E. Magdeleine,* 1847, 3 vol. in-8, demi-rel. chag. la Vall.

Le tome Ier contient l'*Esclavage* dans les colonies.

2177. De l'Abolition de l'esclavage ancien au moyen âge, et de sa transformation en servitude de la glèbe, par J. Yanoski, pour faire suite à l'Histoire de l'esclavage dans l'antiquité de M. H. Wallon. *Paris,* 1860, in-8, demi-rel. mar. br. doré en tête, ébarb.

2178. Histoire de la condition des femmes chez les peuples de l'antiquité, par L.-A. Martin. *Paris, chez Ebrard,* 1839, in-8, demi-rel. v. f.

2179. Les Migrations des peuples et particulièrement celle des Touraniens, par Ch.-E. de Ujfalvy de Mezakåverd. *Paris, Maisonneuve,* 1873, gr. in-8 br.

2180. Manuel d'histoire ancienne de l'Orient jusqu'aux guerres médiques, par Fr. Lenormant. *Paris, A. Lévy,* 1869, 3 vol. in-12 br.

2181. A brief Account of the Jews from the creation to the dispersion of the ten tribes of Israel translated and printed for M. Carre Bucker. *Mirzapore,* 1836, in-8 cart.

2182. Le Mont Hor, le tombeau d'Aaron Cadès, étude sur l'itinéraire des Israélites dans le désert, par le comte de Bertou. *Paris, Benj. Duprat,* 1860, gr. in-8, fig. br.

2183. Égypte ancienne, par M. Champollion-Figeac. *Paris, Firmin-Didot,* 1839, in-8, fig. demi-rel. chagr. viol.

2184. A popular Account of the ancient Egyptians, revised and abridged from his larger work, by sir J. Gardner Wilkinson. *London, J. Murray,* 1854, 2 vol. in-8, v. f. fil. tr. peigne.

2185. Histoire grecque de Thucydide, accompagnée de la version latine, par J.-B. Gail. *Paris, chez Gail,* 1807, 2 tomes en 1 vol. in-8, demi-rel. bas.

2186. Nouvelles Recherches sur l'époque de la mort d'Alexandre et sur la chronologie des Ptolémées, ou examen critique de l'ouvrage de M. Champollion-Figeac, intitulé : «*Annales des Lagides,*» par M. J. Saint-Martin. *A Paris,* 1820. — Observations sur un opuscule de M. Champollion-Figeac, intitulé : *Annales des Lagides*, supplémen contenant la défense de la chronologie de cet ouvrage (par le même). *A Paris*, 1820. — Notice sur le zodiaque de Denderah (par le même). *Paris*, 1825. — Ens. 3 ouvr. en 1 vol. in-8, demi-rel. bas.

2187. Athènes ancienne et nouvelle, et l'estat présent de l'empire des Turcs, contenant la vie du sultan Mahomet IV, avec le plan de la ville d'Athènes, par le Sr de la Guilletière. *A Paris, chez Est. Michallet*, 1675, in-12, plan, v. ant.

2188. Relation de l'état présent de la ville d'Athènes, ancienne capitale de la Grèce, bâtie depuis 3400 ans. *A Lyon, chez L. Pascal*, 1674 (*réimpression moderne*). — Essai historique sur les contes orientaux et sur les Mille et une Nuits. *Paris, A. Desrez*, 1838. — Un Ménage d'autrefois, par E. Egger. *Paris*, 1867. — Ens. 3 pièces en 1 vol. in-12, demi-rel. v. f.

2189. Études sur le Péloponnèse, par E. Beulé. *Paris, F.-Didot*, 1855, in-8 br.

2190. Histoire de la guerre du Péloponnèse, par Thucydides, traduction par Ambr. F.-Didot. *Paris, F.-Didot*, 1868-1872, in-8, br. fig.
Tome premier.

2191. Description de l'île de Patmos et de l'île de Samos, par V. Guérin. *Paris, A. Durand*, 1856, in-8, carte, demi-rel. chag. bl.

2192. De Abderitarum rebus commentatio, scripsit Michael Vlangali-Handjeri. *Berolini*, 1854, plaq. in-8 cart.

2193. Poliorcétique des Grecs, traités théoriques, récits historiques, ouvrage publié par C. Wescher. *Paris, Imp. imp.*, 1867, gr. in-8 br.

2194. Fêtes et courtisanes de la Grèce, supplément aux Voyages d'Anacharsis et d'Anténor, par Chaussard. *Paris*, 1821, 4 vol. in-8, demi-rel. v. f. dorés en tête, non rog.

2195. The old roman World, the grandeur and failure of its civilization, by John Lord. *New-York, Ch. Scribner*, 1868, in-8 cart. perc.

2196. L'Étrurie et les Étrusques, ou dix ans de fouilles dans les maremmes toscanes, par A. Noël des Vergers. *Paris, Firmin-Didot*, 1862-64, 2 vol. gr. in-8, demi-rel. mar. vert et atlas.

2197. Essai sur la guerre sociale, par P. Mérimée. *Paris, F.-Didot*, 1841, in-8 br.

HISTOIRE. 187

2198. Examen critique des historiens anciens de la vie et du règne d'Auguste, par A.-E. Egger. *Paris, Dezobry,* 1844, in-8 br. — 3 - 50

2199. Essai sur Marc-Aurèle, précédé d'une notice sur le comte Bart. Borghesi, par Noël des Vergers. *Paris, F.-Didot,* 1860, in-8 br. — 1 - "

2200. Relations politiques et commerciales de l'empire romain avec l'Asie orientale, par M. Reinaud. *Paris, Impr. impériale,* 1863, in-8, carte, demi-rel. chagr. viol. — 7 - 50

2201. La Femme romaine, étude de la vie antique par Mlle Clarisse Bader. *Paris, Didier,* 1877, in-8, demi-rel. mar. bl. — 5 - 50

2202. L'Europe au moyen âge, traduit de l'anglais de Henri Hallam, par A. Borghers et P. Dudouit. *Paris, Ladrange,* 1837, 4 vol. in-8 demi-rel. v. f. — 13 - 50

2203. Histoire légendaire des Francs et des Burgondes aux IIIe et IVe siècles, par E. Beauvois. *Paris,* 1867, in-8 débr. — 3 - "

2204. Invasions des Sarrasins en France, et de France en Savoie, en Piémont et dans la Suisse, pendant les VIIIe, IXe et Xe siècles de notre ère, d'après les auteurs chrétiens et mahométans, par M. Reinaud. *Paris, Dondey-Dupré,* 1836, in-8 demi-rel. v. br. — 6 - "

2205. Rozière (Eugène de). — Recueil général des formules usitées dans l'empire des Francs du Ve au Xe siècle. *Paris, Aug. Durand,* 1859. — Liber diurnus, ou recueil des formules usitées par la chancellerie pontificale du Ve au XIe siècle. *Paris, Durand, E. Thorin,* 1869. — Ens. 3 vol. in-8 demi-rel. mar. r. tr. peigne. — 17 - "

2206. Histoire des croisades, par M. Michaud. *A Paris,* 1825, 10 vol. in-8 demi-rel. v. vert. — 20 - "

2207. Recueil des historiens des croisades, publié par les soins de l'Académie des inscriptions et belles-lettres. *Paris, Imprimerie impériale,* 1859-1866, 2 vol. in-fol. d.-r. v. f. — 40 - "
Historiens occidentaux, tome 2e et 3e.

2208. Historiens orientaux. *Paris, Imprimerie nationale,* 1872, 2 vol. in-16 fol. demi-rel. v. f. et br. — 45 - "
Tome Ier et IIe, 2e partie faisant partie de la collection du Recueil des Historiens des Croisades.

2209. Documents arméniens (tome Ier). *Paris, Impr. imp.,* 1869, in-fol. demi-rel. v. f. — 24 - "
Faisant partie du Recueil de la collection des Historiens des Croisades.

2210. Extraits des historiens arabes, relatifs aux guerres des croisades, par M. Reinaud. *Paris,* 1829, demi-rel. in-8, demi-rel. bas. — 21 - "

2211. Histoire des Wandales depuis leur première apparition sur la scène historique jusqu'à la destruction de leur empire en Afrique, par Louis Marcus. *Paris, A. Bertrand*, 1836, in-8, demi-rel. chag. bl.

III. HISTOIRE MODERNE DE L'EUROPE.

2212. Recueil des historiens des Gaules et de la France, publié par MM. de Wailly et Delisle. *Paris, Impr. imp.*, 1865-1876, 2 forts vol. in-fol. br.
Tome XXII et XXIII.

2213. Table chronologique des diplômes, chartes, titres et actes imprimés concernant l'histoire de France, par de Bréquigny, continuée par MM. Pardessus et Laboulaye. *Paris, Imprimerie impériale*, 1863-1876, 2 vol. in-fol. br.
Tome VII et VIII.

2214. Nouvelle Méthode raisonnée du blason ou de l'art héraldique du P. Menestrier. *A Lyon, chez P. Bruyset, Ponthus*, 1770, pet. in-8, fig. de blasons, v. marb.

2215. Noms féodaux ou noms de ceux qui ont tenu fiefs en France, depuis le xii° siècle jusque vers le milieu du xviii°, extraits des archives du royaume. *Paris, Beaucé-Rusand*, 1826, 2 vol. in-8 br.

2216. Traité historique et chronologique du sacre et couronnement des rois et des reines de France..., augmenté de la relation exacte de la cérémonie du sacre de Louis XV, par M. Menin. *Paris*, 1723, in-12 v. marb.

2217. Époques de l'histoire de France en rapport avec le théâtre français, dès la formation de la langue jusqu'à la renaissance, par Onésime Leroy. *Paris, Hachette, et chez Amyot*, 1843, in-8, demi-rel. v. f. ant.

2218. Catalogue des actes de Philippe-Auguste, avec une introduction sur les sources, les caractères et l'importance historique de ces documents, par L. Delisle. *Paris, A. Durand*, 1856, in-8 br.

2219. Edgard Boutaric. — La France sous Philippe le Bel, étude sur les institutions politiques et administratives du moyen âge. *Paris, H. Plon*, 1861. — Saint Louis et Alphonse de Poitiers, étude sur la réunion des provinces du Midi et de l'Ouest à la couronne, etc. *Paris, H. Plon*, 1870. — Ens. 2 vol. in-8 demi-rel. mar. la Vall.

2220. Commentaire critique sur quatre années des chroniques de J. Froissart et du règne de Charles V, par Siméon Luce. *Paris, Renouard*, 1878, br. in-8.

2221. Jacques Cœur et Charles VII, ou la France au xv° siècle, par M. J. Clément. *Paris, Guillaumin*, 1853, 2 vol. in-8, portr. br.

2222. Histoire de Charles IX, par Ed. de la Barre-Duparq. *Paris*, 1875, in-8, demi-rel. mar. r.

2223. De la Démocratie chez les prédicateurs de la Ligue, par Ch. Labitte. *Paris, Durand*, 1865, in-8 demi-rel. chag. r.

2224. Histoire du règne de Henri IV, par M. Aug. Poirson. *Paris, Didier*, 1862-1867, 4 vol. in-8 v. f. fil. dos ornés.
Bel exemplaire.

2225. Histoire des ducs de Guise, par René de Bouillé. *Paris, Amyot*, 1849-1850, 4 vol. in-4 demi-rel. v. f.

2226. Les Dernières Années du cardinal de Retz (1655-1679), étude historique et littéraire. — Thèse présentée à la Faculté des lettres de Paris par A. Gazier. *Paris, Ern. Thorin*, 1875, in-8 demi-rel. chag. vert.

2227. Le Gouvernement de Louis XIV, ou la cour, l'administration, les finances et le commerce, de 1683 à 1689, par M. P. Clément. *Paris, Guillaumin*, 1848, in-8 br.

2228. Guillaume III et Louis XIV, histoire des luttes et rivalités politiques entre les puissances maritimes et la France dans la dernière moitié du xviii° siècle, par le baron Sirtema de Gravestins. *Paris, de l'imprimerie L. Toinon*, 1868, 8 vol. — Avant et après Guillaume III. — Jules César, par un chrétien ne reconnaissant qu'un seul Messie (par le même). *Paris, Em. Paul et Linard*, 1868. — Ens. 9 vol. in-8 br.

2229. Histoire de la vie et de l'administration de Colbert, précédée d'une étude historique sur Nicolas Fouquet, par M. P. Clément. *Paris, Guillaumin*, 1846, in-8, br.

2230. Documents inédits concernant l'histoire de France, et particulièrement l'Alsace et son gouvernement sous le règne de Louis XIV, par M. Vanhuffel. *Paris*, 1840, in-8 br.

2231. Bossuet, précepteur du dauphin, fils de Louis XIV et évêque à la cour (1670-1682), par A. Floquet. *Paris, F.-Didot*, 1864, in-8 br.

2232. Louis XVI et ses vertus aux prises avec la perversité de son siècle, par feu l'abbé Proyart. *Paris*, 1808, 4 vol. in-8. — Louis XVI détrôné avant d'être roi, ou tableau des causes de la révolution française et de l'ébranlement de tous les trônes (par le même). *Paris*, 1803. — Ens. 5 vol. in-8 v. ant. fil.

2233. Calendrier de la cour pour l'année 1783. *A Paris, chez Hérissant*, 1783, in-18 mar. r. tr. dor. (*Rel. anc.*).

2234. Les Français sous la Révolution, par MM. Aug. Challamel et Wilhem Ténint. *Paris, Challamel*, s. d., gr. in-8, figures gr. par Massard, d'après Baron, demi-rel. chag. grenat.

2235. Histoire de la révolution de France, depuis l'ouverture des états généraux (mai 1789) jusqu'au 18 brumaire (novembre 1799), ouvrage posthume de l'abbé Papon. *Paris, chez Poulet*, 1815, 6 vol. in-8 demi-rel. v. f.

2236. Mémoires du marquis de Bouillé, publiées par MM. Bouillé et Barrière. *Paris, Baudoin*, 1823, in-8, demi-rel. v. gris.

2237. Adresse de la Convention nationale au peuple français, décrétée dans la séance du 18 vendémiaire, traduite en arabe par P. Ruffin. *A Paris, an III*, in-fol. parch. v.

2238. La Terreur, étude critique sur l'histoire de la révolution française, par H. Wallon. *Paris, Ch. Douniol*, 1870, in-8 demi-rel. v. f.

2239. Joseph le Bon dans sa vie privée et dans sa carrière politique, par son fils, Émile le Bon. *Paris, Dentu*, 1861, in-8, br.

2240. Mémoires sur la Révolution française, par le marquis de Bouillé. *A Londres*, 1797, 2 tomes en 1 vol. in-8, demi-rel. bas. ant.

2241. Notice sur le monument de Quiberon, suivie de la liste authentique des noms des victimes inscrites sur le mausolée, extrait du voyage de Madame au berceau de Henri IV, par A. Piban-Delaforest. *Paris*, 1829, plaq. in-8 de 66. p. demi-rel. chag. viol.

2242. La République parthénopéenne, épisode de l'histoire de la République française, par J. La Cécilia, traduit de l'italien par Hippolyte Thibaut. *Tours, de l'imprimerie de Raverot*, 1834, in-8 demi-rel. bas.

Le titre porte la signature de Boissonade.

2243. Dictionnaire des girouettes, ou nos contemporains peints d'après eux-mêmes. *Paris, Alex. Eymery*, 1815, in-8 fig. col. demi-rel. bas.

2244. Reminiscences of prince Talleyrand, edited by Mme Colmache. *London, H. Colburn*, 1848, 2 vol. in-8, cart. perc. bl. non rog.

2245. Vie de Becquey, ministre d'Etat sous la Restauration, par Beugnot. *Paris, F. Didot*, 1852, in-8 br.

HISTOIRE.

2246. Un Souvenir de Solferino, par J. Henry Dunant. Genève, 1862, gr. in-8 cart. br.

2147. La Défense du pays, par H. Montucci. *Paris, Delagrave*, 1871, in-8 br.

2248. France and hereditary monarchy, by John Bigelow. London, 1871, in-8 cart. perc. bl.

2249. Les Archives de la France, leurs vicissitudes pendant la révolution, leur régénération sous l'empire, par le marquis de Laborde. *Paris, Renouard*, 1867, in-12 br.

2250. Les Archives du consulat général de France à Alger, par Alb. Devoulx. *Alger*, 1865, in-8 demi-rel. v. f

2251. Notices statistiques sur les colonies françaises, imprimées par ordre de M. le vice-amiral de Rosamel et de l'amiral baron Duperré. *Paris, Imprimerie royale*, 1837-1846, 5 vol. in-8 demi-rel. v.

Martinique, Guadeloupe et dépendances, — Bourbon. Guyane française. — Etablissement français de l'Inde. Sénégal et dépendances. — Possession française à Madagascar. Iles Saint-Pierre et Miquelon. — Tableaux de population, de culture, de commerce et de navigation formant pour l'année 1842 la suite des tableaux insérés dans la notice statistique sur la colonie française.

2252. Dissertations sur l'histoire ecclésiastique et civile de Paris, suivies de plusieurs éclaircissemens sur l'histoire de France, par M. l'abbé Lebeuf. *A Paris, chez Lambert et Durand*, 1739-43, 3 vol. in-12, figures, demi-rel. v. f.

2253. Paris pendant la révolution (1789-1798), ou le Nouveau Paris, par Sébastien Mercier. *Paris, Poulet-Malassis*, 1862, 2 vol. in-12, demi-rel. mar. r. dorés en tête, non rog.

2254. Versailles ancien et moderne, par le comte Alex. de Laborde. *Paris, impr. Schneider et Langrand*, 1851, gr. in-8, front. et nombr. vig. sur bois dans le texte, chag. r. comp. dorés, tr. dor.

2255. Recueil de documents pour servir à l'histoire de l'ancien gouvernement de Lyon contenant des notices chronologiques et généalogiques sur les familles nobles ou anoblies qui en sont originaires, etc., mis en ordre et publié par L. Morel de Voleine, et H. de Charpin. *A Lyon, par L. Perrin*, 1854, in-fol. figures de blasons, cart. non rog.

2256. Essai sur l'histoire, la langue et les institutions de la Bretagne armoricaine, par Aurélien de Courson. *Paris, Le Normant*, 1840, in-8, demi-rel. chag. vert.

2257. Histoire des peuples bretons dans la Gaule et dans les Iles-Britanniques, par Aurélien de Courson. *Paris, Furne, E. Bourdin*, 1846, 2 vol. gr. in-8, demi-rel. chag. bl.

2258. La Bretagne du v° au xii° siècle, par M. Aurélien de Courson. *Paris, impr. Imp.*, 1863, in-4, fac-simile, fig. et carte col. br.

2259. Histoire des origines et des institutions des peuples de la Gaule armoricaine et de la Bretagne insulaire, depuis les temps les plus reculés jusqu'au v° siècle, par Aurélien de Courson. *Paris, Joubert*, 1843, in-8, demi-rel. chag. vert.

2260. Histoire du château de Blois, par L. de la Saussaye. *Blois, Paris, chez Techener*, 1840, gr. in-4, figures lith. demi-rel. chag. vert.

2261. Étymologies des noms de lieux du département de la Drôme avec l'indication des familles qui les ont possédés à titre de fief, par le baron de Coston. *Paris, Aubry*, 1872, in-8 br.

2262. Histoire d'une ville protestante, par Mary Lafon. *Paris, Amyot*, 1862, in-8, demi-rel. chag. rouge tr. peign.

2263. A. Germain, professeur d'histoire à la faculté des lettres de Montpellier. — Réunion de 11 opuscules en 1 vol. in-4, demi-rel. chagr. rouge.

Une Vie inédite de F. Bosquet. *Montpellier*, 1859. — Une nouvelle Charte inédite de Marie de Montpellier, 1860. — La Paroisse à Montpellier, au moyen âge. — Un Feuillet inédit de l'histoire du règne de Charles VI, 1862, etc., etc.

2264. Maguelone sous ses évêques et ses chanoines, étude historique et archéologique par A. Germain. *Montpellier*, 1869. — Etude historique sur l'école de droit de Montpellier, 1160-1793 (par le même). *Montpellier*, 1877, 2 vol. in-4 br.

2265. Histoire du commerce de Montpellier, antérieurement à l'ouverture du port de Cette, par A. Germain. *Montpellier*, 1861, 2 vol. in-8 br.

2266. Répertoire des travaux de la Société de statistique de Marseille, publié sous la direction de P.-M. Roux. *Marseille*, 1837 à 1857, 20 vol. in-8 br., plus le tome xxiv, année 1861.

2267. Monographie de la chartreuse de Marseille, par F. Vérany. *Marseille, Alex. Gueidon*, 1860, pet. in-8, fig. demi-rel. chag. vert.

2268. Mémoire sur la tapisserie du chœur de l'église cathédrale d'Aix, par L. P. D. S. V. (Vincens). *Aix, de l'impr. d'Aug. Ponthier*, 1816. — Lettres inédites de M. de Peiresc, communiquées à M. Millin (par le même). *Aix*, 1816, — Lettre de M. de Peiresc, sur une visite que lui avait faite le cardinal Barberini, neveu du pape Urbain VIII. *Aix*, 1816. — Correspondance inédite de Peiresc avec Jérôme

Alexandre, publiée par M. Fauris de S.-Vincent. *Paris*, 1819. — 4 opuscules réunis en 1 volume in-8, demi rel. bas bl.

2269. L. Legré. La Ligue en Provence. *Paris*, 1867. — T. Aubanel. La Miougrano entreduberto (avec traduction littérale en regard). *Avignon*, 1860. — 2 vol. in-12 br.

2270. Les Forêts de la France dans l'antiquité et au moyen âge ; nouveaux essais sur leur topographie, leur histoire et la législation qui les régissait, par Alf. Maury. *Paris, Impr. imp.*, 1856, in-4, cartes, br.

2271. Histoire des colonies belges qui s'établirent en Allemagne pendant le douzième et le treizième siècle, par M. de Borchgrave. *Bruxelles, C. Muquardt*, 1865, in-4 br.

2272. Récits historiques sur l'ancien pays de Liège, par L. Polain. *Bruxelles*, 1866, in-8 br.

2273. History of the united Netherlands, by John Lothrop Motley. *New-York*, 1861, 2 vol. in-8, portr. et fig. demi-rel. avec c. v. gris. (*Rel. angl.*)

2274. History of England from the fall of Wolsey to the death of Elizabeth, by James Anthony Froude. *London, Parker*, 1862-66, 8 vol. in-8 cart., perc. bl. non rog.

2275. Histoire d'Angleterre, jusqu'à l'époque de la révolution française, par M. Em. de Bonnechose. *Paris, Didier*, 1862, 4 vol. in-8, demi-rel. mar. r.

2276. Histoire d'Angleterre, depuis les premiers temps jusqu'en 1863, par J.-A. Fleury. *Paris, Hachette*, 1863, 2 vol. in-8, demi-rel. mar. r.

2277. An Introduction to heraldry, by Hugh Clark. *London, Washbourne*, 1845, in-12, titre imprimé en or et en coul. et fig. de blasons col., demi-rel. chag. vert.

2278. Œuvres complètes de W. Robertson précédées d'une notice par J.-A.-C. Buchon. *Paris, A. Desrez*, 1837, 2 vol. gr. in-8 demi-rel., avec c. mar. la Vall. fil. (*Texte à deux colonnes.*)

2279. Crimes et délits de l'Angleterre contre la France, ou l'Angleterre jugée par elle-même, par C. Chatelet. *Lyon*, 1860. — L'Eglise et la France au moyen âge, ou pouvoir temporel du clergé français depuis l'origine de la monarchie jusqu'au XV° siècle (par le même). *Lyon*, 1859, 3 vol. — Ens. 4 vol. in-8 br.

2280. P. Trabaud. — Outre-Manche. Notes et sentiments sur les Iles-Britanniques. *Paris, Amyot*, 1875, pet. in-8. demi-rel. v. f.

2281. L'Irlande sociale, politique et religieuse, par Gust. de Beaumont. *Paris, Ch. Gosselin*, 1842, 2 vol. — Marie, ou l'Esclavage aux Etats-Unis (par le même). *Paris*, 1842. — Histoire de la peinture au moyen âge, par T.-B. Emeric-David, *Paris*, 1842. — Homère, l'Iliade et l'Odyssée, traduits en français par le prince Le Brun. *Paris, Ch. Gosselin*, 1841. — Ens. 5 vol. in-12 demi-rel. chagr. et en veau.

2282. L'Agitation irlandaise depuis 1829; le procès, la condamnation et l'acquittement de Daniel O'Connell. *Paris, chez Waille*, 1845, in-12, demi-rel. v. f. ant.

2283. Statistics of the colonies of the british empire in the west Indies, south America, north America, Asia, Austral-Asia, Africa and Europe, by Robert Montgomery Martin. *London, W. H. Allen*, 1839, fort vol. in-8, carte et planches de médailles, demi-rel. chag. bl.

2284. The Life and pontificate of Leo the tenth, by W. Roscoe. *London*, 1853, 2 vol. in-12, portr. demi-rel. avec c. v. f. (*Rel. angl.*)

2285. Histoire de la lutte des papes et des empereurs de la maison de Souabe, de ses causes et de ses effets, par C. de Cherrier. *Paris, A. Courcier*, s. d., 4 vol. in-8, demi-rel. chag. v.

2286. Historical Memoirs of cardinal Pacca, prime minister to Pius VII, translated from the italian by sir George Head. *London*, 1850, 2 vol. pet. in-8, demi-rel. avec c. v. ant.

2287. Annali di Citeriore Calabria dal 1806 al 1811, per Luigi Maria Greco. *Cosenza*, 1872. 2 vol. in-8 br.

2288. Osservazioni sullo statuto costituzionale del regno d'Italia, per l'avvocato Vincenzo W. Platania. *Catania*, 1868, in-8, br.

2289. Cosas de España, illustrative of Spain and the Spaniards as they are, by W. Pitt Byrne. *London*, 1866, 2 vol. in-12, vig. sur bois, demi-rel. avec c. v. f. fil. à fr. (*Rel. angl.*)

2290. Histoire de la domination des Arabes et des Maures en Espagne et en Portugal, par M. de Marlès. *Paris, A. Eymery*, 1825, 3 vol. in-8, demi-rel. v. gris.

2291. Sephardim, or the history of the Jews in Spain and Portugal, by James Finn. *London*, 1841, in-8, cart. ébarb.

2292. Documentos arabicos para a historia portugueza..., por Fr. João de Sousa. *Lisboa*, 1790, in-4, demi-rel. avec c. bas. ant.

HISTOIRE.

2293. Le Portugal et ses colonies, tableau politique et commercial de la monarchie portugaise dans son état actuel, par Ch. Vogel. *Paris, Guillaumin,* 1860, in-8, br.

2294. Vie privée, politique et militaire du prince Henri de Prusse, frère de Frédéric II. *Paris, chez Delaunay,* 1809, in-8, portr. demi-rel. mar. la Vall.

2295. Histoire générale des Hongrois, par Ed. Sayous. *Paris, Didier,* 1876, 2 vol. in-8, demi-rel. chag. r.

2296. Hungary and Transylvania, by John Paget. *London, J. Murray,* 1855, 2 vol. in-8, carte col. fig. sur acier et vig. sur bois, demi-rel. avec c. v. f. (*Rel. angl.*)

2297. Les Nuits d'épreuve des villageoises allemandes avant le mariage, dissertation sur un usage singulier, traduit de l'allemand. *Paris, chez Jules Gay,* 1861, in-18 br.

2298. Histoire de l'ordre des Assassins, par J. de Hammer, ouvrage traduit de l'allemand par J.-J. Hellert et P.-A. de la Nourais. *Paris, Paulin,* 1853, in-8, v. marb. fil.

2299. De l'Origine de la nation russe, par M. Léonard Hegewald. *St-Pétersbourg,* 1850, in-8, demi-cart.

2300. Esquisses historiques sur Moscou et Saint-Pétersbourg à l'époque du couronnement de l'empereur Alexandre II, par A. Regnauld. *Paris, Bertrand,* 1857, in-8, br.

2301. The Crimea, its ancient and modern history, by the rev. T. Milner. *London,* 1855, in-12, carte, v. f. fil.

2302. Étude sur les peuples primitifs de la Russie, les Mériens, par le comte A. Ouvaroff, trad. du russe par F. Malaqué. *Saint Pétersbourg,* 1875, in-4° cartes col. et planches lith. demi-rel. chag. viol.

2303. Histoire de l'île de Chypre sous le règne des princes de la maison de Lusignan, par L. de Mas-Latrie, *Paris, à l'Impr. imp.,* 1852-1861, 3 vol. gr. in-8, carte, col. br.

2304. Atlas de l'histoire de la civilisation en Suède, par N.-M. Mandelgren. *Stockholm,* 1877, in-fol. en feuilles.
Fascicules I-II. Section des habitations et du mobilier.

2305. Tableau général de l'empire othoman, par M. de M*** d'Ohsson. *Paris, de l'impr. de Monsieur,* 1788, et F. Didot, 1824, 7 vol. in-8, front. gr. demi-rel. v. f.

2306. De la Turquie et des États musulmans en général, par le comte d'Escayrac de Lauture. *Paris, Amyot,* 1858, in-8, demi-rel. chag. la Vall.

2307. Histoire du règne de Mahomet II, empereur des Turcs, par le sieur Guillet. *Paris, chez Et. Ducastin,* 1689, 2 vol. in-12, cartes et fig. v. br.

2308. Prize Essay on the reciprocal influence of European and Muhammadan civilization during the period of the Khalifs and at the present time, by Ed. Rehatsek, *Bombay*, 1877, in-12 br.

2309. Histoire de la campagne de Mohacz par Kemal Pacha Zadey, publiée pour la première fois avec la traduction française et des notes par M. Pavet de Courteille. *Paris*, 1859, in-8, demi-rel. chag. r.

2310. Précis historique de la guerre des Turcs contre les Russes, depuis l'année 1769 jusqu'à l'année 1774, tiré des annales de l'historien turc Vassif-Efendi, par J.-A. Caussin de Perceval. *Paris, chez Le Normant*, 1822, in-8, demi-rel. v. f. ant.

2311. Mémoires du baron de Tott, sur les Turcs et les Tartares. *A Amsterdam*, 1784, 4 part. en 2 col., in-8, demi-rel. bas. marb.

2312. Histoire de l'empire ottoman depuis 1792 jusqu'en 1844, par le baron Juchereau de Saint-Denys. *Paris*, 1844, 4 tomes en 2 vol. in-8, portr. lith. et carte, demi-rel. chag. vert fil.

2313. Précis historique de la destruction du corps des Janissaires par le sultan Mahmoud, en 1846, traduit du turc par A.-P. Caussin de Perceval. *Paris, F.-Didot*, 1833, in-8, demi-rel. v. f. ant.

2314. Texte turc des Capitulations avec la Porte de l'an de l'hégire 1153, traduites dans Michaud, Histoire des Croisades. V. 667. *S. l. n. d.*, pet. in-fol., demi-rel. chag. viol.

2315. *Khalthty Humaïoun*, ou charte impériale ottomane du 18 février, 1856, en français et en turc, par T. X. Bianchi. *Paris, Dondey-Dupré*, 1856, plaq. in-12 oblong, br.

2316. Ubicini. — Lettres sur la Turquie. *Paris, Dumaine*, 1853, 2 vol. — La Question des principautés devant l'Europe. *Paris, E. Dentu*, 1858, ens. 3 col. in-12, demi-rel. v. f.

2317. État présent de l'empire ottoman, par MM. A. Ubicini et Pavet de Courteille. *Paris, Dumaine*, 1876, in-8 br.

2318. Midhat-Pacha, par L. Léouzon Le Duc. *Paris, Dentu*, 1877, in-8 br.

2319. Essais sur l'histoire économique de la Turquie, par M. Belin. *Paris, Impr. imp.*, 1865, in-8 br.

2320. The Christians of Turkey, their conditions under mussulman rule, by rev. W. Denton. *London*, 1877, in-12, cart.

2321. The Trident, the Crescent and the Cross, by the rev. James Vaughan. *London, Longman*, 1876, gr. in-8 cart.

2322. Études sur les Tchinghianes ou Bohémiens de l'empire ottoman, par Alex. G. Paspati. *Constantinople*, 1870, gr. in-8, demi-rel. mar. viol.

IV. HISTOIRE D'ASIE.

a. *Généralités. — Histoire des Indes.*

2323. Tableaux historiques de l'Asie, depuis la monarchie de Cyrus jusqu'à nos jours; par J. Klaproth. *Paris, Ponthieu*, 1826, in-4, demi-rel. avec c. mar. vert, fil. et atlas in-fol.

2324. Bibliothèque orientale, ou dictionnaire universel, contenant généralement tout ce qui regarde la connaissance des peuples de l'Orient..., par M. d'Herbelot. *A Maestricht, chez J.-E. Dufour et Ph. Roux*, 1776. Bibliothèque orientale, ou dictionnaire universel, etc., etc., par MM. C. Visdelou et A. Galand, pour servir de supplément à celle de M. d'Herbelot. *S. l.*, 1780. — 1 fort vol. in-fol., demi-rel. v. ant.

2325. Davidis Millii Dissertationes selectæ varia s. litterarum et antiquitatis orientalis capita exponentes et illustrantes. *Lugduni Batavorum*, 1743, in-4, vél.

2326. Tableau historique de l'Orient, par le chevalier M*** D***. *A Paris, de l'impr. de Didot*, 1804, 2 vol. in-8, v. porph.

2327. The oriental Collection, consisting of original essays and dissertations, translations and miscellaneous papers, illustrating the history and literature of Asia. *London*, 2 vol. in-4, demi-rel. v. fauve.

2328. Mémoire sur la partie méridionale de l'Asie centrale, par Nicolas de Khanikoff. *Paris*, 1861, cartes. — Mémoire sur l'ethnographie de la Perse (par le même). *Paris*, 1866, fig. 2 ouvr. en 1 vol. in-4, demi-rel. chag. viol.

2329. A Dictionary of the religious ceremonies of the eastern nations, etc., also an index, in english, arabic and persian, to which is added a medical vocabulary (by Francis Gladwin). *Calcutta*, 1787, in-4, demi-rel. avec c. v. f. fil. à fr. (*Piqûres de vers*).

2330. Histoire critique de la créance et des coutumes des nations du Levant, publiée par le Sr de Moni. *A Francfort, chez F. Arnaud*, 1684, in-12, v. br.

198   HISTOIRE.

13-" 2331. Carte de l'Inde, publiée en Angleterre, 6 parties collées sur toile, dans un carton.

21-" 2332. Carte de l'Inde, avec les noms hindoustanis, grand format, collée sur toile.

3-" 2333. Memoir of a map of Hindoastan, or the Mogul empire..., by James Rennell. *London*, 1793, in-4 cart. non rog.

11-" 2334. Views in India, China and on the shores of the Red Sea; drawn by Prouet, Stanfield, Gattermole, Puser, Cox, Austen, etc., from original sketches, by commander Robert Elliott, with description by Emma Roberts. *London*, s. d., 2 vol. in-4, demi-rel. avec coins mar. en vol. viol. tr. dor.

3-" 2335. The oriental Annual, or scenes in India; comprising twenty two engravings from original drawings, by W. Daniell, and a descriptive account by the rev. Hobart Caunter. *London*, 1835, pet. in 8, fig. sur acier, chag. la Vall. tr. dor.

78-" 2336. Monuments anciens et modernes de l'Hindoustan, décrits par L. Langlès. *Paris, de l'impr. de P. Didot l'aîné*, 1821, 2 vol. in-fol. cart. orné de planches et de cartes géographiques dressées par M. Barbié du Bocage.

1-" 2337. Arriani Historia indica, cum Bonan. Vulcanii interpretatione latina, recensuit et illustravit Fr. Schmieder. *Halis Magdeburgicis*, 1798, in-8, demi-rel. chag. vert

13-" 2338. Antiquité géographique de l'Inde et de plusieurs autres contrées de la haute Asie, par M. d'Anville. *Paris, de l'Impr. royale*, 1775, in-4, cartes, bas.

101-" 2339. Essays on indian antiquities historic, numismatic and palæographic of the lat. James Prinsep, edited with notes, by Edw. Thomas, *London, John Murray*, 1858, 2 vol. in-8 cart.

3-fo 2340. Description historique et géographique de l'Indostan, par James Rennell, traduite de l'anglais par J.-B Boucheseiche. *Paris*, 1800, 3 vol. in-8, demi-rel. v. antiq.

3-" 2341. A geographical, statistical and historical Description of Hindostan and the adjacent countries, by Walter Hamilton. *London, J. Murray*, 1820, 2 vol. in-4, v. ant.

1-fo 2342. Inde, par M. Dubois de Jancigny et par M. Xavier Raymond. *Paris, Firm.-Didot fr.* 1835, in-8, figures, demi-rel. mar. viol.

26-" 2343. A classical Dictionary of India illustrative of the mythology, philosophy, literature, antiquities, arts, manners, customs, etc., of the Hindus, by John Garrett. *Madras*, 1871, in-8, cart.

2344. The Indian Antiquary, a journal of the oriental research in archæology history, literature, etc., etc., edited by Jas. Burgess. *Bombay*, 1872 à 1878, 6 vol. en fascicules in-4 br. planches. — 26 -,,

Il manque les numéros suivants : années 1872-1873, n°s 5 à 20; — 1874, n° 82, de juillet; — 1875, n° 49, décembre; — 1876, n° 43, avril; — 1878, n°s 84 à 87, septembre à décembre.

2345. J. Petri Maffeii Bergomatis e societate Jesu historiarum indicarum libri XVI. *Brixiæ, apud heredes Thomæ Bazzole*, 1600, in-4, veau, comp. dorés, tr. ciselée. (Reliure italienne.) — 3 -,,

2346. The History of Hindostan; its arts and its sciences as connected with the history of the other greak Empires of Asia during the most ancient periods of the world, with numerous illustrative engravings. *London*, 1820, 3 vol. — The modern History of Hindostan, comprehending that of the greek empire of Bactria. *London*, 1802, 2 vol. ens. 5 vol. in-4, v. — 12 -,,

2347. The History of Hindostan translated from the persian, by Alexander Dow, esq. *London*, 1812, 3 vol. in-8, demi-rel. v. — 3 -,,

2348. Histoire de l'Inde ancienne et moderne, ou l'Indostan considéré relativement à ses antiquités, ses mœurs, etc., par M. Collin de Bar. *Paris, Lenormant*, 1814, 2 vol. in-8, demi-rel. v. — 1 -,,

2349. Mémoires sur l'Indoustan ou empire mogol, par M. Gentil. *A Paris, chez Petit*, 1822, in-8, portr. et carte, demi-rel. v. f. — 1 -,,

2350. Histoire générale de l'Inde ancienne et moderne, par M. de Marlès. *Paris, Emler fr.*, 1827. 6 tom. en 2 vol. in-8, cart. v. rac — 13 -,,

2351. Scriptorum arabum de rebus indicis loci et opuscula inedita, recensuit et illustravit Joannes Gildemeister. *Bonnæ*, 1838, in-8, demi-rel. chag. la Vall. — 1 -,,

2352. The History, antiquities, topography, and statistics of Eastern India, etc., by Montgomery Martin. *London, W. H. Allen*, 1838, 3 vol. in-8, fig. cart. perc. non rog. — 4 -,,

2353. The History of India, from remote antiquity to the accession of the mogul dinasty, compiled for the use of schools by John C. Marshman. *Serampore*, 1836, in-12, cart. — 1 -,,

2354. The History of India, by Mountstuart Elphinstone. — 3 -,,

London, John Murray, 1841, 2 vol. in-8, carte de l'Inde cart. anglais.

2355. Original sanskrit texts on the origin and history of the people of India, their religion and institutions, collected, translated and illustrated by J. Muir. London, Trübner, 1868, in-8 cart. (*Premier volume.*)

2356. Original sanskrit Texts on the origin and history of Hindia, etc., par J. Muir (troisième partie). *Londres, Trübner*, 1861, in-8 cart.

2357. The History of India as told by its own historians the Muhammadan period, edited from the posthumous papers of the late sir H. M. Elliot and by professor John Dowson. *London, Trübner*, 1867-1877, 10 vol. gr. in-8 cart.

2358. Appendix to the Arabs in Sind, vol. III, part. I, of the historians of India, by sir Henry Elliot. *Cape Town*, 1853, in-8 br.

2359. The History of India from the earliest ages, by J. Talboys Wheeler. *London*, 1869-1876, 4 vol. in-8, carte, cart. angl. perc. la Vall. non rog.
Tomes I, II, III et IV. Première partie.

2360. Ancient and mediæval India, by Mrs Manning. *London, W.-M. Allen*, 1869, 2 vol. gr. in-8 cart.

2361. An historical Sketch of the native states of India, by colonel G.-B. Malleson. *London, Longmans*, 1875, in-8, cart.

2362. The indian Miscellany, containing papers on the history, antiquities, arts, languages, etc., edited by W. W. Beach. *Albany, J. Munsell*, 1877, gr. in-8, cart. angl. perc. r. non rog.

2363. Itihas Timirnasak, a history of India, by Babu Sivaprasad. *S. l. n. d.*, in-8, demi-rel. chag. bl. (Texte sanscrit.)

2364. Chronological Retrospect, or memoirs of the principal events of Mahommedan history, from the death of the arabian legislator to the accession of the emperor Akbar, and the establishment of the Moghul empire in Hindustaun, from original persian authorities, by major David Price. *London*, 1811-21, 3 vol. in-4 carte col. demi-rel. avec c. bas. r. fil.

2365. *Aini-Akbary*, or the Institutes of the emperor Akbary, by Chaikh Aboulfazl, edited by H. Blochmann. *London*, 1877, gr. in-4, demi-rel. chag. vert. (*Tome premier.*)

2366. Memoirs of Zehir-Ed-Din Muhammed Baber, emperor

of Hindustan, and translated, partly by the late John Leyden, partly by William Erskine. *London*, 1826, in-4, carte, demi-rel. v. f.

2367. Mémoires de Baber (Zahir-Ed-Din-Mohammed) traduits pour la première fois sur le texte djagataï, par A. Pavet de Courteille. *Paris, Maisonneuve*, 1871, 2 vol. in-8 demi-rel. chagr. r.

2368. History of the rise of the mahomedan power in India, till the year A. D. 1612, translated from the original persian of Mahomed Kasim Ferishta, by John Briggs. *London*, 1829, 4 vol. in-8 demi-rel. v. bl.

2369. Observations on the Mussulmauns of India, by Mrs Meer Hassan Ali. *London*, 1832, 2 vol. in-8, demi-rel. chagr. bleu.

2370. The History of Hydur Naik, otherwise styled Shums Ul Moolk, Ameer Ud Dowla, nawaub Hydur Ali Khan Bahadoor, Hydur Jung, nawaub of the Karnatic Balaghaut, written by Meer Hussein Ali Khan Kirmani, translated from an original persian manuscript, by colonel W. Miles. *London*, 1842, in-8 cart. non rog.

2371. Khulasa-i-Tawarikh-i-Siyar-Ul-Muta, Akhkhirin or selection from a persian history of the Muhammadan Rulers of India and of the Rise of the british power in Bengal, published in roman character by mir Gulam Ali Sahib. *Madras*, 1860, in-8 cart.

2372. The History of the reign of Tipu sultan, being a continuation of the Neshani Hyduri, written by Mir Hussein, Ali Khan Kirmani, translated from an original persian manuscript, by colonel W. Miles. *London*, 1864, in-8 cart.

2373. Un Chapitre de l'histoire de l'Inde musulmane, ou chronique de Scher Schah, sultan de Dehli, traduite de l'hindoustani par M. Garcin de Tassy. *Paris, B. Duprat*, 1865, in-8, demi-rel. chagr. viol.

2374. The History of India, the hindu and mahomedan periods, by the hon. Mountstuart Elphinstone, translated and published into urdu. *Alijgurh*, 1866-67, 2 vol. in-8, br.

2375. The History of the reign of Shah-Aulum, the present emperor of Hindostaun, with an appendix, by W. Francklin. *London*, 1798, in-4 v. grau.

2376. The revenue Resources of the Mughal empire in India, from A. D. 1593 to A. D. 1707, a supplement to the chronicles of the pathan kings of Delhi, by Ed. Thomas. *London, Trübner*, 1871, in-8, cart. perc. v. non rog.

2377. Records of the Gupta dinasty, illustrated by inscriptions, written history, local tradition and coins, to which is added a chapter on the Arabs in Sind, by Ed. Thomas. *London*, 1876, in-fol. figures de médailles, cart. perc. verte.

2378. The Chutru Prakash, a biographical account of Chutru Sal, raja of Boondelkhund, by Sal Huri, edited by captain W. Price. *W. Y.*, in-8, chagr. vert, fil. tr. peign.

2379. The general east India Guide and vade mecum, by J.-B. Gilchrist. *London, published by Kingsbury*, 1825, in-8 cart.

2380. Le Moniteur indien, renfermant la description de l'Hindoustan et des différents peuples qui habitent ce pays, des détails sur la religion et les principales fêtes et cérémonies des indigènes, etc., ouvrage rédigé sous forme de vocabulaire, par J. S. Dupeuty-Trahon. *Paris*, 1838, in-8, demi-rel. v. r.

2381. The East-India Gazetteer, containing particular descriptions of the empires, kingdoms, principalities, provinces, cities, towns, districts, fortresses, harbours, rivers, lakes, etc., of Hindostan and the adjacent countries, India beyond the Ganges and the eastern archipelago, by Walter Hamilton. *London*, 1828, 2 vol. in-8, demi-rel. v. viol.

2382. A Gazetteer of southern India, with the Tenasserim provinces and Singapore, compiled from original and authentic sources. *Madras, published by Pharoah*, 1855, in-8, demi-rel. avec bas. ant.

2383. A Gazetteer of the territories under the government of the East India company, and of the native states on the continent of India, compiled by Edward Thornton. *Lodon, Allen*, 1857, fort vol. in-8, cart. angl. perc.

2384. The Gazetteer of the central provinces of India, edited by Ch. Grant, Nagpur, 1870. *Bombay*, gr. in-8, carte, cart. perc. la Vall.

2385. L'Inde en rapport avec l'Europe, par Anquetil-Duperron. *S. l.*, 1798, 2 vol. in-8, v. rac.

2386. An historical Sketch of the princes of India, stipendiary, subsidiary, protected, tributary and feudatory, with a sketch of the origin and progress of british power in India, *Edinburgh*, 1833, in-8, cart. non rog.

2387. Historical and descriptive Account of British India. *Edinburgh*, 1832, 3 vol. in-12, cartes et fig. cart. non rog.

2388. Modern India, a sketch of the system of civil government, by George Campbell. *London, John Murray*, 1852, gr. in-18, cart.

2389. The illustraded History of the british empire in India by E.-H. Nolan, illustrated with steel engravings and maps, *London*, 2 forts vol. gr. in-8, demi-rel. v.

2390. Brochures relatives à l'Inde, réunion de 8 pièces en 1 vol. in-8, demi-rel. v. f.
Testimonial in favour of Edward Henry Palmer B.-A. *Hertford*, 1817. — An address to the people of India, by E.-H. Palmer. *Cambridge*, 1808. — Report of the Alexandra native girl english institution. *Bombay*, 1874, F.

2391. Considerations on the present political state of India; ......, by Alexander Fraser Tytler. *London*, 1815, 2 tomes, 1 vol. in-8 demi-rel. avec c. bas. ant.

2392. Memoir of the war in India, conducted by general lord Salce and major-general sir Arthur Wellesley, from its commencement in 1803 to its termination in 1806, on the banks of the Hyphasis, by major William Thorn. *London*, 1818, in-4, cartes, dérel.

2393. Stewarts historical Anecdotes with a sketch of the history of England and her connection with India, translated by rev. W.-F. Adam. *Calcutta*, 1825, in-8, demi-rel. v. vert.

2394. A Review of the labours, opinions, and character of Rajah Rammolum Roy, by Lant Carpenter. *London*, 1833, in-8, demi-rel, mar. vert.

2395. A popular History of British India, commercial intercourse with China, and the insular possessions of England in the eastern seas, by W. Cooke Taylor. *London, J. Madden*, 1842, in-8 cart. perc. v. non rog.

2396. History of the indian revolt, by Mookund Lall, *Agra*, s. d., in-8, demi-rel. v. gris.

2397. Reply to the charges against the king of Oude. *London*, in-fol. — His Majesty the King and the royal family of Oude. Petition presented by sir Fitzzoy Kelly to the house of common, on monday, the 25 of may 1857. *London*, ens. 2 ouvr. en 1 vol. in-fol. cart.

2398. Les Anglais et l'Inde, par E. de Valbezen. *Paris, Michel Lévy fr.*, 1857, in-8, demi-rel. v. f.

2399. L'Angleterre, la Chine et l'Inde, par don Sinibaldo de Mas, ministre de la reine d'Espagne en Chine. *Paris, Mich. Lévy fr.*, 1857, gr. in-8 demi-rel. mar. citron.

2400. The Mutinies and the people, or statements of native fidelity exhibited during the outbreak of 1857-58, by a Hindu. *Calcutta*, 1859, petit in-8 br.

2401. Selections from the records of the government of India (home department), published by authority, n° xxv.

The Andaman Islands, with notes on Barren Island. *Calcutta*, 1859, in-8, cartes et fig. cart. angl. perc. r.

2402. Indian Musulmans, being three letters, etc., with an appendix containing lord Macaulay's Minute, by W. Nassau Lees. *London*, 1871, in-8, demi-rel. chag. viol.

2403. The Indian Musulmans are they bound in conscience to rebel against the queen? by W. W. Hunter. *London, Trübner*, 1874, in-8, cart. percal.

2404. Letter to the right hon. baron Napier, H.-T. governor of fort St. George and chancellor of the Madras university, on government and university education in India, by John Murdoch, L.L. D. *Madras*, 1872, in-8, cart.

2405. Our indian Empire, the history of the wonderful rise of british supremacy in Hindustan, by the rev. Samuel Norwood. *London, Samuel Trinsley*, 1876, in-12, cart. angl. perc. non rog.

2406. English Rule and native opinion in India, from notes taken 1870-74, by James Routledge. *London, Trübner*, 1878, in-8, cart. angl. perc. la Vall. non rog.

2407. Le Mercure indien, ou le Trésor des Indes, par Pierre de Rosnel. *Paris*, 1668, 2 part. en 1 vol. in-8, v. ant.
Légères piqûres de vers dans la marge extérieure.

2408. Sketches chiefly relating to the history, religion, learning and manners of the Hindoos. *London*, 1790, in-8, fig. cart.

2409. Indian Recreations, consisting chiefly of strictures on the domestic and rural economy of the mahomedans et Hindoos, by the rev. William Tennant. *London*, 1804, 2 vol. in-4, v. quadr. fil.

2410. L'Hindoustan, ou religion, mœurs, usages, arts et métiers des Hindous, par M. P***. *Paris, A. Nepveu*, 1816, 6 tomes en 3 vol. in-18, figures en couleur, demi-rel. v. ant.

2411. Des Castes de l'Inde, ou Lettres sur les Hindous, à l'occasion de la tragédie du Paria de Casimir Delavigne, par Joseph, ancien corsaire. *Paris*, 1822, in-8, demi-rel. v. vert.

2412. A View of the history, literature and mythology of the Hindoos, by William Ward. *London*, 1822, 3 vol. in-8, cart. perc.

2413. The east indian Calculator, or tables for assisting computation of Batta, interest, commission, rent, wages, etc., in indian money, by Thomas Thornton. *London*, 1823, in-8, cart. non rog.

HISTOIRE.

2414. Mœurs, institutions et cérémonies des peuples de l'Inde, par M. l'abbé J.-A. Dubois. *Paris, Imp. royale,* 1825, 2 vol. in-8, demi-rel. v. — 18 -"

2415. Icbal-e-Furung, or british prosperity, being a short description of the manners, customs, arts and science, of the enlightened British, by Nuvoovab Jebad-Ood Dovolah Buhadoor. *Calcutta,* 1834, in-8, bas. ant. — 1 -"

2416. Oriental Illustrations of the sacred scriptures, collected from the customs, manners, rites, etc., etc., of the Hindoos, by J. Roberts, 1835, in-8, cart. perc. v. non rog. — 10 -"

2417. Qanoon-e-Islam, or the customs of the Mossulmans of India, comprising a full and exact account of their various rites and ceremonies, by Jaffur Shurreef composed under the direction of, and translated by G.-A. Herklots, M. D. *London,* 1832, in-8, v. — 16 -"

2418. A Glossary of judicial and revenue terms, and of useful words occurring in official documents relating to the administration of the government of british India, from the arabic, persian, hindustani, sanskrit, hindi, etc., etc., compiled and published by H. H. Wilson. *London, Allen,* 1855, in-4, cart. ang. perc. bl. — 19 -"

2419. Life in ancient India, by Mrs Speir. *London,* 1856, in-12, cart. et vig. sur bois, cart. angl. perc. bl. tr. dor. — 3 -"

2420. Les Hindous, première partie, contenant la description de leurs castes et professions. *S. l. n. d.,* in-4, planches, demi-rel. bas. verte. (*Texte français, anglais et allemand*). — 39 -"

Exemplaire avec un index des articles et des planches, manuscrit de la main de M. Garcin de Tassy.

2421. La Femme dans l'Inde antique, études morales et littéraires, par Clarisse Bader. *Paris, B. Duprat,* 1864, in-8, demi-rel. mar. bl. — 5 -fo

2422. Indian year-book for 1861, a review of social, intellectual and religious progress in India and Ceylon, compiled by John Murdoch. *Madras,* 1862, in-8, demi-rel. avec c. v. f. — 2 -"

2423. The domestic Character and customs of the natives of India, by James Kerr. *London, Allen,* 1865, in-12, cart. angl. non rog. — 4 -fo

2424. Short Essays and reviews on the educational policy of the government of India. *Calcutta,* 1866, in-8, br. — 2 -"

2425. The textile Manufactures and the costumes of the people of India, by J. Forbes Watson. [*London, W. H.* — 35 -"

HISTOIRE.

Allen, 1867, in-fol. figures phot. en couleur, demi-rel. chag. fil.

2426. Essai sur les castes dans l'Inde, par A. Esquer. *Pondichéry*, 1871, in-8, demi-rel. chagr. r.

2427. Contes et Légendes de l'Inde ancienne, par Mary Summer. *Paris, Leroux*, 1878, in-12 br.

2428. The History and constitution of the courts and legislative authorities in India, by Herbert Cowel. *Calcutta*, 1872, gr. in-8, cart. perc. n. non rog.

2429. Hindu Tribes and castes, as represented in Benares, by the rev. M. A. Sherring. *Calcutta, Bombay, London, Trübner*, 1872, in-4, planche, carte, perc. n.

2430. Indian Wisdom, or examples of the religious, philosophical and ethical doctrines of the Hindus, by Monier Williams. *London*, 1875, gr. in-8 cart.

2431. Journal of the Indian association. *Bristol, Isaac Arrowsmith*, années 1871 à 1876, 6 vol. in-8 demi-rel. chag. vert.

2432. India, its natives and missions, by the rev. G. Trevor. *London*, s. d., in-12 cart. perc. bl.

2433. The College of Fort William in Bengal. *London*, 1805, in-4, v. gran. fil.

2434. The Annals of the college of fort William, from the period of its foundation, compiled from official records, arranged, and published by Thomas Roebuck. *Calcutta*, 1819, gr. in-8, demi-rel. mar. vert.

2435. Report of the general committee of public instruction of the presidency of fort William in Bengal, for the year 1839-40. *Calcutta*, 1841, gr. in-8, demi-rel. v. f.

2436. Report on indigenous education and vernacular schools, in Agra, Aligarh, Bareili, Etawah, Farrukhabad, Mainpuri, Mathura, Shahjahanpur, for 1850-51-52-53 and 54, by Henri Stewart Reis. *Agra*, 1852-1854, 4 part. réuniees en 2 vol in-8, demi-rel. v. f.

2437. Report of the department of public instruction in the Bombay presidency, for the year 1869-1872. *Bombay*, 1870-1872, 3 vol. in-8 cart.

2438. The sacred City of the Hindus, an account of Benares in ancient and modern times, by the rev. M. A. Sherring, with an introduction, by Fitzedward Hall. *London*, 1868, in-8 cart.

2439. The Madras Almanac and compendium of intelligence for 1840. *Madras*, gr. in-8, demi-rel. bas. rouge.

2440. The Oude Question stated and considered, with references to published official documents, by William P. Hale, esq. *London, Smith*, 1857, in-8, demi-rel. chagr. brun.

2441. Zumeendaree Accounts translated from the original together with a few explanatory remarks, by D. Carmichael Smyth. *London, W. H. Allen*, 1839, in-8 cart. perc. non rog.

2442. The Costume, character, manners, domestic habits and religious ceremonies of the Mahrattas with ten coloured engravings, by Thomas Duer Broughton. *London, John Murray*, 1813, in-4, v.

2443. An Account of the primitives tribes and monuments of the Nilagiris, by the late James Wilkinson Breeks, edited by his widow. *London*, 1873, in-4, planches et photographies, demi-rel. chagr. doré en tête, ébarb. la Vall.

2444. History of Agra compiled in order from the most celebrated authors in persian, arabic, etc., by Mahomed Sudeed Oddeen Khan Arabic. *Agra*, 1848, pet. in-fol. cart.

2445. Mathura, a district memoir, by F. S. Growse, 1874. 2 tomes en un vol. in-4, mar. rouge, dos orné, fil. dent, int. tr. dor.

2446. Bosquejo historico de Goa escripto em inglez pelo rev. Diniz L. Cottineau de Kloguen, vertido em portuguez e accrescentado com algumas notas e rectificações, por Miguel Vicente d'Abreu. *Nova-Goa*, 1858. — Litteræ sacerdotum Goanæ diœcesis..., resposta dos Padres do diocèse de Goa, residentes na ilha de Salsette, á carta circular de illustrissimo Clemente Boumand. *Nova-Goa*, 1861. — Ens. 3 pièces réunies en 1 vol. pet. in-4, demi-rel. chag. la Vall.

2447. Gazetteer for the Haidarábad assigned districts commonly called Bèrar, 1870, edited by A. C. Lyall. *Bombay*, 1870, gr. in-8, cartes col. cart, perc. la Vall.

2448. History of the sect of Maharajas, or Valabhacharyas, in western India. *London, Trübner*, 1865, in-8, fig. cart. perc.

2449. Annals and antiquities of Rajasthan or the central and western rajpoot states of India, by lieutenant-colonel James Tod. *London*, 1829, 2 vol. in-4, v.

2450. The political and statistical History of Gujarat, translated from the persian of Ali Mohammed Khan, by James Bird. *London, Rich. Bentley*, 1835, gr. in-8, demi-rel. mar. bleu.

2451. A History of the Boondelas, by capt. W. R. Pogson, of the Bengal army. *Calcutta*, 1828, in-4, demi-rel. chagr. vert.

2452. Origin of the Sikh power in the Punjab, and political life of Maha-Raja Runjeet Singh, with an account of the present condition, religion, laws and customs of the Sikhs, compiled by Henri T. Prinsep. *Calcutta*, 1834, in-8, portr. et cartes, cart.

2453. The Bengal directory and annual register for the year 1836. *Calcutta*, 1836, in-8, demi-rel. bas.

2454. Sources du revenu public dans la présidence de Bengale, par J. Boutros. *Delhi*, 1845, in-8, demi-rel. chag. vert.

2455. A Chronicle of the family of Raja Krishnachandra of Navadripa, Bengal, edited and translated by W. Pertsch. *Berlin*, 1852, gr. in-8, demi-rel. chagr. vert.

2456. The Rajas of the Punjab being, the history of the principal states in the Punjab and their political relations with the british government, by Lepel H. Griffin. *Lahore*, 1860, gr. in-8, mar. vert fil. (*Texte encadré*).

2457. Govinda Samanta, or the history of a Bengal Raiyat, by the rev. Lal Behari Day. *London, Macmillan*, 1874, 2 vol. in-12, cart. perc. v.

2458. Asar-oos-Sunnadeed, a history of old and new rules, or government, and of old and new buildings in the district of Delhi composed by Synd Ahmed Khan. *Delhi*, 1854, gr. in-8 cart.

2459. The Handbook of the imperial city of Delhi, by G. Beresfond. *Calcutta*, 1856, in-8, demi-rel. chagr. vert.

2460. The Archæoleogy and monumental remains of Delhi, by Carr Stephen. *Calcutta*, s. d., in-8, cart. perc. bl.

2461. A Memoir of central India, including Malwa and adjoining provinces, with the history and copious illustrations, of the past and present condition of that country, by major-general sir John Malcolm. *London*, 1832, 2 vol. in-8, cartes, cart. non rog.

2462. Central Asia. — A Gazetteer of Kashmir and the adjacent districts of Kishtwar, Badrawar, Jamu, Naoshera, Punch, and the valley of the Kishen Ganga, compiled by Ch. Ellison, Bates. *Calcutta*, 1873, gr. in-8, carte. cart. perc.

2463. Kashmir and Kashghar, a narrative of the journey of the embassy to Kashghar in 1873-74, by H.-W. Bellew. *London, Trübner*, 1875, in-8, cart. angl. perc. ébarb.

HISTOIRE. 209

2464. Essay the first, on the Kocch, Bodo and Dhinal tribes, in three parts, by B.-H. Hodgson. *Calcutta*, 1847, in-8, cart. — 5 - »

2465. History of Nepal, translated from the Parbatiya, by Munshi Shew Shunker Singh and [Pandit Shri gunanand, with an introductory sketch of the country and people of Nepal, by the editor Daniel Wright. *Cambridge*, 1877, gr. in-8 cart. — 15 - »

2466. The military Operations at Cabul, which ended in the retreat and destruction of the bristish army, january 1842, with a journal of imprisonment in Affghanistan, by lieut. Vincent Eyre. *London, J. Murray*, 1843, pet. in-8, cart. perc. v. non rog. — 7 - 50

2467. A Description of Ceylon illustrated by twenty-five engravings from original drawings, by the rev. James Cordiner. *London*, 1807, 2 tomes en 1 vol. in-4, demi-rel. v. fauve. — 4 - »

2468. The History of Ceylon from the earliest period to the year 1835, by Philalethes, illustrated with figures and with a map of the island. *London, printed for Joseph Mawman*, 1817, in-4, demi-rel. v. fauve. (*Reliure anglaise*). — 8 - »

2469. Histoire de l'isle de Ceylan, écrite par le capitaine J. Ribeyro, traduite du portugais par M. l'abbé Le Grand. *Suivant la copie de Trévoux, à Amsterdam*, 1719, in-12, figures, demi-rel. v. f. — 1 - »

2470. Ceylan, ou recherches sur l'histoire, la littérature, les mœurs et les usages des Chingalais, par M. Ed. Gauttier. *Paris, Nepveu*, 1823, in-18, figures coloriées, demi-rel. v. f. — 6 - »

2471. Description du royaume Thai ou Siam, par Mgr Pallegoix. *Paris*, 1854, 2 vol. in-12, carte et vig. sur bois, demi-rel. v. f. — 6 - 50

2472. The english Governess at the siamese Court, by Anna Harriette Leonowens. *London, Trübner*, 1870, pet. in-8, front. demi-rel. avec c. v. f. (*Rel. angl.*). — 3 - »

b. *Histoire des autres peuples de l'Asie.*

2473. Louis de Backer. L'extrême Orient au moyen âge, d'après les manuscrits d'un Flamand de Belgique et d'un prince d'Arménie. *Paris, Ern. Leroux*, 1877, in-8 br. — 8 - 50

2474. L'Univers: Chaldée, Assyrie, Médie, Babylone, Mésopotamie, Phénicie, Palmyrène, par M. Ferd. Hœfer. *Paris, F.-Didot*, 1852, in-8, demi-rel. chag. la Vall. — 4 - »

G. DE T. 14

2475. Description géographique, historique et archéologique de la Palestine, par V. Guérin. *Paris*, 1868-69, 3 vol. gr. in-8, cartes, demi-rel. chag. viol.

2476. Essai sur l'histoire et la géographie de la Palestine, d'après les thalmuds et les autres sources rabbiniques, par J. Derenbourg. *Paris, Impr. imp.*, 1867, in-8 br.
Première partie.

2477. Histoire de Jérusalem et d'Hébron, depuis Abraham jusqu'à la fin du xv° siècle de J.-C., fragments de la chronique de Moudjir Ed-dyn, traduits sur le texte arabe, par H. Sauvaire. *Paris, Leroux*, 1867, in-8, papier de Hollande, demi-rel. mar. la Vall.

2478. Jérusalem, the city of Herod and Saladin, by Walter Besant and E.-H. Palmer, *London, R. Bentley*, 1871, pet. in-8, fig. cart. perc. r.

2479. Le Temple de Jérusalem, monographie du Haram-Ech-Chérif, suivie d'un essai sur la topographie de la ville sainte, par le comte Melchior de Vogüé. *Paris, Noblet et Baudry*, 1864, gr. in-fol. planches n. et en couleurs, cart.
Exemplaire en feuilles dans un carton. La planche 24 est double et la planche 25 manque.

2480. Les Églises de la Terre-Sainte, par le comte Melchior de Vogüé. *Paris, Vict. Didron*, 1860, in-4 br., planches.

2481. *Regierung des Saahd-Aldaula zu Aleppo* übersetzt von Dr G.-W. Freytag. *Bonn*, 1820, pet. in-4 br.

2482. Beyrout et le Liban, relation d'un séjour de plusieurs années dans ce pays, par M. H. Guys. *Paris*, 1850, in-8, demi-rel. v. gris.

2483. La Nation druse, son histoire, sa religion, ses mœurs et son état politique, par M. H. Guys. *Paris, chez France*, 1863, in-8 br.

2484. Recherches sur la chronologie arménienne technique et historique, ouvrage formant les prolégomènes de la collection intitulée bibliothèque historique arménienne par Ed. Dulaurier. *Paris, Impr. nat.*, 1859, in-4 br. (*Tome premier*).

2485. Moïse de Khorène. Histoire d'Arménie, texte arménien et traduction française, avec notes explicatives et précis historique sur l'Arménie, par P.-E. Le Vaillant de Florival, *Paris, Dondey-Dupré, s. d.*, 2 vol. in-8, portr. et cart. demi-rel. chag. bl.

486. Histoire d'Arménie, par le patriarche Jean VI, dit

Jean Catholicos, traduite de l'arménien en français par M. J. Saint-Martin. *Paris*, 1841, in-8, demi-rel. chag. bl.

2487. Mékhitaristes de Saint-Lazare, histoire d'Arménie, littérature arménienne, par Le Vaillant de Florival. *Venise*, 1841, in-8, demi-rel. bas.

2488. The historical Geography of Arabica, or the patriarchal evidences of revealed religion, and an appendix containing translations, with an alphabet and glossary, etc., by the rev. Ch. Forster. *London*, 1844, 2 vol. in-8, carte, cart. angl. perc. bl.

2489. Ibn-El-Athiri Chronicon quod perfectissimum inscribitur, edidit C. J. Tronberg. *Lugd. Bat.*, 1867-76, 14 vol. in-8, demi-rel. chag. vert.

2490. Ibn-El-Athiri Chronicon quod perfectissimum inscribitur, ad fidem codicis upsaliensis, collatis passim parisinis edidit Carolus Johannes Tornberg. *Upsaliæ*, 1851, gr. in-8 br.

2491. Tohfut-Ul-Mujahideen, an historical work in the arabic language, translated into english by lieut. M. J. Rowlandson. *London*, 1833, in-8 cart.

2492. Essai sur l'histoire des Arabes avant l'islamisme, pendant l'époque de Mahomet, et jusqu'à la réduction de toutes les tribus sous la loi musulmane, par A.-P. Caussin de Perceval. *Paris, F.-Didot*, 1847-48, 3 vol. in-8, demi-rel. v. gris.

Très-rare.

2493. Histoire des Arabes, avec la vie de Mahomed, par M. le comte de Boulainvilliers. *A Amsterdan, chez P. Humbert*, 1731, 2 tomes en 1 vol. in-12, v. ant.

2394. L'Univers, ou histoire et description de tous les peuples. — Arabie, par M. Noël Desvergers. *Paris, F.-Didot*, 1847, in-8, demi-rel. chag. viol.

2495. Histoire des Arabes, par L.-A. Sédillot. *Paris*, 1854, in-12, demi-rel. chagr. v.

2496. Histoire générale des Arabes, par L.-A. Sédillot. *Paris, Maisonneuve*, 1877, 2 vol. in-8, demi-rel. chag. bl.

2497. Beiträge zur Geschichte des westlichen Araber, herausgegeben von Marcus J. Müller. *München*, 1866, in-8, demi-rel. mar. r.

2498. Mahmoud le Gasnévide, histoire orientale, fragment traduit de l'arabe avec des notes. *A Rotterdam, chez J. Hofhoudt*, 1729, in-8, v. marb.

2499. La Vie arabe et la société musulmane, par le général E. Daumas. *Paris, M. Lévy*, 1869, in-8, demi-rel. mar. vert.

HISTOIRE.

2500. Femmes arabes avant et depuis l'islamisme, par le D' Perron. *Paris*, 1858, gr. in-8, demi-rel. chag. r.

2501. Notice géographique sur le pays de Nedj ou Arabie centrale, par M. E. J. D. L. *A Paris*, 1823, in-8, carte, demi-rel. bas.

2502. Historia Jemena, e codice manuscripto arabico...., edidit C. T. Johannsen Holsatus. *Bonnæ*, 1828, in-8, demi-rel. bas. ant.

2503. Dictionnaire géographique, historique et littéraire de la Perse, par C. Barbier de Meynard. *Paris*, 1861, gr. in-8, demi-rel. chag. viol.

2504. Essai historique sur la législation de la Perse, précédé de la traduction complète du Jardin des roses de Sady, par M. l'abbé Gaudin. *Paris, chez Le Jay*, 1789, in-8, demi-rel. bas.

2505. Epitome of the ancient history of Persia, extracted and translated from the Jehan Ara, a persian manuscript, by W. Ouseley. *London*, 1799, in-12 carte et figures, demi-rel. mar. r.

2506. La Perse, ou tableau de l'histoire, du gouvernement, de la religion, etc., par Am. Jourdain. *Paris*, 1814, 5 vol. in-18, figures, demi-rel. v. ant.

2507. Histoire de la Perse, depuis les tems les plus anciens jusqu'à l'époque actuelle, traduite de l'anglais de sir John Malcolm. *Paris, chez Pillet*, 1821, 4 vol. in-8 carte et figures, demi-rel. chag. vert.

2508. Sketches of Persia, from the journals of a traveller in the east. *London, J. Murray*, 1827, 2 vol. in-8, demi-rel. chag. viol.

2509. L'Univers : la Perse, par M. L. Dubeux. *Paris, F.-Didot*, 1841, in-8, demi-rel. chagr. viol.

2510. History of the early kings of Persia, translated from the original persian of Mirkhond, entitled the Rauzat-Us-Safa, by David Shea. *London*, 1832, in-8, demi-rel. chag. bl.

2511. Notice de l'histoire universelle de Mirkhond, intitulée le Jardin de la Pureté, par M. Am. Jourdain. *Paris, Imp. imp.*, 1812. — Historia priorum regum persarum post firmatum in regno islamismum, ex Mohammede Mirchond persice et latine cum notis geographico-literariis. *Viennæ*, 1782, 2 ouvr. en 1 vol. in-4 carte, demi-rel. bas. ant.

2512. Mirchond's Geschichte der Seldschuken aus dem persischen zum ersten Mal übersetzt und mit historischen,

HISTOIRE. 213

geographischen und literarischen Anmerkungen erlaütert von D' J.-A. Vullers. *Giessen*, 1897, in-8, v. f. ant. fil. (*Texte et traduction*.)

2513. Mirkond. Histoire des Sassanides, texte persan. *Paris, Didot, s. d.*, in-8 br.

2514. Histoire des Sassanides, par Mirkhond, texte persan, traduit et accompagné de notes critiques, historiques et géographiques, par M. Defrémery. *Paris*, 1845, in-8, demi-rel. mar. vert.

2515. Mohammedi filii Chondschahi, vulgò Mirchondi, Historia Gasnevidarum persice, illustravit F. Wilken. *Berolini*, 1832. — Mirchond Geschichte der Sultane aus dem Geschlechte bujeh, persisch und deutsch, von F. Wilken. *Berlin*, 1835. — 2 ouvr. en 1 vol. in-4, demi-rel. chag. viol.

2516. Histoire des Mongols de la Perse, écrite en persan par Raschid-Eddin, publiée, traduite en français, accompagnée de notes par M. Quatremère. *Paris, Impr. royale*, 1836, in-fol. cart.

Tome 1er de la collection orientale.

2517. A genuine History of the late emperor of Persia formerly called Thamas Kouli-Kan, with a particular account of his surprizing conquest of the Mogul's country, translated from the original persian manuscript into dutch, by order of the honourable John Albert Sechterman, with an appendix, being the continuation of Kouli Kan's history to his fatal catastrophe. *London*, 1747, pet. in-8, demi-rel. avec coins v. f. ant.

2518. Bab et les Babis, ou le soulèvement politique et religieux en Perse, par Mirza-Kazem-Beg. *Paris, Impr. imp.*, 1867, in-8 br.

2519. The atesh Kedah, or fire-temple, by Hajji Lutf Ali Beg, of Isfahan, by N. Bland. *London*, 1844, plaq. in-8 cart.

2520. The History of the life of Nader Shah, king of Persia....., by William Jones. *London*, 1773, in-8, v. ant.

2521. The Life of Hafizool-Moolk, Hafiz Rehmut Khan, written by his son, abridged and translated from the persian by Ch. Elliott, esq. *London*, 1831, in-8, demi-rel. chagr. vert.

2522. Relation de l'ambassade au Kharezm (Khiva), de Riza Qouly Khan. Publié, traduit et annoté par Ch. Schefer. *Paris, Ern. Leroux*, 1876, in-8 br. (*Texte persan*.)

2523. The History of the Atábeks of Syria and Persia, by Muhammed ben Kháwends-káh Ben Mahmud, commonly called Mirkhond, now first edited from the collation of sixteen mss. by William H. Morley, to which is added a series of fac-similes of the coins struck by the Atabeks, arranged and described by W. S. W. Vaux. *London*, 1848, gr. in-8, planches, cart. perc. n.

2524. Geschichte der Ilchane, das ist der Mongolen in Persien, von Hammer Purgstall. *Darmstadt*, 1842, 2 vol. in-8, demi-rel. v. gris.

2525. History of Seyd Said, sultan of Muscat; together with an account of the countries and people on the shores of the Persian gulf, particularly of the Wahabees, by Shaik Mansur. *London*, 1819, in-8, carte, cart. non rog.

2526. L'Angleterre, la Russie et la Perse; esquisse historique, poétique et prophétique, par J. Bertrand Payne. *Londres*, 1872, in-4 cart. perc. v. (*Texte en regard.*)

2527. Histoire de l'Asie centrale (Afghanistan, Boukhara, Khiva, Khoqand), depuis les dernières années du règne de Nadir Châh (1153), jusqu'en 1233 de l'hégire (1740-1818), par Mir Abdoul Kerim Boukhary, publiée, traduite et annotée par Ch. Schefer. *Paris, Ern. Leroux*, 1876, gr. in-8 br. (*Traduction française.*)

— Même ouvrage (publié par le même). *Paris, Leroux*, 1876, pet. in-fol. br. (*Texte persan.*)

2528. Mélanges altaïques, par Ch. E. de Ujfalvij de Mezö-Kovesd. *Paris, Maisonneuve*, 1874, in-8 br.

2529. History of the Afghans, translated from the persian of Neamet Ullah, by Bernhard Dorn. *London*, 1829, 2 tomes en 1 vol. in-4, demi-rel. avec c. v. f. fil.

2530. Histoire des Mogols et des Tatares, par Aboul-Ghâzi Béhâdour Khan, publiée, traduite et annotée par le baron Desmaisons. *Saint-Pétersbourg*, 1871, in-8 br.

Tome premier. Texte.

2531. Mémoires sur les relations politiques des princes chrétiens avec les empereurs mongols, par Abel Rémusat. *Paris*, 1828. — Réflexions sur l'alphabet et sur la langue dont on se servait autrefois à Palmyre, par l'abbé Barthélemy. *Paris*, 1754. — Cantique à S. M. Napoléon le Grand à l'occasion de la naissance de son fils, composé en arabe par M. Sabbagh, traduit en français par Silvestre de Sacy. *Paris*, 1811. — Ens. 7 pièces en 1 vol. in-4, demi-rel. bas.

2532. Ahmedis Arabsiadæ vitæ et rerum gestarum Timuri, qui vulgo Tamerlanes dicitur, historia, latine vertit et adnotationes adjecit Samuel H. Manger. *Leovardiæ, apud Chalmot*, 1767, 3 vol. pet. in-4, demi-rel. chag. vert.

2533. Histoire du grand Tamerlan, par le sieur de Sainc-tyon. *Paris, chez A. Pralard*, 1677, in-12, v. br.

2534. Histoire générale de l'empire du Mogol depuis sa fondation, sur les mémoires portugais de M. Manouchi, par le P. François Catrou. *A Paris, chez J. de Nully*, 1705, 4 vol. in-12, v. f. ant.

2535. Histoire de Tamerlan, empereur des Mongols et conquérant de l'Asie. *Paris, chez H.-L. Guérin*, 1739, 2 vol. in-12, v. marb.

2536. Nève (Félix). Exposé des guerres de Tamerlan et Schah-Rokh dans l'Asie occidentale. *Bruxelles*, 1860. — Les Chefs belges de la première croisade, d'après les historiens arméniens. *Bruxelles*, 1859. — Etudes sur les hymnes du Rig-Véda. *Paris, B. Duprat*, 1842. — Introduction à l'histoire générale des littératures orientales. *Louvain*, 1844. — L'Eglise d'Orient et son histoire, d'après les monuments syriaques, notice littéraire. *Paris*, 1860. — Relation d'un voyageur chrétien sur la ville de Fez et ses écoles. *Gand*, 1845. — Ens. 6 ouvr. réunis en 1 vol. in-8, demi-rel. chag. r.

2537. L'Univers pittoresque. Tartarie, Béloutchistan, Boutan et Nepal, par M. Dubeux et par M. V. Valmont: Afghanistan, par M. X. Raymond. *Paris, F.-Didot*, 1858, in-8, demi-rel. chag. viol.

2538. Histoire généalogique des Tatars, traduite du manuscript tartare d'Abulgasi-Bayadur-Chan, et enrichie d'un grand nombre de remarques sur le véritable estat présent de l'Asie septentrionale, par D*** (Bentinck). *A Leyde, chez Abram Kallewier*, 1726, in-12, demi-rel. v. f.

2539. Scheref-Nameh, ou histoire des Kourdes, par Scheref, prince de Bidlis, traduite et annotée par V. Véliaminof-Zernof. *Saint-Pétersbourg*, 1860, in-8 (*Texte persan*).
— Même ouvrage. *Saint-Pétersbourg*, 1863, in-8. (*Traduction russe.*) — Ens. 2 vol. in-8, demi-rel. chag. viol.

2540. The Country of Balochistan, its geography, topography, ethnology and history, by A. W. Hughes. *London*, 1877, in-8, carte et fig. photogr. cart. angl. perc. r.

2541. Histoire naturelle, civile et politique du Tonquin, par M. l'abbé Richard. *A Paris, chez Moutard*, 1778, 2 vol. in-12, demi-rel. avec c. v. ant.

2542. Souvenirs de Hué (Cochinchine), par Michel Duc-Chaigneau. *Paris, Impr. imp.*, 1867, in-8 br.

2543. Histoire antédiluvienne de la Chine jusqu'au déluge d'Yao, par M. le marquis de Fortia d'Urban. *Paris*, 1840, 2 vol. in-12, demi-rel. v. f.

2544. Dictionnaire des noms anciens et modernes des villes et arrondissements des premier, deuxième et troisième ordres compris dans l'empire chinois, par Ed. Biot. *Paris, Impr. royale*, 1842, gr. in-8, demi-rel. v. bl.

2545. The orphan Colony of Jews in China, by James Finn. *London*, 1872, in-12, cart. angl. perc. ébarb.

2546. La Chine devant l'Europe, par le marquis d'Hervey-Saint-Denys. *Paris, Amyot*, 1859, in-8 br.

2547. An historical and geographical Description of Formosa, an island subject to the emperor of Japan, by G. Psalmanaazaar. *London*, 1705, in-8, veau granit.

2548. Ambassades de la Compagnie hollandaise des Indes d'Orient vers l'empereur du Japon, *A Leyde, chés Henry Drummond*, 1692, in-12, v. br. (*Armoiries*).

2549. L'Univers pittoresque : Japon, Indo-Chine, Empire Birman (ou Ava), Siam, Annam (ou Cochinchine), péninsule malaise, etc., Ceylan, par A. Dubois de Jancigny. *Paris, F.-Didot*, 1850, in-8, cartes et fig. demi-rel. chag. viol.

V. HISTOIRE D'AFRIQUE, D'AMÉRIQUE ET D'OCÉANIE.

2550. Esquisse générale de l'Afrique, par M. d'Avezac. *Paris, Dupré*, 1827, in-12, demi-rel. v. r.

2551. Aperçu de l'histoire d'Égypte depuis les temps les plus reculés jusqu'à la conquête musulmane, par Aug. Mariette Bey. *Alexandrie*, 1864, in-8, demi-rel. chag. r. (*Texte français et texte arabe*).

2552. An Account of the manners and customs of the modern Egyptians, by Edward William Lane. *London, Ch. Knight*, 1836, 2 vol. in-12 fig. cart. perc. angl. ébarb.

2553. Histoire des sultans mamlouks de l'Égypte, écrite en arabe par Taki-Eddin-Ahmed-Makrizi, traduite en français par M. Quatremère. *Paris, London*, 1837-1845, 4 parties réunies en deux volumes in-4, demi-rel. avec c. bas. bl. fil.

2554. Histoire de l'Égypte, depuis la conquête des Arabes jusqu'à l'expédition française, par M. J.-J. Marcel. *Paris, F.-Didot*, 1746, in-8, fig. demi-rel. chagr. viol. (*Texte à deux colonnes*).

2555. Histoire de l'expédition des Français en Égypte par Nakoula El-Turk, publiée et traduite par M. Desgranges aîné. *Paris*, 1829, in-8, demi-rel. chagr. viol. (*Texte et traduction*).

HISTOIRE.

2556. Nouvelle Histoire d'Abyssinie ou d'Éthiopie, tirée de l'Histoire latine de M. Ludolf. *Paris, A. Cellier*, 1684, in-12, carte et fig. v. br. — 1-"

2557. Notice sur la régence de Tunis, par J.-H. Dunant. *Genève*, 1858, in-8 br. — 2-"

2558. Histoire des États barbaresques qui exercent la piraterie, traduite de l'anglais par Laugier de Tassy. *Paris, chez Hérissant*, 1757, 2 tomes en 1 vol. in-12, v. marb. — 4-50

2559. Histoire du royaume d'Alger, avec l'état présent de son gouvernement, de ses forces de terre et de mer, etc., par M. Laugier de Tassy. *A Amsterdam, chez H. du Sauzet*, 1725, in-12, carte et fig. bas. ant. — 2-50

2560. Histoire des Beni-Zeiyan, rois de Tlemcen, par l'imam Cidi Abou-Abd-Allah-Mohammed Ibn-Abd' El Djelil Et-Tenessy, traduite de l'arabe par l'abbé Bargès. *Paris, B. Duprat*, 1852, in-12, br. — 2-"

2561. Tlemcen, ancienne capitale du royaume de ce nom, souvenirs d'un voyage par l'abbé J.-J.-L. Bargès. *Paris*, 1859, in-8, demi-rel. chag. v. — 10-"

2562. Description de l'Afrique septentrionale, par Abou-Obeid-El-Bekri, texte arabe publié par le baron de Slane. *Alger*, 1857, in-8, demi-rel. chag. vert. — 4-50

2563. Description de l'Afrique septentrionale par El-Bekri, traduite par Mac-Guckin de Slane. *Paris*, 1859, in-8, demi-rel. chag. v. — 12-"

2564. Histoire des Berbères et des dynasties musulmanes de l'Afrique septentrionale, par Abou-Zeid Abd-Er-Rahman Ibn-Mohammed Ibn-Khaldoun, collationnée sur plusieurs manuscrits par M. le baron de Slane. *Alger*, 1847-1851, 2 vol. in-4 demi-rel. chag. bl. (*Texte arabe*). — 34-"

2565. Étude sur la conquête de l'Afrique par les Arabes, et recherches sur les tribus berbères qui ont occupé le Maghreb central, par Henri Fournel. *Paris, Impr. imp.*, 1867, in-4, br. — 9-"

Première partie : *Depuis la fondation de Kairouan jusqu'à l'établissement de la dynastie des Aghlabites.*

2566. Roud El-Kartas. Histoire des souverains du Maghreb (Espagne et Maroc) et annales de la ville de Fès, traduit de l'arabe par A. Beaumier. *Paris*, 1860, in-8, demi-rel. chagr. bl. — 4-"

2567. Histoire de l'Afrique sous la dynastie des Aghlabites et de la Sicile sous la domination musulmane, texte arabe d'Ebn-Khaldoun, accompagné d'une traduction française et de notes par A. Noël des Vergers. *Paris, F.-Didot*, 1841, in-8, demi-rel. chag. la Vall. — 4-50

2568. Histoire des révolutions de l'empire de Maroc depuis la mort du dernier empereur Muley-Ismael, traduite dn journal anglois écrit par le capitaine Braitwaite. *A Amsterdam, chez P. Mortier*, 1731, in-12, cart. v. f. ant.

2569. Efterretninger om Marokos og Fez, samlede der i landene fra ao 1760, til 1768, af Georg Höst. *Kiobenhavn*, 1779, in-4 portr. et figures v. ant.

2570. Mémoire sur le Soudan, par M. le comte d'Escayrac de Lauture. *Paris, Martinet*, 1855, in-8, cart. demi-rel. chag. la Vall.

2571. The Negroland of the Arabs examined and explained, or an inquiry into the early history and geography of central Africa, by W. Desborough Cooley. *London*, 1841, in-8, cart. perc. bl. ébarb.

2572. Esquisses sénégalaises, physionomie du pays, peuplades, commerce, religions, etc., par l'abbé B.-D. Boilat. *Paris, J. Bertrand*, 1853, grand in-8 demi-rel. chag. vert.

2573. Madagascar and its people, by James Sibree. *S. l. n. d*, in-8, fig. sur bois, cart. perc. v.

2574. Congrès international des américanistes, compte rendu de la première session, Nancy, 1875. *Paris, Maisonneuve*, 1875, 2 vol. in-8 fig. br.

2575. The Myths of the new world, a treatise on the symbolism and mythology of the red race of America, by Daniel G. Brinton. *New-York*, 1876, in-8, cart. angl. perc. non rog.

2576. Acte d'indépendance des États-Unis d'Amérique et constitution des Républiques française, cisalpine et ligurienne, dans les quatre langues française, allemande, anglaise et italienne. *S. l. n. d.*, in-8, demi-rel. v. f.

2577. Autobiography of B. Franklin, by J. Bigelow. *Philadelphia*, 1868, in-8, cart. perc. non rog.

2578. American Eloquence, a collection of speeches and addresses by the most eminent orators of America, with biographical sketches and illustrative notes by Frank Moore. *New-York*, 1867, 2 vol. grand in-8, portr. sur acier, cart. perc.

2579. Documents officiels échangés entre les États-Unis et l'Angleterre au sujet de l'Amérique centrale et du traité Clayton-Bulwer. *Paris*, 1856, in-8 br.

2580. Les États-Unis d'Amérique en 1863, par John Bigelow. *Paris, Hachette*, 1863, in-8, demi-rel. chag. r.

2581. Papers relating to foreign affairs, accompanying the

annual message of the president to the first session of the thirty-eighth congress. *Washington*, 1864, 2 vol. in-8, cart. perc. n.

2582. Le Canada, essai, par J. Sheridan Hogan. *Montréal*, 1855, in-8, carte, cart. perc. bl.

2583. Histoire politique et statistique de l'Ile d'Haïti, Saint-Domingue, écrite sur des documents officiels et des notes communiquées par sir James Barskett, par M. Placide Justin. *Paris, Brière*, 1826, in-8, demi-rel. mar. la Vall.

2584. L'Isle de Cuba et la Havane, par E.-M. Masse. *Paris*, 1825, in-8, demi-rel. bas.

2585. La Reine des Antilles, ou situation actuelle de l'île de Cuba, par le vicomte Gustave d'Hespel d'Harponville. *Paris*, 1850, in-8, cartes, demi-rel. chag. r.

2586. Popol Vuh. — Le Livre sacré et les mythes de l'antiquité américaine, avec les livres héroïques et historiques des Quichés, par l'abbé Brasseur de Bourbourg. *Paris, A. Bertrand; London, Trübner*, 1861, in-8, br. fig. (*Texte quiché et traduction française en regard*).

2587. Mexico as it was and as it is, by Brantz Mayer. *New-York*, 1844, in-8, fig. demi-rel. avec c. v. f. (*Rel. angl.*)

2588. Histoire des Chichimèques ou des anciens rois de Tezcuco, par don Fernando d'Alva Ixtlilxochitl, traduite sur le manuscrit espagnol. *Paris, A. Bertrand*, 1840, 2 parties en 1 vol. in-8, demi-rel. chag. la Vall.

2589. Expéditions des Espagnols et des Américains au Mexique en 1829 et en 1847, par M. de Mofras. *Paris*, 1862. — Voyage de M. le gouverneur à Karikal (8-22 mars 1864). *Pondichéry*, 1864. — Les Indiens des Etats-Unis, par René de Semallé. *Paris*, 1869. — 4 pièces en 1 vol. in-8, demi-rel. chag.

2590. Quatre Lettres sur le Mexique, d'après le Teo-Amoxtli et autres documents mexicains, etc., par M. Brasseur de Bourbourg. *Paris, A. Durand et Pedone*, 1868, gr. in-8 br.

2591. Considérations géographiques sur l'histoire du Brésil, examen critique d'une nouvelle histoire générale du Brésil récemment publiée en portugais, à Madrid, par M. Fr. Ad. de Varnhagen, rapport fait à la Société de géographie de Paris, par M. d'Avezac. *Paris, impr. de Martinet*, in-8, br.

2592. Les Otages de Durazno, souvenirs du Rio de la Plata pendant l'intervention anglo-française de 1845 à 1851, par Benj. Poucel. *Paris, A. Faure; Marseille, Camoin*, 1864, in-8, br.

2593. Les Races aryennes du Pérou, leur langue, leur religion, leur histoire, par Vicente Fidel Lopez. *Paris, A. Franck*, 1871, gr. in-8, demi-rel. chag. br.

2594. L'Univers pittoresque : Océanie, par M. G.-L. Domeny de Rienzi. *Paris, F.-Didot*, 1856, 3 vol. in-8, cartes et fig. chag. la Vall.

2595. Polynesian Mythology and ancient traditional history of the New-Zealand race, by sir G. Grey. *London, G. Murray*, 1855, petit in-8, fig. cart. perc. v. non rog.

2596. Verhandeling over drie groote steenen beelden, in den Jahre 1819, mit Java naar de Nederlanden overgezonden, door C. J. C. Reuvens. *Amsterdam*, 1826, in-4, demi-rel, avec c. v. f. fil.

2597. The History of Sumatra, containing an account of the government, laws, customs and manners of the native inhabitants, with a description of the natural production and a relation of the ancient political state of that island by W. Marsden. *London*, 1783, in-4, carte, v. marb.

2598. History of the Sandwich islands, by Sheldon Dibble. *Lahainaluna*, 1843, in-12, carte, bas. marb.

2599. The Story of New-Zealand, past and present, savage and civilized, by Arthur L. Thomson. *London*, 1859, 2 vol in-12 fig. sur bois et cartes col. demi-rel. avec c. v. vert. (*Rel. angl.*)

2600. Lights and Shadows of Australia, by Ch. Clacy. *London*, 1854, 2 vol. in-12, demi-rel. avec c. mar. vert. fil. tr. dor. (*Rel. angl.*)

ARCHÉOLOGIE. — NUMISMATIQUE. — ÉPIGRAPHIE.

2601. Nineveh and its remains, by Austin H. Layard. *London, J. Murray*, 1849, 2 vol. in-8, cartes et planches, demi-rel. avec c. f. fil. à fr. (*Rel. angl.*).

2602. Nineveh and Persepolis; an historical sketch of ancient Assyria and Persia, with an account of the recent researches in these countries, by W. S. W. Vaux. *London*, 1851, in-12, cart. non rog.

2603. La Magie chez les Chaldéens et les origines accadiennes, par Fr. Lenormant. *Paris, Maisonneuve*, 1874, in-8 br.

2604. Lettres assyriologiques sur l'histoire et les antiquités de l'Asie antérieure, par Fr. Lenormant. *Paris*, 1871, 2 vol. in-4, br. autographiés.

2605. Lettres assyriologiques, seconde série. — Études accadiennes, par F. Lenormant. *Paris, Maisonneuve*, 1873, 3 fasc. in-4, br. (*Tome premier*).

2606. Essai sur un document mathématique chaldéen, et à cette occasion sur le système des poids et mesures de Babylone, par Fr. Lenormant. *Paris, A. Lévy*, 1868, in-8, en feuilles, autographié.

2607. Adrien de Longpérier — Notice des monuments exposés dans la galerie d'antiquités assyriennes au musée du Louvre. *Paris*, 1849. — Junon Anthéa, illustration d'un passage du v° livre des Fastes d'Ovide, explication de deux vases peints et conjecture sur l'origine des Floralia. *Paris*, 1849. — Ens. 2 ouvr. en 1 volume in-8, figures, demi-rel. perc. v.

2608. Notice des antiquités assyriennes, babyloniennes, perses, hébraïques, exposées dans les galeries du musée du Louvre, par Ad. de Longpérier. *Paris*, 1854, in-8, br.

2609. Records of the past, being english translations of the assyrian and egyptian monuments, published under the sanction of the Society of biblical archæology. *London, S. Bagster*, s. d., 3 vol. pet. in-8, cart. angl.

2610. Notice sur la vie et les ouvrages de M. Champollion le jeune, lue à la séance publique de l'Académie des inscriptions et belles-lettres, du 2 août 1833, par M. Silvestre de Sacy. — Lettres de M. Champollion le jeune, écrites pendant son voyage en Egypte, en 1828 et 1829. *Paris, F.-Didot*, 1829. — Notice sur le papyrus hiératique et les peintures du cercueil de Pétaménoph, par M. Champollion. *Paris*, 1827. — 3 ouvr. en 1 vol. in-8, demi-rel. v.

2611. Notice des principaux monuments exposés dans les galeries provisoires du musée d'antiquités égyptiennes de S. A. le vice-roi, à Boulaq, par A. Mariette-Bey. *Alexandrie*, 1864, in-8, br.

2612. Une Visite au musée de Boulaq, ou description des principaux monuments conservés dans les salles de cet établissement, par Aug. Mariette-Bey. *Paris, Franck*, 1869, in-8 demi-rel. chag. viol.

Texte arabe.

2613. Trattato delle simboliche rappresentanze arabiche e della varia generazione de' musulmani caratteri sopra different imaterie operati di Michelangelo Lanci. *Parigi, Dondey-Dupré*, 1845, 2 tomes en 1 vol. in-4, demi-rel. chag. viol. avec atlas.

2614. Monuments arabes, persans et turcs du cabinet de M. le duc de Blacas et d'autres cabinets, etc., par M. Reinaud.

Paris, 1828, 2 tomes en 1 vol. in-8, figures, demi-rel. bas. r.

2615. Mémoires sur diverses antiquités de la Perse et sur les médailles des rois de la dynastie des Sassanides, suivis de l'histoire de cette dynastie, traduite du persan, de Mirkhond, par A.-J. Silvestre de Sacy. *Paris*, 1793, in-4, demi-rel. v. f.

2616. Archæological Survey of India. Four reports made during the years 1862-1873, *Simla and Calcutta*, 1871-1875, 5 vol. gr. in-8 cart.

2617. The Antiquities of Orissa, by Rájendralàla Mitra. *Calcutta*, 1875, in-fol., carte col. et figures teintées, cart. perc. la Vall.
Vol. Ier.

2618. Recherches archéologiques à Eleusis, exécutées dans le cours de l'année 1860, par Fr. Lenormant. *Paris, Hachette*, 1862, in-8, br.

2619. L'Acropole d'Athènes, par E. Beulé. *Paris, F.-Didot*, 1853, 2 vol. in-8, br.

2620. Mémoire sur le calendrier des Lagides à l'occasion de la découverte du décret de Canope. *S. l. n. d.* — Lettre à M. Letronne sur un abacus athénien, par A.-J.-H. Vincent. 1846. — Lettre à M. A.-J.-H. V., membre de l'Institut, sur le nom et l'inscription de l'ancienne cloche du beffroi de Boulogne, 1851. — Recherches sur l'année égyptienne, par M. A.-J.-H. Vincent. *Paris, B. Duprat*, 1865. — De la Notation musicale attribuée à Boëce, et de quelques anciens chants qui se trouvent dans le manuscrit latin n° 989 de la B. I. 1855. — Ens. 6 br. réunies en 1 vol. in-8, demi-rel. mar. vert.

2621. Le Palais impérial de Constantinople et ses abords, Sainte-Sophie, le Forum Augustéon et l'hippodrome, tels qu'ils existaient au dixième siècle, par J. Labarte. *Paris, V. Didron*, 1861, in-4 br., cartes et plans.

2622. L'Étrurie et les Étrusques, ou dix ans de fouilles dans les maremmes toscanes, par Noël des Vergers. *Paris, F.-Didot*, 1862, in-fol. en feuilles. (*Atlas*.)

2623. Monographie de la voie sacrée éleusinienne, de ses monuments et de ses souvenirs, par F. Lenormant. *Paris, Hachette*, 1864, in-8, br.
Tome premier.

2624. P.-Charles Robert. — Monnaie de Gorze sous Charles de Rémoncourt et circonstances politiques dans lesquelles elle a été frappée. *Paris*, 1870. — Les Légions du Rhin et les inscriptions des carrières. *Paris*, 1867. — Le Monument de Myrrhine, par F. Ravaisson. *Paris*, 1876. — Les Ex-voto du temple de Tanit à Carthage, etc., par P. Berger. *Paris*, 1877. — L'Etrurie et les Etrusques de M. Noël des Vergers, article par M. Beulé. *Paris*, 1865, — Ens. 5 br. in-4.

2625. Abécédaire, ou rudiments d'archéologie, par M. A. de Caumont; ère gallo-romaine avec un aperçu sur les temps préhistoriques. *Caen, Leblanc-Hardel*, 1870, in-8, nombr. gr. sur bois, demi-rel. mar. la Vall.

2626. Lettres archéologiques sur Marseille, par M. J.-B. Laulard. *Marseille*, 1844, in-8, papier vélin, demi-rel. v. rouge.

2627. Notice sur la mosaïque de Lillebonne, par E. Chatel. *Caen*, 1873, in-4, planches, br.

2628. Examen critique de la découverte du prétendu cœur de saint Louis, faite à la Sainte-Chapelle, le 15 mai 1843, par M. Letronne. *Paris, F.-Didot*, 1844, gr. in-8, demi-rel. chag. v.

2629. Recherches sur les antiquités de la Russie méridionale et des côtes de la mer Noire, par le comte Alexis Ouvaroff. *Paris, V. Didron*, 1855, in-fol. br.

2630. Recherches sur les antiquités de la Russie méridionale et des côtes de la mer Noire, par le comte Alexis Ouvaroff. *Paris, V. Didron*, 1855, gr. in-fol. en feuilles.

Atlas de 25 planches en or et en couleurs. Les planches Ire et VIIIe nous manquent.

2631. Correspondance inédite du comte de Caylus, avec le P. Paciaudi, théatin (1757-1765), publiée par Ch. Nisard. *Paris, à l'Impr. nationale*, 1877, 2 vol. in-8, br.

2632. Dix-huit brochures de Longpérier, d'Avezac, de Vogüé, de Saulcy, etc., réunies en 1 vol. gr. in-8, demi-rel. chag. vert.

2633. Brochures d'érudition, par MM. Bargès, de Caumont, H. Martin, Merlin, de Courson, Demonville, etc., etc.; environ 50 pièces en 4 vol. in-8, demi-rel. chag. v.

Le Ghilan, ou les Marais caspiens. *Paris*, 1850. — Coup d'œil sur la médecine des anciens Indiens. *Paris*, 1858, fig. — Sur l'anthropologie de l'Afrique française. *Paris*, 1845. — Chinese medical review, 1852. — Les Coupes du palais des empereurs byzantins au x° siècle. *Paris*, 1877. — Le Castellum gallo-romain de Larçay, près de Tours. *Paris*, 1856. — Sur l'origine des chevaux arabes. *Paris*, 1858, etc., etc.

2634. Réunion de neuf brochures de Bach, F. Lenormant, etc., reliées en 1 vol. gr. in-8, demi-rel. chagr. viol.

2635. Brochures d'érudition, par MM. Barthélemy Saint-Hilaire, l'abbé Bargès, Hammer, Khanikoff, d'Escayrac, etc., etc., ens. 20 pièces réunies en 2 vol. in-4 demi-rel. chag.

La collection des empreintes de sceaux des archives de l'empire et son inventaire. *Paris*, 1863. — Examen d'une nouvelle inscription phénicienne découverte dans les ruines de Carthage. *Paris*, 1868. — Notice sur une pierre tombale conservée en l'église Notre-Dame de la Ville-au-Bois. *Bar-sur-Aube*, 1855. — Mémoire sur le sarcophage et l'inscription funéraire d'Eschmounazar, roi de Sidon. *Paris, B. Duprat*, 1856. — De la transmission télégraphique et de la transcription littérale des caractères chinois. *Paris*, 1862, etc., etc.

2636. Brochures d'érudition par MM. Mich. Bréal, Ch. Schœbel, Guigniault, Jal, Cherbonneau, V. Langlois, Lagrange, R. Briau, etc. — Ens. 58 brochures reliées en 4 vol. in-8, demi-rel. chag. vert.

Les Idées latentes de langage, 1868. — Démonstration de l'authenticité mosaïque de l'Exode, 1870. — Du service de santé militaire chez les Romains, 1866. — Chasse aux Nègres, souvenir de voyage par E. de Laborde, 1838. — De l'armement des Romains et des Celtes à l'époque de la guerre des Gaules. — Mémoire sur une lettre inédite adressée à la reine Blanche par un habitant de la Rochelle, par Léop. Delisle. — Mémoire sur la polygamie musulmane, 1842.

2637. Réunion de 10 brochures de L. de Laborde, Eichhoff, Menant, Poirson, etc., reliées en 1 vol. gr. in-8, demi-rel. chagr. vert.

2638. Brochures d'érudition, par M. Fr. Lenormant, 12 br. in-8.

Note sur un Scarabée découvert en Algérie. *Paris*, 1856. — Les derniers événements de la Syrie. *Paris*, 1860. — Introduction sur un mémoire à la propagation de l'alphabet phénicien dans l'ancien monde. *Paris*, 1866. — Les Dieux de Babylone et de l'Assyrie. *Paris*, 1877. — Essais de commentaires des fragments cosmogoniques de Bérose, 7 livr. (*Manque les livraisons 3 et 4.*) Etc., etc.

2639. Douze brochures sur l'archéologie, par A. Heybah. B. Quaranta, C.-A. Holmboe, etc., reliées en 1 vol. in-4, demi-rel. chagr. vert.

2640. Dix-sept opuscules d'archéologie, etc., de C.-A. Holmboe (en suédois), réun. en 1 vol. in-8, demi-rel. chag. la Vall.

2641. Réunion de neuf brochures de La Roquette, Quaranta, Champollion-Figeac, etc., reliés en 1 vol. in-4, demi-rel. chagr. viol.

2642. Dix opuscules d'érudition, par A. Vincent, reliés en 1 vol. in-8, cart.

2643. Quinze brochures anglaises d'érudition, reliées en 1 vol. in-8, demi-rel. mar. bleu.

2644. Brochures d'érudition, par MM. H. Martin, Beulé, Vincent, N. des Vergers, de Saulcy, Feuillet de Conches, L. Delisle, Egger, H. Wallon, J.-P. Rossignol, Miller, etc.,

etc., 80 pièces réunies en 4 vol. in-8, demi-rel. chagr. vert.

<small>Dissertation sur les amazones dont le souvenir est conservé en Chine, par de Paravey. *Paris*, 1840. — Yelaguine, mœurs russes, par L. Delatre. *Paris*, 1853. — Explication et restitution d'une inscription latine découverte à Mdaourauche, l'ancienne Madaure en Afrique, par Rossignol. *Paris*, 1857. — L'Aragon, par M. de Mofras. *Paris*, 1846. — Mémoire sur les actes d'Innocent III, suivi de l'itinéraire de ce pontife, par L. Delisle. *Paris, Durand,* 1857. — Mélanges de numismatique et de philologie, par W. H. Waddington. *Paris,* 1861, etc., etc.</small>

2645. Numismatique de la Géorgie au moyen âge, par V. Langlois. *Paris, Leleux,* 1852. — Mémoire sur trente-neuf nouvelles inscriptions puniques, expliquées et commentées par l'abbé Bargès. *Paris, B. Duprat,* 1852. — Sur l'Antiquité des livres en Livonie, par Yrjö Koskinen. *Helsingfors,* 1866. — De'Lavori della reale accademia Ercolanese negli anni 1849 et 1850, discorso del commendator Bernardo Quaranta. *Napoli,* 1851. — Sermon inédit de J. Gerson sur le retour des Grecs à l'unité, publié par le prince A. Galitzin. *Paris, B. Duprat,* 1859. — Note sur la reconstruction du muséum d'histoire naturelle et de la bibliothèque publique de Nantes, par Ed. Bureau. *Nantes,* 1864. — Quel nom l'or émaillé a-t-il reçu des Grecs dans une haute antiquité? réponse au mémoire de M. de Lasteyrie ayant pour titre : « l'électrum des anciens est-il de l'émail? » *Paris, Morel,* 1866. — Les harmonistes des XIIe et XIIIe siècles, par E. de Coussemaker. *S. l.,* 1864. — Traités inédits sur la musique du moyen âge, par de Coussemaker. *S. l.,* 1865. — Ens. 11 pièces ou brochures réunies en 1 vol. in-4, demi-rel. chag. La Vall.

2646. Brochures d'érudition, par MM. Hubaud, Amyot, H. de Charencey, F. de Coussemaker, J. de Witte, J. Desnoyers, G. Pauthier, Eichhoff, Champollion-Figeac, Lenormand, Ed. Foucaux, L. Blancard, etc., environ 75 pièces en 4 vol. in-8, demi-rel. chagr. vert.

<small>Mémoire sur la tapisserie du chœur de l'Eglise cathédrale d'Aix, 1816. — De la nature des pronoms, discussion historique et philologique de grammaire générale, 1856. — Recherches sur les origines de la langue basque, 1859. — Vitraux peints et incolores de l'Eglise de la Flandre maritime, 1860. — De l'origine occidentale des Polonais, 1861. — Essai sur la formation et la décomposition des racines arabes, 1856. — La légende de Cadmus et les établissements phéniciens en Grèce, 1867. — Notice sur les archives anciennes des Bouches-du-Rhône, 1861. — Les Ermites à Ilion ou la vérité avant la guerre de Troie, 1852. — Dante, sa vie et ses œuvres, 1861. — Notice sur deux grammaires de la langue copte. — Fragment des Choliambographes grecs et latins, 1859.</small>

2647. Brochures d'érudition, par MM. L. Hegewald, A. Huillard-Bréholles, J. Barthélemy Saint-Hilaire, Ch. Schœbel, V. Langlois, L. Vaisse, L. Blancard, etc., réunion de

HISTOIRE.

58 brochures en 4 vol. gr. in-8, demi-reliure, chag. vert.

Souvenir de Hedelberg, 1869. — Mémoires sur les monuments du culte d'Adonis, 1861. — L'Université de Toulouse au XVIIe siècle, document inédit, 1863. — Frédéric II. Etudes sur l'empire et le sacerdoce au XIIIe siècle. — Le Théâtre en Perse, 1862. — Physique d'Aristote, traduction en français, 1862. — Les Arméniens de la Turquie, 1863. — De l'Ecriture et de son origine, 1848. — De l'Influence d'Aristote et de ses interprètes sur la découverte du Nouveau-Monde, 1861.

2648. Mélanges d'archéologie, par P.-Ch. Robert. *Paris, J.-B. Dumoulin*, 1875, in-8, figures, demi-rel. v. gris.

2649. Introduction à l'étude des médailles, par A.-L. Millin. *Paris*, 1796, in-8, demi-rel. avec c. vél.

2650. Revue numismatique, dirigée par E. Cartier et L. de la Saussaye, années 1836 à 1869. *Paris, Techener*, 4 vol. in-8, demi-rel. v. ant.

2651. La Monnaie dans l'antiquité, leçons professées dans la chaire d'archéologie en 1875-1877, par F. Lenormant. *Paris, A. Lévy, Maisonneuve*, 1878, 2 vol. in-8, br.

2652. Numismata imperatorum præstantiora a Julio Cæsare ad Postumum et tyrannos, per Joannem Vaillant. *Lutetiæ Parisiorum, sumptibus Joannis Jombert*, 1692, 2 tomes en 1 vol. in-4, fig. de médailles, v. ant. marb.

2653. Essai de classification des monnaies autonomes de l'Espagne, par F. de Saulcy. *Metz*, 1840, in-8, demi-rel. chag. la Vall.

2654. Numismata orientalia illustrata. The oriental coins ancient and modern of his collection, described and historically illustrated, by William Marsden. *London*, 1823, 2 tomes en 1 vol. in-4, planches de médailles, v. bleu à comp. tr. marbr.

2655. Marsden's Numismata orientalia, by Edward Thomas. *London, Trübner*, 1874, 2 fascicules in-4 br. planches de médailles.

2656. History of jewish coinage and of money in the Old and New Testament, by F.-W. Madden. *London, B. Quaritch*, 1864, gr. in-8, fig. de monnaies dans le texte, demi-rel. bas. (*Rel. angl.*)

2657. Essai sur la numismatique des satrapies et de la Phénicie sous les rois achéménides, par H. de Luynes. *Paris, Firmin-Didot*, 1846, gr. in-4, planches de médailles, demi-rel. chag. vert.

2658. Essai sur les médailles des rois perses de la dynastie sassanide, par Adr. de Longpérier. *Paris, F.-Didot*, 1840, in-4, planches de médailles, demi-rel. v. ant.

2659. The initial Coinage of Bengal, introduced by the Muhammadans, on their conquest of the country, by Ed. Thomas. *Hertford*, 1866, in-8, cart.

2660. Notice sur la collection de médailles et monnaies musulmanes recueillies par M. E. Tocchi. *Marseille*, 1855; ens. 5 pièces réunies en 1 vol. in-8, demi-rel. mar. la Vall.

2661. Études numismatiques sur une partie du nord-est de la France, par C. Robert. *Metz, imp. de Nouvian*, 1852, gr. in-4, planches de médailles tirées sur chine, demi-rel. chag. r.

Dans le même volume. Recherches sur les monnaies et les jetons des maîtres-échevins et description de jetons divers (par le même). *Paris, impr. de Nouvian*, 1863, planches de médailles sur chine.

2662. Numismatique de Cambrai, par C. Robert. *Paris, Rollin et Feuardent*, 1861, gr. in-4, planches de médailles tirées sur chine, demi-rel. chag. r.

2663. Notice descriptive des méreaux trouvés à Thérouanne et que l'on peut attribuer à cette ville, par M. S. Deschamps de Pas. *Bruxelles*, 1871, in-8 br.

2664. A. Chabouillet. Notice sur une médaille inédite de Ronsard, par J. Primavera, suivie de recherches sur la vie et les ouvrages de cet artiste. *Orléans*, 1875, in-8 br.

2665. Notice des monnaies françaises composant la collection de M. J. Rousseau, par A. de Longpérier. *Paris*, 1848, in-8, br. planches de médailles.

2666. De prisca re monetaria Norvegiæ et de nummis aliquot et ornamentis in Norvegia repertis scripsit C.-A. Holmhoe. *Christianiæ*, 1854. — Traces de buddhisme en Norvège avant l'introduction du christianisme, par C.-A. Holmhoe. *Paris*, 1857, 2 ouvr. en 1 vol. in-8, planches, demi-rel. chag. vert.

2667. Frédéric Soret. Brochures numismatiques. Environ 12 opuscules reliés en 1 vol. gr. in-8, demi-reliure chagr. vert.

2668. Catalogue général et raisonné des camées et pierres gravées de la Bibliothèque impériale, publié par M. Chabouillet. *Paris, J. Claye, s. d.*, in-12 br.

2669. Sigillographie de Toul, par Ch. Robert. *Paris, chez Rollin et Feuardent et chez Franck*, 1868, gr. in-4, planches, demi-rel. chag. r.

2670. Iconographie des sceaux et bulles conservés dans la partie antérieure à 1790 des archives départementales des Bouches-du-Rhône, par L. Blancard. *Marseille, chez Ca-*

moin ; *Paris, Dumoulin*, 1860 ; gr. in-4, planches, chag.
vert fil.

L'atlas a été relié à la suite de l'ouvrage.

2671. Œuvres complètes de Bartolomeo Borghesi. *Paris,
Impr. impériale*, 1872, 2 vol. in-4, br.
Tomes deuxième et troisième des Lettres. Tomes VII et VIII des Œuvres.

2672. Mélanges d'épigraphie, par L. Renier. *Paris, F.-Didot; Fr. Klincksieck*, 1854, in-8, fig. br.

2673. Trois Dissertations, sur l'inscription de Delphes, sur l'ouvrage d'Anaximène de Lampsaque, etc., par J.-P. Rossignol. *Paris, de l'impr. de Crapelet*, 1850, in-8, demi-rel. v. bl.
Envoi autographe de l'auteur à M. Garcin de Tassy.

2674. Étude sur le monument bilingue de Delphes, suivie d'éclaircissements sur la découverte du mur oriental, par C. Wescher. *Paris, Impr. imp.*, 1868, in-4 br.

2675. Épigraphie gallo-romaine de la Moselle, étude par P.-Ch. Robert. *Paris, Didier*, 1873, in-4, planches, br.
Exemplaire en papier de Hollande.

2676. Bibliothèque de l'École des hautes études. Sciences philologiques et historiques. — Les Tables eugubines, texte, traduction et commentaire par M. Bréal. *Paris, Franck*, 1875, 2 vol. in-8 de texte, 1 vol. petit in-fol. de planches (*XXII*^{e} *et XXVI*^{e} *fascicule*). — Les Tables eugubines, étude sur les origines du peuple et de la langue d'une province de l'Italie, par S. de Bæcker. *Paris, Durand*, 1867, in-8, br.

2677. Édit de Dioclétien établissant le maximum dans l'empire romain, publié, avec de nouveaux fragments et un commentaire, par W.-H. Waddington. *Paris, F.-Didot*, 1864, pet. in-fol. br.

2678. Inscriptions chrétiennes de la Gaule antérieures au vIII^e siècle, réunies et annotées par Ed. Le Blanc. *Paris, à l'Impr. imp.*, 1856-1865, 2 vol. in-4, demi-rel. chag. vert.

2679. The Israelitish Authorship of the sinaitic inscriptions, etc., by the rev. Ch. Forster. *London, R. Bentley*, 1856, in-8, cart. angl. perc. bl. non rog.

2680. Inscriptions sémitiques publiées avec traduction et commentaire par le comte Melchior de Vogüé. *Paris, J. Baudry*, 1868, in-4, demi-rel. chag. r.

2681. Mémoire sur le sarcophage et l'inscription funéraire

d'Esmunazar, roi de Sidon, par H. d'Albert de Luynes. *Paris, H. Plon*, 1856, gr. in-4 cart.

2682. Early Sassanian inscriptions, seals and coins, by Ed. Thomas. *London, Trubner*, 1868, in-8 fig. cart. perc. viol.

2683. Mémoire sur deux inscriptions puniques découvertes dans l'île du Port-Cothon à Carthage, par l'abbé J.-J.-S. Bargès. *Paris, F. Didot*, 1840, pet. in-fol. planches, cart.

HISTOIRE LITTÉRAIRE. — ACADÉMIES.
JOURNAL DES SAVANTS.

2684. Histoire littéraire de la France, ouvrage commencé par des religieux bénédictins de la congrégation de Saint-Maur et continué par des membres de l'Institut (Académie des inscriptions et belles-lettres). *A Paris, chez F.-Didot, Treuttel et Würtz, et de l'Impr. nat.*, 1856-1877, 5 vol. in-4 cart. non rog.

Ce sont les tomes XXIII à XXVII.

2685. Histoire des littératures étrangères, par Alfred Bougeault. *Paris, E. Plon*, 1876, 3 vol. in-8, demi-rel. chag. r.

2686. Leçons de rhétorique et de belles-lettres, traduites de l'anglais de H. Blair par J.-P. Quénot. *Paris, chez Lefèvre*, 1821, 3 vol. in-8, portrait de l'auteur gravé par Hulk, 1808, demi-rel. v. rose.

2687. Nouveau Traité de littérature ancienne et moderne, par F. Pagès. *Paris, chez Testu*, 1802, 3 vol. in-8, bas.

2688. Histoire littéraire du treizième siècle de l'ère chrétienne, traduite de l'anglais de Berington, par A. M. H. B. (Boulard). *Paris, Maradan*, 1821. — Histoire littéraire du quatorzième siècle et de la première moitié du quinzième (par le même). *Paris, Debeausseaux*, 1822. — Histoire littéraire des Grecs pendant le moyen âge (par le même). *Paris*, 1822. — Histoire littéraire des Arabes ou des Sarrasins (par le même). *Paris*, 1823; ens. 4 ouvr. réunis en 1 vol. in-8, demi-rel. bas.

2689. Watzemüller, ses ouvrages et ses collaborateurs, voyage d'exploration et de découvertes à travers quelques épîtres dédicatoires, préfaces et opuscules en prose et en vers du commencement du XVIᵉ siècle. *Paris, Challamel*, 1867, in-8 br.

2690. Histoire des livres populaires ou de la littérature du colportage, par A. Nisard. *Paris, E. Dentu*, 1864, 2 vol.

HISTOIRE.

figures. — Mémoires de Garasse, publiés par Ch. Nisard. *Paris, Amyot,* 1861, ens. 3 vol. in-12 br.

5 -" 2691. Les Auteurs hindoustanis et leurs ouvrages, d'après les biographies originales, par M. Garcin de Tassy. Seconde édition. *Paris, Ern. Thorin,* 1868, in-8 de 111 pp, demi-rel. chag. vert.

11 -" 2692. Bulletin des sciences historiques, antiquités, philologie, septième édition du Bulletin universel des sciences et de l'industrie, publié sous la direction de M. le baron de Férussac. *A Paris,* 1824 à 1831, 19 tomes réunis en 8 vol. in-8, demi-rel. v. marbr.

85 -" 2693. Archives des missions scientifiques et littéraires. *Paris, Impr. nationale,* 1850 à 1877, 17 vol. gr. in-8, demi-rel. v. f.

Première série, de 1850 à 1857, 6 volumes.
Deuxième série, de 1864 à 1872, 7 volumes.
Troisième série, de 1873 à 1877, 6 volumes.

14 -" 2694. Mémoires de l'Académie impériale des sciences, arts et belles-lettres de Caen. *Caen, chez Leblanc-Hardel,* 1869 à 1878, 11 vol. in-8 br.

L'année 1873 est en deux volumes.

13 -" 2695. Recueil des publications de la Société havraise d'études diverses, de 1847 à 1869. *Havre,* 1851 à 1870, 13 vol. in-8 br. plus les résumés et comptes rendus des 14 premières années, 9 br. in-8.

Manquent les années 1860 et 1861.

5 -" 2696. Histoire de l'Académie de Marseille, depuis sa fondation, en 1726, par M. J.-B. Lautard. *Marseille,* 1826-1843, 3 vol. in-8, demi-rel. avec c. mar. r. fil.

1 -" 2697. Recueil de mémoires et autres pièces de prose et de vers, qui ont été lus dans les séances de la Société des Amis des sciences et des arts, à Aix. *Aix, chez Aug. Pontier,* 1819 et 1823, 2 vol. in-8, demi-rel. mar. la Vall.

26 -" 2698. Mémoires de l'Académie de Stanislas. *Nancy,* 1855 à 1877. 22 vol. plus 1 vol. de tables (de 1750 à 1866) pour les trois premières séries, et 1 vol. de documents pour servir à la description scientifique de la Lorraine, ens. 24 vol. in-8, br.

Ce sont les années : 1854 à 1858, 5 vol. — 1859, 2 vol. — 1860, 2 vol. — 1861 à 1864, 4 vol. — Les années 1865 et 1866 manquent. — 1867 à 1876, 6 volumes.

10 -" 2699. Statuts de l'Institut égyptien. *Alexandrie,* 1859 à 1872, 2 vol. in-8, demi-rel. chag. vert.

2 -" 2700. Mémoires ou travaux originaux présentés et lus à l'Institut égyptien, publiés sous les auspices de S. A. Mo-

HISTOIRE.   231

hammed-Saïd. *Paris, F.-Didot*, 1862, in-4, cartes, demi-rel. chag. r. (*Tome premier*).

2701. Bulletin de la classe historico-philologique de l'Académie impériale des sciences de Saint-Pétersbourg. *Saint-Pétersbourg, Leipzig*, 1857, 3 vol. in-4 en feuilles. — 2 - 50
Tomes XIV, XV et XVI.

2702. L'Institut. Journal universel des sciences et des sociétés savantes en France et à l'étranger. *Paris*, 1838 à 1869, 31 années en numéros détachés, in-4. — 11 - "
II° section. — Sciences historiques, archéologiques et philosophiques.
Il manque les trois premières années.

2703. Table générale et méthodique des mémoires contenus dans les recueils de l'Académie des inscriptions et belles-lettres, etc., par MM. Eug. de Rozière et Eugène Chatel. *Paris, A. Durand*, 1856, in-4, br. — 8 - 50

2704. Mémoire de l'Institut royal de France, Académie des inscriptions et belles-lettres. *Paris, Imp. royale et nat.*, 1830-1877, 17 tomes en 30 vol. in-4, cart. non rog. — 191 - "
Ce sont les tomes 12, 14, 15, 16 à 21 (en deux parties) — 22, 23, 2° part. 3 vol. — 24, 2 part., la 2° partie est br. — 25 à 28 en deux parties, et 29, première partie seulement.
Les tomes XIV et XV sont reliés en demi-rel. v. vert.

2705. Mémoires présentés par divers savants à l'Académie des inscriptions. — Première série : Sujets divers d'érudition. *Paris, Impr. royale*, 1844-1869, 8 tomes en 12 vol. in-4 cart. non rog. — 50 - "
Les tomes V, VI, VII et VIII sont en deux parties. Le tome premier est relié en demi-rel. v. vert.

2706. Mémoires présentés par divers savants à l'Académie royale des inscriptions et belles-lettres de l'Institut de France. — Deuxième série : Antiquités de la France. *Paris, Imprimerie royale*, 1843-1855, 5 tomes en 7 vol. in-4, cart. non rog. — 35 - "
Les tomes IV et V sont en deux parties.
Le tome premier est en demi-rel. v. vert.

2707. Académie des inscriptions et belles-lettres, comptes-rendus des séances des années 1857 à 1877. *Paris, Aug. Durand*, 1858-1878, 21 vol. in-8, demi-rel. chag. vert. — 100 - "
Première série. — 1857 à 1864, 2 vol. — Deuxième série, de 1865 à 1871, 7 vol. — Troisième série, 1872, 1 vol. — Quatrième série, 1875 à 1877, 5 volumes.

2708. NOTICES ET EXTRAITS des manuscrits de la Bibliothèque du Roi, de la Bibliothèque impériale et nationale. *Paris*, 1787 à 1878, 23 vol. in-4, veau marbré et atlas, br. — 380 - "

2709. JOURNAL DES SAVANTS. *A Paris, de l'Imprimerie royale*, 1816 à 1875, 60 vol. in-4, plus un vol. de table de 1816 à 1858, demi-rel. v. f. — 445 - "

HISTOIRE.

BIOGRAPHIE.

2710. Dictionnaire général de biographie et d'histoire, de mythologie, de géographie ancienne et moderne, etc., par MM. Ch. Dezobry et Th. Bachelet. *Paris, Dezobry et Magdeleine*, 1857, 2 forts vol. gr. in-8, demi-rel. chag. bleu.

2711. Biographie moderne, ou Galerie historique, civile, militaire, politique et judiciaire, etc. *Paris, A. Eymery et Delaunay*, 1815, 2 vol. in-8, demi-rel. v. f.

2712. Dictionnaire universel des contemporains, par G. Vapereau. *Paris, L. Hachette*, 1861, 1 fort vol. gr. in-8, demi-rel. chag. noir, plats toile, tr. jaspées.

2713. Essai sur la vie et les œuvres de Jean Vauquelin de la Fresnaye, par J. Travers. *A Caen*, 1872, in-8 br.

2714. La Vie et les bons mots de M. de Sauteuil. *A Cologne, chez Abraham l'Enclume*, 1740, 2 tomes en 1 vol. in-12, v. br.

2715. Abraham Duquesne et la marine de son temps, par A. Jal. *Paris, H. Plon*, 1873, 2 vol. in-8 br.

2716. Essai sur la vie du marquis de Bouillé (François-Claude-Amour), par René de Bouillé. *Paris, Amyot*, 1863, in-8, demi-rel. v. f.

2717. Notice sur M. Daunou, par B. Guérard, suivie d'une notice sur M. Guérard, par N. de Wailly. *Paris, Dumoulin*, 1855, in-8 br.

2718. Louis-François Jauffret, sa vie et ses œuvres, par Robert-Marie Reboul. *Paris, Baur; Marseille, Camoin*, 1869, in-8, papier vélin, portr. photograph. br.

2719. Notice sur M. le duc de Luynes, membre de l'Institut, par J.-L.-B. Huillard-Bréholles. *Paris, H. Plon*, 1868, in-8, portr. photogr. br.

2720. Alexis Clerc, marin, jésuite et otage de la Commune, fusillé à la Roquette, le 24 mai 1871; simple biographie par le R. P. Ch. Daniel. *Paris, Ed. Baltenweck, s. d.*, in-12, br.

2721. The literary Character, illustrated by the history of Men of Genius, by J. d'Israeli. *London*, 1822, 2 vol. in-12, v. f. fil.

2722. Men of the time, a biographical dictionary of eminent living character, by Ed. Walford. *London*, 1862, 1 fort vol. pet. in-8, demi-rel. bas. r. (*Texte à deux colonnes*).

2723. The Life of John Jebba selection from his letters, by

the rev. Charle Forster. *London, James Dunkan*, 1837, in-8 cart.

2724. Vie du révérend Jean Wesley, par le révérend Richard Watson, traduite de l'anglais. *Paris, Delay*, 1840, 2 tomes en 1 vol. in-8, portrait, demi-rel. v.

2725. The Life of John Jebb, by the rev. Charles Forster. *London*, 1851, gr. in-8 cart.

2726. Vie de Schiller, par Ad. Regnier. *Paris, Hachette*, 1859, in-8 br.

2727. A. Bossert. Gœthe, ses précurseurs et ses contemporains. *Paris, Hachette*, 1872. — Gœthe et Schiller. *Paris, Hachette*, 1873, ens. 2 vol. in-8, demi-rel. mar. vert.

2728. Biographical Sketches of Dekkan poets, being memoirs of the lives of several eminent bards both ancient and modern who have flourished in different provinces of the Indian Peninsula, compiled from authentic documents, by Cavelly Venkata Ramaswalie. *Calcutta*, 1829, in-8, demi-rel. veau rouge.

2729. The Live of sheikh Mohammed Ali Hazin written by himself, translated from two persian manuscripts, by F. C. Balfour. *London*, 1830, in-8, demi-rel. chag. viol.

2730. Autobiography of Lutfullah, a mohamedan gentleman, and his transactions with his fellow-creatures, edited by Edward B. Eastwick. *London*, 1857, in-8. cart. perc. r.

BIBLIOGRAPHIE.

(CATALOGUES DE MANUSCRITS ORIENTAUX.)

2731. Débuts de l'imprimerie à Mayence et à Bamberg, ou Description des lettres d'indulgence du pape Nicolas V, imprimées en 1454, par L. de Laborde. *Paris, chez Techener*, 1840, gr. in-4, fig. et fac-simile, demi-rel. chag. n.

2732. Essai historique sur la liberté d'écrire chez les anciens et au moyen âge, sur la liberté de la presse depuis le quinzième siècle, par Gabriel Peignot. *A Paris, de l'imp. de Crapelet*, 1833, in-8, demi-rel. mar. la Vall.

2733. Conseils d'un homme de qualité à sa fille, par M. le marquis d'Halifax. *Berlin, chez Haude et Spener*, 1752, (*Texte et traduction*). — Conseils pour former une bibliothèque peu nombreuse mais choisie, par M. de Formey. *Berlin, chez Haude et Spener*, 1755. — Bibliothèque de Madame la princesse la Dauphine. *Paris*, 1770, front. gr. par Eisen. ens. 3 ouvr. réunis en 1 vol. pet. in-8, v. marbr.

2734. L.-J. Hubaud, membre des Académies de Marseille, Dijon, etc.; réunion de 6 opuscules en 1 vol. in-8, demi-rel. chag. brun.

2735. Dictionnaire historique et bibliographique, par Ladvocat. *Paris, chez Et. Ledoux*, 1822, 5 vol. in-8, demi-rel. v. f. ant.

2736. Nouveau Recueil d'ouvrages anonymes et pseudonymes, par M. de Manne. *Paris, Gide*, 1834, in-8, demi-rel. chag. grenat.

2737. Manuel de biographie orientale, par J.-Th. Zenker. *Leipzig*, 1846, 2 vol. in-8, demi-rel. chag. la Vall.

2738. Bibliotheca arabica; auctam nunc atque integram edidit D. Christianus Fridericus de Schnurrer... *Halæ ad Salam, Heindelius*, 1811, in-8, demi-rel. cuir de R.

2739. Bibliographie de la Perse, par Schwab. *Paris, E. Leroux*, 1876, in-8, br.

2740. Bibliothecæ sanskritæ, sive recensus librorum sanskritorum hucusque typis vel lapide exscriptorum critici, specimen concinnavit Joannes Gildemeister. *Bonnæ ad Rhenum*, 1847, in-8, demi-rel. v. bleu.

2741. A Contribution towards an index to the indian philosophical systems, by Fitzedward Hall, M. A. *Calcutta*, 1859, in-8, demi-rel. v. f.

2742. Bibliothèque asiatique et africaine, ou Catalogue des ouvrages relatifs à l'Asie et à l'Afrique qui ont paru depuis la découverte de l'imprimerie jusqu'en 1708, par H. Ternaux-Compans. *Paris, A. Bertrand*, 1841, in-8, demi-rel. v. f.

2743. The London catalogue of books, with their sizes, prices and publishers, containing the books published in London, and those altered in size or price, since the year 1810 to febuary 1831. *London*, 1831, in-8 cart.

2744. Bibliotheca marsdeniana philologica et orientalis. A catalogue of books and manuscripts collected with a view to the general comparaison of languages and to the study of oriental literature, by William Marsden. *London, printed by J. Q. Cox*, 1827, in-4, demi-rel. v. f.

2745. A Catalogue of books in every department of oriental literature, together with a collection of oriental manuscripts on sale, by Hawelland Stewart. *London*, 1826, 3 part. en 1 vol. in-8, demi-rel. bas.

2746. Catalogue des livres imprimés et manuscrits, composant la bibliothèque de Langlès. *Paris, chez J.-S. Merlin*, 1825, in-8, demi-rel. veau. (*Prix imprimés*).

2747. Bibliothèque de M. le baron Silvestre de Sacy. *Paris, à l'Imp. imp.*, 1842, 4 part. en 3 vol. in-8, demi-rel. chag. bl.

2748. A Catalogue of the bibliotheca orientalis Springeriana. *Giessen, W. Keller*, 1857, in-8 de 11 p. demi-rel. v. f.

2749. Catalogue of english, oriental and translated works in the library of the Agra college, at the close of 1854. *Agra*, 1855, in-8 cart.

2750. A Catalogue of the library of the hon. East-India Company. *London*, 1845. — A Supplement to the catalogue of the hon. East-India Company. *London*, 1851, 2 vol. gr. in-8, cart. non rog.

2751. Catalogue of the books in the library of the college of Fort-William. *W. Y.*, in-4, demi-rel. bas.

2752. Delhi prize. — Catalogue of valuable oriental books, to be sold by auction at Delhi on the 15 november 1858 and following days, pet. in-fol. cart.

2753. Catalogue of native publications in the Bombay presidency up to 31 december 1864, prepared by sir A. Grant. *Bombay*, 1867, in-8, cart. perc.

2754. Catalogue of native publications in the Bombay presidency. *Bombay*, 1866. — A Catalogue of oriental manuscripts collected in Indoostan by M. Samuel Guise, from the year 1777 til 1792. — Report, prospectus and publications of the oriental committee, 1861. *London*. — Catalogue of the asiatic Society's library. *Calcutta*, 1835. — Ens. 6 cat. réunis en 1 vol. in-8, demi-rel. chag. vert.

2755. Catalogue of the christian vernacular literature of India, with hints on the Management of Indian tract societies, compiled by John Murdoch. *Madras*, 1870, in-8, cart. angl.

2756. Trübner's american and oriental literary Record. *S. l.*, 1865 à 1870, 4 vol. pet. in-4, demi-rel. chag. r. (*Texte à deux colonnes.*)

2757. A Catalogue of important works in all departements of science and literature, published by Trübner. *London, s. d.*, in-8, cart. perc. bl. tr. dorée.

2758. Catalogue des manuscrits grecs de la bibliothèque de l'Escurial, par E. Miller. *Paris, à l'Impr. nat.*, 1848, in-8 br.

2759. A descriptive Catalogue of the oriental library of the late Tippoo sultan of Mysore, to which are prefixed memoirs of Hyder Aly Khan and his son Tippoo sultan, by Charles Stewart. *Cambridge*, 1809, in-4, v. f. fil. (*Reliure anglaise.*)

2760. Mackenzie Collection. A descriptive Catalogue of the oriental manuscripts, collected by the late lieut. col. Colin-Mackenzie, surveyor general of India, by H. Wilson, esq. *Calcutta*, 1828, 2 vol. in-8, demi-rel. v. rouge.

2761. Examination and analysis of the Mackenzie manuscript deposited in the Madras college library, by the rev. William Taylor. *Calcutta*, 1838, in-8, demi-rel. mar. viol.

2762. Catalogus librorum manuscriptorum qui in bibliotheca senatoria civitatis Lipsiensis asservantur, edidit Æmilius Guilelmus Robertus Naumann. *Grimæ*, 1838, in-4, demi-rel. veau vert, dent.

2763. Catalogus codicum manuscriptorum orientalium qui in Museo Britannico asservantur. *London*, 1846, in-fol. cart.

Pars secunda, codices arabicos amplectens.

2764. Codices orientales bibliothecæ regiæ Hauniensis jussu et auspiciis regis Daniæ augustissimi Christiani Octavi enumerati et descripti. *Hauniæ*, 1846-57, 3 vol. in-4, cart.

2765. Die orientalischen Handschriften der herzoglischen Bibliothek zu Gotha, auf Befehl Sr Hoheit des Herzogs Ernest II von S. Coburg-Gotha verzeichnet von Dr Wilhem Pertsch. *Wien*, 1859, in-8 br.

2766. A descriptive Catalogue of the historical manuscripts in the arabic and persian languages, by W. H. Morley. *London*, 1864, in-8 cart.

2767. Die arabischen Handschriften der K. Hof-und Staatsbibliotek in München beschrieben von Joseph Aumer. *München*, 1866. — Die persischen Handschriften....., 1866. — 2 vol. in-8 br.

2768. A descriptive Catalogue of the arabic, persian and turkish manuscripts in the library of Trinity college, Cambridge, by E. H. Palmer, with an appendix containing a catalogue of the hebrew and samaritan mss. in the same library. *Cambridge, Deighton Bell*, 1870, in-8, cart. perc. la Vall. ébarb.

2769. Catalogue raisonné of the arabic, hindustani, persian and turkish mss. in the Mulla Firuz library, compiled by Edward Rehatsek, M. S. E., 1873, in-8, demi-rel. chagr. br.

2770. Les Manuscrits arabes de l'Institut des langues orientales décrits par le baron V. Rosen. *Saint-Pétersbourg*, 1877, in-8, fac-similes, demi-rel. mar. vert.

2771. A Catalogue of the arabic manuscripts in the library of the India office, by Otto Loth. *London*, 1877, in-4, cart. perc. r.

2772. A Catalogue of the persian and hindustany manuscripts of the libraries of the government of India, by a Stranger. *Calcutta*, 1854, gr. in-8, demi-rel. chagr. bleu.
Vol. 1. containing persian and hindustany Poetry.

2773. Die persischen Handschriften der herzoglichen Bibliotek zu Gotha, verzeichnet von Dr Wilhelm Pertsch. *Wien*, 1859, in-8, demi-rel. chag. r.

2774. Catalogue des manuscrits sanskrits de la Bibliothèque impériale, avec des notices du contenu de la plupart des ouvrages, par MM. Alex. Hamilton et Langlois. *Paris*, 1807, in-8, demi-rel. v. viol.

2775. Catalogue des livres manuscrits sanscrits et hindis de la Société asiatique de Calcutta. *Calcutta*, 1838, in-8, beau viol. fil.

2776. Catalogue of the sanskrit manuscripts, collected during his residence in India by the late sir Robert Chambers, with a brief memoir by lady Chambers. *London*, 1838, in-fol. de 35 pp. portr. cart.

2777. A Catalogue of sanskrit manuscripts contained in the private libraries of Gujarât, Kâthiâvâd, Kachchh, Sindh and Khândes, compiled under the superintendance of G. Bühler. *Bombay*, 1871, in-8, demi-rel. chag. br.

2778. Notices of sanskrit mss., by Rajendralala Mitra, published under orders of the government of Bengal. *Calcutta*, 1871, 1876, 3 vol. gr. in-8, demi-rel. chagr. viol.

2779. A Catalogue of sanskrit manuscripts in private libraries of the North-West provinces. *Bénarès*, 1874, in-8, demi-rel. chag. la Vall.

2780. Catalogue of sanskrit and pali books in the British Museum, by Dr Ernst Haas. *London, Trübner*, 1876, in-4, cart.

2781. A descriptive Catalogue of sanskrit mss. in the library of the asiatic Society of Bengal. *Calcutta*, 1877, in-8, demi-cart. perc. v.

2782. Musei Borgiani Velitris codices manuscripti Avenses, Peguani, Siamici, Malabarici, Indostani animadversionibus historico-criticis castigati et illustrati; accedunt monumenta inedita, et cosmogonia Indico Tibetana, auctore P. Paulino A. S. Bartholomæo. *Romæ, apud Antonium Fulgonium*, 1793, in-4, v. mar.

ENCYCLOPÉDIE.

2783. Lexicon bibliographicum et encyclopædicum a Mustafa Ben Abdallah Katib Jelebi dicto et nomine *Haji Khalfa* celebrato compositum, instruxit G. Fluegel. *Leipsig*, 1835-1858, 7 vol. in-4, v. f. fil.

Bel exemplaire.

MANUSCRITS.

MANUSCRITS HINDOUSTANIS ET SANSCRITS.

2784. *Quissa-i-pairambaran.* Histoire des prophètes, traduction hindoustani du livre persan *Hayat ul Couloub*, par le cheikh Wali-Mohammed ben Hafiz Miran. Une autre traduction du même ouvrage existait à la bibliothèque de Fort-William sous le titre de *Quissas ul Anbia.* Le *Hayat ul Couloub,* ou Vie des cœurs, est l'œuvre de Moulla Mohammed Baquir Madjlissi. Manuscrit copié dans la ville de Pondichéry, en beaux caractères persans, in-folio, rel. européenne. — 19 - "

2785. *Quissas ul Anbiâ,* « Histoire des prophètes, » traduction en prose dakhnie de l'ouvrage du même nom en persan, par Abdussamad Abdulwahab Khan, fils de Nasrat Djan. L'ouvrage persan est de Mahommed Ben Hassan al Deïnuri al Hanêfi, lequel lui-même avait pris pour base de son travail celui de Salabi en arabe. Beau manuscrit copié en 1233 (1817-18) à Nizamabad, ou Arcot, dépendance de Muhammadpūr, 211 feuillets gr. in-8, rel. orient. — 35 - "

2786. *Khazana-i-ibâdat.* « Le Trésor de la dévotion, » grand masnavi par Chah Muhammad Cadiri. Cet ouvrage, qui est un traité développé sur la religion musulmane dans le genre du *Muhammediyeh* de Muhammad Tchelebi et a été composé en 1199 (1784), est très-estimé par les musulmans du Décan. Manuscrit copié en belle écriture persane à Madras en 1848, par un certain Goulam-Nadir et donné à M. G. de Tassy, par M. E. Sicé de Pondichéry. 287 feuillets in-folio, rel. européenne. — 10 - "

2787. *Pantcha Ratna.* « Les Cinq Perles, » en hindi, par Toulci-Das, contenant les cinq parties suivantes du Maha Bharata : 1° *Bhay Vadgouta*; 2° *Vichnou Sahasra nama*, 3° *Bhishma Stava*; 4° *Vichnou Dharmottara*; 5° *Gadjendra Mokcharra.* Manuscrit daté de 1796, en beaux caractères dévanagaris, orné de nombreuses vignettes, 77 feuillets, in-12, rel. orient.

2788. *Adi granth.* « Le Premier Livre », énorme compilation attribuée au Guru Ardjun Mal, cinquième chef des Sikhs, et recueil des poésies religieuses de Nanak Chah, fondateur de cette secte et de ses successeurs, y compris les poésie, de quelques waichnavas. Le tout écrit partie en hindi du nord et partie en sanscrit. Cet ouvrage porte aussi le titre du *Guru Mukhi* « de la bouche du maître » ou « Sentences du Gourou ». Manuscrit de 1818 pp. gr. in-4, rel. orient.

2789. *Granth* ou *Adi Granth*, c.-à-d., le premier livre, livre sacré de la secte des Sikhs, par Nanak Chah, leur fondateur (1469-1539). La Bibliothèque nationale possède une histoire manuscrite en hindoustani de cet habile réformateur. Manuscrit en ourdou et caractères persans, vers et prose, quelque peu endommagé, in-8, rel. europ.

2790. *Sikhni Baba nānak.* « L'Enseignement de Baba nānak, » célèbre fondateur de la secte des Sikhs (1469-1530), et auteur de leur livre sacré nommé *Adi Granth*, d'où le présent ouvrage ourdou a été tiré. Manuscrit en caractère chikesté et en vers sur deux colonnes, sur papier de soie, 172 pp., in-8 oblong, reliure orientale.

2791. Le *Bidjak.* « Le Testament » de Kabir, livre des doctrines de la secte des *Kabir panthi*, composé de trois cent soixante-cinq *sakhi* ou distiques, de cent douze pièces de vers nommés Sabd, de quatre-vingt-quatre poèmes nommés romainis et de plusieurs autres. V. les travaux du général Harriot et de M. Wilson (Asiatic Researches, tom. XVI). Manuscrit en beaux caractères *Kaïthi nagari*, donné à M. G. de Tassy par le général Harriot (1837) qui lui-même le tenait de Ram-Singh, Soubadar de Chanar, et en a extrait les passages publiés dans les *Hindee and Hindoustanee Selections* : 149 pp. in-4, reliure orientale.

2792. Le même *Bidjak* de Kabir en caractères dévanagari, daté de 1815, avec notes marginales au commencement, transcription, et traductions de quelques passages à la fin ; exemplaire paraissant avoir appartenu à M. Wilson ; 88 feuillets, in-4, reliure orientale.

2793. *Lâlach* ou *Bhagavat daçam askand.* « Le dixième livre du Bhagavat », imitation du dixième livre du Bhagavat purana, en hindī des provinces de l'ouest de l'Inde, par Lalach, surnommé Halwaï (1471). Ce poème est écrit comme le *Ramâyama* de Toulci-das en tchaupais, entremêlés de dohas. On donne aussi à cette version le titre de *Soukh Sagar*, « l'Océan du bonheur »; M. Th. Pavie l'a traduite en 1852, sous le nom de « Krichna et sa doctrine ». Copie ayant appartenu au général Harriot. 220 feuillets, petit in-4, rel. orient.

2794. *Bal-Ram Kathâmrit*. « L'Ambroisie de l'histoire de Bal Ram », poème en hindi sur Bal Ram, par Guirdhar-Das. Ce poème a été retravaillé par le babû Gopal Chandra et publié en 1914 (1868), par son fils le babou Hari Chandra, en 1 vol. oblong de 257 pp. Manuscrit en très-beaux caractères dévanagari. 27 feuillets in-fol., rel. europ. — 4-"

2795. *Prithwī radja tcharitra*. Histoire de Prithwī Radja, dernier roi hindou de Dehli, par Kabi Chand. Cette importante chronique en vers, écrite au XIIe siècle, est consacrée à raconter la lutte opiniâtre du radja hindou contre les musulmans envahisseurs de l'Inde. Les manuscrits de cet ouvrage sont très-rares. Il en existe un à la Société asiatique de Londres qui porte un titre persan et d'où James Tod a tiré son histoire du Rajasthan. Une portion de cette copie se trouve également à la Société asiatique de Calcutta sous le nom de *Prithirāj Raçan Padmawati Khand*. Enfin M. Growse en a signalé un autre à Bénarès. Le présent manuscrit contient seulement les cinq premiers chants, très-belle écriture dévanagari. 69 feuillets in-fol. br. — 80-"

2796. Histoire abrégée de Nadir-Chah, en hindoustani. Rédaction complètement différente de celle du *Tarikh-i-Nadiri* de Haïdar Bakch Haïdari, mais qui a une grande réputation parmi les musulmans de Pondichéri. Manuscrit bien peint en caractères persans, donné à M. G. de T. par M. E. Sicé, in-8, rel. europ. — 4-"

2797. *Malfouzat-i Djahan Guīri*. « Paroles, ou mémoires de Djahanguīr. » Cet ouvrage est le même que celui dont David Price a donné la traduction sous le titre de « Memoirs of the Emperor Jahangueir », et dont James Anderson et Gladwin ont fait connaître des extraits. On pourrait peut-être considérer la rédaction hindoustanie comme originale; car il n'est pas dit qu'elle soit traduite du persan. Manuscrit en caractères persans copié par une main inhabile, in-fol. rel. orientale. — 6-"

2798. Le même. — Il y a entre ces deux exemplaires des différences analogues à celles qui existent entre les versions de Price et d'Anderson, différences signalées par — 10-"

S. de Sacy dans l'article qu'il a consacré à l'examen de cet ouvrage. (Journal des savants, 1830.) Manuscrit d'une écriture persane plus soignée et plus belle que celle du précédent, gr. in-8., rel. orient.

2799. Manuscrit bien peint contenant : 1° *Haïdar-Namah.* « Histoire de Haider Ali et de Tippou Sahib, » traduite du persan en hindoustani, sans nom d'auteur. Ce travail a été fait par l'ordre du capitaine Thomas Little qui était un des chefs de l'armée anglaise contre Tippou. Il a été écrit en 1220 de l'hégire (1805). Manuscrit ayant appartenu à Duncan Forbes. 193 pp. in-fol. Il existe également une histoire de Haïder Ali en dakhnî, et la *Royal Asiatic Society* de Londres possède un manuscrit hindoustani, in-4, qu'on a intitulé : Poem on Haider War with the Mahrattes, written by order of Tippoo; 2° *Sihr-ul-bayan*, masnavi sur les amours de Bénazir et de Badr-i Mounir, par Mir Haçan. Belle copie de la bibliothèque de D. Forbes. 336 pp. in-fol. rel. europ.

2800. *Wakiat-i-Akbari.* « Faits et gestes d'Akbar, » traduction de l'*Akbar nama*, célèbre ouvrage d'Aboul-Fazl, auteur de l'*Aïn-i-Akbari*, par Mohamed Khalil Ali Khan Ackh, à l'usage des étudiants du collège de Fort William. Beaux manuscrits en caractères persans, in-4, rel. orient.

2801. *Tarikh-i Nadiri.* Histoire de Nadir Chah, traduction par Haïdar Bakhch Haïdari de l'histoire de Nadir Chah, écrite en persan par Mohammed Mahdi, la même que sir W. Jones a publiée en anglais (v. Annals of the college of Fort-Williams, p. 339.) Beau manuscrit hindoustani en caractères persans, gr. in-8.

2802. *Tarikh-i Chir Chah.* « Histoire de Chir-Châh », traduite du persan par Mazhar Ali Khan Wilâ en 1805. L'original de cet ouvrage a été écrit par Abbas ben Ali Chirvani sur l'ordre du grand Akbar dont Chir Chah avait, en 1539, détrôné le père Humayoun. M. G. de T. l'a traduit en français sous le titre de « un Chapitre de l'Inde musulmane ». Manuscrit en beau caractère persan ayant appartenu à Prinsep. 126 feuillets in-4, rel. européenne.

2803. *Khalassat ut tavarikh.* « La Quintessence des histoires, » en persan, histoire de l'Inde depuis les temps les plus reculés jusqu'au règne d'Aurangzeb, écrite en 1704 par Asaf ud Daoula Yahya Khân, fils du nabab Chudja-ud Daoula, et petit-fils du nabab Aboul mançour Khan, et qui régna à Lacknau sur le royaume d'Aoude de 1775 à 1797. Manuscrits en caractères persans, datés de 1847, gr. in-8 bien peint, rel. orient.

2804. *Quissa-i Firoz Chah.* « Histoire de Firoz-Chah », par

Mohammed Adjiz, poète du Decan, auteur du *Lal o gauhar*. Manuscrit ayant appartenu à la bibliothèque du collège de Fort-William. C'est probablement une traduction de l'ouvrage persan portant ce titre dans le catalogue Mackenzie (t. II, p. 137), in-4, rel. orient.

2805. *Tardjama-i-tarikh-i-Acham*. Traduction ourdoue de l'histoire du royaume d'Assam, par Mir Bahadur Ali Huçaïni (1805). L'original de cette intéressante histoire a été écrit sous le règne d'Aurangzeb par Wali Ahmad Chahâb uddin Talich. Manuscrit en beaux caractères persans, copié sur un exemplaire de la Société asiatique du Bengale, provenant lui-même de la bibliothèque du collège de Fort-William. Offert à M. Garcin de Tassy par M. Prinsep, gr. in-4, rel. européenne.

2806. *Bhaktiras bodhani*. « La Connaissance du goût de la dévotion » ou explication du *Bhaktamal* « Rosaire des dévots » par Priya Das, sectateur de Nisyananda, natif du Bengale, en vers hindis du mètre Kabit. Le *mul* ou texte de ce manuscrit est le même qui a été adopté par Krichnadas, c'est-à-dire celui de Nabha Dji et de Nârâyan-dâs. Il est accompagné de remarques nommées *drichtanta* « développements » et *Bhaktamal prasang* « discours sur le Bhaktamâl ». Très-beau manuscrit en caractères dévanagaris, donné à M. Garcin de Tassy par M. Boutros de Delhi, daté de 1843, 220 feuillets grand in-8, reliure contemporaine.

2807. *Goulchan-i Hind* ou *Jardin de l'Inde*, biographie des poètes hindoustanis, par Mirza Ali Loutf, fils de Kazim beg Khan, qui a écrit cet ouvrage en 1215 de l'hég. (1800-1801). Loutf nous apprend dans sa préface qu'il avait divisé son travail en deux parties. La première partie, réservée aux soixante grands poètes de l'Inde, est seule complète. La deuxième n'a pas été terminée. Manuscrit en caractères persans, copié par le Saïyid Zoulficar Ali Tadjalli en 1223 de l'hég. (1837-1838) sur l'exemplaire du premier ministre du Nizam d'Haïderabad, et offert à M. Garcin de Tassy par le colonel Steward. 400 p. in-fol. rel. orient.

2808. *Divan-i Djahan*. « Le Divan du Monde. » Collection de pièces de poésies des écrivains du monde, c'est-à-dire de l'Inde, anthologie hindoustanie, composée en 1814, par Beni Narayan, de Lahore, sur les conseils de T. Rœbuck. Beau manuscrit en caractères persans, terminé en 1832, in-folio, rel. europ.

2809. *Nuskha-i dil Kucha*. « Volume qui dilate le cœur. » C'est le tome 2 du tazkira ou biographie des écrivains hindoustanis par le babou Radjendra Lal Mitra, savoir le babou Djanameya Mitra Asman. Le premier tome imprimé à Calcutta en 1870, in-4 de 210 p., renfermait 587 articles sur autant d'auteurs hindoustanis. Ce second volume contient des articles sur les poètes dont les noms commencent par les dernières lettres de l'alphabet arabe, à partir du *Kaf* exclusivement. Très-beau manuscrit en caractères persans, gr. in-fol. br.

2810. *Goulzar-i Ibrahim.* « Le Lit de roses d'Abraham. » Biographie anthologique de trois cents poètes hindoustanis par le nabab Ali Ibrahim Amin Uddaula Nacir Djang, travail commencé en 1772 et terminé en 1783. Manuscrit en caractères nastalics, soigneusement copié pour M. Garcin de Tassy par M. Troyer, gr. in-fol. rel. orient.

2811. Le même. — Manuscrit en beaux caractères persans ayant appartenu à Turner Macan, l'éditeur du Chah-Nameh; 254 feuillets in-4.

2812. *Gouldasta-i Haïdari.* « Bouquet de Haïdari, » en ourdou, par Haïdar Bakhch Haïdari, l'auteur du *Tota Cahani*. Ce livre contient : 1° un recueil d'histoires et anecdotes; 2° un divan; 3° une biographie de poètes hindoustanis bien ordonnée. Cette troisième partie n'a pu être terminée par l'auteur. Manuscrit très-bien conservé en beau taalik, 463 p. in-fol. rel. orient.

2813. *Diwani-Aich*, ou le divan du poète Mirza Mohammed Askari Aich de Delhi. Ces poésies ont de la célébrité dans l'Inde. Il y a à leur suite quelques moukhammas, et un choix de dohras, de baits et d'autres pièces de vers recueillies de différents auteurs. Manuscrit en caractères persans. Lacune de quelques pages au commencement, pet. in-4, rel. orient.

2814. *Koulliyat-i Djourat.* Œuvres complètes de Yaha Mon Calandar Bakhch Djourat, célèbre poète hindoustani de la fin du siècle dernier. Fort belle copie ayant appartenu aux orientalistes T. Rœbuck et T. Macan, en caractères persans, datée de 1808, 835 p. in-fol.

2815. *Divan-i Ichq.* Divan du poète de Delhi Chah Roukn Uddin Ichq, de la fin du siècle dernier. Manuscrit d'une bonne écriture ayant appartenu à M. Falconer, pet. in-fol. de 168 p. rel. orient.

2816. *Divan-i Afsos.* Le Divan de Mir-Cher-Ali-Afsos en hindoustani avec une préface en persan qui contient la biographie du poète. Beau manuscrit ayant appartenu à la bibliothèque du vizir du Nizam d'Haïderabad in-4, de 422 p. de 15 lignes, rel. orient.

2817. *Koulliyat-i Sauda.* Œuvres complètes du poète hindoustani Mirza Mohammed Rafi Sauda, le Juvénal de l'Inde (1780). Il ne manque à ce recueil que les *Maraci* ou Elégies et les *Salam*. Il existe une copie complète à la bibliothèque de la Société asiatique de Calcutta. Très-beau manuscrit donné à M. Garcin de Tassy par M. N. Bland de Londres, copié en 1790, joli taalik sur deux colonnes avec encadrement, rel. europ. dorée sur tr. in-fol. — 26 –

2818. *Divan-i Sauda, Yaquin o Dard*, « Divan de Saouda Yaquin et Dard. » 1° Divan de Mirza Muhammad Rafi Saouda, un des poètes hindoustanis les plus célèbres. 2° Divan de Myan In'am ullah Khan Yaquin de Delhi, écrivain distingué, élève de Mirza Mazhar Djan Djànàn auquel certains biographes ont attribué quelques-unes de ses poésies. 3° Divan du Khodja Mir Muhammad Dard, poète spiritualiste, fils du Khodja Muhammad Nacir de Delhi, grand saint musulman sous Mohammed Chah. Manuscrit en caractères persans sur 2 col. 490 p. in-8 rel. orient. — 12 –

2819. *Divan-i Sauda*, Divan de Mirza Mohammed Rafi Saouda, en hindoustani. Manuscrit très-complet d'une belle main, in-8, rel. orient. — 8 –

2820. *Diwani Wila*. Le Divan de Mirza Lutf Ali Wila, poète hindoustani de Delhi. Manuscrit en caractères persans ayant appartenu à sir Graves Chamnez Haughtan. Il existe des exemplaires identiques à la bibliothèque du vizir du Nizam Bela, écriture taaliq, in-fol. rel. europ. — 8 –

2821. Manuscrit en caractères persans, terminé le 5 zi-cada 1213 (9 avril 1799) dans le quartier de la ville d'Ilahabàh, nommé *Minu-pour* près d'Yahyapour, dans l'*imambara* du copiste : petit in-8, rel. européenne : contenant 1° *Divan-i Wali*. Le divan de Chah Mohammed Wali ullah. *Ms*. E de la collection des copies de Wali d'après lesquelles M. G. de T. a publié les œuvres de ce célèbre poète. Copie incomplète et mauvaise du divan. Le copiste, dans les endroits difficiles, a traduit, pour ainsi dire, le texte, remplaçant les mots d'un usage rare par d'autres employés plus communément. Souvent aussi il a substitué des vers, apparemment de sa composition, à ceux de Wali. 183 pp. 2° *Divan-i Sauda*. Le divan de Mirza Muhammad Rafi Sauda, suivi de masnavis, cacidas, gazals, satires, moukhammas, du même poète hindoustani, entre autres les satires contre le temps, le cheval, la chaleur, et le *Kotval* et l'histoire de *Chah o gada* « le roi et le mendiant ». — 12 –

2822. *Diwan-i Wali*. Le Divan de Chah Mohammed Wali — 27 –

Ullah, dit Wali du Décan, le « Père de la poésie hindoustanie », né à Aurangabad dans le Décan au dix-septième siècle. C'est M. Garcin de Tassy qui, en publiant ce Divan en 1834, a fait connaître ce grand poète dans l'Inde. Manuscrit (*ms.* A) sans doute, le plus ancien de ceux dont M. G. de T. s'est servi, mais aussi le plus complet et le plus correctement écrit, collationné avec soin par un copiste intelligent, bien peint. 125 feuilles in-8 oblong, rel. orient.

2823. LE MÊME. — Manuscrit (*ms.* D) paraît ancien. Il est fort correct ; mais le copiste a omis les vers qu'il n'a pas compris. Ce manuscrit a appartenu à feu W. Price, qui a donné, d'après cette copie, trois gazals de Wali dans sa Grammaire hindoustane ; 270 feuillets, in-8, rel. orient.

2824. LE MÊME. — Manuscrit (*ms.* C) terminé le 26 safar de l'année 22° du règne de Mahomed Chah, on ne dit pas dans quelle ville, mais assurément dans le nord de l'Hindoustan ; ce que prouve l'orthographe du manuscrit. Très-bien peint, 202 feuillets, in-8, rel. orient.

2825. LE MÊME. — Manuscrit (*ms.* F) fort bon et d'une belle écriture. Mais il ne contient qu'une partie du Divan et finit aux gazals qui se terminent en wau. Ce manuscrit a appartenu à J. W. Russel et a été donné à M. G. de T. par le célèbre hindoustaniste Shakspear, 126 p. in-fol., rel. europ.

2826. LE MÊME. Manuscrit ayant appartenu à la bibliothèque de l'empereur mogol Mohammed Chah. Bonne écriture, texte correct et sans interpolations, 232 p. in-12, rel. orient.

2827. LE MÊME. — Manuscrit (*ms.* G) complet et très-bien peint, sans date, in-fol., rel. orient.

2828. LE MÊME. — Manuscrit (*ms.* I) ayant appartenu à S. Lee. Paraissant daté de 1180 de l'hegire. Complets mais parfois peu correct, in-8, rel. orient.

2829. LE MÊME. — Manuscrit daté de 1780 et copié par ordre du capitaine Foulis, écrit très-distinctement et complet, 257 p. in-4°, rel. orient.

2830. LE MÊME. — Manuscrit de la main de M. Garcin de Tassy, copie elle-même sur laquelle a été faite l'édition des œuvres de Wali de 1834, in-4 br.

2831. *Marsiya aoual razmiya* « Première complainte sur la guerre », par le Saïyid Aga Hasan Mouçawi Amanat de Delhi. C'est sans doute la même pièce imprimée à Lakhnau sous le titre de Marciya Amanat. Manuscrit en beaux caractères persans, ayant appartenu à Nassau Lee et copié pour lui par un certain Abd-ul-Haqq Atechala de Calcutta en 1855, 3 p. in-fol. br.

2832. Quatre Marciyas du poète Mirza Salamat Ali Dabir de Lakhnau, célèbre poète contemporain, connu dans l'Inde par ses mots spirituels. Beau manuscrit de 12 pages, donné à M. G. de Tassy par Nassau Lees, in-fol. br.

2833. *Tauwallud nāma*, « Le livre de la naissance, » poème ourdou du genre masnawi sur la naissance de Mahomet, par le cheïkh Gulam i Mouhi uddin Zicht, de Mangalpour, dans le district de Kattac, province d'Orissa. Ce poème rapporte tout ce que les historiens originaires nous ont fait connaître sur les premières années de Mahomet. Manuscrit en caractères persans, daté de l'an 1219 de l'hégire (1801), de la main de l'auteur, ayant appartenu à D. Forles, in-4, reliure européenne.

2834. *Kandj-i Khoubi* ou « Trésor de bonté » traduction hindoustanie faite en 1802 par Mir Amman de l'ouvrage persan *Akhlaqui-mahcini* « les Bons Usages » de Hussein Vaïz Kachifi, l'auteur de l'*Envari Soheïli*.

Beau manuscrit en caractères persans ayant appartenu à l'orientaliste écossais Sandford Arnot., gr. in-4, reliure européenne.

2835. *Sacountala natak*, « Le Drame de Sacountala, » roman ourdou sur la légende de Sacountala, d'après le récit du Mahabharata et la version de Nawaz, par Mirza Kazim Ali Djawan au commencement de ce siècle. Manuscrit très-bien peint en caractères persans, gr. in-8, rel. orient.

2836. Le même. — Copie de la main de M. Garcin de Tassy, 14 p. in-fol. br.

2837. Le même, collationné par M. Garcin de Tassy, manuscrit autographe, daté de 1829, 54 pp. in-4 br.

2838. *Sacountala natak*, traduction en vers bradj bhakha du drame sanscrit de Sacountala (version du Mahabharata), par Nawaz Kabischvar, faite sur l'invitation de Maoula Khan, fils de Fidaï Khan, lequel reçut de l'empereur mogol Faroukh Siyar le nom de *Azam Khan* (1716). Ce fut sur ce texte que Gilchrist fit faire par Kazim Al-Djavam la version ourdoue de Sacountala. Manuscrit très-bien peint, caractères dévanagaris, ayant appartenu à John Romer, in-4, rel. orient.

2839. *Quissa-i Amir Hamza*. « Histoire de l'émir Hamza, » écrite en prose hindoustanie dans l'année 1315 (1800-1801), par Mohammed Khalil Ali Khan Achk de Faïz-Abad, 1er tome de cet ouvrage. Manuscrit en caractères persans, fait en 1228 (1813), au port de Bahraïch sur la rive du Sardjou, par Siradj uddin connu sous le nom de

Mounchi Mohammed Salah. In-folio, 340 pp., reliure orientale.

2840. *Quissa-i-Khâwir Châh*. « Histoire de Khawir Chah, » masnawi écrit en ourdou par Mirza Madhi Ali Khan Achiq de Dehli. Ce poème, qui se compose d'environ 4,750 vers, est aussi intitulé *Quissa-i Camartalat* du nom de l'héroïne de l'ouvrage. Le nabab dont il est parlé dans la préface est Nacir Djân, ministre de Chah-Alam. D'après le tarikh de la fin, il a été écrit à Delhi en 1213 (1798-1799). Copie en caractères taaliq, très-bien peint, sur deux colonnes et orné de belles et curieuses peintures, 440 pp. petit in-8, jolie reliure orientale.

2841. *Parbat pâl* ou *Roukminī mangâlchar*. « L'épithalame de Roukminî, » poème sur le mariage de Roukminî, composé de dohras, par Nanddas Djiou. M. Langlois a traduit un épisode du Bhâgavat sur le même sujet dans ses *Monuments littéraires de l'Inde*, p. 85 et suiv. Manuscrit en caractères persans, in-12 de 160 pp. environ, reliure orientale.

2842. *Padmanī*, ou la légende de Padmanī (fille du radjah de Ceylan, mariée à Ratan Sen, Radja de Chitor), racontée par Djatmal de Mortchhat, écrivain hindoui du XVIIe siècle. Exemplaire copié en 1843 sur un mss. de la bibliothèque de la Société asiatique du Bengale dans lequel se trouve au commencement la note suivante : « Sent by G. Wellesley ex resident at Indore to Mr Atkinson. June, 2 tomes, 1824 — Legend of the Padmanee wife of the Ranae of Tchitor including the attack on Tchittorgurh by Allauddin on her account and the actions of Gorah and Badul on her defense. The original version is in a mixed hindoo provincial dialect as given in one column. The other column is a version in ordinary hindoui. » La légende écrite par Djatmal ne raconte que la première des deux attaques dirigées contre Tchitor, par Alá uddin. Caractères dévanagaris assez lisibles, sur deux colonnes, 86 pp. in-4. rel. européenne.

2843. *Padmāwatī*. Histoire de Padmāwat ou Padmanī, reine de Tchitor, écrite en 6500 vers hindouis et en octaves, par Malik Mohammed Djaïci de Djaïs dans le royaume d'Aoudh, en 947 (1540-1541), sous Cher Chah. Manuscrit ayant appartenu à D. Forbes, pareil à celui du Fonds Gentil n° 31 de la Bibliothèque nationale, en caractères taalik très-distincts, avec corrections et additions marginales. Manque le 1er feuillet et deux feuillets à la fin ; in-8 400 pp., rel. européenne.

2844. *Madjma-i dastan*. « Recueil d'histoire. » Manuscrit

autographe écrit à Sarawih en 1243 (1837), par Hukumat Raë, médecin célèbre de la tribu des Kayaths, à qui on doit beaucoup de dohras et de kabits et d'autres poèmes hindis. Il habitait Ahmabad, dans la province de Delhi. Ce manuscrit a appartenu à M. Fraser de Delhi, frère du voyageur en Perse. Il y a un chapitre à sa louange, ce qui prouve qu'il était connu de l'auteur et même que ce dernier devait être son munchi. On trouve dans ce manuscrit : 1° *Dil faroz*, « ce qui enflamme le cœur », ou *Adoū quissa, dar yadi munstfi*, « Histoire de l'ennemi en rap-rapport avec la justice, » roman en vers ourdous, par Hukumat Raë lui-même ; 2° *Adou quissa ba mazmoun-i taaschuk o choudjaat*, conte en prose persane sur l'amour et la bravoure, par le même Hukumat Raë ; 3° Histoire de Bahrām Gour en vers persans, du même. Copie en ca-caractères nestaaliq, peu soignée, petit in-folio, reliure orientale.

2845. *Riçala-i tauhid*. « Traité de l'unité de Dieu, » intitulé aussi *Kitab-i tassauwuf*. « Livre sur le sofisme. Poème très-étendu en dakhni sur la doctrine des Sofis. Beau manuscrit en caractères persans, 209 feuillets in-folio, reliure orientale.

2846. *Rāg pothi*. Le Livre des rag, recueil d'hymnes et de chants populaires, par Kabir, Nanak et autres poètes religieux des Kabir-Panthis, Sikhs et Waichnavas. On a publié à Bénarès, en 1850, un volume intitulé aussi *Rāg ki pothi*. Il existe également sous le nom de *Riçala-t-Souroud o rāg*, « Traité sur la mélodie et les *rāgs* », une collection de chants populaires hindi et dakhni (Catal. de Tippou, p. 189, à *l'East. India-House*). Enfin on connaît un masnavi de Uzlat, intitulé *Rag malā*, ou la Guirlande des Rags, manuscrit en caractères persans et dévanagaris ayant appartenu à Duncan Forbes, 291 feuillets in-12, rel. orient.

2847. *Tota Kahāni*, ou Contes du perroquet, traduction ourdoue par Haidar Bakhch Haïdari du roman persan intitulé *Touti-nāma*. C'est le texte de Mohammed Cadiri, qui a servi de base à la traduction d'Haïdari ; il l'écrivit en 1215 de l'hégire (1801). Cet ouvrage a été imprimé dès 1810 à Calcutta, et le présent manuscrit est une copie parfaite de la première édition, très-bien peint, 196 pp. in-4, rel. or.

2848. Le même manuscrit ne renfermant que le conte VI. La rédaction diffère du texte imprimé à Calcutta ; elle est plus élégante et plus prolixe. Écriture en caractères persans, nette et claire, 11 pp. in-4 br.

2849. *Touti namá*, ou Contes d'un perroquet, imitation en vers dakhni du livre persan de Nakhschabi, par Moulana Ghaouassi. Manuscrit qui paraît ancien, en beaux caractères nestaaliq. Après l'invocation ordinaire à Dieu et les louanges de Mahomet, on trouve un chapitre de plus de 4 pages, qui contient l'éloge du sultan de Golconde Abdullah Coutbchah sous le règne duquel l'ouvrage a été écrit, 600 pp. in-8, rel. or.

2850. *Tota Kahani*, ou Contes d'un perroquet, en hindoui et en caractères dévanagaris, traduction anonyme du livre persan de Nakhchabi intitulé *Touti namá*. Bel exemplaire de 20 feuillets, petit in-fol. rel. orient.

2851. *Quissa-i-Kamroup*, histoire de Kamroup en prose ourdoue. L'auteur nous apprend dans la préface que son nom était Kundan Lal, de Lahore, employé comme mounchi à Bārah-sat, Bengale; il dit qu'un écrivain nommé Himmat-Khan composa en vers persans cette histoire de Kamroup et « Latakām » en l'an 1115 de l'hégire (1703) et l'appela *Dastur-i-Himmat*. La version actuelle a été faite sur cet ouvrage persan, en 1803, par ordre du Dr Gilchrist, qui, à son retour en Europe, rapporta cette copie unique de la main de l'auteur lui-même. Quant au *Dastour-i-Himmat*, on n'en connaît pas d'exemplaire manuscrit; en beau taalik, très-bien conservé, in-folio, 350 pp. rel. orient.

2852. *Quissa-i-Kamroup o Kam-Kala*, histoire de Kamroup et Kala, poème en vers ourdous, que M. G. de T. a publié sous le titre *les Aventures de Kamroup*, par Tahcin Uddin (1756), manuscrit en caractères persans, acheté en 1829 chez Howell et Stewart, libraires à Londres, et dont la transcription a été terminée le 12 safar de l'an 18 du règne de Chah Alam (1779). C'est ce manuscrit que M. G. de T. a suivi de préférence pour la publication des *Aventures de Kamroup*. Petit in-fol. rel. orient.

2853. Le même, manuscrit en caractères persans, daté de 1216 de l'hégire (1799-1800). Belle copie in-4, rel. orient.

2854. Le même, manuscrit persan, copié par les soins de M. Troyer, secrétaire du collège hindou de Calcutta sur un exemplaire unique existant à la bibliothèque du collège de Fort-William. Pet. in-4, rel. europ.

2855. Le même, manuscrit donné à M. de Tassy par le maharadjah Kali Krichna Bahadour. Le copiste fait savoir qu'il l'a terminé un lundi 27 aghan (novembre-décembre de l'année *actuelle*, il ne dit pas laquelle). In-folio parfaitement peint, rel. europ.

2856. Le même manuscrit mal peint, avec des notes marginales en anglais, 264 pp. in-8. rel. orient.

2857. Le même manuscrit, daté de 1789, copié à Mourchidabad par un habile calligraphe nommé Hemit Khan ben Islam Khan Alam Ghiri, in-8, rel. orient. à fermoir.

2858. *Bag o bahar* « le Jardin et le Printemps », ou Histoire des quatre derviches, traduction de l'ouvrage persan de Mir Khusrau de Delhi, intitulé *Quissa i chahâr dervech*, par Mir Amman de Delhi (1801). Beau manuscrit, complet, peint très-lisiblement, 92 feuillets gr. in-fol. rel. europ.

2859. *Nao tarz-i-mourassa i-chahar darwech*, « nouvelle rédaction, enrichie de joyaux, de l'histoire des quatre derviches. » C'est la traduction par Mir Mohammed Ata-i Houssein ou Tahsin de l'ouvrage persan de Khosrau, dont Mir Amman a donné une version plus estimée sous le nom de *Bag o bahar;* cette traduction porte également le titre *Gouldastai Dastan.* Manuscrit en caractères persans, d'une écriture passable, in-8, rel. orient.

2860. Le même, belle copie en taalik ayant appartenu à G. Shakspear, terminé en 1788. In-8, rel. orient.

2861. Manuscrit en caractères persans, in-8, rel. orient. contenant : 1° un fragment d'une grammaire persane en hindoustani, relatif à la conjugaison des verbes ; 2° *Phoultcharitr*, « Histoire des Fleurs, » petit poème hindoustani descriptif des principales fleurs de l'Inde ; 3° le *Goulzar-i Iram*, « Jardin d'Iram, » par le poète Mir Haçan de Delhi. Le nom du célèbre jardin d'Arabie est donné ici à la ville de Faïzabad dont l'éloge, au détriment de Lakhnau, fait le principal sujet de ce poème d'environ 38 pp. ; 4° *Saif ul moulouk o badi ud djumal*, histoire en persan par le Maoulaoui Mohammed Ekrem Sahib (1805), d'environ 120 pp.

2862. Beau manuscrit hindoustani en caractères persans, contenant : 1° le roman en vers de *Lâl o Gauhar*, « le Rubis et la Perle, » par Mohammed Adjiz, poète du Décan ; 2° Un fragment d'une histoire en prose rimée ; 3° le poème sur les amours de Benazir et de Badr-i Munir, intitulé *Sihr ul bayan*, c.-à-d. la magie de l'éloquence, par Mir Gulam-i Haçan de Delhi. Copie sur deux colonnes encadrés de filets d'or et sur papier pailleté d'or, pet. in-12.

2863. Manuscrit en caractères persans, in-4, 117 pp, rel. europ. contenant : 1° *Quissa-i-Lal o Gauhar*, l'histoire de Lal o Gauhar, par Mohammed Adjiz, du Décan, en ourdou; 2° *Moufarrih ul Couloub*, « ce qui réjouit les cœurs », traduction en persan de l'*Hitopadésa* sanscrit faite sur la version hindoustanie de cet ouvrage, par Tadj ul Meliki, à l'inspiration de Chahpour Uddin, nabab du Bihar.

2864. *Quissa-i-Bénazir*, ou histoire de Bénazir, un des héros de *Sihr ul bayan* de Haçan. Cette rédaction, datée de 1801, est différente de celle du *Nasr-i-Bénazir*, de Mir Bahâdur Ali Huçaïni, publié en 1802. Manuscrit en caractères persans. In-8 de 130 à 140 pp., rel. europ.

2865. *Nasr-i-Bénazir*, ou histoire en prose de Bénazir, imitation du *Sihr ul Bayan*, par Mir Bahadour Ali Huçaïni. Manuscrit en caractères persans, daté de 1830, in-8, rel. orient.

2866. *Sihr ul bayan*, « la Magie de l'éloquence, » masnavi sur les amours de Bénazir et de Badr-i-mounir, par Mir Goulam-i Hassan, de Delhi. On a dit de cette composition que chacun de ses hémistiches est sans égal (*Bénazir*), et que chaque vers est comme une lune resplendissante (Badr-i-Mounir); c'est de ce poème que Bahadur Ali Husaïni a donné une imitation sous le titre de *Nasr-i-Bénazir*. Manuscrit en caractères persans, daté de 1795, bien conservé, in-8, rel. orient.

2867. *Pantchhî bâtcha*, « le Langage des oiseaux, » version en hindoustani du Décan de l'ouvrage persan de Fariduddin Attar, intitulé *Mantic ut tair*. Cette version, désignée aussi sous le nom de *Pantchhî nâma*, a pour auteur Wadjh Uddin, et a été écrite en 1124 de l'hégire (1712-1713). Manuscrit en caractères persans ayant appartenu à M. de Sicé, de Pondichéry, et copié sur un exemplaire de la bibliothèque du Nizam d'Haïderabad, 176 feuillets, pet. in-4, rel. europ.

2868. *Baïtal Patchici*, « les Vingt-cinq Histoires d'un génie, » par Sri Lallou Dji Lâl Kabi, brahmâne du Goudjarate. Cet ouvrage a été traduit du sanscrit en bradj-bhakhâ par Surât Kabichvar, et de ce dialecte en hindoustani par Lallou, qui fut aidé dans ce travail par Mazhar Ali Khàn Wila. De plus, James Monat, alors professeur d'hindoustani au collège de Fort-William, chargea Tarini Charam Mitr de revoir ce travail. Manuscrit en élégants caractères persans, 232 pp. in-4, rel. europ.

2869. Manuscrit en caractères naskhis, recueil de treize différents masnavis et de quelques gazals, formant un épais volume tout copié par un certain cheikh Ahmed, fils de Mohammed Abraham Guiti:

1° *Miradj nama*, « le Livre de l'Ascension » de Mahomet au ciel, par le saïyid Bulaqui, du Décan, copié en l'an 1219 (1804-1805), par Chaikh Ahmed, qui a placé des vers de sa façon à la suite de ce poème.

2° *Tazwidj i Bibi Fatima*, « le Mariage de Madame Fatima, » masnavi sur le mariage de Fatime, fille du prophète par Bulaqui ou Nizam-Uddin;

3° *Khoprî nama*, « le Livre du crâne, » par Nizam Uddin, écrivain du Décan. Récit d'une anecdote de la vie de Jésus-Christ. D'Herbelot cite un ouvrage dont cette histoire fait le sujet intitulé *Quissat udj djamdjamat*, « Histoire du crâne ».

4° *Dhya Calbi*, masnavi sur les aventures d'un personnage qui porte le nom d'un des compagnons de Mahomet, Dhya Calbi, écrit en pur dialecte dakhni par Abidi, et terminé par deux cacidas. Copié en 1221 de l'hégire, 13 pp.

5° *Mardî Ahwâl* ou *Mardi ke ahwâl*, « Circonstances de la bravoure, » masnavi de 28 pp. attribué par M. G. de T. à Wahidi, du Décan.

6° *Hazrat Ali Sil* ou *Quissa-i Hazrat Ali Sil*, « Histoire de S. S. Ali Sil, » masnavi sur Mohammed Hanif Chah, écrit en 1218 par Wahidi, du Décan. Le vrai titre de ce poème est celui que porte l'exemplaire de l'*East India Library* : *Quissa i darahwâli djan-i Muhammad Hanif*. Copié en 1218 de l'hégire, 37 pp.

7° *Madjilis-i tifl*, poème ou plutôt *marsiya* de 22 pp., attribué à un certain Gam, dont on ne sait absolument rien.

8° *Haïdar* ou *Quissa-i chandar badan ō Muhaiyar*, poème dakhni du Mir Haïdar Chah Dakhni, manuscrit de 31 pp. Un exemplaire identique existait à la bibliothèque du Chandari Lal d'Harderabad.

9° *Tawallud nama-i Khatoūn-i-djinnat*, « le Livre de la naissance de la reine du ciel (Fatime), » masnavi en 51 pp. sans nom d'auteur.

10° *Wafât nāma-i Khâtoūn-i-djinnat*, « Livre de la mort de la reine du ciel (Fatime), » poème en 15 pp. sans nom d'auteur.

11° *Quissa-i Malika bâdchah*, « Histoire de la reine Malika, » poème par Mahmoud Pir, du Décan. L'auteur donne son travail comme une traduction du persan. Il existe, en effet, un roman persan sur cette reine Malika, princesse grecque, et l'on en trouve un exemplaire au fonds persan de la Bibliothèque nationale de Paris. Manuscrit de 34 pp.

12° *Quissa-i Doli nama*, « le Livre du Palanquin, » masnavi érotique par Chah Mohammed Zaman Yar, du Décan, 19 pp.

13° *Quissa-i Aboulfaïz Nouri*, « Histoire d'Aboulfaïz Nouri, » poème contenant le récit d'une aventure fort intéressante, par Khani, écrivain du Décan, 30 pp.

Manuscrit gr. in-8, rel. orientale.

2870. Recueil de contes en vers persans et hindoustanis : 1° *Hikayat-i Bahram Gour o Dilaram*, « Histoire de Bahram Gour et de Dilaram », persan ; 2° *Quissa-i Mah Mounawar saudagar batchah o Chamchad Banou Doukhtar-i franghi*, « Histoire de Mah Munawar, le fils du marchand, et de Chamchad Banou, la fille de l'Européen, » par Didar, poète dakhni, manuscrit incomplet, 22 pages, hindoustani ; 3° *Quissat-i Mansour o Kandj yaftan-i an*, « Histoire de Mansour et du trésor qu'il découvrit », incomplet, persan ; 4° *Quissa-i Rizvan Chah*, « Histoire de Rizvan Chah », par Faïz (1683) en dakhni ; Rizvan Chah était le fils du roi de Chine, d'après la légende ; Achk a écrit un roman en prose sur le même sujet. Manuscrit peint assez lisiblement en caractères persans, 202 pp. in-8, reliure orientale.

2871. *Quissa-i-Madhunal*. « Histoire de Madhunal, » roman en prose ourdoue rédigé en 1215 de l'hégire (1801) par Mirza Loutf Ali Wila, avec l'aide de Sri Lallou Dji. Les dix premières pages ont été imprimées en caractères dévanagaris à Calcutta en 1805, dans *Hindee manual or Casket of India* du docteur J. Gilchrist. Le présent manuscrit est complet, en caractères persans, daté de 1804, ayant appartenu à Romer. In-fol. rel. orient.

2872. *Quissa-i-Madhonal*, ou Histoire de Madhonal, roman en bradj-bhakha, par Mirza Lutf Ali Wila et Sri Lallou Dji, d'après l'ouvrage hindoui de Moti-Ram. Madhonal est le nom de l'héroïne : le héros se nomme Kam Kandola, manuscrit complet en caractères persans et en stances de six vers. 47 feuillets in-12, rel. orientale.

2873. *Pouthi singhâçan batici*. « Les Trente-deux Histoires du Trône. » Cet ouvrage, d'abord écrit en sanscrit, puis traduit en dialecte de Bradj, a été mis en ourdou en 1801, mais en caractères dévanagaris. Dans le présent manuscrit, la rédaction est en octaves et caractères persans, elle est de 1839, sur papier de soie. Pet. in-4, 236 p. p, rel. orient.

2874. *Quissa-i-chaïkh Zaa*. « Histoire du cheikh Zaa, » petit poème mystique en vers dakhnis, suivi d'une aventure romanesque écrite dans le même mètre *raml*. Manuscrit fait assez négligemment, de la bibliothèque de feu Marcel, ancien directeur de l'Imprimerie nationale. In-fol. reliure orientale.

2875. *Quissa-i-Mihr o Mâh.* « Histoire de Mihr o Mah, » masnawi par le mounchi Ghoulam Aki. Ce roman fait partie de la *Chrestomathie hindoue*, publiée en 1847, par M. G. de Tassy. Manuscrit très-bien peint en caractères persans, ayant appartenu à M. Falconer, 56 p. p. in-12, reliure européenne.

2876. *Goulchan-i-ichq*, ou le Jardin de l'amour, histoire du Kanvar Manohar, fils de Souradj Bhanou et de Madmâlati, par Nousrati, écrivain du Décan (1658). Manuscrit hindoustani en caractères persans, ayant appartenu au fonds Leyden, daté de 1758, de la main de Ramz'Ali Chichti. 268 pp. de 19 vers, in-4.

2877. *Nal o Daman*, ou *Bhâkhâ Nal o Daman*, ou enfin *Quissa-i Nal o Daman*. « Histoire de Nal et de Daman » (*Nala* et *Damayanti* du sanscrit), poème épique hindoustani en dizains, par Surdas. Manuscrit en caractères persans, fait à Delhi en 1752-1753, sous le règne d'Ahmed Chah. Les copies manuscrites de cet ouvrage sont très-rares, car, dans le *Kabi bachan soudhâ*, on offre cent roupies de récompense à celui qui en trouvera un. C'est de ce texte que Faizi, frère d'Abou Fazl, traduisit ce roman persan qui roule sur le même sujet. In-8, reliure européenne.

2878. Recueil des poésies persanes et hindoustanies de Sadruddin Mohammed Faïz, fils de Zabardast Khan, musulman de l'Inde. Les 176 premiers feuillets renferment les poésies persanes. Les 19 derniers contiennent un Divan composé de gazals, de cacidas et de six masnavis, où sont décrits un *panghat*, escalier pour descendre à une rivière ; la femme d'un *djogui* ; une jardinière ; une *goudjri* ou femme d'un *gudjar* (caste de Radjpoutes) ; une marchande de bang ; enfin, d'une épître ou *rucâ*. Manuscrit ayant appartenu au colonel White, très-bien peint en caractères persans, deux colonnes entourées de filets d'or. In-12, reliure européenne.

2879. *Khiyabân-i Raïhan*, « Les Parterres de la Grâce divine » ou « de Raïhan. » par Raïhan uddin du Bengale (1797-1798), roman en vers ourdous sur le même sujet que le *Gouli Bakaouali* ou le *Mazhab-i-ichq*. Mais, outre qu'il est tout en vers, il est beaucoup plus long. Il se divise en 40 chapitres intitulés chacun *Goulgachni*, « Abondance de Roses ». Manuscrit en caractères persans, très-bien peint, ayant appartenu à D. Forbes. 382 pp. de 15 lignes, petit in-folio, reliure orientale.

2880. *Akhlaq-i-Hindi.* « Les bonnes mœurs de l'Inde, » traduction en ourdou de l'*Hitopadeça*, d'après une version persane intitulée *Mufarrih ul culub*, par Mir Bahadour

Ali Huçaïni, professeur du collège de Fort-William (1802). Manuscrits en beaux caractères persans, datés de 1830, 137 pp. gr. in-8, reliure européenne.

2881. *Quissa-i Youssouf Zalikhā*. Histoire de Joseph et de Zalikha, poème de Mohammed Amin du Décan (1600) qui diffère de celui de Djāmī. Manuscrit en beaux caractères persans, donné à M. G. de Tassy par le capitaine Troyes, qui le fit copier à son intention sur l'exemplaire conservé à la bibliothèque de Fort-William, 299 pp. pet. in-4, rel. européenne.

2882. Abrégé en vers ourdous du tazkira persan du cheikh Quiyam uddin Ali Caim de Chandpour, intitulé : *Makhzani nikat* « Trésor des bons mots » et du Tazkira de Mohammed Mir Taqui d'Agra en Ourdou, intitulé : *Nikat uch-chuara* « Bons mots des poètes. » Ces deux Tazkiras sont des biographies des poètes hindoustanis. Beau manuscrit en caractères persans, in-8, reliure européenne.

2883. *Djazb-i-ichq*. « L'Attraction de l'amour, » ouvrage en prose entremêlé de vers par Mir Chah Hussein Khan Haquiquat de Dehli. Cet écrivain fut témoin de l'évènement qui fait le sujet de cette composition. Cet évènement se passa en 1204 (1789-90), à Simari et Mir Hussein en écrivit la relation en 1211 (1796-1797). Son ouvrage se trouve parmi les manuscrits du collège de Fort-William, qui appartiennent aujourd'hui à la Société asiatique de Calcutta. Le présent manuscrit est la troisième copie de cet ouvrage faite par l'auteur lui-même en 1212 (1797-98), pendant qu'il était au camp de Fathgarh. Cette copie était destinée à être offerte en cadeau à M. Robert Francis. Belle écriture, caractères persans, pet. in-4, 138 pp., rel. orientale.

2884. *Satsai* de Bihari. Divan composé de sept cents distiques décrivant les jeux de Krichna avec les bergères, par Bihāri Lal (xvi⁰ siècle), contemporain de Kabir, que les Anglais ont surnommé le Thompson de l'Inde. Cet ouvrage a été traduit en vers sanscrits par le pandit Hari praçada, sous les auspices de Chet Singh, radja de Bénarès. Texte ourdou accompagné de notes et de commentaires interlinéaires. Manuscrit en caractères persans, in-8, rel. orient.

2885. *Samptika Parva* du Mahabharata, traduit en hindi. Manuscrit en caractères devanagaris, ayant appartenu à Duncan Forbes. 48 feuillets in-fol. br.

2886. *Indra-djāla prakaranam*. « Le Livre des charmes et des talismans, » en hindi par Lal Das ou Lal Kavi, célèbre poète hindou du xvi⁰ siècle; il existe également un *Indra djal* en sanscrit. Manuscrit en caractères dévanagaris, in-8, rel. europ.

2887. *Raça Radja*. « Le Souverain du goût, » ouvrage érotique, imitation du *Kok chastar*, par Matirama, poète hindi. Manuscrit en caractères dévanagari, ayant appartenu à Prinsep, 188 pp. gr. in-8, rel. européenne. — 17 - "

2888. *Karima*. « O généreux » ou le *Pand-Nameh* de Saadi en persan, avec une traduction littérale interlinéaire en hindoustani-dakhni, manuscrit de 33 pp. in-4, reliure européenne. — 5 - "

2889. *Madjmai-faiz ul ouloum*. « Réunion de l'abondance des sciences (théologiques) », traduction du premier livre de l'immense poème de Djalal uddin-Roûmi, le célèbre spiritualiste persan, intitulé *Masnawi manawi* « Le Masnawi spirituel. » Il n'y en a pas de traduction complète en hindoustani, mais seulement deux traductions partielles, toutes les deux en vers et du même mètre. Dans ce manuscrit donné à M. de T. par le maoulaoui Karim Uddin, et qui se compose de 364 pages de 15 vers, la traduction est de Ilahi Bakhch Nichat (1820), jusqu'à la page 67; mais à partir de là elle est d'Aboul Haçan de Kandahla (1863). La seconde traduction du *Masnawi* a paru à Bombay sous le titre de *Bag-i Iram*, par Chah Moustaan de Madras. Belle copie en caractères persans datée de 1863, 364 pp. in-8, rel. orientale. — 16 - "

2890. *Chah-Namah*, ou Livre des Rois, par le Mounchi Maoulchand Sahib. C'est une traduction en vers hindoustanis faite en 1840, du *Chemchir Khani*, abrégé en prose persane du Chah-Namah de Firdoussi, par Tavakkul Beg. Il existe une traduction en prose du *Chemcher*, par Mir Mohammed Ali Tazmazi. Beau manuscrit en caractères persans, in-8, rel. européenne. — 9 - "

2891. *Djang nama-i Souhrab o Roustan*. « Livre du combat de Souhrab et de Roustan contre Afrasiab. » Traduction en hindoustani du charmant épisode de Souhrab dans le *Chah-Nameh* de Firdoussi, rendu dans le même mètre que l'original par le munchi Kazim uddin, du Décan, et connu en Europe par l'élégante production de J. Atkinson : manuscrit en caractères persans, ayant appartenu à sir Raves Chamney Haughton. 45 feuillets, pet. in-4, rel. orient. — 4 - "

2892. *Tardjama-i Anvari Sohaili*. Traduction en dialecte dakhni de l'*Anvari Soheili*, célèbre version persane des fables de Pidpaï. Sans nom d'auteur. Beau manuscrit copié en 1179 de l'hégire (1705), ayant appartenu à Adam Clarke. Pet. in-8, reliure orientale à fermoir. — 19 - "

6 -" 2893. Le même. En beaux caractères taaliq, ayant appartenu à Henry Chandler, notes marginales en anglais, 180 feuillets in-fol. rel. orient.

15 - " 2894. *Siyahat-Nama*. « Livre des voyages » par Karim-Khan de Djhadjhar, dans le Zilà de Rahtak, annexe du Sûba de Dehli, fils de Cacim Khan, petit-fils de Talib Khan, lequel était fils de Tayib Khan et petit-fils de Daoud Khan Afgan Saraban. Ceci est la relation en hindoustani du voyage qu'il fit de Dehli en Angleterre (1er septembre 1839), où il resta jusqu'au 8 novembre 1841. M. G. de T. a publié la traduction avec coupures des deux premiers articles de ce voyage dans la *Revue de l'Orient* en 1865. La troisième et la quatrième partie sont inédites. Manuscrit original, d'une belle écriture nasta lic, in-folio de 426 pp. de 16 lignes, reliure européenne.

3 - " 2895. *Zarb ul Amsâl.* « Jet de proverbes. » Recueil arabe-hindoustani qui contient : 1° les principaux Arabes traduits et développés en hindoustani; 2° l'explication des formules de bénédictions que les musulmans ajoutent aux noms de Dieu, des prophètes, des souverains, etc.; 3° l'explication de quelques expressions proverbiales persanes usitées en hindoustani; 4° enfin le classement des noms propres musulmans et des titres honorifiques que M. G. de Tassy a mis à contribution pour le mémoire qu'il a écrit à ce sujet. Il y a à la Bibliothèque de la Société asiatique de Calcutta un manuscrit ourdou qui porte le même titre. Le présent manuscrit est très-bien peint en caractères persans. 70 pp. in-4, rel. europ.

6 -" 2896. *Mukhzan-ul Amsal.* « Trésor de proverbes, » ourdous et hindis, réunis par Mohammed Ali Sahhanani, au temps du marquis Wellesley. Manuscrit de la bibliothèque de de Forbes parfaitement conservé, en beau taalik. 146 pp. in-8, rel. orient.

12 -" 2897. Dictionnaire hindoustani expliqué en persan, avec des notes manuscrites en anglais. Beau manuscrit en caractères persans, daté de 1211 de l'hégire (1697). In-folio, reliure européenne.

3 -" 2898. *Amad-Namah.* « Livre de l'arrivée. » Vocabulaire persan et hindoustani en vers ourdous du genre masnavi. Il est précédé dans cet exemplaire de la nomenclature de quelques conjugaisons en persan et en hindoustani. Dans le même volume se trouve un autre poème du même genre. Manuscrit en mauvais état, copié négligemment, sans lieu ni date. In-4, demi-rel. orient.

3 -" 2899. Manuscrit en caractères persans contenant : 1° un

traité en hindoustani sur la grammaire arabe (1786); 2° le *tuhfat ussibyan* en vers (1780). Copié par un certain Goulam Hussni. In-8, rel. orientale.

2900. *Mountakhabat-i Ourdou*. « Choix ourdou. » Compilation de dialogues, phrases idiomatiques et fables en hindoustani par Mir Afzal Ali (1840). Le présent manuscrit est l'original lui-même de cet ouvrage. Il a appartenu à D. Forbes (*Catalogue of oriental manuscripts*, p. 82, n° 256). Il se compose de deux cahiers dont l'un de 20 et l'autre de 64 pp. Ecriture très-nette en caractères persans, in-4 br.

2901. *Hadayik ul-balagat*. « Les Jardins de l'éloquence, » — traduction ourdoue du célèbre traité persan de rhétorique de Chams ud din faquir, par le maulaoui et munchi Imam-Bakhch Sahbayi, écrivain contemporain, professeur de persan au collège des natifs de Dehli. Ce travail, rédigé en 1862 sous les yeux du F. Boutros, principal du collège, a été intitulé en anglais : « A Treatise on Rhetoric ». C'est une imitation du texte didactique persan adapté à la littérature hindoustani. Les citations des auteurs persans et arabes y sont remplacées par des citations hindoustanies. Beau manuscrit, très-bien peint, copié en 1842 pour M. de T. par les soins de M. Boutros lui-même. 357 feuillets, gr. in-8, rel. europ.

2902. *Libellus ad rem grammaticam linguæ Persicæ et Hindoustanæ spectans*, par Jules Klaproth. Berlin, 21 mars 1801. Petit manuscrit de 11 feuillets, de la main de Klaproth. 2 in-8 br.

2903. *Masdar-i Faiyiz*. « La Source abondante, » titre qui sert en même temps de tarikh à cet ouvrage. Grammaire persane rédigée en hindoustani par Nazir uddin Haçan Chaïc Curaïchi (1815). L'auteur fait savoir dans sa préface que ce traité destiné à ceux qui étudient le persan dans la ville de Bareilly a été écrit sous les auspices du Nabab Ahmad Yar Khan, fils de Mohammed Zulficar Khani. Manuscrit copié pour le maharadjah Kali Krichna, par le Saïyid Mahommed Ali Sahib, le 28 et 5 açarh 1836 de l'ère du Bengale (1829). Ce traité est une sorte de nomenclature raisonnée; il se compose d'une invocation en vers ourdou, d'une préface de trois sections et d'un épilogue. Pet. in-4 de 224 pp. Très-bien peint, rel. europ.

2904. Copie du dictionnaire de John Fergusson, intitulé : *Dictionary of the hindostan language in two parts; 1° english and hindostan; 2° hindostan and english, to which is prefixed a grammar of the hindostan language*. London, 1778. Note extraite du *Manuel du libraire et de l'amateur de livres :* « Ce livre est devenu très-rare, parce que la presque-totalité de l'édition a été envoyée aux Indes et qu'une grande partie en a été perdue ou gâtée pendant le trajet. Vendu 153 francs à la vente de *Court de Gibelin* et 120 francs à celle d'*Anquetil.* » Manuscrit donné à M. Garcin de Tassy, par M. Gautier, en 1828. Caractères romains, in-fol., rel. europ.

2905. Manuscrit hindoustani et arabe contenant : 1° une grammaire hindoustanie en caractères persans, 56 feuillets 2° *Lamyat ul arab*, poème en arabe, 59 feuillets ; 3° d'autres petits poèmes en arabe, 5 feuillets ; quelques feuilles blanches à la fin, en 1 vol. in-8, forte rel. orient.

2906. *Canountcha Hindi*, « petite grammaire hindoustanie, » par Hilal Uddin, professeur au collège de Fort William et père de Hafiz Uddin Ahmad. Manuscrit en caractères persans, 36 pages in-fol., rel. orient.

2907. *Djourrab Ki Kitab*, « livre de médecine. » Manuscrit hindoustani en caractères persans, fait à Calcutta, en 1856, pet. in-8, rel. orient.

2908. Anecdotes traduites du persan en hindoustani par Kader Hussein. Manuscrit en caractères persans, daté de Pondichéry, 1826. 15 feuillets in-fol. br.

2909. Recueil inachevé et sans ordre de poésies hindoustanies, écrit en 1220 de l'hégire (1802), in-8 rel. europ.

2910. *Quissat Hassan*. Drame ourdou, prose et vers, par le maoulaoui Faiz ul Karam. Manuscrit en beaux caractères persans, in-4 br.

2911. Poésies à la louange du colonel W. Frye, par Hassan Galib Ali Askari. Manuscrit en caractères persans, 2 feuillets in-8 br.

2912. Almanach ou calendrier hindi pour l'année hindie 1880 de l'ère du Samwat (1823 de l'ère chrétienne). Manuscrit en caractères devanagaris, in-fol. br.

2913. Gazals hindoustanis, dialecte du Décan. Petit manuscrit en beaux caractères persans, offert à M. Garcin de Tassy par M. E. Sicé de Pondichéry, 6 feuillets petit in-fol. br.

2914. Catalogue manuscrit des livres de la bibliothèque du collège de Fort-William, in-fol., rel. orient.

2915. Conte dakhni. Copie de la main de M. Garcin de Tassy sur un manuscrit de la Bibliothèque nationale de Paris, fonds Anquetil, n° 20, faussement intitulé *Astarbun*, et qui pourrait plutôt porter le titre de : « la Courtisane changée en singe. » Beau manuscrit très-soigné, de 51 p. in-4 br.

2916. *Douazda mansa*. « Les douze mois, » poème en douze petits chants sur les saisons et les phénomènes physiques des révolutions annuelles du soleil et de la lune. Copie de la main de M. Garcin de Tassy faite sur un manuscrit de la Bibliothèque nationale de Paris, lequel a été copié lui-même, sans nom d'auteur, à Calcutta pour Ouessant; 23 feuillets, in-4 br.

2917. Deux Contes érotiques en dakhni, sans nom d'auteur. Manuscrit en caractères persans, copié de la main de M. Garcin de Tassy, in-4 br.

2918. *Dhatu Mala* ou « la Guirlande de racines ». Liste des racines sanscrites avec leurs sens et leurs dérivés, et la traduction anglaise en regard. 1742 racines sont ainsi énumérées. Manuscrit très-net et d'une écriture européenne soignée, in-4 rel. europ.

2919. *Hitopadeça*, « l'Instruction utile. » Recueil d'apologues et de contes en sanscrit, accompagné d'une traduction hindoue, sloka par sloka. Manuscrit très-bien peint en caractères devanagaris, petit in-folio, 64 p. rel. orient.

2920. Exercices de lecture sanscrite, manuscrit en très-beaux caractères devanagaris, donné à M. Garcin de Tassy par le général Harriot, 56 feuillets in-12.

MANUSCRITS PERSANS.

2921. *Le Metsnevy*, poème mystique, par le célèbre Djelal eddin Roumi, en persan. Beau manuscrit complet, collationné, avec des gloses interlinéaires et marginales très-explicites. Copie unique meilleure que l'édition lithographiée de Bombay, gr. in-fol., rel. orient.

2922. *Divan-i Hafiz*. Divan de Hafiz (Mohammed Chems eddin) du VIIIe siècle de l'hégire. Beau manuscrit de 256 pp. daté de 1635, avec notes marginales. Petit in-8 cuir de Russie, rel. européenne.

2923. Le même. Superbe manuscrit daté de l'an de l'hégire 1256 (1838) et copié par Maulana Kerim Ali. Reliure orient. recouverte au dedans et au dehors de belles peintures sur laque, gr. in-8 sur 4 colonnes encadrées de filets dor.

2924. Le *Saki nameh* de Hafiz en persan. Beau manuscrit très-bien peint, sur deux colonnes, daté de 1829. 5 pp. in-8 br.

2925. *Tohfett Djami*, « Le présent de Djami, » nommé aussi *Tohfet al ahhrar*, « le présent des gens de bien » par Djamy, célèbre poète persan du IXe siècle de l'hégire. Ce poème fait partie de l'*Heft Avrenk* ou « les sept étoiles de l'ourse, » du même poète. Manuscrit ayant appartenu à Gordon, daté de 960 de l'hégire (1517), très-bien peint sur deux colonnes avec titres et filets dor, in-8, reliure orient.

40 — 2926. *Kaçaid-i Khacani*, « Les cacidas de Khacani. » Les poésies de Afzal eddin Ibrahim Ali Chir Khacani, célèbre poète persan du VI° siècle de l'hégire, commentées vers par vers, par le maoulaoui Mohammed Nacir Sahib. Beau manuscrit copié soigneusement à Mourchidabad, in-8, rel. orient.

9 — 2927. Manuscrit ayant appartenu à la collection de Silvestre de Sacy (N° 266), petit in-4, rel. à format, copié en 901 (1495-1496) — contenant : 1° *Mantiq-ut-taïr* ou le langage des oiseaux, poème moral et mystique du Cheikh Ferid eddin Attar de Nichapour (1175). C'est de cette copie que M. G. de T. s'est particulièrement servi pour la belle traduction qu'il a donnée de cet ouvrage. Il y a une lacune de plusieurs feuillets au commencement; 2° *Goulchan-raz*, poème mystique, qu'on peut appeler, suivant Chardin, la Somme mystique des Sofis, par Mahmoud Chebestery. Une lacune à la fin du volume.

9 — 2928. *Mantiq-ut-taïr*, « Le langage des oiseaux, » poème mystique persan, par Ferid-eddin Attar de Nichapour. Beau manuscrit ayant appartenu à M. Ferrao de Castelbranco. Copié en 1209 de l'hégire sur deux colonnes, encadré de filets d'or, in-8, rel. orient.

5 — 2929. Le même. Manuscrit daté de 943 de l'hégire (1536), petit in-4, 324 pp., rel. europ. maroq. rouge.

4 — 2930. Le même. Manuscrit sans date, bien peint, in-12, rel. europ.

3 — 2931. Le même. Manuscrit en beaux caractères nestaliq, sans date, petit in-4, rel. orient. à fermoir.

2 — 2932. *Djoung* ou recueil de pièces de poésies. Copie très-jolie en caractères nestaliq sur beau papier de riz de couleurs variées, envoyée en 1840 d'Ispahan à M. G. de T. par M. Biberstein-Kazimirski, in-18 allongée, rel. orient, cuir de Russie.

25 — 2933. *Ruba'iyat-i hakim Omar Khayyam*, quatrains de Omar Khayyam de Nichapour, poète du XII° siècle, que l'on a appelé le Lucrèce persan. L'*Atech Kedeh* et Hammer ont cité plusieurs quatrains de ce personnage. Le présent manuscrit a été copié par A. E. Cowell sur un exemplaire de la collection Ouseley de la bibliothèque Bodléienne à Oxford et donné à M. G. de Tassy, par M. Fitz Gerald en 1857. Il

renferme 158 quatrains. Le manuscrit original a été fait à Chiraz en 1460, par Cheikh Mahmoud Yerbudaki. Il existe un autre manuscrit des quatrains d'Omar Khayyam à la bibliothèque de la Société asiatique de Calcutta. Ce dernier, écrit dans l'Inde, contient 516 quatrains. La copie présente de M. Cowell contient en outre une notice du même sur Omar d'après Sprenger, l'Atech-Kedeh, la préface du manuscrit de Calcutta et d'Herbelot, 20 feuillets in-8 br.

2934. *Quissa-i Kamroup*, ou histoire de Camroup, traduit du sanscrit en persan, par Ahmed ben Aslam Alamguiri. Manuscrit daté de la 21ᵉ année du règne de Mohammed Chah, 1150 de l'hégire (1788). Beaux caractères. Il renferme quelques notes marginales en anglais. M. Jomard a donné à la Bibliothèque nationale un bel exemplaire orné de dessins. C'est cet ouvrage persan écrit en prose entremêlée de vers qui a été traduit en anglais par le colonel Francklin, sous le titre de *The Loves of Camaroupa and Camalata* (Londres, 1793), mais ce roman diffère essentiellement du poème hindoustani sur le même sujet. Les noms des personnages, à l'exception de celui de Kamroup, ne sont pas les mêmes et les aventures y sont bien moins intéressantes. In-8, rel. orient. — 2 - "

2935. *Tuhfat ul Hind*, « Le présent de l'Inde, » ouvrage écrit en persan, mais traitant de choses tout à fait indiennes, par Mirza Khan, fils de Fakhr uddin Mohammed. Il se compose d'une préface où il est parlé des lettres des Hindous (dévanagari), de sept chapitres et d'un épilogue. Les cinq premiers chapitres traitent de la poésie, de la rhétorique et de la musique des hindous ; dans le sixième, il est spécialement question de la science nommée *Kok*, d'après l'ouvrage sanscrit de ce nom ; le septième parle des traits de la physionomie selon le système hindou ; enfin l'appendice roule sur la lexicographie. Manuscrit bien peint, ayant appartenu à D. Forbes, 629 pp. in-4. — 5 - "

2936. *Leilah medjnoun*, poème sur les amours de Leilah et Medjnoun, par Hatifi (1665), en persan. Joli manuscrit très bien peint, sur deux colonnes encadrées de filets dorés, in-18, rel. orient. — 4 - "

2937. *Madjmoua'i naqz*, « charmante collection. » Biographie des poètes hindoustanis en persan, par Aboul Cacim de Dehli (1806-1807). On trouve en tête une préface pompeusement écrite sur la poésie et des notices sur environ huit cents écrivains. Manuscrit très-bien peint, 918 feuillets in-folio, rel. orient. — 10 - "

2938. *Tazkira-i Chouara-i Hindi*, ou biographie des poètes hindoustanis écrite en persan, avec une préface, un appen- — 5 - "

dice consacré aux femmes auteurs et un épilogue qui se termine par deux tarikhs sur la date de l'ouvrage, par Goulam-i Hamdani Moushafi, nommé aussi Moushafi Sahib, de Lakhnau (1760-1815). Cette biographie comprend les poëtes ourdous qui ont vécu depuis le règne de Mohammed Chah en 1710 jusqu'à l'époque où Moushafi termina son ouvrage, c'est-à-dire en 1783, sous Chah Alam. La bibliothèque du collége de Fort William possédait un manuscrit intitulé *Koulliyat- i Moushafi*, ou œuvres complètes de Moushafi, sur lequel le présent manuscrit a été copié en 1832. Très-beaux caractères persans, 154 pp. in-fol., rel. européenne.

2939. *Umda-i mountakhaba*, « le Pilier du choix. » Biographie anthologique des poëtes hindoustanis écrite en persan, par mir Muhammad Khan Azam uddaula Sarwar, fils du nabab Abulcacim muzaffar Khan Bahadour. Cet ouvrage écrit en 1221, (1806-1807), contient par ordre alphabétique les biographies de 1200 poëtes avec des extraits de leurs poésies. Il est très estimé dans l'Inde, Shefta l'a mis à contribution. Beau manuscrit en taaliq copié en en 1849, par le nabab Hussain Ali Khan Bahadour. 742 pp. in-fol., rel. orient.

2940. *Goulchan-be-kar*, « Le Parterre sans épine, » par Muhammad Moustapha Chefta. Biographie anthologique des poëtes hindoustanis, écrite en persan de 1248 à 1250 (1832-1834); elle contient des notices sur six cents écivains et se termine par plusieurs tarikhs, les uns dus à Chefta lui-même, les autres à Mumin, à Karam et à Khirad. Le *Goulchan-be-khar* a été imprimé à Dehli en 1845. Manuscrit très-bien peint daté de 1835, donné à M. G. de Tassy, par feu M. Boutros de Dehli, gr. in-8, rel. européenne.

2941. *Tazkira*, ou biographie des poëtes hindoustanis du nord et du midi, par Fath Ali Khan Huçaïni de Gardiz, en persan, 1153. de l'hég. (1740-1744), se compose d'environ cent articles. Manuscrit copié par le capitaine Troyer, sur un manuscrit ayant appartenu à Tippou et au collége de Fort William; il existe des exemplaires identiques à l'*East-India House* dans la collection Ouseley, et dans la bibliothèque du vizir du Nizam : bien peint, 170 pp. in-4, rel. europ.

2942. Notes en persan sur le Cachmir et sur quelques villes et places de l'Inde septentrionale, écrites en 1772 et copiées en 1844. Manuscrit d'une bonne main, en trois fascicules, dont deux in-8 et l'autre in-4 br.

2943. *Riçala Hachryah* ou *Mahchar namah*, « Le livre de

la résurrection, » par Chah Rafi'uddin, manuscrit persan très-nettement peint, in-8, rel. europ.

2944. *Bostan ul Madjad-i-Samin*, « Le jardin de la gloire précieuse, » en persan, par Chah Ahmad Ali Sahib de Dehli (1771), manuscrit en très-beaux caractères. Les deux premières et les deux dernières pages sont richement ornées, avec fonds et encadrement d'or, in-8, rel. orient. — 23 -"

2945. *Ahwali moumtaz mahal*. Histoire de Banou Begam et de Chahdjihan, en ourdou, manuscrit en caractères persans, très-soigné, in-8, rel. europ. — 2 -"

2946. *Tara Mandal*, « La sphère étoilée, » manuscrit persan en beaux caractères, 156 feuilles, terminé vers 1740, in-8, rel. europ. — 3 -"

2947. *Kok namah'*. ou le livre de Kok, traduction en persan de l'ouvrage en vers hindis imité du sanscrit dont le titre est *Bhukbal* ou *Kok Chastar*. « Liber coïtus, id est modorum diversorum coeundi. » Le *Kok nama* est le même que le *Lizzat unniça*, « Les charmes des femmes. » (N° 22 des manuscrits persans de la bibliothèque royale de Copenhague.) Il existe en hindoustani d'autres manuscrits traitant le même sujet : ils portent les divers titres de *Kamat* « Amours », *Naskhahi-Kanir*, « La copie parfaite, » *Riçala-i-kok sar*, « Traité de l'essence du Kok, » *Raça radja*, « Le souverain du goût. » Tous dérivent en général du *Kok Chastar* que Johannsen a attribué à un pandit nommé *Kokaband*. M. Théodore Pavie (Journal asiatique, VII° série, janvier 1856), dans son article sur la légende de Padmani, a donné de ces différents ouvrage tout ce qui peut être publié. Manuscrit assez lisible, mais renfermant de notables incorrections grammaticales, copié par un certain Gulam Beni qui se dit *hawaldar*, ou officier militaire d'un rang inférieur, in-4, rel. orient. — 5 -"

2948. Poème sur les lieux de pèlerinage. Manuscrit bien peint, daté de 1579, avec des dessins représentant des mosquées et minarets, 46 feuillets, in-8, rel. europ. — 20 -"

2949. Traduction persane des sept premières nuits des *Mille et une Nuits* arabes. Manuscrit très-bien peint, notes marginales, en anglais sur les premières pages, in-fol. rel. europ. — 1 -"

2950. Manuscrit en caractères persans copié en 1859, contenant : 1° Une histoire du Bandel Khand, en persan ; 2° La proclamation de Dji Sahib, en hindoustani, petit in-4, rel. europ. — 1 -"

2951. *Incha.* Choix de lettres familières, en persan. Manuscrit en mauvais état, sans lieu ni date, in-fol. oblong, rel. orient.

2952. Spécimens de calligraphie persane, sur huit feuillets cartonnés à fonds d'or, ou de différentes couleurs et revêtus d'ornements d'une grande richesse, in-fol. belle rel. orientale.

MANUSCRITS ARABES.

2953. *Al Qoran.* Le Coran de Mahomet, copie en belle écriture africaine, de l'an 1142 de l'hégire (1724), par un certain Ben Abd-el-Kader Ben Mohammed, gr. in-4, reliure orientale à fermoir.

2954. Commentaire sur le *A. L. M.* de la 2ᵉ Surate du Coran, en italien et en arabe. Manuscrit très-soigné, 11 pp. in-4, br.

2955. Textes du Coran, écrits sur la côte d'Afrique. Ces feuilles faisaient partie d'un volume qui a été pris à Bahia aux nègres Mina lors de la dernière insurrection; données à M. G. de T. par M. de Saisset, 6 feuillets, petit in-4 br.

2956. Commentaire sur la première séance de Hariri. Beau manuscrit sans date ni nom d'auteur. 19 pp. in-8 br.

2957. Trois *Macamat* ou séances, imitation de Hariri, par le Dʳ Raphaël de Monachis. Manuscrit arabe, daté de Marseille, 1817. 72 feuillets in-4, rel. europ.

2958. *Delail-el-Khairat* célèbre prière pour Mahomet, par Abou Abdallah Mohammed b. Soleïman Djazouli (Simlali Cherif Hassani, mort le 16 Rabi ul ewel 870 de l'hégire), suivi d'un commentaire sur cet ouvrage, par Mohammed ben Abdel Aziz el Djazouli el Rasmouki el Yacoubi, écrit en 1168 de l'hégire. Beau manuscrit en caractères africains, points-voyelles et notes marginales, petit in-4, rel. orient. à fermoir.

2959. *Fetva* rendue par Mohammed Ben Yahya moufti de la Mecque sur les Imamiens, les Hanefites et les Chefiites, en arabe, avec traduction persane interlinéaire. Manuscrit très-bien peint. Les deux premières pages sont encadrées de filets d'or. 17 pp. in-8 br.

2960. Du Salut par la mort de Hussein. Manuscrit sans lieu ni date. Les deux premières pages ont une traduction interlinéaire persane. 53 feuillets, pet. in-8 br.

2961. *Kichaf ul Asrar fi hukmi-tt-thouyour oua al Azhar.* « Les Oiseaux et les Fleurs, » allégories morales, en arabe par Azz eddin el Mocadessi (mort en 678 de l'hégire). Manuscrit copié avec soin, ayant appartenu à M. Varsy, de Marseille, et que M. de T. a suivi constamment pour l'édition qu'il a donnée en 1821 de cet ouvrage. Petit in-8, rel. europ.

2962. Le même. Manuscrit daté de l'an 1102 de l'hégire. — 5 - "
Rédaction beaucoup plus longue que celle du précédent, surtout dans les dernières allégories où l'on reconnaît des interpolations manifestes. Petit in-4, rel. europ.

2963. Le même. Manuscrit rempli d'interpolations sur la — 1 - "
fin, copié en 1742. Petit in-12, reliure européenne.

2964. Manuscrit d'une belle écriture, peint par Elious Boc- — 3 - 50
thor. 145 feuilles in-8, reliure européenne, contenant :
1° Les Secrets des oiseaux et des fleurs, allégories d'Azz eddin el Mocadess ;
2° Extrait de divers auteurs arabes.

2965. *Histoire du médecin Chymas et du roi Ouerd Khan* — 13 - "
dans le pays de l'Inde. Beau manuscrit ancien avec vignette encadrée au commencement et enrichi de quarante-huit dessins, très-bien peint. Endommagé en plusieurs endroits, deux pages ont été restituées par Michel Sabbagh. Ecriture africaine, in-fol. rel. orient.

2966. Recueil d'inscriptions arabes relevées sur les monu- — 7 - 50
ments de l'Inde, avec leurs traductions en anglais et des commentaires. Manuscrit daté de 1804. In-4, rel. europ.

2967. Livre d'heures et exercices spirituels en arabe, pour — 2 - 50
la sanctification des mois, etc. Manuscrit en joli caractère neskhi, encadré d'or. Pet. in-12, rel. curop.

2968. Livre de piété en arabe, renfermant des prières et — 5 - "
des litanies à l'usage des chrétiens. Manuscrit bien peint, copié en 1752. In-16, rel. europ.

MANUSCRITS TURCS.

2969. Poésies du poète Chahidi. Manuscrit en beaux carac- — 2 - "
tères naskhi, copié en l'an 1178 (1760). In-4 br.

2970. Vocabulaire turc-persan en vers, par Chahidi. Beau — 6 - "
manuscrit en caractères persans, daté de 1218 de l'hégire encadrement de filets d'or. Pet. in-4, rel. orient. à fermoir.

2971. Formulaire de lettres en turc, de Jean-Baptiste Rey- — 2 - "
cend, ancien libraire de Lisbonne (1812). Manuscrit mal peint. In-4, demi-rel. europ.

MANUSCRITS.

Retiré 2972. Cérémonial et compliments dus aux personnes en dignité, en turc, avec des notes marginales en français. 17 feuil. in-4, br.

21-,, 2973. Petit recueil renfermant une trentaine de *Chargy* ou Chansons en langue turque, avec l'indication du mode musical en tête de chaque pièce. S.'l. n. d., pet. in-8 br.

MANUSCRITS DIVERS ET GRAVURES.

4-f,o 2974. Lots de divers fragments de manuscrits orientaux, dont un géorgien.

2975. Lot d'estampes, gravures et dessins se rapportant à l'Inde, à l'Egypte, à Rome antique, etc.

TABLE DES DIVISIONS.

THÉOLOGIE.

Nos

I. CHRISTIANISME.
- a. Écriture sainte 1
- b. Commentaires sur la Bible 62
- c. Liturgie 104
- d. Saints-Pères : Histoire de l'Église 121
- e. Port-Royal. Église gallicane 242
- f. Protestantisme 275
- g. Science des religions. Sectes diverses 340

II. RELIGIONS DE L'ANTIQUITÉ 353

III. RELIGIONS DES PEUPLES ORIENTAUX.
- a. Religion musulmane. Mahomet. Le Coran 367
- b. Religions de la Perse ancienne. Parsis 426
- c. Religions de l'Inde 484

JURISPRUDENCE.

JURISPRUDENCE EUROPÉENNE ET ORIENTALE 466

SCIENCES.

Généralités. — Philosophie. — Anthropologie. — Sciences naturelles et médicales. — Sciences mathématiques. — Arts industriels 493

BEAUX-ARTS 612

BELLES-LETTRES.

I. ORIGINE DES LANGUES. GRAMMAIRE COMPARÉE 633
II. LANGUES EUROPÉENNES ANCIENNES ET MODERNES ... 663
III. LANGUES ASIATIQUES.
- a. Dictionnaires polyglottes. — Journaux asiatiques. — Mélanges. Bibliotheca Indica 963

270　　　　　TABLE DES DIVISIONS

Nos

  b. Langues de l'Inde.
    Pali, sanscrit... 1039
    Hindoustani (ourdou et hindi et dialectes modernes). 1145
    Textes hindoustanis imprimés aux Indes........... 1309
    Tibétain, tamoul, birman, malais................... 1653
  c. Langues persanes anciennes et modernes............. 1666
  d. Afghan, beloutchi, etc............................... 1820
  e. Langues sémitiques
    Hébreu... 1828
    Arabe.. 1850
  f. Langues caucasiennes (arménien)..................... 1963
  g. Langues tartares (mongol, mantchou, turk.)......... 1970
    Langues chinoise et japonaise....................... 2009
IV. Langues d'Afrique... 2031
V. Langues américaines et polynésiennes................ 2040

HISTOIRE.

I. Géographie. — Voyages..................................... 2047
II. Chronologie. — Histoire universelle. — Histoire ancienne et du moyen age.. 2165
III. Histoire moderne de l'Europe............................ 2212
IV. Histoire d'Asie.
  a. Généralités. Histoire des Indes..................... 2323
  b. Histoire des autres peuples de l'Asie............... 2473
V. Histoire d'Afrique, d'Amérique et d'Océanie......... 2550

ARCHÉOLOGIE, NUMISMATIQUE, ÉPIGRAPHIE.......... 2601

HISTOIRE LITTÉRAIRE, ACADÉMIES, JOURNAL DES SAVANTS.. 2684

BIBLIOGRAPHIE (Catalogues de manuscrits orientaux)........ 2731

ENCYCLOPÉDIE.. 2783

MANUSCRITS.

Hindoustanis, sanscrits, persans, arabes et turcs... 2784

FIN DE LA TABLE DES DIVISIONS

ORDRE DES VACATIONS.

Première vacation. — *Lundi 17 mars 1879.*

	Numéros.
Pali. — Sanscrit....................................	1039 — 1144
Géographie. — Voyages.............................	2047 — 2143

Deuxième vacation. — *Mardi 18 mars.*

| Langues tamoul, persan, afghan.................... | 1653 — 1827 |
| Voyages. — Histoire................................ | 2144 — 2263 |

Troisième vacation. — *Mercredi 19 mars.*

| Langues sémitiques : arménien..................... | 1828 — 1969 |
| Histoire... | 2264 — 2322 |

Quatrième vacation. — *Jeudi 20 mars.*

| Langues tartares. Chinois.......................... | 1970 — 2046 |
| Langues d'Afrique et d'Amérique. Histoire d'Asie... | 2323 — 2450 |

Cinquième vacation. — *Vendredi 21 mars.*

| Histoire. — Archéologie. — Numismatique............ | 2451 — 2683 |

Sixième vacation. — *Samedi 22 mars.*

| Jurisprudence. — Sciences......................... | 466 — 611 |

Septième vacation. — *Lundi 24 mars.*

Religions orientales...............................	367 — 465
Théologie. — Religions de l'antiquité..............	291 — 366
Beaux-Arts..	612 — 632

Huitième vacation. — *Mardi 25 mars.*

| Théologie... | 1 — 120 |
| Belles-Lettres..................................... | 633 — 722 |

ORDRE DES VACATIONS

NEUVIÈME VACATION. — *Mercredi 26 mars.*

	Numéros.
Théologie	121 — 220
Belles-Lettres	723 — 831

DIXIÈME VACATION. — *Jeudi 27 mars.*

Théologie	221 — 290
Belles-Lettres	832 — 962

ONZIÈME VACATION. — *Vendredi 28 mars.*

Hindoustani	1145 — 1281
Biographie et bibliographie	2710 — 2783

DOUZIÈME VACATION. — *Samedi 29 mars.*

Hindoustani	1282 — 1459
Histoire littéraire. — Académies. — Journal des savants	2684 — 2709

TREIZIÈME VACATION. — *Lundi 31 mars.*

Hindoustani	1460 — 1652
Langues asiatiques. — Généralités. — Journaux. — Mélanges. — Bibliotheca Indica	963 — 1038

QUATORZIÈME VACATION. — *Mardi 1er avril.*

Manuscrits hindoustanis et sanscrits	2784 — 2920

QUINZIÈME VACATION. — *Mercredi 2 avril.*

Manuscrits persans, arabes et turks	2921 — 2975

Ouvrages en lots.

Paris. — Typ. G. Chamerot, 19, rue des Saints-Pères. — 7502.